.

# Spas in Britain and in France in the Eighteenth and Nineteenth Centuries

# Spas in Britain and in France in the Eighteenth and Nineteenth Centuries

Edited by

## Annick Cossic and Patrick Galliou

CAMBRIDGE SCHOLARS PRESS

Spas in Britain and in France in the Eighteenth and Nineteenth Centuries, edited by Annick Cossic and Patrick Galliou

This book first published 2006 by

Cambridge Scholars Press

15 Angerton Gardens, Newcastle, NE5 2JA, UK

British Library Cataloguing in Publication Data
A catalogue record for this book is available from the British Library

ISBN 1904303722

# Table of Contents

# List of Illustrations

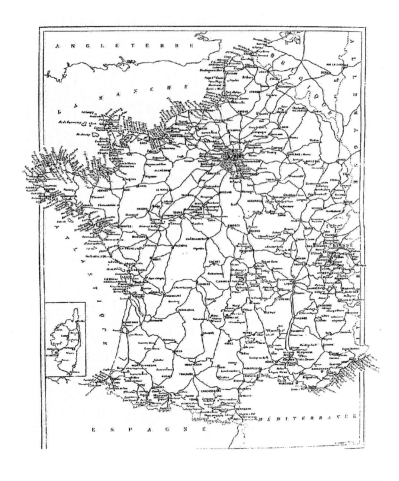

Map n° 1: French Resorts (*The Bottin Mondain*, 1908)

Source: Bernard Toulier, *Villes d'eaux: architecture publique des stations thermales et balnéaires* (Paris: Imprimerie nationale/Dexia Editions, 2002).

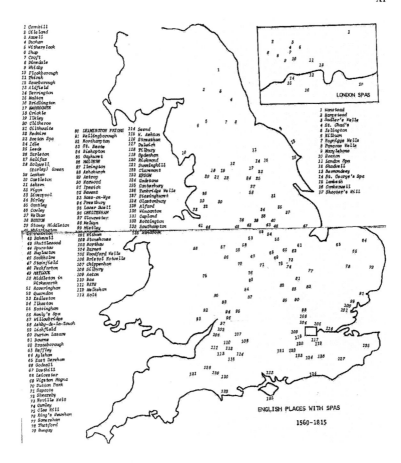

Map n° 2: English Places with Spas (1560-1815)

Source: Phyllis Hembry, *The English Spa (1560-1815): A Social History* (London: The Athlone Press, 1990).

# Acknowledgements

The Conference has been organized with the financial support of the BMO (Brest Métropole Océane), the Conseil Général du Finistère, the Conseil Régional de Bretagne, the Université de Bretagne Occidentale and the Faculté des Lettres Victor Segalen (Université de Bretagne Occidentale, UBO).

# Introduction

***Spas in Britain and in France in the Eighteenth and Nineteenth Centuries*** was the subject of an international conference organised by the CEIMA, an English Studies Department research group with a decidedly multidisciplinary approach. The conference held at the Faculté des Lettres Victor Segalen, Université de Bretagne Occidentale, in May 2005, gathered some twenty-two researchers from different parts of the world, France, Britain (England, Wales, Scotland), Ireland, The United States and Spain.

The speakers, all of them university professors, senior lecturers—some of whom are also heads of departments—, research fellows, came from various universities and faculties, namely Departments of English Studies, of History, Geography or French Literature, Medical Schools, Centres for the History of Medicine, Schools of Arts and Social Sciences, Schools of Architecture; quite a few belong to research groups affiliated to the CNRS, the French National Centre for Scientific Research; one is currently working for the French Ministry of Culture.

Spa culture in both countries, whose manifold aspects are explored in this collection of essays, originated in Antiquity. In his article, "Water, Water Everywhere… Water, Ailing Bodies and the Gods in Roman Gaul and Britain," Patrick Galliou traces the beginning of the cult of water in the western world, showing how purpose-built bathing structures were "Roman imports," but that the association of water with healing, a process inextricably bound with believing, goes back to the "second millennium BC." If the Romans were largely responsible for the spreading of a spa culture, they were not the discoverers of the medicinal properties of thermal water, whose "earliest use" dates back to the Middle Bronze Age (1400-1250 BC).

Marie-Thérèse Cam, in a paper entitled "Souvenirs de Baïes ou la construction littéraire d'un archétype de la ville d'eaux" recalls how the Romans initiated the trend and developed Baïes as a seaside resort and a watering place whose heyday lasted from 60 BC to the third century. The different aspects of spa life conducive to the making of a literary myth, its several dimensions, political, economic, and aesthetic−Baïes being turned into "a laboratory where experiments were carried out,"−are forerunners of future European spas, the Romans exporting their know-how and faith in the healing virtues of water to France and Britain where they built *Aquae Sulis*, the Latin name of Bath during the days of their colonization of the country (41 BC-*c*.410). Both cities, which have a generic name, prided themselves, at different times of history, on being the best, "*principes Baiae*," "the Queen of Watering Places," in the same way as nineteenth-century Vichy called itself "Reine des Villes d'eaux."

The eighteenth century was in Britain the golden age of spa culture and was called by R.B. Mowat in his book, *England in the Eighteenth Century* (1932), "the age of watering-places." As a matter of fact, the sheer number of spas was quite impressive, as well as their dissemination all over Britain, seized by a rage of building; yet a few names stand out, Bath, the Somerset spa, Cheltenham, Tunbridge Wells, Harrogate, Scarborough, Buxton or Leamington. Jo Odgers, in her paper "Medicine, Alchemy and Architecture at Bath: A Study of Paracelsian Emblematics in the Work of John Wood the Elder," revisits some of the famous architect's masterpieces in the light of the Alchemical tradition that "informed both his work and the medical theory of his contemporaries." She demonstrates that Wood's architectural achievement should be read as a fusion of a traditional apprehension of the world represented in the mythical figures of Bladud and Moses and a new modern method based on observation.

In France, the heyday of spas was the nineteenth century, a phenomenon that started during the *Restauration* and the *Monarchie de Juillet*, a period of renewal for spa treatment, gathered momentum during the *Second Empire* and the *Belle Epoque*, and reached a climax before the 1929 crisis. French spas were all designed along the same lines, as emphasized by Bernard Toulier in his paper "Les villes d'eaux en France (1850-1914): espaces urbains et architectures publiques;" they formed a network mainly located in the mountains which favoured the experience of the sublime and were built around a *griffon*, or mineral water spring, whose presence was the *sine qua non* condition of their growth. Bernard Toulier examines their "founding trilogy," i.e. the baths, the hotel and the casino. They participated, as in Britain a century earlier, in a trend towards the commercialization of leisure, and, in a context of rapid industrialisation as well as greater accessibility of resorts thanks to the Railway and the improvement of the road network, were meant as "places of utopia," in sharp contrast with the then proliferating industrial towns. The issue of the building of ideal cities or model cities is raised in "Les stations thermales françaises: des villes idéales?" by Jérôme Penez who reviews the creation of a number of French watering places like Vittel, Argelès-Gazost or Vernet-les-Bains, among others, and opposes the spa, "an urban anomaly," both to the industrial town and to the surrounding villages, thus exploring the relationship of the health resort with its natural environment where water played a key role.

Spa culture cannot be separated from the medical literature which, from the seventeenth century onwards, attempted to give it scientific credentials which took over from ancient popular beliefs and practices −linked with the age-old cult of water with its celebration of fountains and springs endowed with healing virtues−that nonetheless survived well into the nineteenth century. Medical treatises had a decisive impact on the popularity of watering places and were both a cause and a measure of their success. The fastest-developing spas in both countries were those that provided the right combination of therapy and leisure through, in a great many cases, regulations enforced by the medical profession and in Britain, in fashionable spas, by a Master of Ceremonies. This duality of the cure, mixing therapeutic water-drinking and bathing with entertainment, could be experienced along different lines according to gender. The issue is examined in "The Female Invalid and Spa Therapy in Some Well-Known 18th-Century Medical and Literary Texts: from John Floyer's *The Ancient Psychrolousia Revived* (1702) to Fanny Burney's *Evelina* (1778)." In this article, I have tried to assess the contribution of spas to the construction of femininity through an analysis of female ailments that called for spa treatment, of the female spa invalid's manifold roles and of her attempt at empowerment, as can be inferred from a close scrutiny of, on the one hand, medical treatises by John Floyer, George Cheyne, Richard Russell and Tobias Smollett and, on the other hand, four works of fiction.

The difficulty of eradicating popular beliefs and establishing a rational classification of the waters and of their medicinal properties is underlined in "Les eaux et les bains dans la thérapeutique française des dix-huitième et dix-neuvième siècles" by Alain Caubet who refers to the "sponge-like representation of the human being," to the "spontaneous *humoralism* of Western populations" and to the belief in the necessity of bringing about a crisis. The growing medicalization of water treatments calls for an examination of the status of the spa doctor bent on furthering his own interests, but also aware of the nationalistic aspects of spa culture that blossomed in a competitive environment.

This political dimension of spa culture is underlined in several essays. Jane Adams, in her paper "Accommodating the Poor: The Role of the Voluntary Hospital in Nineteenth-Century English Spas," and through two case studies, those of Buxton and Leamington, the latter being "one of the most fashionable spas in the country along with Cheltenham," shows how the spa participated in the building of the town's self-image by enforcing social mechanisms which fostered the visibility of charity, as in the voluntary hospital, while simultaneously pandering to the aspirations of a fashion-conscious clientele. Her examination of voluntary hospitals in spas reveals the implementation of strategies of control underpinned by "social planning" and inducing "social segregation." The politics of spa culture involved the pursuit of excellence, against a background of fierce competition that could be national and international, especially in the nineteenth century when French spas competed against their British, German and Austrian rivals, in a bid to establish their therapeutic superiority, a contention made by Carole Carribon in "Les villes d'eaux françaises, reines du thermalisme européen à la Belle Epoque?" The desire to turn French spas into model spas took on nationalistic undertones in a context of European wars and raises the issue of the criteria of excellence which are both related to number–France, in the early nineteenth century could boast 1,500 springs and 100 spas, around 392 at the end of the century–that is to say to quantity, and to quality, of the waters and of the amenities.

Underlying this spa frenzy is a quest for happiness in which Jean Balcou sees a "key idea of the Enlightenment" ("Deux philosophes aux eaux: de Voltaire à Diderot"). He compares the experience of Voltaire in Forges, Passy and Plombières with that of Diderot in Bourbonne-les-Bains through a study of their letters, and considers the impact of their stays in watering places in terms of personal initiation and well-being, but also in terms of their literary production. The growing importance of this quest for happiness is emphasized by Irene Furlong in "The Saga of Lisdoonvarna–from 'Queen of Irish Spas' to Modern Matchmaking Mecca," in an analysis that traces the shift from a therapeutic approach to the water cure to a festive one, via the predominance of a single function, matchmaking, where love trails are set in a romantic scenery.

Alain Kerhervé, for his part, in an essay entitled "Writing Letters from Georgian Spas: The Impressions of a Few English Ladies" demonstrates that the quest could be unsuccessful, most particularly in the case of members of the aristocracy who were likely to be extremely demanding. Through a wide cross-section of letter-writers, he measures the impact of the stay on letter writing, the success of the cure, records the fluctuations of fashion, and tries to assess the degree of satisfaction derived from the visit to the spa, which nonetheless cannot be always estimated as a result of the interplay of clear-sightedness and self-delusion at work in some of the letters. Such accounts are comparable with the impressions of a French lady in the nineteenth century, Clémence de la Villemarqué, who was seriously ill and had mixed feelings when making several visits, accompanied by her family, to the French spa of Les Eaux-Bonnes, in the Pyrenean mountains from 1863 to 1865. The positive and negative aspects of spa life for an aristocratic French family in the middle of the nineteenth century are reviewed by Fañch Postic, who emphasizes the attraction of the surrounding landscape, in "Thermalisme, tourisme et folklore vers 1860. La famille de la Villemarqué aux Eaux-Bonnes."

The diversity of spa life lent itself to representation in literature, the visual arts, the press and, more recently, the new media. Anita Gorman in "Seeking Health: The City of Bath in the Novels of Jane Austen" exposes the fallacy of the Bath social scene and explores the way Jane Austen represented it in her fiction, using the watering place as a means of expression of her beliefs about "physical and mental health." The socio-economic aspects of the spa craze are investigated by Juan Calatrava in his analysis of Guy de Maupassant's novel, *Mont Oriol*, (1886-1887), whose plot hinges upon the creation of a spa in Auvergne: "Architecture et littérature: à propos de *Mont-Oriol* de Guy de Maupassant." The intricate connections between architecture and the new capitalist economy are probed as well as the disruptive effects of spa building on the environment and the people.

The literary representation of spas was matched by their representation in the visual arts and in the press. Cécile Morillon, "L'image de Vichy sous le Second Empire," reconstructs Vichy life from the testimonies of artists like Hubert Clerget whose lithographs illustrated Charles Braine's *Vichy sous Napoléon III* (1863) and Albéric Second's *Vichy-Sévigné Vichy-Napoléon* (1862), the photographer Paul Coutem, the Neurdein brothers or the cartoonist Théophile Villard, thus providing the reader with new images of Vichy, its buildings, rituals, its curists and its industrious classes. Jill Steward in "The Representation of Spa Culture in the Nineteenth-Century British Media: Publicity, the Press and the Villes d'Eaux: 1800-1914" analyses the emergence of new trends in the spa trade and health tourism with the setting up of "overlapping regional and national networks of spas" with their concomitant networks of physicians; simultaneously "new mechanisms" were designed for the circulation of documentation, which entailed the "dissemination of publicity." In her paper, she endeavours to uncover the reasons for the selection of specific destinations, and traces the birth of fashion and of competition between resorts which, at times, could come close to nationalistic propaganda as part of "thermal nationalism." She thus confronts the issue of the shaping of communities of readers–those of *Queen* for instance–who were also prospective customers, likely to follow new patterns of behaviour dictated by the media which thus actively contributed to the emergence of new lifestyles.

The reconstruction of spa life has been undertaken in an innovative way by a group of French researchers, coordinated by Liliane Gallet-Blanchard, who have produced a CD-Rom in a wider attempt at "reconstructing urban culture." In her paper entitled "Hypermedia Navigation in an Eighteenth-Century English Spa: Bath," written in cooperation with Marie-Madeleine Martinet, the project director lists the different opportunities for teaching and research provided by the new media and demonstrates how "hyperlinks" operate as "chains" between "various branches of knowledge" that range from architecture, medicine, social history to religion and music.

In view of the fecundity of spa culture one can wonder about its decline in twentieth-century Europe. In his article on Scottish spas,

"Unfulfilled Promise. The Spas of Scotland in the Later Nineteenth Century," Alastair Durie addresses the issue of classification, putting in a sort of "top league" or "premier division" Vichy, Baden and Marienburg and reiterates the importance of "context and culture" as predictive of success or failure. Among the reasons for the poor performance of Scottish spas, he mentions a European decline of watering places and the emergence of new patterns of leisure fostered by the growing popularity of the seaside. Yet the sea per se was not enough to guarantee success as analysed by Nicolas Meynen in "La Rochelle, One of the First French Nineteenth-Century Seaside Resorts: A Dream That Failed to Come True." For La Rochelle, one of France's first seaside resorts, success was short-lived, but the attempt unearths the prerequisites for success as well as the sociological implications of the venture, with its differentiation of baths according to class and gender.

A systematic comparison of both spa culture and seaside culture as well as of the French experience with the British one leads John Walton in his essay "Spa and Seaside Cultures in the Age of the Railway: Britain and France Compared" to draw a number of conclusions after dealing with the questions of class and patronage, of the "management and marketing of natural resources," and examining the implications of a shift from therapy to leisure, from health to pleasure. Like Carole Carribon, he provides figures that show France's numerical superiority as far as spas were concerned, but inferiority in seaside development: "150 thermal establishments in 1857, 392 in 1893 and 96 seaside resorts" versus "92 spas but 177 seaside resorts" for Britain. Yet numerical superiority does not automatically imply qualitative superiority, as is demonstrated in the rest of the paper which also considers the "imbalance in tourist traffic flows" between the two countries.

If France initially lagged behind Britain, it was quick to foster the growth of a new tourist industry built around the exploitation of sea resources. France's twentieth- and twenty-first-century approach to water has favoured the development of thalassotherapy, or healing from the sea, a practice as old as the thermal water cure, since sea water is believed to have been used for therapeutic purposes as early as 3000 BC. This is the object of Nicolas Bernard's paper "Modern Thalassotherapy in France (1964-2004): From Health to Pleasure." Nicolas Bernard traces the origins of thalassotherapy in France and analyses the latest transformations of thalassotherapy institutes, the process of generating custom and the economic spin-off from the industry, demonstrating that thalassotherapy participates, in its own way, in a general quest for happiness whose avatar is here a quest for purity, actuated by the need to rediscover one's body. The growth of French thalassotherapy may be seen as providing a recipe for success thanks, as was the case in traditional health resorts, to the right combination of health-oriented activities and leisure-oriented ones.

Annick Cossic

# Part I

# The origins of spa culture

# CHAPTER 1

# Water, Water Everywhere…Water, Ailing Bodies and the Gods in Roman Gaul and Britain

## Patrick GALLIOU

A visitor from outer space, landing in rural western Europe in the early years of the 21$^{st}$ century, would undoubtedly wonder at the number of elaborate fountains, bearing all the signs of age-old devotion, scattered among the lanes and fields of what is, to all extent, a fairly wet countryside, with no apparent lack of good quality water. His puzzlement would even grow if he chanced upon a procession, complete with crosses and flying banners, fervently chanting hymns to some obscure saint as it marched towards the waterhead dedicated to that half-forgotten figure and graced with putative oracular or curative virtues. He would of course have no inkling that such rites and ceremonies, one generally associates with arid or semi-arid countries,[1] are the last remains of a once widespread devotion to the most common liquid element, i.e. water, as a life-giving and life-preserving force and medium. Oozing or spurting from rocks or sands, babbling quietly or bubbling ferociously in natural pools, spring water was credited with an even higher potency, as, coming from the depths, it was believed to be an offering from the deities inhabiting such nether regions, which, if correctly propitiated, could and would cure ailments and diseases and right torts and personal misfortunes.

---

[1] During a long visit in the Brazilian Nordeste some ten years ago, I once went to mass in a Catholic church where the congregation prayed for rain, and I spent several months in an inn overlooking a large reservoir, where young people came honeymooning, hoping that that stretch of water would bring fertility to their couple.

**A hard day's night**

In its plain, ordinary form, water was commonly used for daily hygiene throughout the Iron Age world, as the Celtic nouns *sapo* (soap) and *lautro* (hot bath)[2] make it abundantly clear. Structures built for that purpose and the custom of regularly visiting baths were, however, Roman imports, and the pursuit of health and fitness, as well as mere personal cleanliness, were quintessential elements of the new Roman way of life in the western imperial provinces. No town would be complete without at least one set of public baths, some being of exceptional size and magnificence, like the Cluny baths, in Paris,[3] the Kaiserthermen in Trier,[4] or the Jewry Wall building in Leicester,[5] others, like most private bathing suites, being of a simpler and more modest nature, though all were run on the same basic principles, similar to those of contemporary Turkish baths. The number and layout of rooms might vary, but a typical arrangement would include a courtyard or a hall for exercise (*palestra*), an anteroom (*apodyterium*), where visitors undressed and left their clothes, a succession of cold (*frigidarium*), warm (*tepidarium*) and hot (*caldarium*) rooms, to which were sometimes added cold and hot plunge baths. Bathers were free to use whatever amenity they wished, but the standard run involved physical exercise, a massage, a dip in hot and cold water and some much-needed rest. As both men and women visited the baths but were not meant to use them simultaneously, the larger establishments had two sets of rooms, with separate entrances, or different visiting times were ascribed to the two sexes.

Besides being necessary amenities at a time when personal hygiene was the best—and often the only—remedy against endemic diseases, bath-houses played a major role in the life of cities, acting as meeting places or clubs in which, while they took a rest or were being massaged, people of consequence would discuss business or political matters and thus gradually absorb the mores and habits of the

---

[2] Paul-Marie Duval, *La vie quotidienne en Gaule pendant la paix romaine* (Paris: Hachette, 1952), 106 (*sapo*), 293 (*lautro*).

[3] Paul-Marie Duval, *Paris antique, des origines à la fin du troisième siècle* (Paris: Hermann, 1961).

[4] Heinz Cüppers *et al.*, *Trier: Kaiserresidenz und Bischofssitz* (Mainz: Philip von Zabern, 1984), 199.

[5] Kathleen Kenyon, *Excavations at the Jewry Wall Site* (Leicester/London: Society of Antiquaries, 1948).

imported culture. Bathing habits, being a major element of the latter, also spread to the most Romanized milieus of the Gallo-Roman and Romano-British countryside and many *villas* were provided with a bathing suite, situated at a safe distance from the living quarters, in which the owner's family could disport itself and relax after a hard working day. Good examples of these many small rural bath-houses were excavated at Le Valy Cloistre (La Roche-Maurice, Finistère, F.)[6] and Rockbourne (Hants. G.-B.).[7] Both had a limited range of rooms, but were fully equipped to offer a limited number of people physical and mental relaxation in homely surroundings.

**Healing is believing**

The earliest unequivocal evidence of the development of water cults in western Europe may be ascribed to the Middle Bronze Age, i.e. to the second millennium BC, a time when various votive offerings, ranging from metal weapons and pieces of personal ornament to the remains of animal and human sacrifices began being deposited in watery places, bogs, lakes, rivers and springs.[8] A good example of such early sites is the 30-metre deep pit at Wilsford (Wilts., G.-B), with a radiocarbon date of 1390 BC; it had been dug down to the water-table and contained an ox skull, a Bronze Age pottery vessel and a variety of amber and jet artefacts.[9] The numerous finds of massive bronze trumpets (*lurs*) and of bronze chariots[10] made in the bogs of southern Scandinavia probably belong to a similar religious environment, being in all likelihood offerings made to placate or propitiate the deities believed to reside in these wet environments. It is likely that most such rites were performed in the open, but a small number of wooden structures, discovered in the bogs

---

[6] René Sanquer, Patrick Galliou, "Une maison de campagne gallo-romaine à La Roche-Maurice," *Annales de Bretagne* 79, n°1 (1972): 216-51.

[7] Keith Branigan, *The Roman Villa in South-West England* (Bradford-on-Avon: Moonraker Press, 1976), 82, fig. 37.

[8] Jacques Briard, "Les cultes des eaux et des marais," in *Catalogue de l'exposition: Avant les Celtes. L'Europe à l'âge du bronze, 2500-800 avant J.-C.* (Daoulas: Abbaye de Daoulas/Musée départemental breton, 1988), 116-7.

[9] Peter Ashbee *et al.*, *Wilsford Shaft: Excavations 1960-62* (London: English Heritage, 1989).

[10] The best known of them is the "sun chariot" dug up in 1902 in the Trundholm bog, Odsherred, Denmark.

of Northern Europe, point to the existence, in some areas, of free standing temples, built over or next to "sacred" springs or water pits (e.g. Bargeroosterveld, Holland, *c.* 1250 BC). Additional proof of the existence of such beliefs may be found in the rising number of bog deposits dated to the first half of the first millennium BC (Late Bronze Age and Hallstatt), a time of climatic deterioration, during which the relatively warm and dry conditions of the Sub-Boreal period gave way to a cooler, wetter phase, conventionally known as the Sub-Atlantic period. As Barry Raftery has pointed out:

> During periods of increasing rainfall bogs, too, began to spread, putting further pressure on agricultural land. A drop in temperature [...] would have affected the length of the growing season and placed restrictions on the altitudinal limits of agriculture [...] With waterlogged and ruined crops, with rivers bursting their banks and weeks of leaden skies and unceasing rain, Ireland's Late Bronze Age farmers–soaked, cold and hungry–could have felt themselves on the brink of Armageddon.[11]

The advent of the late phase of the Iron Age, conventionally called La Tène, brought no major change in this trend, except perhaps in the growing range of evidence available to the archaeologist. On many sites, distributed all over Europe, from La Tène itself (Marin-Epagnier, Switzerland) to Scandinavia and Central and Northern England, proofs of the widespread use of human sacrifices testify to the continuation of such practices among La Tène tribes. Some of the human skulls found in the Thames, for instance, may indeed relate to Iron Age sacrifices, though the context of their deposition remains obscure.[12] Much more assurance attaches, however, to the body found in the peat bog at Lindow Moss (Cheshire), now exhibited in the British Museum.[13] The young man laid in a pool of stagnant water had first received a severe and probably fatal blow on the head, his throat had been then cut and a thong tied around his neck to garrotte the last of life out of him. Various elements of the death scene show this was

---

[11] Barry Raftery, *Pagan Celtic Ireland* (London: Thames and Hudson, 1998), 36-7.

[12] Richard Bradley, Keith Gordon, "Human skulls from the River Thames," *Antiquity* 62 (1988): 503-9.

[13] Ian Stead, John Bourke, David Brothwell, *Lindow Man. The Body in the Bog* (London: British Museum Press, 1986).

no common murder but part of an elaborate ritual, similar to that applied to the well-known "bog bodies" of Denmark and northern Germany.

Less gruesome offerings to the deities of the Underworld included high prestige bronze weapons—swords, shields and helmets—thrown into or carefully deposited in rivers, small and large, like the Saône, the Thames, the Witham or the Trent,[14] and elements of personal ornament, such as the some two thousand brooches, bracelets and rings contained in a bronze cauldron found in the Riesenquelle thermal spring at Duchkov (Bohemia).[15] What was obviously essential, for the Late La Tène communities of western Europe, was not so much the genuinely curative properties, chemical or otherwise, of running water, but the aura of sanctity attached to it, expressed by the therapeutic and/or intercessory qualities of its topic deity. Most of the latter, like Icovellauna ("the Good Water") at Sablon/Metz (France) or Divona ("the Divine Water"?) were female, and Barry Cunliffe has rightly underlined that they were "a manifestation, in various guises, of the Earth Mother. A spring, after all, flows through a fissure which joins the underworld with our world and through that fissure we may communicate."[16] While such elemental sacred springs, involving no major architecture, were probably thick on the ground in the whole of western Europe in the last millennium BC and early first millennium AD,[17] the great "curative" sanctuaries well attested in the Roman period did not develop until the very end of the Iron Age (1st century BC). Standing out among these by their sheer size and their architectural complexity, the *Fontes Sequanae* ("Sources de la Seine," near Dijon, F.), the Sanxay sanctuary (Vienne, F.), the Altbachtal near Trier (Germany), the *Aquae Sulis* complex (Bath, G.-B.), or, to a lesser extent, Coventina's Well, near Carrawburgh (Northumberland,

---

[14] G.A. Wait, *Ritual and Religion in Iron Age Britain* (Oxford: British Archaeological Reports, 1985).

[15] Venceslas Kruta, *Le Trésor de Duchkov dans les collections tchécoslovaques* (Ústi nad Labem: Severočeské nakladatelstvi, 1971).

[16] Barry Cunliffe, *Fertility, Propitiation and the Gods in the British Iron Age* (Amsterdam: Universiteit van Amsterdam, 1993).

[17] For Roman Gaul, see: Claude Bourgeois, *Divona. 1 Divinités et ex-voto du culte gallo-romain de l'eau* (Paris: de Boccard, 1991); 2 *Monuments et sanctuaires du culte gallo-romain de l'eau* (Paris: de Boccard, 1992).

G.-B.)[18] certainly drew more than purely local visitors, pilgrims coming to them from afar to find temporary relief or a final cure to their ailments. At *Fontes Sequanae*, like at Chamalières (Puy-de-Dôme, F.), devotees to the local deity offered wooden models of themselves or of the afflicted part of their bodies, hoping that the deity would reciprocate with a healthy liver, arm or leg,[19] while, on other sites, they tried to propitiate the topic deity with less obtrusive offerings, such as dedicatory altars, coins, bronze statuettes or various other artefacts.[20] Though the reconstructed process can only be largely conjectural, it is likely that devotees drank from the sacred spring and/or had a dip in tanks or large pools filled with its water, but the highest moments of the cure probably took place elsewhere, in the temple where sacrifices were offered to the god(dess) or in the neighbouring theatre, where special shows were given, perhaps recounting the miracles former visitors had experienced and trying to convince the pilgrims thronging the benches to part with yet more *denarii* and *sestertii* for the benefit of the deity... After a long and exerting day, visitors would retire to special dormitories where they hoped to see a vision of the god(dess) and be cured by this nightly visitation. In most of these sanctuaries, where the water had no specific curative quality, healing depended much on believing. This is, again, borne out by the fact that, at Bath, in the Roman period, pilgrims wishing to call up the power of Sulis/Minerva to bring vengeance upon some wrongdoer simply had a message written to the goddess on a piece of metal and threw it into the spring, being confident that Sulis would read and take good note. Many of these messages come from simple folk and refer to the theft or loss of

---

[18] *Fontes Sequanae*: Simone Deyts, *Les Bois sculptés des Sources de la Seine* (Paris: CNRS, 1983); Sanxay: Pierre Aupert *et al., Sanxay, un grand sanctuaire rural gallo-romain* (Paris: Imprimerie Nationale, 1992); Altbachtal: Edmund Gose, *Der gallo-römische Tempelbezirk im Altbachtal zu Trier* (Mayence, 1972) (*Trierer Grabungen und Forschungen II*); Aquae Sulis: in part. Barry Cunliffe *et al. The Temple of Sulis Minerva at Bath* (Oxford: Oxford Committee for Archaeology, 1988) (2 vols.); Coventina's Well: L. Allason-Jones and B. Mackay, *Coventina's Well. Reassessment of the 19th Century Finds from a Shrine on Hadrian's Wall* (Clayton, 1985).

[19] *Fontes Sequanae*: see above; Chamalières: Simone Deyts, "Ex-voto en bois de Chamalières (Puy-de-Dôme) et des Sources de la Seine," *Gallia* 44 (1986): 65-89.

[20] See for instance: Barry Cunliffe, *The Temple of Aquae Sulis, op. cit.*, vol. 2.

simple, basic objects of their everyday lives. On one such, Exsuperius asks the goddess to wreak vengeance on whoever had stolen his iron pan (?): "Exsuperius gives an iron pan (?). (The person) who... innocence for him... of (?) Sulis, whether man (or woman), whether slave or free,... this and... have stolen his... whether man or woman, is to have given satisfaction with their blood. You are to reclaim (?) this (if) anyone has stolen the vessel from me."[21]

## Thermal waters

Though Iron Age and Roman communities had no means of assaying the chemical qualities of spring water, it is highly likely that the genuinely curative qualities of a number of springs were discovered empiritically, either because attention was drawn to their temperature or their strong sulphurous smell, or because people, after using their water, time after time, either internally or externally, had become aware of their idiosyncratic properties.

The earliest use of thermal water in the countries of central and northern Europe is dated to the Middle Bronze Age (1400-1250 BC). Chance discoveries, in 1907, proved that the carbonated water of the Mauritius spring, at Saint Moritz (Switzerland), had been channelled into wooden tanks, the associated offerings showing that pilgrims had come a long way to drink this slightly fizzy beverage.[22] A few centuries later, Early Iron Age visitors patronized the Fontaines Salées (Yonne, F.) springs for their salty water, with a high nitrogen and helium content, which was also channelled into a large oval wooden structure.[23] The latter site, with its massive Roman reoccupation and architectures, including a temple and a large bath-house, is a good example of the way old thermal springs were reused in the Roman period, while new ones, often called *Aquae*—and listed in the Peutinger Table and the Antonine Itinerary—, appeared and prospered in the quiet decades of the *pax romana*. Among those, the best known are *Aquae Calidae Salluviorum* (Aix, Bouches-du-Rhône, F.), *Aquae*

---

[21] *Ibid.*, 200-1, n°66.
[22] Calista Fischer, "The Secret of the Mauritius Spring," *European Heritage* 2 (1994): 15-22.
[23] René Louis, Bernard Lacroix, *Les Fontaines Salées. Notice archéologique* (Sens: Société des Fouilles Archéologiques et des Monuments Historiques de l'Yonne, 1960).

*Calidae* (Vichy, Allier, F.), *Aquae Bormonis* (Bourbon-l'Archaim-bault, Allier, F.), *Aquae Convenarum* (probably Capvern-les-Bains, Hautes-Pyrénées, F..), *Aquae Nerii* (Néris-les-Bains, Allier, F.), *Aquae Nisincii* (Bourbon-Lancy, Saône-et-Loire, F.), *Aquae Segetae* (Sceaux-en-Gâtinais, Loiret, F.), *Aquae Siccae* (Cazères, Haute-Garonne, F.), *Aquae Tarbellicae* (Dax, Landes, F.), *Aquae Sulis* (Bath, G.-B.) and *Aquae Arnemetiae* (Buxton, Derbyshire, G.-B.), but one may readily admit that many lesser ones were also active, both in Britain and France.[24] Some of them are named after Celtic deities, like Sulis or Borvo–"bubbling water"[25]—or sacred sites—the name *Arnemetiae* derives from *nemeton*, i.e. "sacred grove"—but the above—mentioned *vici* have yielded no unequivocal trace of a pre-Roman thermal activity, though scientific excavations in the modern towns masking their remains have admittedly been very few.[26] Little is known, similarly, of their thermal structures and buildings,[27] but most of them, like the sanctuaries described above, seem to have possessed several sets of bath-houses, temples and a theatre. The large tanks and pools visible in the bath-houses undisputedly show that the water treatment given to curists hinged on a partial or total immersion of the ailing body in thermal water, but a few documents, like a sherd of *terra sigillata* found at Vichy, depicting a naked god seated on a rock and holding in his hand a cup of liquid bubbling over the brim, would tend to indicate that the sacred and precious water was also consumed on the premises... It is altogether clear, however, that, like in the major water sanctuaries of *Fontes Sequanae* or Sanxay, no full cure could be expected without direct intervention of the local deity(ies), whose benevolent dispensations would strongly supplement the frailties of human care and medicine.

From this brief excursion into the vast realm of water cults and thermal treatments in Gaul and Britain one may conclude that the ritual and medicinal use of water goes a long way back in the

---

[24] See in part. for Gaul: Louis Bonnard, *La Gaule thermale* (Paris: Plon, 1908).

[25] Paul-Marie Duval, *Les Dieux de la Gaule*, 2nd ed. (Paris: Payot, 1976), 32.

[26] See for instance: Jacques Corrocher *et al.*, *Carte archéologique de la Gaule: L'Allier* (Paris: Académie des Inscriptions et Belles-Lettres, 1989), 33-6 (Bourbon-l'Archambault), 138-63 (Vichy), 165-84 (Néris).

[27] With the notable exception of Bath, see above.

prehistory of both countries. It is thus likely that, as early as the beginning of the second millennium BC, running or still waters began being considered as emanations of the deities of the Underworld, which, controlling vegetative life and extinction, also had direct sway over human life and death. Bathing in them or drinking of them therefore meant partaking some of the powers of the topic deity, while offerings placed in the watery place or in its close vicinity would placate or propitiate it in time of adversity or of need. Such beliefs, being at the core of the mindset of early western European communities, were preserved throughout the Iron Age and the Roman period, the only changes brought by the latter being a slightly stronger stress put on the use of genuinely curative waters, with particular chemical and/or physical properties, and an overall monumenttalization of Iron Age sites. In the Early Middle Ages, some of these thermal facilities lapsed, only to revive in recent times, but others were kept in use, though with ups and downs. Neither did the advent of Christianity put an end to water cults, and synods kept vituperating against them for a time,[28] before Church authorities were wise enough to give them Christian form by granting a local saint control over patronage and relevant ceremonies. The present thermal landscape of France and Britain, if considered in combination with the once widespread veneration of springs and fountains, may thus be seen as the distant, and much watered down heir of a prestigious and more vivid past.

## Bibliography

Bonnard, Louis. *La Gaule thermale*. Paris: Plon, 1908.

Bourgeois, Claude. Divona. 1 *Divinités et ex-voto du culte gallo-romain de l'eau*. Paris: de Boccard, 1991; 2 *Monuments et sanctuaires du culte gallo-romain de l'eau*. Paris: de Boccard, 1992.

Cunliffe, Barry *et al. The Temple of Sulis Minerva at Bath*. 2 vols. Oxford: Oxford Committee for Archaeology, 1988.

Cunliffe, Barry. *Fertility, Propitiation and the Gods in the British Iron Age*. Amsterdam: Universiteit van Amsterdam, 1993.

Deyts, Simone. *Les Bois sculptés des Sources de la Seine*. Paris: CNRS, 1983.

---

[28] Paul-Marie Duval, *Les Dieux de la Gaule, op. cit.*, 119.

Duval, Paul-Marie. *La vie quotidienne en Gaule pendant la paix romaine*. Paris: Hachette, 1952.

———— *Les Dieux de la Gaule*. 2nd edition. Paris: Payot, 1976.

Kruta, Venceslas. *Le Trésor de Duchkov dans les collections tchécoslovaques*. Ústi nad Labem: Severočeské nakladatelstvi, 1971.

Landes, Christian, ed. *Catalogue de l'exposition: Dieux guérisseurs de la Gaule*. Lattes: Musée archéologique Henri Prades, 1992.

Stead, Ian, John Bourke, David Brothwell. *Lindow Man. The Body in the Bog*. London: British Museum Press, 1986.

Wait, G. A. *Ritual and Religion in Iron Age Britain*. Oxford: British Archaeological Reports, 1985.

# CHAPTER 2

# Souvenirs de Baïes ou la construction littéraire d'un archétype de la ville d'eaux

Marie-Thérèse CAM

Baïes mérite à plus d'un titre sa réputation d'archétype de la "ville d'eaux," syntagme au charme désuet aujourd'hui, dont le second élément est toujours au pluriel, en latin comme en français, quand il s'agit des eaux thermales et des aménagements pour les recevoir. Les *Aquae Baianae* ou *Aquae Cumanae* (Baïes est sur le territoire de Cumes), et leurs voisines de Campanie, *Aquae Puteolanae, Aquae Stabianae*, à trois jours de cheval de Rome, attirent, dès les années 60 av. J.-C., tout ce qui compte dans l'*Vrbs*, la "jet-set" de la fin de la République; l'engouement ne se dément pas pendant le Haut Empire, d'Auguste aux Sévères (Ier s. ap. J.-C.-début du troisième siècle): les empereurs eux-mêmes, leur entourage, la nouvelle aristocratie impériale, donnent son éclat à la vie mondaine.[1] Quand la saison bat son plein en été, on vient s'y faire soigner, s'occuper de ses affaires, goûter le frais loin des jours caniculaires de Rome, entre soi, car Baïes est élitiste, dans un paysage de rêve, le *locus amoenus* que la poésie et la peinture des IIIe et IVe styles pompéiens représentent avec prédilection, dans un décor architectural, public et domestique, où les ambitions auliques et gentilices rivalisent d'originalité et de luxe. Baïes est plus qu'une ville d'eaux, elle est la ville des eaux: eaux chaudes salutaires et thérapeutiques, eaux des bassins artificiels

---

[1] La société, les activités, le développement de Baïes ont été étudiés, à travers les textes et les découvertes archéologiques, par John d'Arms, *Romans on the Bay of Naples. A Social and Cultural Story of the Villas and Their Owners from 150 BC to AD 400* (Harvard: Harvard University Press, 1970); Xavier Lafon, *Villa maritima. Recherches sur les villas littorales de l'Italie romaine* (Rome: BEFAR 307, 2001).

bordés de portiques, et des lacs, eau des viviers de poissons et de coquillages, eau de la mer où l'on se baigne, que l'on capte dans des conduits pour l'acheminer vers des piscines, qu'une architecture inventive et audacieuse apprivoise, eaux utiles qu'on rentabilise, eaux des balnéaires et des plaisirs. Station thermale et balnéaire, cité de plaisance, elle invente avec les élégantes *uillae maritimae* l'art de la *villegiatura*. Après les tourmentes du milieu du IIIe siècle, les centres du pouvoir se sont déplacés, plus au nord en Italie, à Milan ou Ravenne, ou en dehors de l'Italie, à Trèves, à Constantinople même. Au IVe s. Baïes n'est plus à la mode, même si l'activité hydro-thérapique n'y cesse pas.

Il est difficile aujourd'hui d'imaginer ce que fut Baïes antique: située dans les Champs Phlégréens,[2] elle a pour une bonne part disparu sous l'eau à cause du bradysisme ou été détruite, à cause des secousses telluriques constantes; l'éruption de 1538 combla en grande partie le lac Lucrin et fit disparaître l'essentiel des aménagements antiques civils et militaires.[3] Les fouilles sous-marines ont dégagé des chefs d'œuvre statuaires (présentés au musée de Baia), les plans de ce qui fut jadis Baïes, avec ses villas hautes et basses, dont certaines étaient sises sur le cordon littoral, zone la plus exposée à l'enfon-cement, sans doute dès le IIIe s., autour d'un plan d'eau où l'on accédait de la mer par un chenal.[4]

Si Baïes continue de vivre dans le souvenir, c'est qu'elle eut aussi des "médias" qui amplifièrent le phénomène de mode dès son lance-ment et au long des deux siècles suivants et en firent un vrai mythe, comme le cinéma, la peinture ou le roman pour Deauville, Saint-Tropez, Capri. Plombières et Baden restent dans le souvenir parce que Montaigne y est allé essayer les eaux pour se soulager de la maladie de la pierre et qu'il appréciait la joyeuse compagnie qu'il savait y trouver. Clusium, Cutilie ou Sinuessa ou les *Aquae Albulae* à Tivoli, pourtant aussi prisées dans l'Antiquité, n'ont pas eu la notoriété de Baïes.

---

[2] Voir *I Campi Flegrei, un itinerario archeologico*, a cura di P. Amalfitano, G. Camodeca, M. Medri (Venezia: Marsilio Editori, 1990), 185-235.

[3] M. Pagano, "Il lago Lucrino. Ricerche storiche e archeologiche," *Puteoli* 7-8 (1983-1984): 113-226.

[4] G. Di Fraia, N. Lombardo, E. Scognamiglio, "Contributi alla topografia di Baia sommersa," *Puteoli* 9-10 (1986): 211-300.

Nous voulons mettre l'accent dans cette contribution sur les divers aspects de la mythification de Baïes, sur les permanences et l'actualisation de son image. Les (plus) rares témoignages littéraires de l'Antiquité tardive, aux IV^e-V^e siècles, perpétuent le mythe et l'enrichissent de nouvelles significations. Ils ont souvent déçu parce qu'ils étaient jugés pur jeu d'érudition, artifices rhétoriques, poncifs, clichés.[5] Or, si les réminiscences textuelles sont une des composantes du plaisir partagé d'une culture commune et assurent à l'œuvre nouvelle des garants de poids, l'*auctoritas* dont toute nouveauté tire sa légitimité dans le monde romain, le public cultivé sait aussi apprécier l'originalité dans la recomposition du modèle, l'éclairage inédit à la faveur de l'histoire récente, la pertinence du symbole. Ausone et Sidoine, pour ne citer qu'eux, ont fait de Baïes une ambassadrice de la douceur de vivre à la romaine, transportée dans d'autres lieux, en d'autres temps.

## 1- Thermalisme et thalassothérapie à Baïes

Le thermalisme est le fil conducteur de l'activité de Baïes et de sa région, de l'Antiquité jusqu'à nos jours: le premier témoignage connu est apporté par Tite-Live, 41, 16, à propos du consul Cn. Cornelius Scipio, tombé paralysé et venu se faire soigner en 176 av. J.-C. aux *Aquae Cumanae* où il mourut.

Deux facteurs ont favorisé l'essor de l'hydrothérapie dès le II^e s. av. J.-C. et surtout au siècle suivant. Le premier est lié à la diffusion de la science et de la médecine grecques, malgré les résistances nationales.[6] L'ouvrage hippocratique, *Airs, eaux, lieux,* destiné à des médecins itinérants, en démontrant l'importance de l'influence du climat et de l'eau sur la santé des hommes, leurs conformations et leurs caractères,[7] a profondément orienté la science antique (ethnologie,

---

[5] Lafon, *Villa maritima,* 258-59; la correspondance de Symmaque, miroir de la vie mondaine de la classe sénatoriale, par ses recherches de style, suscite aussi la défiance (ibid., 195; voir *infra* n. 45).

[6] Archagathus venu du Péloponnèse à Rome en 219 av. J.-C., est le premier médecin exerçant aux frais de l'Etat romain: G. Marasco, "L'introduction de la médecine à Rome: une dissension politique et idéologique," in *Ancient Medicine in its Socio-Cultural Context,* ed. Ph.J. van der Eijk, H.F.J. Horstmanshoff, P.H. Schrijvers (Amsterdam–Atlanta, GA, 1995), 35-48.

[7] J. Jouanna, "L'eau, la santé et la maladie dans le traité hippocratique des *Airs, eaux, lieux,*" in *L'eau, la santé et la maladie dans le monde grec,* ed. R. Ginouvès, A.-M. Guimier-Sorbets, J. Jouanna, L. Villard, *Bulletin de*

anthropologie, médecine, architecture, urbanisme). La théorie des climats, que les stoïciens (Posidonios d'Apamée entre autres) ont diffusée à Rome, trouve des développements chez Vitruve, Varron, Strabon, Sénèque, Pline l'Ancien.[8] D'autre part, depuis longtemps en Grèce, on pratique la thérapie par le bain,[9] souvent aussi en relation avec un sanctuaire ou une divinité chthonienne comme Asclépios.[10] Au tout début du Ier siècle à Rome, un médecin grec, Asclépiade de Pruse,[11] très apprécié de Cicéron, prône une thérapie douce sans médicament, par la diététique, le bain, le massage, l'exercice et la promenade.

Le second facteur est proprement romain et conjoncturel. En matière d'utilisation de l'eau et d'aménagements hydrauliques, l'innovation romaine est triple, technique: les ingénieurs romains ont développé le réseau d'aqueducs[12] à partir du début de l'Empire pour acheminer l'eau loin de son captage, jusque dans les villes; architecturale et politique: les thermes romains sont construits par des mécènes, essentiellement par les empereurs; ils ont un caractère collectif, laïc et

---

*Correspondance hellénique*, Supplément 28 (1994): 24-40; *Hippocrate*, t.2, 2e partie, *Airs, eaux, lieux*, texte établi et traduit par J. Jouanna, Coll. des Universités de France.

[8] On connaît par Vitruve (*De architectura* 1 et 8) et par Pline l'Ancien (*nat.* 31), entre autres, les lieux réputés pour leurs eaux. Pline, 31, 4-12, rend un véritable hommage à ce don du ciel qu'est l'eau. La théorie des climats fonde les préceptes d'urbanisme donnés par Vitruve, *arch.* 1, 6, 1-3 (CUF, Introd. p.XCIV-XCIX, éd. Ph. Fleury).

[9] L. Villard, "Le bain dans la médecine hippocratique," in *L'eau, la santé et la maladie,* 41-60. Voir plus généralement sur le thermalisme antique L. Melillo, "Il termalismo nel mondo antico," *Medicina nei Secoli*, NS 7(3) (1995): 461-83; E. Dvorjetski, "Thermo-mineral Waters in Eastern Mediterraneen Basin: Historical, Archaeological and Medicinal Aspects," *Aram* 13-14 (2001-2002): 487-514.

[10] V. Boudon, "Le rôle de l'eau dans les prescriptions médicales d'Asclépios chez Galien et Aelius Aristide," in *L'eau, la santé et la maladie,* 157-168.

[11] Pline, *nat.* 23, 19, 32; 23, 22, 38; 26, 7, 12-13; Celse, *med. prooem.* 11 (et n.2 p.121, CUF, éd. G. Serbat). Il était d'obédience hippocratique mais surtout méthodique: l'école méthodique conçoit le corps comme un ensemble d'atomes et de vide (les pores dans le corps qui laissent circuler les atomes), selon la théorie épicurienne; la santé est un équilibre. La maladie vient d'un excès dans les deux communautés fondamentales, le relâché ou le resserré, le médecin doit donc rétablir l'équilibre.

[12] J.-M. Roddaz, *Marcus Agrippa* (Rome: BEFAR 253, 1984), 148-52.

public et accueillent le peuple. C'est l'Etat, en la personne de l'empereur, qui devient évergète, et assure la fondation des édifices et leur fonctionnement. Les thermes sont un lieu de rencontre, avec espaces sportifs, jardins, œuvres d'art, plans d'eau, bibliothèques et ont une vocation sociale et culturelle dont le pouvoir tire une grande fierté.[13] Il existe aussi de nombreux balnéaires ouverts au public et exploités par des particuliers. Baïes connut les deux types d'exploitation.

L'atout de Baïes, dans une région volcanique, est d'avoir des vapeurs chaudes qui surgissent à la surface par des fissures du sol, et des eaux chaudes, de température et de composition physico-chimique diversifiées, qui sourdent à même le sol ou à quelque profondeur, dont les vertus ont été reconnues de manière empirique dans l'Antiquité et auxquelles les analyses modernes ont donné un fondement scientifique.[14] Cette richesse géologique naturelle est exploitée sur le plan économique, soit comme source de chaleur naturelle (géothermie), sans qu'on ait besoin de fours pour chauffer les hypocaustes,[15] pour alimenter le bain à caractère hygiénique ou les salles de sudation, soit dans une perspective thérapeutique. Vitruve, au livre 8 du *De architectura*, et Pline au livre 31 de l'*Histoire naturelle*, ont décrit les eaux et en ont proposé une classification.[16] Vitruve, *arch.* 2, 6, 2, mentionne l'exploitation des vapeurs chaudes de Baïes, sur le territoire de Cumes, dans des étuves creusées à même le sol. Celse, *De medicina*, 2, 17, corrobore cet usage au premier siècle:

> On excite la sueur de deux manières: par la chaleur sèche ou par le bain. La chaleur sèche est celle du sable chaud,[17] de l'étuve laco-

---

[13] Ibid., 278-91 sur les thermes et les jardins d'Agrippa à Rome.

[14] Ch. Dubois, *Pouzzoles antique* (*histoire et topographie*) (Paris, 1907), 340-48.

[15] Sénèque, *nat.* 3, 24; Lafon, *Villa maritima,* 196.

[16] Voir L. Bonnard (avec la collaboration du docteur Percepied), *La Gaule thermale. Sources et stations thermales et minérales de la Gaule à l'époque gallo-romaine* (Paris, 1908), 23-29, sur les témoignages médicaux antiques. Les eaux sulfureuses calment la douleur, soignent les maladies de peau (vitiligo, lèpres), les vieux ulcères, l'arthrite, les rhumatismes, la goutte, l'hydropisie…

[17] Pline, *nat.* 31, 72, évoque la propriété siccative du sable qui dessèche le corps des hydropiques et des malades atteints de fluxions. Voir aussi Cassius Félix, *med.* 76, 14 (notes p. 209 et 237 d'A. Fraisse, CUF).

nienne, du four et de certaines étuves naturelles, où la vapeur chaude
exhalée du sol est retenue dans un édifice comme nous en avons au-
dessus de Baïes dans les bosquets de myrtes (trad. G. Serbat, CUF).[18]

Les eaux sulfureuses de Baïes sont réputées soigner les maladies
nerveuses grâce à l'échauffement et chasser du corps les humeurs
mauvaises (Vitruve, *arch.* 8, 3, 4)[19]. Horace vient à Baïes se soulager
de la goutte et constate que ses contemporains préfèrent (momentanément) des eaux médicinales froides ailleurs.[20] Pline précise, *nat.*
31, 4-5:

On n'en trouve pourtant nulle part abondance plus grande qu'au golfe
de Baïes, ni qui aient plus de vertus médicales (*pluribus auxiliandi*

---

[18] *Sudor etiam duobus modis elicitur, aut sicco calore aut balneao. Siccus
calor est et harenae calidae et Laconici et clibani et quarumdam naturalium
sudationum ubi terra profusus calidus uapor aedificio includitur, sicut super
Baias in murtetis habemus* (cf. 3, 21, 6, *sudationes siccae*).

[19] *Omnis autem aqua calida ideo in prauis rebus est medicamentosa quod
percocta aliam uirtutem recipit ad usum. Namque sulfurossi fontes neruorum
labores reficiunt percalefaciendo exurendoque caloribus e corporibus umores
uitiosos* (éd. L. Callebat, CUF). Les eaux sulfureuses soignent des affections
diverses (respiratoires, dermatologiques, gynécologiques) et sont bénéfiques à
la circulation et à l'innervation.

[20] Horace, epist. 1, 15, 1: *sane murteta relinquis / dictaque cessantem neruis
elidere morbum / sulpura contemni uicus gemit, inuidus aegris / qui caput et
stomachum supponere fontibus audent / Clusinis Gabiosque petunt et frigida
rura* ("…oui, voyant qu'on délaisse ses bois de myrte, qu'on dédaigne ses
soufres qui passaient pour faire sortir des tendons la maladie invétérée, le
bourg gémit; il en veut aux malades qui osent placer leur tête et leur estomac
sous les fontaines de Clusium et qui se rendent à Gabies et dans ses froides
campagnes", trad. Fr. Villeneuve, CUF). Sous Auguste, Baïes connaît
momentanément moins de fréquentation (Lafon, *Villa maritima*, 195): le
médecin Antonius Musa a sauvé le prince en lui prescrivant des bains froids,
ce qui lui valut de grands honneurs. Mais la même thérapie fut fatale à
Marcellus, l'héritier présomptif, en 23 av. J.-C.; Properce, *Elégies*, 3, 18, 1-10,
apostrophe Baïes: "Dans cette enceinte où la mer se joue, à l'abri du ténébreux
Averne, aux humides et tièdes marécages de Baïes, là où repose sur la grève le
trompette troyen Misène, où sonne et résonne la route que bâtit la main
d'Hercule, là où (mortel bienveillant, il allait conquérant les villes) les
cymbales retentirent en l'honneur du dieu thébain, odieuse, criminelle Baïes,
quelle divinité ennemie s'est donc emparée de tes eaux?" (*at nunc inuisae
magno cum crimine Baiae, / quis deus in uestra constitit hostis aqua*).

*generibus*): les unes agissent par la vertu du soufre, d'autres par celle de l'alun, du sel, du nitre ou du bitume, quelques unes aussi par l'effet d'un mélange acide ou salé; certaines sont utiles par leur seule température, et leur efficacité est si grande qu'elles chauffent les bains et font même bouillir l'eau froide dans les baignoires…[21]

Mais il faut, dit Pline (*nat.* 31, 59), respecter les conditions strictement définies par le corps médical:[22]

Je m'étonne qu'Homère n'ait pas fait mention des sources thermales (*calidorum fontium*), bien qu'il ait d'ailleurs souvent représenté des bains d'eau chaude; c'est qu'apparemment la médecine n'utilisait pas alors comme elle le fait aujourd'hui la ressource des eaux. Or l'eau sulfureuse est bonne pour les nerfs (*utilis sulpurata neruis*), l'eau alumineuse pour les paralysies et asthénies du même genre, l'eau bitumineuse ou nitreuse—comme celle de Cutilie—en boisson ou en purge. Beaucoup de gens tiennent à gloire d'endurer très longtemps la chaleur des sources chaudes, ce qui est très néfaste: en effet leur usage ne doit être guère plus prolongé que celui des bains, il faut le faire suivre d'ablutions d'eau douce fraîche, et ne pas s'en aller sans se frotter d'huile, pratique qui, aux yeux du public est préjudiciable; aussi n'est-on nulle part plus exposé aux maladies, car la tête est à la fois envahie par la puissance de leur odeur et attaquée par le froid puisqu'elle sue quand le reste du corps est immergé.

Ce qui suppose qu'à Baïes, à chaque balnéaire à vocation thérapeutique, étaient attachés un certain nombre de médecins qui prescrivaient aux patients la marche à suivre.

Au Ier s. ce sont les poètes, Silius Italicus, Stace, Martial, qui chantent le mieux les eaux chaudes de Baïes, et surtout Stace, originaire de

---

[21] *Nusquam tamen largius quam in Baiano sinu nec pluribus auxiliandi generibus: aliae sulpuris ui, aliae aluminis, aliae salis, aliae nitri, aliae bituminis, nonnullae etiam acida salsaue mixtura, uapore ipso aliquae prosunt, tantaque est uis, ut balneas calefaciant ac frigidam etiam in soliis feruere cogant …, quae in Baiano Posidianae uocantur, nomine accepto a Claudii Caesaris liberto, obsonia quoque percocunt.* Sur l'effet stimulant des eaux sulfureuses sur le système nerveux et circulatoire et son action en dermatologie, voir Melillo, "Il termalismo," 477-78.

[22] A. Garzya, "L'eau dans la littérature médicale de l'Antiquité tardive," in *L'eau, la santé et la maladie,* 109-119; Boudon, "Le rôle de l'eau," 157-68.

la région.[23] Au Ve siècle, pour Sidoine Apollinaire, *epist.* 5, 14, 1, Baïes est la référence en matière de ville thermale et il donne son nom à une ville d'eaux auvergnate (peut-être Vichy ou Chaudesaigues.[24] Cassiodore, au début du VIe siècle, confirme que Baïes remplit sa vocation de lieu de repos et de soin, quand le corps est las des tâches militaires et politiques, et offre le cadeau sans prix de la santé (*impretiabili munere sanitatis*).[25] Au début du Moyen Âge, le témoignage d'Isidore de Séville, *etym.* 14, 4, 19 (*et tepentes fontibus Baias*), et

---

[23] Silius Italicus, *Punica*, 12, 113 (*tepentes unde ferant nomen Baiae*); Stace, *silu.* 3, 2, 13-20 (en l'honneur de Mécius Celer): *Baianosque sinus et feta tepentibus undis / litora* "autour de la rade de Baïes et des rivages féconds en eaux chaudes" (trad. H.J. Izaac, CUF); *silu.* 3, 5, 95-96, "Baïes aux sources fumantes" (*uaporiferas Baias*); *silu.* 4, 3, 24-26 (éloge de la voie Domitienne qui rapproche Rome de la brûlante Baïes, *aestuantes... Baias*); *silu.* 5,3,169-171: *qua mediis alte permissus anhelat / ignis aquis et operta domos incendia seruant* ("lieu où halète le feu lancé à travers la profondeur des eaux et où des incendies cachés laissent intactes les maisons"); Martial, *ep.* 4, 57, 1-2: *et quae pumiceis fontibus antra calent* ("les grottes que chauffent les sources volcaniques"), 5, *nec satis est Baias igne calere suo* ("Ce n'est point assez que Baïes brûle de ses propres feux"). Au IIe siècle, Fronton, *Correspondance, ad M. Caesarem*, 1, 3, 5, compare l'amitié spontanée et désintéressée aux profondeurs chaudes naturelles de Baïes: *Baiarum ego calidos specus malo quam istas fornaculas balnearum, in quibus ignis cum sumptu atque fumo accenditur breuique restinguitur*, "Je préfère les grottes chaudes de Baïes à ces petits fours des bains où le feu est attisé avec frais et fumée et s'éteint facilement" (trad. P. Fleury. Paris: Les Belles Lettres, 2003).

[24] "Est-ce une Baïes aux bains chauds et son eau sulfureuse vomie par les cavités de roches raboteuses (*Calentes nunc te Baiae et scabris cauernatim ructata pumicibus aqua sulpuris*), est-ce sa piscine salutaire aux malades du foie et de la poitrine qui font actuellement tes délices? (trad. A. Loyen, CUF) (lettre écrite à Aper de Clermont-Ferrand en 473).

[25] *Variarum libri duodecim*, 9, 6, 6: *Cum diuturnis laboribus excubares, ita te inbecillitate corporis asseris grauiter sauciatum, ut nec ad famam militiae percipiendam possis occurrere, ad quam constat uoto te praecipiti festinasse, metuens ne per absentiam tui ab ipsis paene faucibus dulcissimus tibi fructus uideatur auferri, postulans etiam ut, algentis corporis necessitate constrictus, Baiani lauacri siccitate laxeris... Quid mihi cum pretiis, si animus non fruatur optatis? Baianis litoribus nil potest esse praestantius, ubi contingit et dulcissimis deliciis uesci et impretiabili munere sanitatis expleri. Fruere igitur bonis nihilominus expetitis: nostris beneficiis ad tua emolumenta peruenies: Baianis remediis consequere rem salutis.*

dans les mêmes termes celui des *Itineraria et alia geographica*,[26] perpétuent le souvenir de Baïes. Dans les textes (cités en notes), les adjectifs *tepentes, calentes, uaporiferae, aestuantes, calidi* vantent la chaleur, *antra, specus, cauernatim* renvoient aux grottes creusées dans le sol. Ces étuves naturelles ou artificielles sont représentées dans les miniatures qui ornent le *De balneis Puteolanis* de Pietro d'Eboli[27] au XIIIe siècle: les traités *De balneis* sont nombreux à la fin du Moyen Âge et à la Renaissance,[28] où l'on redécouvre les bienfaits des bains. Aujourd'hui les mouvements telluriques ont détruit les installations souterraines, mais on peut toujours se faire soigner dans des étuves maçonnées de la Solfatare à Pouzzoles, et Castellamare di Stabia accueille les curistes.

La thérapie par les bains de mer ou l'eau de mer[29] avait aussi sa place. Si Auguste se déplaçait vers la mer ou les sources thermales, Néron fit amener de l'eau de mer dans les salles de bain de la Domus Aurea et avait commencé la construction d'une piscine entre Misène

---

[26] *Versus de Asia et de uniuersi mundi rota*, str. 39, 115: *Habet lacumque Venacum, Auernum et Lucrinum / fluuiumque Eridanum et Tiberim maximum; / sic tepentes manat fontes Baias, gemmas tribuit.*

[27] Ecrit entre 1211 et 1220 pour Frédéric II: C.M. Kauffmann, *The Baths of Pozzuoli. A Study of the Medieval Illuminations of Peter of Eboli's Poem* (Oxford, 1959).

[28] J.-M. Agasse, "*La question* De Balneis *dans la littérature néo-latine de la Renaissance*," Actes du XXXVIe Congrès de l'APLAES, ed. M.-F. Marein et P. Voisin (Pau, 2004), 115-28.

[29] L'eau de mer, froide ou chaude (elle a plus de vertus si elle est chaude), jouit d'une grande renommée depuis longtemps: un texte anonyme du Corpus hippocratique, *De l'usage des liquides* (§3, éd. R. Joly, CUF, t.6, 2e partie), la vante pour les prurits, les démangeaisons, les ligaments; elle arrête les plaies rongeantes. Appliquée chaude, elle soulage les douleurs, les fièvres, aide les os à se resouder en cas de fracture, sert à réduire les contusions, à rendre le corps plus sec; en dermatologie, elle soigne la gale et le lichen, les vermines de la tête, les piqûres de tarentules et de scorpions (Pline, *nat.* 31, 62-66). L'eau de mer chaude résout les tumeurs (*Medicina Plinii*, 3, 30, 50) et la médecine moderne utilise effectivement l'iode en application sur les ganglions (Pline, *nat.* 31, 63, et note de la CUF). Pline (31, 66) recommande les bains de mer en cas de seins gonflés, atteste une amélioration pour les viscères et l'émaciation; les luxations se remettent grâce à la nage dans toute eau (31, 71). Rufus d'Ephèse, *Pod.* 6, 2, conseille la nage dans la mer pour restaurer la souplesse des articulations atteintes de goutte.

et le lac Averne pour stocker les eaux thermales de Baïes.[30] Le transport devait avoir un coût exorbitant et donc être très rare, et Galien de
Pergame au IIe s. se moquait d'un homme riche qui fit transporter de
l'eau de la Mer Morte en Italie.[31] Une inscription épigraphique fait la
promotion de l'établissement de M. Crassus Frugi à Pompéi.[32] "Bains
à l'eau de mer et à l'eau douce. Januarius l'affranchi le recommande. "
Il faut donc imaginer dans les thermes ou les balnéaires en fonctionnement le travail des médecins, des corporations d'apothicaires,
d'herborists et autres pourvoyeurs de la pharmacopée en produits
exotiques, huiles, onguents, parfums (Pouzzoles n'est pas loin). Le
thermalisme, qui attirait les curistes, générait une économie lucrative
pour des particuliers, propriétaires de balnéaires et de terrains, comme
ce Licinius Crassus âpre au gain, mentionné par Pline, *nat.* 31, 5, ou
pour la cassette impériale, quand les terrains et les bâtiments passèrent
dans le domaine de l'Etat par confiscation ou legs.[33]

**2- Le succès et les atouts de Baïes qui en font un lieu à la mode,
environné de légendes**

Les sources d'eau chaude et leur exploitation économique n'expliquent pas à elles seules ce qui fit le succès de Baïes. L'attrait de la
région est dû à un climat sabubre et doux, à la fertilité du sol (blé,
vignes et vins réputés, fruits), à une mer poissonneuse, à son dyna-
misme économique et à l'exceptionnelle beauté du site.

Les auteurs, poètes ou prosateurs, rivalisent d'épithètes flatteuses,
s'imitant les uns les autres: *liquidus* ("limpide"), *amoenus, blandus,
felix* ("charmant," "caressant," "bienheureux"), *hospitalis* ("accueillant"), *fertilis* (Prudence, *Contre Symmaque,* 746), *praestans*
(Cassiodore) reviennent en écho. La "limpide Baïes" charme Horace
(*carm.* 3, 4, 24, *liquidae Baiae*) et Symmaque, *epist.* 1, 8 (*liquida*

---

[30] Mais Suétone, *Nero,* 31, qualifie ces entreprises de "gaspillage," "folie de
dépenses."
[31] Galien, *De simplicium medicamentorum temperamentis,* 4, 20 (XI 692
Kühn).
[32] D. Gourevitch, "La cuisine du corps féminin: l'eau dans le livre III du traité
gynécologique de Soranos d'Ephèse," in *L'eau, la santé et la maladie,* 101.
[33] Lafon, *Villa maritima,* 195-96. Il est probable que les curistes se logeaient,
dans les deux premiers siècles de notre ère, à Pouzzoles; entre le IIe et le
IIIe siècles, des villas sur la crête sont transformées en auberges (*Ibid.,* 257).

*Baiana*); Stace, *silu.* 4, 7, 17-20, évoque le rivage si caressant (*blandissima litora, silu.* 3, 5, 95-96), le port plein de charme (*portu amoeno*), faisant de Baïes un *locus amoenus* à la manière des paysages peints; Pomponius Mela, *De chorographia*, 2, 69, chante "les charmants rivages de la Campanie" (*amoena Campaniae litora*), et Juvénal l'isolement de Cumes voisine de Baïes (*sat.* 3, 4 *ianua Baiarum est et gratum amoeni / secessus*, "Cumes est la porte de Baïes; cette côte charmante offre une délicieuse retraite". Polybe déjà (*Histoires*, 3, 91) et Strabon en grec (*Géographie*, 5, 242, "plaine la plus heureuse [*eudaimonestaton*] d'Italie"), Pline, *nat.* 3, 61 (*felix Campania*), font l'éloge de toute la Campanie, favorisée des dieux. Pour Florus, panégyriste de Rome, qui publie son tableau sous le règne d'Hadrien (IIe s.) et qui se souvient de Pline (*nat.* 3, 60-63), la Campanie est la plus belle région du monde (*Œuvres*, 1, 11, 3-4, *pulcherrima Campaniae plaga*), pour la douceur de son climat, la richesse de son sol, l'hospitalité de la mer, c'est-à-dire du littoral (*nihil mollius caelo... nihil uberius solo... nihil hospitalius mari*), et il poursuit en énumérant les ports illustres, les lacs "où la mer en quelque sorte se délasse" (*hic illi nobiles portus Caieta Misenus, tepentes fontibus Baiae, Lucrinus et Auernus, quaedam maris otia*; éd. P. Jal, CUF). Florus est repris mot pour mot par l'historien Iordanes[34] (fin V[e]-début du VIe s.) et par Paul Diacre[35] (*Historia Romana*, 2, 8; VIIIe s.). Ainsi, de siècle en siècle, Baïes et la Campanie sont célébrées dans les mêmes termes, avec le même lyrisme.

Baïes bénéficie du développement économique et stratégique de la région. En face de la cité, Pouzzoles,[36] avec ses industries, ses carrières et ses mines (soufre, pouzzolane), ses produits agricoles (vins,

---

[34] *Iordanis Romana et Getica, recensuit Th. Mommsen* (*Monumenta Germaniae Historica, Auctorum Aantiquissimorum*, t. 5, pars prior, 143, 17): *Nihil hospitalius mari: hic illi nobiles portus Caieta, Misenus, tepentes fontibus Baiae, Lucrinus et Auernus quaedam maris hostia* (*otia* doit être rétabli dans le texte, d'après Florus, comme le signale l'apparat critique).

[35] *Omnium siquidem non modo Italiae tantum sed paene toto orbe terrarum pulcherrima Campaniae plaga est: nihil hospitalius mari; hic illi nobiles portus Caieta Misenus, tepentes fontibus Baiae, Lucrinus et Auernus, quaedam maris ostia* (il faut sans doute là encore rétablir otia).

[36] Dubois, *Pouzzoles antique,* 64-83 sur l'histoire de Pouzzoles, détrônée en partie par Ostie sous Claude, avant que Naples au VIe s. prenne le relais dans la région; 117-34, sur les industries.

fruits), ses industries (céramique, verrerie, métallurgie du fer, production de couleurs (le bleu de Vestorius), son artisanat d'art (la mosaïque), les docks de l'annone, ses commerces, son grand port d'où l'on s'embarque vers l'Orient et l'Egypte, vers l'Espagne, ses banques, attire les hommes d'affaires, les armateurs, les riches, de longue ou de fraîche date.[37] Á l'entrée du Lucrin, le Portus Iulius est construit par Agrippa,[38] gendre d'Auguste, pour accueillir des chantiers navals et une puissante flotte à l'abri des môles; et plus tard au Ier siècle, quand le Portus Iulius s'ensable, Misène accueille la flotte qui surveille toute la partie occidentale de la méditerranée, dont l'amiral le plus célèbre reste Pline l'Ancien le Naturaliste, mort dans les parages en 79 au moment de l'éruption du Vésuve. Grâce à la sécurité de la mer, les hommes d'affaires prospèrent. L'aristocratie de la fin de la République, enrichie par deux siècles de conquêtes, par l'exploitation des provinces, l'afflux des richesses d'un vaste empire, les entreprises financières, puis celle d'Empire font bâtir dans la région, génèrent des activités lucratives dans le commerce de la table et du luxe: la mer est célèbre pour ses poissons, le lac Lucrin, pour ses parcs à huîtres et ses viviers: un nouveau type de *uilla* de rapport apparaît, avec des élevages de coquillages et de poissons,[39] qui figurent sur les meilleures tables. Le vin du Gaurus est célébré encore par

---

[37] Toute la Campanie est attractive pour qui veut faire de l'argent: Pétrone (romancier du début du IIe s.) fait vivre ses personnages et le fameux Trimalchion, le "trois fois roi," à Naples, un peu plus au sud.

[38] Roddaz, *Marcus Agrippa*, 95-114; les constructions portuaires d'Auguste sont encore dans la mémoire de Symmaque, *Orationes*, 1, *Ecce Baias sibi Augustus a continuo mari uindicat et molibus Lucrinis sumptus laborat imperii.*

[39] Voir Varron, *rust.* 3, 17, 9 (viviers construits par Lucullus dans sa propriété de Baïes, avec un tunnel communiquant avec la mer pour apporter de l'eau fraîche aux poissons); Pline, *nat.* 9, 172, viviers de l'orateur Hortensius. Les coquillages de Baïes sont réputés: Horace, *sat.* 2, 4, 30; Martial, *ep.* 10, 37, 11 et *Xenia* (*ep.* 13), 82, 1; deux siècles plus tard, Ausone, *epist.* 13, 1-3 (= *epist.* 7, 2, et *epist.* 3 (= *epist.* 9, 30), vante des huîtres élevées sur des pilotis (*uel quae Baianis pendent fluitantia palis*). Les viviers sont célèbres encore au Moyen Âge, *Mythographe du Vatican*, 2, 184, 1 (= Supplementum V, 228, 1), "Dans le golfe de Baïes en Campanie, face à Pouzzoles, sont deux lacs, l'Averne et le Lucrin, qui jadis, à cause de leur abondance en poissons, fournissaient de gros revenus aux Romains."

Ausone et par Symmaque au IV$^e$ siècle[40] et la générosité du lieu par ce dernier (*epist.* 1, 7, 1): "Durant ces mois, la Campanie se pare en effet de la richesse de ses champs et de la beauté de ses vergers; à Baïes, le climat se tempère d'un peu de pluie et d'un soleil modéré; une masse de bonnes choses couvrent ces tables que vous menacez de toute une troupe de commensaux."[41]

Il y eut convergence entre des facteurs historiques, économiques, sociaux, culturels, de nouvelles exigences de confort matériel, l'aspiration à un mieux être physique et à un *otium* raffiné, rendues réalisables par des moyens financiers. Baïes, où Caton, Marius, César, Pompée, Cicéron avaient leurs résidences, "lancée" dans la première moitié du I$^{er}$ s. av. J.-C., fut une chasse-gardée de l'aristocratie.[42] L'épithète flatteuse de Martial, *ep.* 6, 42, 7, *principes Baiae*, est sans doute polysémique: "la reine des stations" et "l'aristocratique Baïes," "Baïes séjour des princes," où il est de bon ton d'avoir une résidence luxueuse, où tout ce qui compte dans les milieux politiques et économiques se retrouve en été. Les empereurs y ont leur palais: Alexandre Sévère (222-35) y fait encore construire en l'honneur de sa mère et aménagé des pièces d'eau.[43] Aristocratique et élitiste, Baïes l'est au

---

[40] Symmaque, *epist.* 1, 8, s'inspirant de *La Moselle* d'Ausone (208-12), loue les vignobles du Gaurus, les Naïades thermales de Baïes, Vénus marine de Chypre: *Iamdudum uestri cupiunt Lucrina tacita et liquida Baiana et Puteoli adhuc celebres et Bauli magnum silentes....ubi alte turbis quiescitur, ubi fruendis feriis modus nullus est, Vbi corniger Lyaeus / operit superna Gauri / Volcanus aestuosis / medium coquit cauernis, / tenet ima pisce multo / Thetis et Baiae sorores./ Calet unda, friget aethra,/Simul innatat choreis, / Amathusium renidens, / Salis arbitra et uaporis, / Flos siderum, Dione* ("Depuis longtemps vous réclament la paix du Lucrin, le ciel limpide de Baïes, Pouzzoles toujours si fréquentée et le profond silence de Baules… Là on s'enfonce dans le calme, loin des foules; là, on profite sans borne de ses vacances, Là Bacchus cornu / Couvre les sommets du Gaurus, / A mi-hauteur Vulcain bouillonne, / A Thétis, à ses sœurs de la poissonneuse Baïes / Appartient le pied des monts. / Mer chaude, fraîcheur du haut du ciel; / Entourée d'une ronde chantante, / Rayonnante de sa beauté chypriote, / Maîtresse de l'onde et de l'air vaporeux, / Nage, Dioné, fleur des astres").
[41] Trad. J.-P. Callu, CUF.
[42] Lafon, *Villa maritima,* 188-98.
[43] *Histoire Auguste, Vie d'Alexandre Sévère,* 26, 9-10: *...et in Baiano palatium cum stagno, quod Mammaeae nomine hodieque censetur. Fecit et alia in Baiano opera magnifica in honorem adfinium suorum et stagna stupenda admisso mari:* "…et à Baïes un palais avec un bassin qui, aujourd'hui encore,

II$^e$ s. pour ceux qui, comme Martial, n'ont pas les moyens d'y vivre parce que le niveau de vie est trop élevé, ou pour les débitteurs insolvables.[44] Elle le restera: Symmaque, chef du parti conservateur païen au sénat à la fin du IV$^e$ siècle, l'un des aristocrates les plus puissants et les plus riches, dans une lettre à son père en 375, depuis son domaine de Baïes[45] où il a trouvé refuge loin d'une troupe bruyante de plébéiens importuns qui ne sont pas du même monde (*epist.* 1, 3, 3 et 5, "Je me prélassais à Baïes sans témoins"... 5 "C'est pourquoi j'ai regagné le golfe de Baïes, car à Baïes désormais le silence est revenu"),[46] cultive l'*otium*, le loisir studieux et actif, et l'*amicitia*, dans la pure tradition romaine. Baïes fut ainsi, en raison même de ses illustres habitants, au cœur de l'histoire, théâtre de nombreux faits dont le plus tragique fut le meurtre d'Agrippine par son fils Néron.[47]

Pour honorer leurs illustres protecteurs et à leur demande, les poètes en ont fait un lieu chargé de mythes: à la suite d'Ulysse, qui y vécut plusieurs péripéties de ses errances (chez Circé, chez les Lestrigons, à la rencontre des Sirènes, de Charybde et Scylla), Enée débarque en Italie à Cumes pour y consulter la Sibylle, prêtresse d'Apollon, descendre aux Enfers voir son père, sous la conduite de

---

porte le nom de Mammaea. Il créa, toujours à Baïes, des bâtiments magnifiques, toujours en l'honneur de ses parents et des bassins extraordinaires alimentés en eau de mer", trad. A. Chastagnol, Histoire Auguste (Paris: R. Laffont, 1994).

[44] Martial, *ep.* 1, 59, 1-2, *Dat Baiana mihi quadrantes sportula centum:/ inter delicias quid facit ista fames*? "La sportule que je reçois à Baïes est de cent quadrantes. Au sein de tous les plaisirs, qu'est-ce que cette allocation de famine?" Juvénal en fait le terrain d'action des prodigues, *sat.* 11, 46 (*Baias et ad ostrea currunt*, "ils courent vers Baïes et ses huîtres").

[45] D. Vera, "Simmaco e le sue proprietà: struttura e funzionamento di un patrimonio aristocratico del quarto secolo d. C.," in *Symmaque*, ed. F. Paschoud (Paris, 1986), 231-76. La correspondance de Symmaque s'étend de 364 à 402: très travaillée dans son style, elle reflète l'érudition, la civilité et la dignité de son auteur: voir J. Matthews, *Western Aristocracies and Imperial Court AD 364-425* (Oxford: Clarendon Press, 1975), 1-31.

[46] *Bais remotis arbitris otiabar...* (5) *Itaque Baianum sinum rursus accessi, nam Baiae id temporis iam silebant.* Symmaque ne cache pas sa morgue aristocratique.

[47] Tacite, *ann.* 14, 1-6; 15, 52, 1 (projet du meurtre de Néron dans la villa de Pison à Baïes); Suétone, *Nero*, 34, 2.

celle-ci: le lac Averne est une entrée des Enfers. Il enterre son compagnon Misène au cap qui en porte le nom. Virgile écrit l'*Enéide* au début du règne d'Auguste, dont le père adoptif, Jules César, prétendait descendre de Iule, fils d'Enée, lui-même fils de Vénus, quand Baïes et sa région sont déjà à la mode depuis plusieurs décennies.[48]

Baïes est placée sous le double patronage d'Hercule et de Vénus: Lygdamus,[49] jeune poète élégiaque d'époque augustéenne, évoque les eaux sacrées de Baïes (*sacris Baiarum... lymphis*), consacrées à Hercule: le héros serait passé par la Campanie avec ses bœufs, la "Chaussée d'Hercule" en bord de mer (Properce, 1, 11) est le rendez-vous des élégances. Baïes est également vouée à Vénus, déesse des plaisirs. Martial, *ep.* 11, 80, se réjouit d'y rencontrer son ami Julius Martialis:[50] "Baïes, plage divine de la bienheureuse Vénus, Baïes, présent enchanteur de la Nature qui en est fière!" L'épistolier Symmaque, *epist.* 1, 8, se laisse aller à composer des vers pour invoquer Vénus sous le nom de Dioné.[51]

**3- Les plaisirs de la villégiature**

De Cicéron à Symmaque, les écrivains ont évoqué, en les épinglant souvent, les loisirs qu'on pratiquait à Baïes du temps où elle était un lieu à la mode et que la saison battait son plein, plaisirs de l'eau, festins et musique, fêtes extraordinaires, spectacles.[52]

---

[48] Voir Lafon, *Villa maritima,* 198-203, sur l'emplacement choisi des villas et le lien avec la topographie légendaire, voulu par les propriétaires et la propagande impériale.

[49] Tibulle, 3, 5, 1-6.

[50] Trad. H.J. Izaac, CUF; *Litus beatae Veneris aureum Baias, / Baias superbae blanda dona Naturae...!*

[51] Cité *supra* n.40.

[52] Caligula avait fait un pont de bateaux (avec les bâtiments de guerre de la flotte) de Baïes à Pouzzoles, qui, recouvert de terre, ressemblait à la voie Appia: il caracola à cheval et sur un char pendant deux jours (Suétone, *Cal.* 19). Néron aime les promedades en mer (Tacite, *ann.* 15, 51, 2). Pouzzoles est dotée d'un amphithéâtre important. La Campanie, qui jouit d'une économie prospère dès la fin du II$^e$ s. av. J.-C., où les élites favorisent une politique édilitaire dynamique, est à l'origine de l'innovation architecturale des amphithéâtres (murs massifs en réticulé, voûtes soutenant les gradins...): voir J.-Cl. Golvin et Ch. Landes, *Amphithéâtres et gladiateurs* (Paris: Presses du CNRS, 1990).

Le lac Lucrin s'est fait une spécialité des promenades en chaloupes, où des corporations de bateliers s'activent. Cicéron (*Pro Caelio*, 35) mentionne déjà les promenades en bateau (*nauigia*) comme l'un des principaux plaisirs de Baïes. On se rappelle que Néron avait offert à Agrippine un bateau de plaisance, véritable piège mortel.[53] Martial n'est pas insensible à l'ambiance paresseuse de Baïes, où l'on prend le temps de flâner et de se détendre, de faire du canotage sur le lac, *ep.* 4, 57, 1-2 ("Tandis que les flots attirants du Lucrin ami du plaisir [*blanda...lasciui stagna Lucrini*] me retiennent ici"), mais préfère son petit Nomentum près de Rome aux eaux réputées de Baïes (*ep.* 6,43).[54] A la recherche de son ami Canius (*ep.* 3, 20, 19-20), il demande: "Ou, déjà parti pour les eaux chaudes de Baïes, vogue-t-il paresseusement sur le lac Lucrin?"[55] Domitien, le tyran, toujours sur le qui-vive, n'a pas su jouir de la sérénité dans ses villas sur le lac Albano et sur le lac Lucrin, comme le rappelle Pline, *paneg.* 82, 1-2: "Combien différent de celui qui ne pouvait supporter le calme du lac Albano, ni le sommeil et le silence de celui de Baïes, ni souffrir même le mouvement ou le bruit des rames, sans trembler à chaque coup d'une crainte honteuse! C'est pourquoi à l'abri du moindre son, sans qu'il fût lui-même secoué ou remué, dans un navire qu'un câble remorquait, il était traîné comme une victime expiatoire."[56] Juvénal, 12, 79, évoque les chaloupes de Baïes faites pour naviguer sur des eaux calmes et sans danger (*Baianae... cumbae*). Les pièces d'eau dans les parcs sont un des éléments décoratifs les plus prisés, signes

---

[53] Tacite, *ann.* 14, 4, 3.

[54] *Dum tibi felices indulgent, Castrice, Baiae / canaque sulphureis nympha natatur aquis, / me Nomentani confirmant otia ruris / et casa iugeribus non onerosa suis. / Hoc mihi Baiani soles mollisque Lucrinus, / hoc mihi sunt uestrae, Castrice, diuitiae* ("Tandis que l'heureuse Baïes te prodigue ses plaisirs, Castricus, et que la nymphe que pâlit le soufre de ses eaux te laisse t'ébattre dans ses bassins, pour ma part, le repos de ma campagne de Nomentum et un humble logis nullement à charge aux champs qui en dépendent me rendent la santé. Voilà mon soleil de Baïes et mon voluptueux Lucrin: vos trésors à vous, riches, voilà ce qui m'en tient lieu, Castricus").

[55] *An aestuantis iam profectus ad Baias / piger Lucrino nauculatur in stagno?*

[56] Trad. M. Durry, CUF; *Quantum dissimilis illi, qui non Albani lacus otium Baianique torporem et silentium ferre, non pulsum saltem fragoremque remorum perpeti poterat, quin ad singulos ictus turpi formidine horresceret! Itaque procul ab omni sono inconcussus ipse et immotus religato reuinctoque nauigio non secus ac piaculum aliquod trahebatur.*

d'un standing social élevé: Sénèque le Rhéteur, *Controverses*, 5, 5, mentionne dans la première moitié du Ier siècle les bassins navigables. Alexandre Sévère au début du IIIe s. fait creuser des pièces d'eau artificielles, les *stagna*, bordées de portiques et de statues pour la promenade.[57]

Cependant, les plaisirs sur l'eau accompagnés de musique et du sourire enjôleur des donneurs de sérénades paraissent peu innocents: Cicéron (*Pro Caelio*, 35) fustige l'inconduite de Clodia: "Les accusateurs ont sans cesse à la bouche, à dire vrai, les mots de "caprices," "amours," "adultères," "Baïes," ["pavillons de plage,"][58] "banquets," "parties fines," "chants," "concerts," "promenades en bateau," et ils laissent entendre qu'ils ne disent rien contre ton gré."[59] Properce, 1, 11, lance un appel aussi déchirant que vain à la belle Cynthie, sa volage et infidèle maîtresse:

Te souvient-il, ô Cynthie, tandis que tu prolonges ta flânerie au sein de Baies, aux bords où s'étend le chemin d'Hercule; tandis que parfois tu t'en vas contempler les flots tout proches et fameux de Misène, qui baignent le royaume de Thesprote, te souvient-il de moi? Ah! penses-tu à moi durant les longues nuits? Quelque place me reste-t-elle dans un coin de ton cœur? Ou bien, je ne sais quel rival, par sa feinte ardeur, t'a-t-il ravie à mes chants, ô Cynthie?

Te fiant aux menues rames d'un léger esquif, attarde-toi plutôt sur les eaux du Lucrin; entre les rives du maigre Teuthras d'une brasse facile fends l'onde, mais garde-toi de prêter l'oreille à des murmures caressants, dans une pose nonchalante et coquette sur le rivage silencieux (*molliter in tacito litore compositam*): ainsi, loin de toute surveillance, tombe la femme qui se parjure, oubliant les serments et les dieux. Ce n'est pas que ta réputation ne soit éprouvée; je te connais, mais là où tu es, tout amour est à craindre. Tu me pardonneras donc la note triste de mes billets; la faute en est à mes craintes. Ne dois-je pas te garder mieux que ne ferait une mère chérie? sans toi, que m'importe la vie?

Toi, toi seule, tu es tout pour moi, ô Cynthie, famille, parents, plaisir de tous les instants. Que je sois triste ou gai, tout ce que je serai, je

---

[57] *Vie d'Alexandre Sévère*, 26, 9-10.

[58] Trad. d'*acta* proposée par Lafon, *Villa maritima*, 208.

[59] Trad. J. Cousin, CUF; *Accusatores quidem lubidines, amores, adulteria, Baias, actas, conuiuia, comissationes, cantus, symphonias, nauigia iactant, idemque significant nihil se te inuita dicere.* Voir aussi 38 et 48-50: Clodia peut vivre dans la débauche au vu de tous.

dirai à mes amis: "je le dois à Cynthie." Mais hâte-toi de quitter Baïes
et sa corruption (*corruptas...Baias*); bien des liaisons viendront se
briser sur ces rivages, éternel écueil de la vertu des femmes; ah!
périsse Baïes, ce crime contre l'amour, périssent ces eaux!

Ces plaintes personnelles dans la poésie élégiaque sont encore bien
pudiques. Ovide est plus cynique en passant en revue les lieux où l'on
peut faire des rencontres: Baïes est particulièrement recommandée
pour un amateur de galanteries:[60]

> Faut-il dénombrer les réunions de femmes, propres à la chasse aux
> belles? J'aurai plutôt compté le nombre des grains de sable. Faut-il
> parler de Baïes et de la côte qui touche Baïes et des sources où fument
> une eau sulphureuse chaude? En les quittant, plus d'un, le cœur percé
> d'une blessure, s'est écrié: "Non, ces eaux ne sont pas aussi salubres
> qu'on le dit (trad. H. Bornecque, CUF).

Près d'un siècle plus tard, Martial, *ep.* 1, 62, décrit un lieu fatal à
l'honneur des femmes:[61]

> La chaste Lavinia, qui ne le cédait point aux antiques Sabines, et qui,
> quelque peu folâtre que fût son mari, l'emportait encore sur lui par sa
> vérité, en livrant sa personne tantôt au Lucrin et tantôt à l'Averne, en
> se laissant caresser par les eaux de Baïes, a fini par prendre feu: elle a
> quitté son époux pour suivre un jeune amant; Pénélope elle arriva,
> Hélène elle repartit (trad. H.-J. Izaac, CUF).

Mais le plus virulent de tous fut Varron, propriétaire lui aussi d'une
villa à Baïes, dans ses *Satires Ménippées*, 44, qui rédigea une satire
intitulée *BAIAE*, dont nous conservons un fragment: "en effet, non
seulement les jeunes filles y deviennent filles publiques, mais les
vieilles personnes s'y retrouvent... très jeunes et bien des jeunes gens

---

[60] Ovide, *ars* 1, 253-58: *Quid tibi femineos coetus uenatibus aptos /
Ennumerem? numero cedet harena meo. / Quid referam Baias praetextaque
litora Bais / Et, quae de calido sulpure fumat, aquam? / Hinc aliquis uulnus
referens in pectore dixit / "Non haec, ut fama est, unda salubris erat.*
[61] *Casta nec antiquis cedens Laeuina Sabinis / et quamuis tetrico tristior ipsa
uiro / dum modo Lucrino, modo se permittit Auerno, / et dum Baianis saepe
fouetur aquis, / incidit in flammas: iuuenemque secuta relicto / coniuge
Penelope uenit, abit Helene.*

s'y changent en jeunes filles... (d'après Nonius)."[62] Baïes, modèle de la dépravation, défie la morale, avec ses "bains amollissants,"[63] fustigés par les philosophes Cyniques, théâtre des adultères et de la prostitution des jeunes filles, des amours séniles et d'un érotisme hors de saison, et pire que tout, de la pédérastie. Ces lieux communs de la satire romaine font de Baïes l'exemple type du séjour corrupteur et à fuir pour le philosophe et l'apprenti philosophe. Ainsi, Sénèque met-il en garde Lucillius (*epist.* 51, 1): *"...lieu à fuir, en dépit de certains avantages naturels, parce que c'est le rendez-vous que le plaisir (luxuria) s'est choisi"*. C'est une "contrée étrangère aux bonnes mœurs" (51, 2, *alienam bonis moribus*), "l'auberge des vices" (51, 3 *deuersorium uitiorum*):

C'est là que le plaisir se permet tout, c'est là qu'il se désentrave le plus, comme si la licence était un tribut à acquitter à cette contrée. Tout autant qu'à notre corps, nous devons à notre personne morale de lui choisir un séjour bien sain. Je ne voudrais pas loger dans un quartier de bourreaux: pas davantage au milieu des tavernes. Voir des gens ivres errer le long des rivages, des canotiers en partie fine (*comessationes nauigantium*), les lagunes bruissantes de chants et d'orchestres (*symphoniarum cantibus strepentes lacus*), et toutes les folies du plaisir (*luxuria*) lorsque, affranchi de toute loi, il fait le mal en s'affichant, est-ce bien nécessaire?; (12) T'imagines-tu que Caton aurait jamais habité en ce lieu, pour compter les femmes galantes glissant en nacelles sous ses yeux (*ut praenauigantes adulteras dinumeraret*), et tant d'embarcations peinturlurées (*et tot genera cumbarum uariis coloribus picta*) et ces roses dont la surface du lac est toute jonchée (*et fluitantem toto lacu rosam*), pour entendre le glapissement nocturne des chanteurs de sérénades (*canentium nocturna conuicia*)? N'aurait-il pas mieux aimé demeurer derrière un retranchement qu'il aurait élevé de sa main pour une seule nuit? Et comment, quand on est un homme, n'aimerait-on pas mieux être éveillé par la trompette que par les accords d'un orchestre? Nous

---

[62] *Quod non solum innubae fiunt communis, sed etiam ueteres repuerascunt et multi pueri puellascunt* (t. 2, trad. et commentaire de J.-P. Cèbe [Rome, 1974], 188-95).

[63] Voir aussi Sénèque, *epist.* 51, 6 "Qu'ai-je à faire de vos cuves d'eau chaude (*istis calentibus stagnis*), de ces bains sudorifiques (*sudatoriis*) où s'enclôt un air sec et brûlant, bon à épuiser le corps? que le labeur seul fasse couler nos sueurs."

avons fait à Baïes suffisamment son procès (*cum Bais litigauimus*). Celui des vices, on ne l'instruit jamais suffisamment.

Ces critiques acerbes ne se prolongeront guère pourtant: Varron et Sénèque sont deux chantres de la vieille morale romaine. Mais sa réputation de corruptrice demeurera attachée à Baïes, parangon de la vie lascive dans l'Antiquité tardive chez les auteurs chrétiens: Baïes, par métonymie pour toutes les stations balnéaires, est le lieu par excellence des plaisirs vains de la brève vie terrestre chez Zénon de Vérone;[64] Augustin associe Baïes à l'agrément des lieux, aux banquets raffinés, aux divertissements des histrions, aux délices qui détournent de la philosophie,[65] il fait un procès aux richesses, à Baïes, aux jonchées de roses (en se souvenant de Sénèque), aux beuveries.[66]Baïes reste synonyme de luxe, de vie lascive, chez Jérôme,[67] *epist.* 45, 54, 4.

Symmaque, contemporain d'Augustin et de Jérôme, se souviendra des délices tentatrices des promenades sur l'eau pour faire l'éloge de sa fille qui n'y succombe pas et dirige ses ateliers de tissage, digne héritière des vertueuses dames du temps jadis depuis Pénélope (*epist.* 6, 67).[68] Par antiphrase encore, il évoque pour lui et sa famille, les

---

[64] *Tractatus*, 2, 4: *Iactat se ludibunda per nemora, fontes, prata, Baias, ciuitates ac rura, uniuersis uoluptatibus saepta, in cupidinem sui utrumque sexum, omnes animas, omnes aetates isto carmine inuitans: exiguum et cum taedio est tempus uitae nostrae et non est refrigerium in fine hominis et non est qui agnitus sit reuersus ab inferis, quia ex nihilo nati sumus et post hoc erimus tamquam qui non fuerimus; et non est reuersio finis nostrae quoniam consignata est et nemo reuertitur.*

[65] *Contra Academicos*, 2, 2: *…eam demonstrare potuissem, ne ille et Baias et amoena pomeria et delicata nitidaque conuiuia et domesticos histriones, postremo quidquid eum acriter commouet in quascumque delicias abiciens et relinquens… ad huius pulchritudinem… aduolaret.*

[66] *Enarrationes in Psalmos*, 36, 1, 12: *Delectetur hic impius ille in multitudine auri, in multitudine argenti, in multitudine mancipiorum, in multitudine postremo Baiarum, rosarum, uinolentiae, lautissimorum et luxuriosorum conuiuiorum.*

[67] *Baias peterent, unguenta eligerent, diuitias et uiduitatem haberent, materias luxuriae et libertatis, domnae uocarentur et sanctae…* (à propos de Paule et de Mélanie) "Eussent-elles villégiaturé à Baïes, choisi des parfums, allié richesse et veuvage comme éléments de luxe et de liberté, on les eût appelées "dames" et "saintes"… (trad. J. Labourt, CUF).

[68] Lettre écrite en 397-398? à ses enfants Nicomaques: *Sic priscae feminae uitam coluisse traduntur. Et illas quidem deliciarum sterile saeculum colo et*

plaisirs innocents goûtés entre Baules et le Gaurus dans *epist.* 8, 23 (à Marcien, 396):[69] "Partout nous menons une vie de consulaire et sur le Lucrin nous sommes sérieux: pas de chansons dans les barques, pas de goinfreries à table, pas de fréquentation des thermes, pas de jeunes nageurs provocants. Sachez-le: en matière d'excès il n'y a rien à incriminer dans les lieux." Les "fameuses voluptés du golfe" (Symmaque, *epist.* 7, 24, *illo luxuriae sinu*) sont devenues un lieu commun littéraire. Au temps de Symmaque, Baïes ne connaît plus l'effervescence de sa gloire passée; désertée en automne, elle est un refuge et un lieu de repos, que l'auteur fuit[70] ou recherche (*epist.* 5, 93), ou envie à son destinataire (*epist.* 1, 47, à Prétextat, en sept. 383, à Baïes) tandis qu'il est retenu à Rome.[71] Havre de paix et d'isolement, elle fait

---

*telis animum iubebat intendere, quia inlecebra cessante <condicione> temporum uiuitur: tibi uero etiam Baiae adpositae curam sobrii operis detrahere non possunt. Renuntias stagna uerrentibus et residens aut obambulans inter pensa et foragines puellarum has solas arbitraris sexus tui esse delicias* ("C'est ainsi, dit-on, qu'autrefois les femmes occupaient leur existence. Bien sûr, des temps privés d'amusements invitaient-ils à s'intéresser à la quenouille et au tissage, parce que faute de distractions, on règle sa vie sur les circonstances, mais vous, même la proximité de Baïes ne peut vous détourner des soins d'un austère labeur. Vous renoncez à être de celles qui sillonnent les lacs et, soit assise, soit allant et venant au milieu des servantes, parmi les toisons et les fils de marquage, vous pensez que tels sont les seuls amusements de votre sexe." trad. J.-P. Callu, CUF). Symmaque se souvient-il de l'évocation de Pénélope, antithèse d'Hélène, chez Martial, *ep.* 1, 62 (cité *supra*)? Sa fille est l'image même de la vertu féminine fixée dans une tradition ancestrale (voir K. Holland Heller et R. Rebuffat, "De Sidoine Apollinaire à l'Odyssée. Les ouvrières du manoir," *MEFRA* 99 (1987): 339-52), et fait mentir la réputation de Baïes.

[69] *Vbique uitam agimus consularem et in Lucrino serii sumus. Nullus in nauibus canor, nulla in conuiuiis helluatio, nec frequentatio balnearum nec ulli iuuenum procaces natatus. Scias nullum esse in luxuria crimen locorum.*

[70] *Epist.* 2, 26 (datée de 385?) à Flavien, attardé à Rome aux fêtes décennales de Valentinien II, en novembre; *Baiarum solitudine uehementer offensus Puteolis malui commorari,* "Vivement frappé par la solitude de Baïes, j'ai préféré m'attarder à Pouzzoles, car nous aimons habiter cette localité où l'air est bon."

[71] *Me inpedit pontificalis officii cura, te Baiani otii neglegentia*: "Je suis empêché par mon zèle à remplir les devoirs de grand pontife, vous l'êtes par l'insouciance que donne la paix de Baïes."

perdre le souci du devoir[72] et des obligations (Symmaque, *epist.* 2, 17, en 383, à son frère Flavien), *Quare abice Baianas cogitationes et uirtuti infructuosam quietem,* "Rejetez donc vos rêves de Baïes et cette retraite improductive pour la vertu." Pour Cassiodore, jouir des loisirs de Baïes, c'est comme vivre au milieu des trésors de Neptune (*Variarum libri duodecim,* 9, 6, *Sed ne longius euagemur, inter Neptunias gazas habitare creditur, cui otia Baiana praestantur*): les *otia Baiana* semblent faire écho à *Baianum otium* chez Symmaque (*epist.* 1, 47).

Plus étonnant dans la fabrication du mythe est l'image de Baïes, émule de Capoue, un lieu amollissant, dévirilisant, mais une alliée inespérée pour la cause nationale quand il s'agit d'ennemis de Rome: certes la femme mariée et vertueuse y est en danger, mais le guerrier aussi. Ce thème paradoxal a été repris par quatre auteurs à l'imitation de Tite-Live, 23, 18, et 45 (*Capuam Hannibali Cannas fuisse*) et Sénèque (*epist.* 51, 5), "Cet indomptable que n'ont arrêté ni les neiges ni les Alpes s'est laissé énerver aux douceurs de la Campanie" (*eneruauerunt fomenta Campaniae*): Hannibal s'enferra dans les délices de Capoue et de la Campanie. Florus et Jordanes (qui recopie Florus) donnent la palme de la victoire aux soleils et aux sources chaudes de Baïes: "Capoue fut la Cannes d'Hannibal. De fait, alors que les Alpes ne l'avaient pas vaincu, les armes pas dompté, les soleils campaniens—qui le croirait? —et les sources tièdes de Baïes eurent raison de lui."[73] Prudence, *Contre Symmaque,* 2, 739-42, reprend le thème,[74] en antithèse pour faire l'éloge de Stilicon, victorieux au combat avec l'aide du Christ. Sidoine Apollinaire (*carm.* 5, *Panégyrique de Majorien,* v. 342-45) transfert l'épisode à l'histoire récente:

---

[72] Symmaque, *epist.* 1, 48 (à Prétextat, avant 385, retiré à Baïes), *Certe leuandi animi causa Baias concesseratis*: "Sans nul doute vous vous étiez retiré à Baïes pour détendre votre esprit."

[73] Florus, *Œuvres,* 1, 22, 22: *Si quidem inuictum Alpibus, indomitum armis Campani–quis crederet?–soles et tepentes fontibus Baiae subegerunt;* Iordanes, *Romana,* MGH AA 5, 1, n. 191.

[74] *Ille petitae / Postquam perculerat tremefacta repagula portae, / Baianis resolutus aquis, durissima luxu / Robora destituit ferrumque libidine fregit* ("Celui-ci (Hannibal), après avoir secoué, ébranlé les barres de la porte qu'il attaquait, se laissa amollir par les eaux de Baïes, perdit dans la débauche ses forces si robustes, et vit son fer brisé par le plaisir", trad. M. Lavarenne, CUF). Le poète, aux vers 746-47, évoque un ennemi lascif *(lasciuum ...hostem)* perdu par les délices de Baïes *(deliciae).*

les délices de Baïes ont eu raison du Vandale Genséric, après le sac de Rome en 455:

La déchéance d'Hannibal Barca fut moins prompte près de l'opulente Capoue, quand Baïes, au milieu de ses délices, amollissait des corps fortifiés par la guerre et que le Massyle, ne songeant plus qu'à la baignade, battait de ses bras noirs les eaux du Lucrin que regarde le Gaurus.[75]

En évoquant Baïes antique, on est tenté de reprendre les vers de Baudelaire dans "L'invitation au voyage": "Là, tout n'est qu'ordre et beauté / luxe, calme et volupté": le nom de Baïes est constamment associé, du I$^{er}$ s. av. J.-C. au VI$^e$ siècle ap. J.-C., au calme et à la paix qu'on vient y chercher loin de la ville et des affaires (*quies, solitudo, torpor, silentium, tacitus*; *otium* chez Martial, Symmaque, Cassiodore), à une vie nonchalante et voluptueuse (*lasciuus, piger, molliter* sous la plume de Properce, de Sénèque, *epist.* 51, 11, *mollis* sous celle de Martial, *mollire* sous celle de Sidoine), remplie de délices (*luxuriae, uoluptas, deliciae,* et même chez Cassiodore *dulcissimae deliciae*).

## 4- L'architecture

En attirant l'aristocratie et les princes, Baïes (comme le reste de la Campanie)[76] fut également le théâtre des audaces architecturales et de la fureur de construire, un laboratoire d'expérimentations avant leur diffusion à Rome. Les spéculations immobilières furent âpres: le plus célèbre promoteur fut Sergius Orata qui équipait des villas de viviers en bord de mer pour que l'eau pût s'y renouveler, de parcs à huîtres sur pilotis et d'hypocaustes: il les revendait très cher et fit d'énormes profits dont Macrobe au V$^e$ s. parle encore[77] en suivant de près le témoignage de Pline.

---

[75] *Non sic Barcaeus opimam / Hannibal ad Capuam periit, cum fortia bello / inter delicias mollirent corpora Baiae / et se Lucrinas qua uergit Gaurus in undas / bracchia Massylus iactaret nigra natator.*

[76] Voir note 52, à propos des amphithéâtres.

[77] Pline, *nat.* 9, 168, *Ostrearum uiuaria primus omnium Sergius Orata inuenit in Baiano aetate L. Crassi oratoris ante Marsicum bellum, nec gulae causa, sed auaritiae, magna uectigalia tali ex ingenio suo percipiens, ut qui primus pensiles inuenerit balineas, ita mangonicatas uillas subinde uendendo,* "Ce

Des villas sont déjà implantées dans la région depuis le II<sup>e</sup> s. av. J.C., notamment celle de Caton à Literne, à l'intérieur des terres (*epist.* 86, 4-10). Sénèque, *epist.* 51, 11, rappelle les villas de Marius, Pompée, César, bâties sur la crête, qui avaient plus l'air de *castra* que de *uillae*:

> Ceux-là même que la fortune du peuple romain investit les premiers de la puissance publique, Marius, Pompée, César, ont bâti des villas, je le sais, dans la région de Baïes, mais ils les ont campées au sommet des monts. Il leur paraissait plus militaire de surveiller d'en haut les pays qui s'étendaient en long et en large à leurs pieds. Considère le choix de la position, l'emplacement et la structure des bâtiments; tu te diras ce n'est pas une villa, c'est un château-fort (*castrum*).[78]

Pline, *nat.* 31, 6-7, rapporte que, dans la villa que Cicéron appelait son "Académie," ornée d'un parc et de portiques, en direction de Pouzzoles, sur la côte, après la mort de l'orateur, des sources chaudes jaillirent, très bénéfiques pour les maladies des yeux. Sénèque, *epist.* 55, 7, vante la situation de la villa de Servilius Vatia, qui jouit des agréments (*uoluptatibus*) de Baïes. Martial, *ep.* 4, 25, 1, compare les rivages d'Altinum proches du Pô aux villas de Baïes (*Aemula Baianis …uillis*). Les peintures de villas maritimes,[79] réelles ou fantaisistes, montrent des plans audacieux, des portiques variés, des édifices à étages. Les archéologues ont dégagé les thermes de Baïes et étudié le raffinement des plans, ainsi pour les thermes de Vénus,[80] pour la salle circulaire à coupole ogivale du "Temple" de Diane.[81]

---

fut Sergius Orata qui, le tout premier, créa des parcs à huîtres dans sa propriété de Baïes, au temps de l'orateur L. Crassus, avant la guerre des Marses; la gourmandise n'y fut pour rien, mais la cupidité: il tirait de gros revenus de ces sortes d'inventions; par exemple, après avoir imaginé le premier les bains suspendus, il en équipait des villas pour les revendre aussitôt." (trad. E. de Saint-Denis, CUF); Valère-Maxime, 9, 1; Macrobe, *Saturnalia*, 3, 15, 3, *hic est Sergius Orata qui primus balneas pensiles habuit, primus ostrearia in Baiano locauit, primus optimum saporem ostreis Lucrinis adiudicauit.*

[78] Trad. H. Noblot, CUF; *Illi quoque, ad quos primos fortuna populi Romani publicas opes transtulit, C. Marius et Cn. Pompeius et C. Caesar extruxerunt quidem uillas in regione Baiana, sed illas inposuerunt summis iugis montium.*

[79] Lafon, *Villa maritima*, 276-78; 286-89.

[80] F. Rakob, "*Litus Beatae Veneris Aureum*. Untersuchungen am 'Venustempel' in Baiae", *MDAI* 68 (1961): 114-49.

[81] M. Guérin-Beauvois, "*Montes suspensi testudinibus marmoreis*: à propos de la représentation d'une coupole de Baïes," *MEFRA* 109 (1997): 711-15.

Mais ce qui frappa le plus les moralistes, ce furent les dépenses immenses (publiques et privées) consenties pour gagner du terrain sur la mer. Les constructions sur l'eau furent possibles grâce à l'emploi massif de la pouzzolane, tuf volcanique meuble extrait dans la région de Pouzzoles et en plusieurs endroits d'Italie, qui rend les mortiers hydrauliques et favorise la prise de l'agrégat sous l'eau grâce au silicate d'alumine ajouté à la chaux. Vitruve, *arch.* 2, 6, 1 et 5, 12, 2,[82] insiste sur le phénomène de durcissement. La découverte de cette propriété a permis la construction des môles et des grands ports comme Ostie sous Claude. On connaît d'après les peintures et les vases en verre le môle de Pouzzoles avec son riche décor statuaire.[83] Les prouesses techniques que la pouzzolane autorise offrent à l'architecte et au commanditaire de défier la nature et de vaincre la force redoutable qu'est la mer. Il entre dans la construction sur l'eau une dimension idéologique,[84] une forme de démesure dans la lutte contre les éléments. Les demeures qui empiètent sur la mer sont les témoins d'une rivalité effrénée, d'un orgueil caractéristiques de l'aristocratie républicaine dont les prétentions auliques s'affirment dans les constructions. Dans le cadre privé, cette démesure est fustigée par Horace, *carm.* 2, 18, 20-21:

> Toi, tout près du tombeau, tu fais tailler des marbres à l'entreprise, et, sans songer à ton sépulcre, tu bâtis des maisons, tu t'acharnes à reculer les bords de la mer qui gronde devant Baïes (*marisque Bais obstrepentis urges / submouere litora*), t'estimant trop peu riche de n'avoir que la terre ferme du rivage (trad. F. Villeneuve, CUF).

Mais la condamnation n'a qu'un temps et reste limitée à la sphère privée. Au V$^e$ siècle, Sidoine Apollinaire, dans le *Panégyrique*

---

[82] Vitruve, *arch.* 2, 6, 1: *Nascitur in regionibus Baianis <et> in agris municipiorum, quae sunt circa Vesuvium montem. Quod commixtum cum calce et caemento non modo ceteris aedificiis praestat firmitates, sed etiam moles, cum struuntur in mari, sub aqua solidescunt* ("Elle se forme dans la région de Baïes et sur le territoire des municipes qui sont aux alentours du Vésuve. Mêlée à la chaux et aux moellons, non seulement elle assure la solidité des différentes constructions, mais plus particulièrement aussi, elle fait s'affermir sous l'eau la maçonnerie des digues de mer," trad. L. Callebat, CUF, et notes *ad loc.* 93-5).
[83] Guérin-Beauvois, "*Montes suspensi*," 720-25.
[84] Lafon, *Villa maritima*, 216-19.

*d'Anthémius* (*carm.* 2, 56-61), fait l'éloge de Constantinople, capitale de l'Empire romain d'Orient, à propos des gigantesques travaux portuaires:[85]

> Ta ville s'étend, immense, dans la vaste enceinte de ses remparts que pourtant sa population rend trop étroite; on s'avance en pleine mer sur tes môles et leur terre nouvelle enserre des flots bien vieux, car la poudre de sable amenée de Dicéarchée se solidifie en entrant dans l'eau et sa masse durcie supporte des promenades transportées sur des profondeurs étrangères. Ainsi disposée, regardant de partout tes ports, protégée par la mer, tu es entourée des biens de la terre.

Dans un contexte officiel, le morceau prend une portée éminemment politique: le panégyrique s'étend à la civilisation romaine dans son ensemble, à sa supériorité technique. En s'inspirant textuellement de Vitruve, l'auteur augustéen de l'encyclopédie d'architecture, Sidoine montre la continuité des progrès et la suprématie romaine à travers les siècles.[86]

De cité des thermes et des bains, Baïes devient, par le biais des comparaisons et métaphores poétiques, la référence architecturale par excellence dans les descriptions littéraires de balnéaires. Stace, *silu.* 1, 5, 60-63, décrit les salles chaudes des balnéaires de Claudius Etruscus en les comparant à Baïes et aux thermes de Néron à Rome, au détriment de ces derniers (!):

> Même si quelque hôte arrivait ici tout droit des rivages de Baïes, il ne dédaignerait pas ces merveilles—s'il est permis de comparer les petites choses aux grandes—, et le baigneur qui sort à l'instant des bains de Néron ne se refuserait pas à entrer ici dans l'étuve.[87]

---

[85] *Porrigis ingentem spatiosis moenibus urbem, / quam tamen angustam populus facit; itur in aequor / molibus et ueteres tellus noua contrahit undas; / namque Dicarcheae translatus puluis harenae / intratis solidatur aquis durataque massa / sustinet aduectos perigrino in gurgite campos.*

[86] Voir mon article "Sidoine Apollinaire, lecteur de Vitruve," *Latomus* 62, 1 (2003): 139-55.

[87] Trad. H.J. Izaac, CUF; *Nec si Baianis ueniat nouus hospes ab oris, / talia despiciet (fas sit componere magnis / parua), Neronea nec qui modo lotus in unda, / hic iterum sudare neget.*

Martial, *ep.* 6, 42, 7, lui emboîte le pas: il vient de nommer Baïes, "reine des stations," *principesque Baiae*, mais dans un contexte enco-miastique, Baïes est encore détrônée par les balnéaires d'Etruscus, leur luminosité, leurs marbres, leurs eaux claires! Un poète (peut-être Naucellius, contemporain d'Ausone) invite Baïes, Baules et les eaux fraîches des aqueducs Claudia et Virgo à céder le pas devant les balnéaires construits par Nonius Atticus (consul en 397).[88] Des poètes anonymes ont brodé sur le thème des épigrammes variées: citons seulement ce vers de l'*Anthologie latine*, Codex Salmasianus, 121, 4: "Nos balnéaires surpassent l'éclat de Baïes."[89] Et Sidoine Apollinaire, *carm.* 18 ("Sur les bains de sa maison des champs"), un siècle plus tard, chante ses balnéaires, émules de ceux de Baïes:[90]

> Si tu daignes, voyageur, visiter notre Avitacum, je souhaite qu'elle ne te déplaise pas; puisse, en retour, te plaire ce que tu possèdes toi-même. Son toit s'élève aussi haut que le cône de Baïes et une pointe semblable brille sur son majestueux sommet. L'onde gazouillante qui tombe de la crête d'une colline voisine murmure plus allègrement que les eaux coulant du Gaurus. La riche Campanie renierait le Lucrin, si elle apercevait l'étendue de notre lac. Le rivage campanien est orné d'oursins pourpres: tu retrouveras leurs deux caractères, voyageur, dans nos poissons. S'il te plaît de partager nos joies d'un cœur content, visiteur, tu peux recréer ici Baïes dans ton imagination (trad. A. Loyen CUF).

---

[88] *Epigrammata Bobiensia*, 48: *Cedite deliciae Baiarum, cedite Bauli, / cedat et aestiuis Claudia frigoribus / tuque, paludigenis perlucida Virgo fluentis, / nec se Clementis gloria tollat Aquae! / nil opus est uobis, superant quia commoda uestra / balnea quae consul Nonius instituit* (ed. W. Speyer, Lipsiae, Teubner, 1963). Le poète se souvient de Martial en mentionnant l'Aqua Virgo.

[89] *Baiarum superant balnea nostra decus* (*Anthologia latina, pars prior Carmina in codicibus scripta*, recensuit A. Riese [Amsterdam, 1964], fasc. 1: 135).

[90] *Si quis Auitacum dignaris uisere nostram, / Non tibi displiceat: sic quod habes placeat. / Aemula Baiano tolluntur culmina cono / parque cothurnato uertice fulget apex. / Garrula Gauranis plus murmurat unda fluentis / Contigui collis lapsa supercilio./ Lucrinum stagnum diues Campania nollet, / Aequora si nostri cerneret illa lacus. / Illus puniceis ornatur litus echinis: / Piscibus in nostris, hospes, utrumque uides. / Si libet et placido partiris gaudia corde, / quisquis ades, Baias tu facis hic animo.*

Le même auteur (*epist.* 2, 2, 5) décrit les charmes de sa villa d'Aydat (son Avitacum), sans doute construite au début du V$^e$ siècle, au grammairien Domitius qu'il presse de lui rendre visite au début de l'été. La construction domine le lac, les balnéaires font l'objet d'une description personnelle, originale, qui se démarque de celle que Pline le Jeune s'était plu à donner de ses balnéaires de Toscane et de ceux de la villa Laurentine.[91] Les bains d'Aydat comprennent trois pièces, la salle d'onction, la salle chaude, la salle froide et une piscine à ciel ouvert. Le toit en coupole ogivale de la *cella frigidaria* ressemble au cône de Baïes, identifié à celui du "Temple" de Diane.[92] Baïes au V$^e$ s. est encore célèbre pour son architecture, et les balnéaires privés des aristocratiques demeures de la Gaule et du pays arverne rivalisent avec les canons architecturaux des thermes publics campaniens. La fumée des bains, la couverture en coupole, qui se voient de loin, sont des marqueurs du standing social. Sidoine se plaît à le rappeler en un moment où les forces politiques de l'Empire vacillent et où il pressent la fin d'un monde. Baïes est le fil ténu et bien lointain qui permet de renouer avec le temps de la splendeur et des certitudes de la civilisation romaine triomphante, la fin de la République et les deux premiers siècles de l'Empire. La comparaison littéraire ici, dans un contexte privé, n'a rien d'un pur jeu de style: elle est encore idéologique et politique, comme l'était la description des môles de Constantinople.

De même, Baïes a été chantée par les auteurs littéraires pour la configuration de son urbanisme, très original et aujourd'hui en partie disparu sous l'eau et en cours de fouilles. Sur la hauteur se trouvent des villas plus ou moins anciennes; des villas nouvelles, avec leurs portiques audacieux et leurs architectures innovantes, se sont construites sur le bord de mer, et sur le cordon littoral enfermant le lac.[93] Pline, *epist.* 9, 7, 3, en décrivant ses deux villas sur le lac de Côme, les a comparées aux villas en terrasse et en bord de mer de Baïes, appelant celle qui est élevée "Tragédie," comme un comédien juché sur des cothurnes, l'autre plus basse "Comédie," comme un comédien chaussé de brodequins: "L'une, élevée sur les rochers à la manière de Baïes (*more Baiano*), a vue sur le lac; l'autre, aussi à la

---

[91] Pline le Jeune, *epist.* 5, 6, 25-27; 2, 17, 11-12.
[92] Guérin-Beauvois, "*Montes suspensi*," 691-740, sur la description du toit surmontant le frigidarium d'Aydat.
[93] Voir plan A reproduit dans Lafon, *Villa maritima,* 403.

manière de Baïes (*aeque more Baiano*), borde le lac." La disposition quasi théâtrale des édifices de Baïes offre à Ausone une comparaison flatteuse[94] pour les villas disposées çà et là sur les bords de la Moselle, comparée à un océan et dont les rives ensoleillées sont décrites comme un théâtre de verdure où se déroulent vendanges et joutes nautiques: la bienheureuse Campanie se transporte dans les environs de Trèves, la nouvelle capitale, mais sans les critiques d'un luxe exacerbé: "Si un étranger venu des rivages de Cumes se trouvait là, il croirait que l'Euboïque Baïes a donné à ces lieux des ressemblances en réduction, tant leur élégance et leur éclat attirent et que le plaisir n'engendre nul luxe."[95] Le souvenir de la Baïes de la grande époque contribue à l'éloge de l'empereur Valentinien, digne héritier du "siècle d'Auguste." C'est aussi sa disposition surplombant le lac d'Aydat qui fait le charme aristocratique de la villa de Sidoine, comme nous l'avons vu plus haut. Une situation élevée, dominante, au bord d'une pièce d'eau, pour les commodités d'approvisionnement en eau des balnéaires, pour le panorama et la beauté du paysage, est restée l'un des critères canoniques de l'architecture privée aristocratique dans toute l'Antiquité romaine: *uenustas* et *utilitas*, le beau et l'utile, restent indissociables (Cicéron, *de oratore*, 3, 180). La continuité des traditions est une composante de l'éloge politique.

Notons une ultime consécration pour Baïes. Comme Baden, Bath ou Aix dans les langues modernes disent assez la richesse hydrique d'un lieu qui tire son nom de l'eau, le nom commun étant devenu nom propre, en sens inverse le nom propre de Baïes est devenu commun et générique, signifiant "bains," "balnéaire," "station balnéaire," chez

---

[94] En 368 ap. J.-C., le poète bordelais Ausone accompagne l'empereur Valentinien Ier dans sa campagne de pacification de la Germanie (l'édition de référence est celle de Ch.-M. Ternes, coll. Erasme (Paris: Presses universitaires de France, 1972). Le long poème *La Moselle* fait l'éloge de cette région, de la politique de romanisation. Des vers 283 à 317, Ausone a rappelé d'illustres architectes grecs classiques, constructeurs de palais et de temples. Il a mentionné "les mises en scène des demeures élevées", "les villas, ornements du fleuve" (*scaenas domorum ...celsas, fluuii decoramina uillas*, v. 319-20).
[95] *La Moselle*, v. 345-48: *Quod si Cumanis huc adforet hospes ab oris, / crederet Euboicas simulacra exilia Baias / his donasse locis: tantus cultusque nitorque / adlicit et nullum parit oblectatio luxum.*

Martial,[96] Zénon de Vérone et Augustin (cités plus haut), Sidoine, Cassiodore, *Var.* 12, 22,[97] dans plusieurs épigrammes de l'*Anthologie latine,*[98] dans l'appellation de thermes en Afrique. Son nom a été transféré par métonymie à d'autres cités balnéaires, en littérature (Martial, *ep.* 10, 58, 2, à propos des rivages d'Anxur; Sidoine Apollinaire, *epist.* 5, 14, 1, pour Vichy ou Chaudesaigues en Auvergne, *carm.* 23, 13, *Sestiasque Baias* pour Aix en Provence), dans la toponymie en Italie (pour une propriété), en Espagne (pour un port).[99]

*        *

*

La tradition littéraire a construit, à côté de la cité bien réelle, dont les activités thermales perdurent à travers toute l'Antiquité et au-delà, un archétype de ville d'eaux: lieu où l'on vient se faire soigner, lieu de plaisir ou d'excès, cadre élégant et mondain, à l'architecture créatrice et raffinée, paysage charmant, Baïes fut tout cela, jusqu'à signifier l'édifice aménagé pour utiliser l'eau. Dans l'Antiquité tardive, la littérature se manifeste surtout par son caractère largement compilatoire, mais "compilation" ne signifie pas "redite," "plagiat," "matière figée." L'inspiration littéraire se nourrit d'une culture commune, classique, d'autant plus attachante et précieuse qu'elle devient une revendication patrimoniale, dans des contextes nouveaux, soumis aux aléas de l'histoire. Si Symmaque, sa famille, ses amis, ont des demeures dans la région et les fréquentent souvent, renouant avec le style de vie des aristocrates du début de l'Empire, Ausone et Sidoine sont des Gaulois, Augustin vit à Carthage en Afrique, Jérôme en Palestine. Baïes, parmi d'autres références, est devenue emblématique de la civilisation romaine, de ses prouesses techniques, de ses raffinements, d'un "Roman way of life." Avec Ausone et Symmaque, on est encore à

---

[96] *Ep.* 10, 14, 3, pour signifier la richesse de Cotta: *strataque non unas tingant triclinia Baias,* "tes lits chargés de coussins entourent plus d'une plage faite pour les bains" (= plus d'une Baïes).

[97] *Habet et quasdam, non absurde dixerim, Baias suas, ubi undosum mare terrenas concauitates ingrediens in faciem decoram stagni aequalitate deponitur.*

[98] *Anthologia Latina,* I, 1, *ep.* 119-23: 134-35.

[99] Les références épigraphiques sont données par John d'Arms, *Romans on the bay of Naples,* 120, et complétées par Lafon, *Villa maritima,* 258-59.

l'âge des certitudes. Le sac de Rome par Alaric en 410, celui de 455 par Genséric, portent la fragilité au cœur de l'édifice. Au V$^e$ siècle, dans une Gaule dépecée, où les cités sont en crise ou détruites ou passées sous le gouvernement barbare, l'œuvre de Sidoine ressemble à un ultime combat. Au temps de Cassiodore et du roi Goth Théodoric, qui souhaite orner son règne de l'éclat de la civilisation romaine, Baïes est toujours en activité, mais les échos de la brillante société qui s'y pressait se sont définitivement assourdis.

John Evelyn, au XVII$^e$ siècle, dans son journal, donne une description détaillée et pleine de souvenirs littéraires de la région de Baïes, "not without great reason celebrated for one of the most delicious place that the sun shines on, according to that of Horace..."; Goethe, dans son Voyage en Italie de 1787, décrit une région étrange, des ruines maudites, où la vie le dispute à la mort.[100] Aujourd'hui les archéologues fouillent les milieux marins pour faire revivre un passé disparu, mais on rêve encore à tous ceux qu'enchanta Baïes.

## Bibliographie

Dans cet article, les références aux textes grecs et latins (sauf rares exceptions indiquées dans les notes) sont faites à partir de la Collection des Universités de France (CUF) aux Belles Lettres (Paris); les abréviations des œuvres anciennes sont tirées de l'Index du *Thesaurus Linguae Latinae*, celles des revues de l'*Année philologique*.

Amalfitano, Paolo, Giuseppe Camodeca, and Maura Medri (a cura di). *I Campi Flegrei, un itinerario archeologico*. Venezia: Marsilio Editori, 1990.

Bonnard, Louis (avec la collaboration du docteur Percepied). *La Gaule thermale. Sources et stations thermales et minérales de la Gaule à l'époque gallo-romaine*. Paris, 1908.

Cam, Marie-Thérèse. "Sidoine Apollinaire, lecteur de Vitruve." *Latomus* 62,1 (2003): 139-55.

D'Arms, John. *Romans on the Bay of Naples. A Social and Cultural Story of the Villas and their owners from 150 BC to AD 400*. Harvard: Harvard University Press, 1970.

---

[100] *The Diary of John Evelyn*, vol. one (London-New York), 159; Goethe, *Voyage en Italie* (*Italienische Reise*), éd. J. Naujac (Paris: Aubier), 373.

Di Fraia, G., N. Lombardo, and E. Scognamigli. "Contributi alla topo-grafia di Baia sommersa." *Puteoli* 9-10 (1986): 211-300.

Dubois, Charles. *Pouzzoles antique (histoire et topographie)*. Paris, 1907.

Dvorjetski, Estée. "Thermo-Mineral Waters in Eastern Mediterraneen Basin: Historical, Archaeological and Medicinal Aspects."*Aram* 13-14 (2001-2002): 487-514.

Ginouvès, René, Anne-Marie Guimier-Sorbets, Jacques Jouanna, and Laurence Villard (eds). *L'eau, la santé et la maladie dans le monde grec*. Bulletin de Correspondance hellénique, Supplément 28 (1994).

Guérin-Beauvois, Marie. "*Montes suspensi testudinibus marmoreis*: à propos de la représentation d'une coupole de Baïes." *MEFRA* 109 (1997): 691-740.

Kauffmann, C.M. *The Baths of Pozzuoli. A Study of the Medieval Illuminations of Peter of Eboli's Poem*. Oxford, 1959.

Lafon, Xavier. *Villa maritima. Recherches sur les villas littorales de l'Italie romaine*. Rome, Bibliothèque des Ecoles Françaises d'Athènes et de Rome 307, 2001.

Marasco, Gabriele. "L'introduction de la médecine à Rome: une dissension politique et idéologique." In *Ancient Medicine in its Socio-Cultural Context*, edited by Ph. J. van der Eijk, H.F.J. Horstmanshoff, and P.H. Schrijvers 35/-48 (eds). Amsterdam–Atlanta, GA, 1995.

Matthews, John. *Western Aristocracies and Imperial Court AD 364-425*. Oxford: Clarendon Press, 1975.

Melillo, Luigia. "Il termalismo nel mondo antico." *Medicina nei Secoli*, NS 7(3) (1995): 461-83.

Pagano, M. "Il lago Lucrino. Ricerche storiche e archeologiche." *Puteoli* 7-8 (1983-1984): 113-226.

Rakob, Friedrick. "*Litus Beatae Veneris Aureum*. Untersuchungen am Venustempel in Baiae." *MDAI* 68 (1961): 114-49.

Roddaz, Jean-Michel. *Marcus Agrippa*. Rome: Bibliothèque des Ecoles Françaises d'Athènes et de Rome 253, 1984.

Ternes, Charles-Marie. *D. Magnus Ausonius, Mosella – Ausone, La Moselle*, édition, introduction et commentaire (coll. Erasme). Paris: Presses Universitaires de France, 1972.

# Part II

# Building spas in the 18$^{th}$ and 19$^{th}$ centuries

# CHAPTER 3

# Medicine, Alchemy and Architecture at Bath: A Study of Paracelsian Emblematics in the Work of John Wood the Elder.

## Jo ODGERS

John Wood the Elder of Bath was a successful architect and developer, largely responsible for the architectural transformation of Bath during the first half of the eighteenth century from a small provincial town to an elegant and extensive resort.

Fig. 3-1
An accurate Plan of Bath 1776.

In this paper I look at four of the projects for new urban spaces which John Wood the Elder produced in Bath during the middle years of the Eighteenth century. These are the St. James Triangle, the Queen's Square, The King's Circus and the Royal Crescent. The last of these was built by, after John Wood the Elder's somewhat untimely death in the 1750s by his son, John Wood the Younger. It has been argued however that the project was conceived during the period when father and son were in practice together and for the purposes of my argument I treat the Crescent as the conception of Wood the Elder.[129] John Wood the Elder wrote several architectural books and his writings are a useful, though sometimes oblique clue in deciphering his built work. They indicate his abiding interest in two themes, the sacred foundation of architecture in Jewish antiquity and the foundation of the city of Bath by the ninth King of Britain, Bladud.[130] The latter story introduces the theme of Magic and Alchemy since King Bladud was reputedly a magician. The Magical theme will be the focus of this paper. I will attempt to show briefly how the symbolism of Alchemy underpins the four urban projects which I have mentioned and I will look at, and look at and endeavour to throw some light on how this arcane subtext might have been seen by Wood's contemporaries and colleagues, the medical men of Bath.

Wood is often portrayed as a lonely eccentric in relation to his evident interest in arcane matters.[131] I believe this to be a misrepresentation; the symbolic material which Wood works is the product of the European mystical tradition, the various strands of which are Neo–Platonic or Neo-Pythagorean Mysticism, Hermeticism, Christian Cabala and of course Alchemy. That aspects of these traditions survived in important ways into the eighteenth century is

---

[129] Charles Edward Brownell, "John Wood the Elder and John Wood the Younger: architects of Bath," (unpublished doctoral thesis, Columbia University, 1976). The most full published source is Timothy Mowl and Brian Earnshaw, *John Wood, Architect of Obsession* (Bath: Millstream Books, 1988).

[130] John Wood, *The Origin of Building; or, The Plagiarism of the Heathens Detected* (Bath: J. Leake, 1741) and John Wood, *A Description of Bath* (Bath: Kingsmead Reprints, 1965). This is a facsimile of the 3rd edition (Bath: J. Leake, 1765).

[131] This is the primary theme of Mowl and Earnshaw, *John Wood.*

now acknowledged and a part of my purpose here is to begin to understand the degree to which Wood's arcane interests are shared interests. This could be approached in many different ways; through the church, religious practice and theology; through the culture of antiquarianism or through the study of science. The reason that so many diverse subjects can be traced back to the same source is a symptom of the fact that in the first half of the eighteenth century there still existed the possibility of tracing all disciplines back to a common cosmological framework. Here I will attempt to demonstrate how both Wood's work and the medical theory of his contemporaries are informed by the Alchemical tradition.

### Jewish Antiquity the Origin of Building

The basic foundation of Wood's architectural theory is presented in his book the *Origin of Building: or the Plagiarism of the Heathens detected.* In this work Wood traces the origins of true Architecture to sacred revelation made by God directly to the Jews and particularly to Moses. The Tabernacle, the Ark of the Covenant and the Temples of Solomon are seen as the paradigmatic structures embodying divine order. Wood saw it as his task as an architect to uncover the characteristics of these sacred examples through study of the Bible, and through the examination of historical examples. The emphasis on a Jewish and sacred origin of Architecture is unusual in Britain at that time although certainly not unique: Wren and Hawksmoor were interested in the theme, and Isaac Newton dealt with it extensively in his Biblical exegetical works. However the more usual reference point in architectural treatises at the time in Britain was classical antiquity. Wood is keen to dismiss the notion that the "heathens" as he referred to the Greeks and Romans were the originators of the true architecture. For Wood they were plagiarisers, copying their architecture form the Jews and failing to acknowledge their source. However, the study of Heathen architecture, be it Greek, Roman or British, was for Wood legitimate in that it might reveal something of the glory of the true lost architecture of the Jews.

Wood betrays his Puritan Protestant orientation in this insistence on seeking out Primitive origins in Old Testament history. The study of the book of Scripture and the book of Nature were given equal weight in this tradition, both being seen as a pious duty directed

towards attaining an understanding of the order of God's creation. In
this respect the study of nature through natural philosophy, alchemy,
physics and so on was seen as devotional work. In terms of Wood's
architectural enterprise, we have on the one hand a devoted reading
and interpretation of Old Testament scripture given in the *Origin of
Building,* and on the other his antiquarian studies in and around the
city of Bath which encompassed reading of history, interpretation of
place names and customs and the measurement and interpretation of
antique monuments. The demands of running a successful
architectural practice cannot have been slight, but Wood nonetheless
found time to conduct surveys of the stone circle monuments in the
neighbourhood of Bath at Stone Henge and Stanton Drue. Wood
published the results of both surveys and used the material to support
his reinterpretation of the traditional myth of the foundation of the city
of Bath by the Magician King Bladud...

*Stanton Drue*

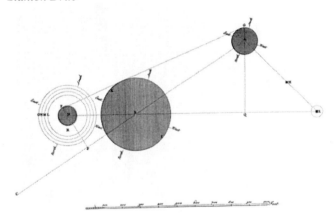

Fig. 3-2
Plan of Wood's reconstruction of Stanton Drue.

Stanton Drue, which stands just south of Bristol, consists primarily
of three circles of standing stones, these Wood interprets as
representing the sun, the moon and the earth. He published his account

of the monument in the *Description of Bath* explaining that together with a few outlying single stones the circles make a complete model of the planetary system.[132] He attributes the monument to King Bladud saying that Stanton Drue is in fact the remains of the University founded by Bladud. The traditional elements of the Bladud story are as follows: I quote here from an inscription on a genealogy of British Kings prepared for James the First in the early 17th Century which in brief records the essential elements of the myth:

> Bladud the ruler of Britain being a student at Athens brought with him 4 Philosophers for whom he builded the University of Stamford [Stanton Drue] wherein they read the 7 liberal Sciences. This Bladud adjusted himself so much to the study of Necromancy by his magical art he made the hot bathes and attempted to fly with artificial wings & fell down upon the temple of Apollo.[133]

An accompanying illustration shows a be-winged Bladud clutching a wand and hovering on a magic circle of astrological emblems above the Temple of Apollo.

*Emblems and Text*

In the *Description of Bath*, Wood makes it clear that he takes the story of Bladud and the history of the foundations of the city of Bath very seriously. He sees Bladud as an actual historical person and goes to great length to explicate and reconcile the various traditional myths surrounding him with Biblical chronology and with profane history. To accomplish this he has two devices. One is the attempt to establish a universal framework of chronology against which the various events from his multiplicity of sources can be plotted. The other is what he calls an emblematic reading. For example, having conflated Bladud with the Persian Magus Abaris on the basis that both characters had a reputed ability to fly and that according to his analysis the two characters are recorded as living at the same historical moment, Wood explains that Bladud/Abaris could not really fly, but that his reputation for flight was an emblematic representation of the great knowledge he had of the secrets of the universe and solar planetary system.[134] For Wood, this knowledge is embedded in the stones of Stanton Drue

---

[132] Wood, *Description*, 151-53.

[133] British Library MSS, Lyte Pedigree. Genealogy prepared for James 1st.

[134] Wood, *Description,* 35-39.

which along with Stone Henge he attributes to Bladud and his orders of native British priests the Druids or Priests of the Oak.

*A conflict between the heathen origin of the city and the sacred origin of architecture*

For Wood then the order of architecture itself was given to Moses by divine revelation, and the city of Bath was founded by a "heathen" Magician Bladud. Whilst Wood saw Bladud as knowledgeable and wise—he had according to Wood's elaboration of the myth studied with or possibly even instructed Pythagoras in the system of the universe during his stay in Greece—his Magicianship presented him with a problem. For in the context of Wood's Protestant Christianity the gifts of the spirit, prophesy, speaking in tongues, mystical healing and so on were phenomena which were seen as being confined to the ancient Jews of the Old Testament and the Age of the Apostles. This was of course hotly contested ground during Wood's lifetime. "Enthusiastic" quests for the manifestations of the spirit were alive and well amongst, for example, the Methodist Anglican Christians and a glance at the Accurate Plan of Bath of 1776 reveals several places of worship alongside the parish churches where services would not necessarily have been characterised by a sober reasonableness, for example Lady Huntingdon's Methodist chapel. But my guess is that for Wood the idea of a contemporary miracle would have been quite closely confined and that everyday enthusiastic outpourings would have been anathema to him. This is extrapolated from my reading his attitude towards the Magical abilities of Baldud as he portrays them in the *Description of Bath*. It seems that, for Wood, miracles in the ancient world were to be confined to Moses and the Jews. In the *Description*, Wood interpreted Bladud's reported Magical abilities either as trickery or as emblems of substantial rational knowledge such as the knowledge of the Planetary system. Nonetheless Wood's architecture is underpinned to a large extent by the symbolism of Magic and Alchemy. This happens at the level of iconographic motif as for example in the emblematic metopes in the lower storey of the King's Circus facade; it happens at the level of number, measure and proportion; and it happens at the level of geometric figure. Within the confines of this paper I will limit the discussion largely to the ways in which Wood shows his emblematic programme in the geometric figures of his urban projects.

*Alchemical Symbolism in Wood's Urban Projects in Bath*

We are fortunate in having Wood's own description and illustration of his intentions for some of his urban projects in Bath published as a part of his most popular book, *The Description of Bath*. The illustrations are particularly useful in that they clearly show Wood's intention for his spaces to be read as geometric figures. Two of the projects that I wish to discuss are illustrated in the book, these are the Queen's Square and St. James' Triangle.

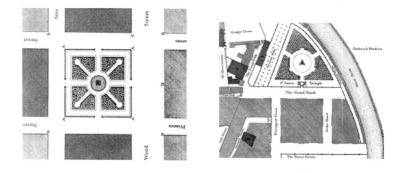

Fig. 3-3. Plans from Wood's *Description of Bath*,
a)- Queen's Square.
b)- St. James' Triangle.

The Queen's Square is shown as a square space surrounded by buildings on four sides, the centre of the space is occupied by an enclosed garden. The garden is divided into four quarters and is oriented exactly, towards the cardinal directions, this last point is explained in Wood's text. In the centre of the garden is a curious obelisk which tapers to a point instead of following the usual pattern of being cut off more bluntly at the tip. The obelisk sits within a circular pool of spring water. The St. James' Triangle was planned for a plot on the bank of the Avon. It is shown in the *Description* as a circle inscribed with a triangle inside which are two implicit intersecting equilateral triangles, and another obelisk, this time triangular in plan.

To these I add two more projects which are not included in the book and for which we have no surviving drawings by Wood, these are the King's Circus and the Royal Crescent (Fig 1). As shown on the Accurate Plan of 1776, the basic figure of the circle with an inscribed equilateral triangle is repeated in the Circus. The geometric centre of the space is again occupied by a basin of water, this time a reservoir intended to serve the domestic water requirements of the city.[135] The geometric figure of the Crescent, executed by Wood's son after the father's death, is a half oval, a crescent. As can be plainly seen, each of these projects is planned on a strong geometric figure. The importance of the figural geometry is reflected in the names of these new urban spaces "Square," "Triangle," "Circus," "Crescent." Three of the four spaces are centred on a circular basin of water and two have an obelisk placed within that.

At a formal level it is easy to identify the similarity between Wood's emblematic geometrical plan figures and the iconography of Paracelsian Medical Alchemy. Two intersecting equilateral triangles, such as those implied in the plan geometry of Wood's St. James' triangle are a common Alchemical symbol denoting the Union of Opposites or the marriage of the male and female principles, heaven and earth, light and darkness. They can be seen as a metaphor for the gradated vertical ordering of the cosmos. Two such examples are Robert Fludd's version of the light and dark intersecting triangles as a representation of the ascent from earth to heaven via the sun, and Oswald Croll's version in the title page of his *Basilica Chymica*.

---

[135] See Brownell for a discussion of this geometry in Wood's Bath projects. See also "John Wood, Stonehenge and Palladianism: or Whose Renaissance Is It Anyway?" *Scroope, Cambridge Architecture Journal,* Vaughan Hart, Architecture Journal 4 (1992): 31-36, and R.S. Neale, "Bath: Ideology and Utopia 1700-1760" in Peter Borsay, ed. (London), *The Eighteenth Century Town, A Reader in English Urban History 1688-1820* (London & New York: Longman, 1990), 223-43.

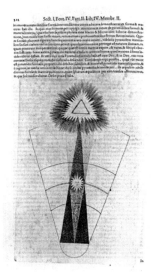

Fig. 3-4. Alchemical symbolism in Paracelsian texts.
a)- From Robert Fludd.
b)- From Oswald Croll.

Both illustrations are reproduced by kind permission
of the Wellcome Library.

Croll separates the two triangles and places them within circles—the
earthly triangle within the cycle of the horoscope, the Celestial
triangle of the Hole Trinity within the circle of the Cherubim,
Seraphim and heavenly hosts. One should note the sun and the moon,
the Star of David, the circling snakes, the illumination of the praying
figure by a shaft of divine light.

   The circle might stand as a symbol of eternity or the unity of the
cosmos, the triangle itself might be a symbol of the three Paracelsian
principles of Sulphur, Mercury and Salt. A square by contrast might
stand for the four Galenic elements, though each of the figures would
have multiple possible meanings. For example the circle can be god or
the sun or gold and so on.

*The Alchemical and Paracelsian Medicine*

Alchemy as I refer to it in this context forms a part of that European tradition sometimes referred to as Neo-Platonism which was developed in a new way in the Renaissance and which also encompasses in various combinations, Hermeticism, Pythagorean mysticism and Christian Cabala. The practice of Alchemy is also indissolubly linked with that of medicine and particularly so through a school of medicine which grew up around the works of the 16th Century Swiss doctor Paracelsus. Paracelsian medicine played a key part in overturning the dominance of traditional Galenic medicine as taught in the universities in the early seventeenth century. The story of the rise of Paracelsian medicine and its absorption into the nascent new science is complex, but the key points that interest us here are that Paracelsus and his followers were interested in observation and experience over traditional learning and system as taught by the Universities. They challenged the traditional Galenic system of the four elements, earth, water, air and fire, introducing their own trinity of principles sulphur, mercury and salt either instead of or alongside the four elements. Paracelsians were practical alchemists and saw their practice as having two components: on the one hand a Christian devotional practice and on the other the labour in the laboratory of Alchemy—a structure which is of course a version of the investigation of God's creation through the study of Scripture and the study of nature. For the Alchemists, devotional practice might well encompass Christian Cabala, a mystical method of meditating on sacred words and numbers adopted from Judaism and orientated towards personal transformation. Paracelsian medical practice can thus be seen as on the one hand an embodiment of the seeds of a rational modern chemistry and on the other as a mystical healing practice which dealt more with energetic properties and celestial influence than with substance, and in which the personal cultivation of sanctity in the healing practitioner was indivisible from his ability to cure the patient. As the Paracelsian doctor Oswald Croll expresses it, whilst the healing work of the normal Physician is performed "naturally," the healing work of the Magus is performed through the "[…]matrimonial combination of the Superiors and Inferiors ASTRALLY[…]"[136] In other words Croll and other Paracelsian Doctors healed through

---

[136] Oswald Croll, *Philosophy Reformed and Improved in Four Profound Tractates*. Translated by H. Pinnel, (London, 1657).

drawing down the influence of the stars and setting the suffering human patient back on a harmonious course with the macrocosmic order. We are dealing here with the working of miracles.

In England, key figures in the Alchemical tradition of the sixteenth and seventeenth centuries are John Dee of the court of Elizabeth 1st and Robert Fludd in the early seventeenth century. In the late seventeenth century and leading into Wood's own lifetime, the Cambridge Neo-Platonists who formed an important part of the intellectual milieu of Isaac Newton were influential in maintaining this tradition within the Anglican Church and, as is now widely known, Newton himself practiced Alchemy in some form. If we acknowledge Newton as the person above all others whose work enabled the splitting of our world into two parts, the lived reality of the everyday and the parallel secondary reality of absolute time, space and measure which constitutes the scientific world, we can see that enlightened rationalism did not burst onto the stage fully formed and ready to extinguish quickly and thoroughly all traces of an older cosmological world view in which rational enquiry and mystical experience could coexist in a continuum. After all Newton himself having completed his major world-shaking scientific works in his early years spent much of the rest of his life in a minute study of the Bible attempting to establish a Chronology of the ancient world and a firm basis for prophesy. I am sure that Wood saw himself as a Modern and in no way a nostalgic conservative and it is true that to an extent there is a sort of Newtonianism in his working method. This is evidenced in his method of historical investigation used in the *Description of Bath* in which he attempts to reconcile all textual sources at his disposal with respect to each other in the framework of a universal chronology, he refers to Newton in this context.[137] His interpretation of Stanton Drew as a model of the heliocentric physical universe can be seen as an attempt to cast Bladuc and the Druids as rationalist precursors of Newton. However there remains in Wood's work a tension between the accommodation of a new knowledge with its emphasis on dispassionate observation and a desire to keep intact an older traditional cosmology represented by the myths of the origins of Bath in King Bladud and the origins of architecture in the time of

---

[137] Wood, *Description*.

Moses. These two aspects of his work are well demonstrated in his antiquarian study of Stone Henge.

### Stone Henge

We have seen how at Stanton Drue Wood interprets the stone circles of that monument as a model of a Pythagorean planetary system erected by King Bladud and the Druid priests of the Oak. Stone Henge he attributes to the same builders and again he relies on the Pythagorean philosophy in his interpretation of their intentions. This time the discussion is one of generative number symbolism. His survey and commentary are printed in a published letter to Lord Harley, Earl of Oxford, entitled *Choir Gaure, vulgarly called StoneHenge* which appeared in 1747[138] after the patron's death. Though far less lavishly illustrated than the Stonehenge publication of his rival antiquarian, William Stukeley, Wood's little book does contain several plans of painstaking and professional accuracy with notes of how a visitor can obtain measuring rods and carry out his own cross checks on the plans if he desires. The issue of accuracy of measure was of prime concern.

After noting that the monument was dedicated to the Sun and Moon and that it contains all the secrets of the Druids in emblematic form Wood elaborates in his text thus:

> [Pythagoras] held Numbers to be the Principle of all Things; and the two sources of Numbers were the Monad and Dyad, and also the Tetrad or Tetractys; and teaching the world began from Fire and a fifth Element, which, with the other Elements of Earth, Water and Air were, according to his Doctrine, respectively made of five regular Mathematical Solid Bodies.[139]

He goes on to list these, saying that the Sphere of the Universe is represented in a body with twelve faces; fire is represented in a solid with four faces, the tetrahedron; earth by the body with six faces, the cube; the body for air has eight faces and the body for water twenty faces. The description has an alchemical flavour, particularly with

---

[138] John Wood, *Choir Gaure, vulgarly called Stonehenge* (Oxford: The Theatre, 1747).
[139] Wood, *Choir Gaure*, 84.

respect to the special place given to fire in the system of the elements "[…] the world began from fire and a fifth element […]."

Wood gives us two meticulous plans of the surviving stones accompanied by a description of them. He then goes on to reconstruct the monument which he interprets as a temple to the sun and the moon, but primarily to the moon. His detailed description of the stones is primarily in terms of either Pythagorean numbers or lunar calendar numbers. Thus looking at the outer ring of thirty pillars, Wood finds in them the thirty days of the lunar cycle.

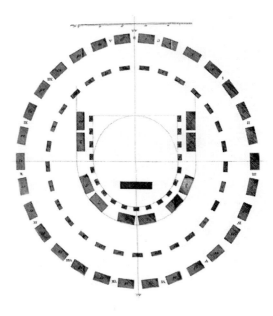

Fig. 3-5. Wood's restored plan of Stone Henge.

Four of these thirty pillars are connected together by three horizontal stones laid over the top to form a sort of entrance portico on axis with the main ceremonial avenue, these he sees as an emblem of the Pythagorean "Tetrad or Tetractys." The two single stones which flank the central Tetrad are "Monads." Moving towards the centre of the circle, the next ring in has twenty-nine pillars, this, Wood explains, represents the days of each alternate lunar cycle. The seven stones of the Tetrad and its three capping stones represent the seven intercalatory months necessary to bring the solar and lunar calendars in line according to the Druid Calendar. The six pillars of the tetrad and its two flanking single 'monad' stones represent the 6th day of the new moon, the day on which the Druids began their new month, year or age. The Trilithons, that is pairs of standing stones capped by a single horizontal stone[140] when seen as pairs represent the Pythagorean "dyad," and seen as assemblages of three stones each represent a single month made up of three times ten days. The stones of the inner sanctum, seen in groups of three, four six and ten relate to the elements and the Pythagorean tetractys.

Let us now turn to the writing of Robert Fludd, what follows is a part of a dialogue between Fludd and Kepler about the relative importance of the numbers three and four. Fludd bases his argument on a discussion of the hieroglyphic monad of John Dee which is

Fig. 3-6
The Monas Hiroglyphica of John Dee.

composed of a circle (the sun) surmounted by a crescent (the moon), a cross (the four elements) sits below the circle and below that a pair of wing-like curves (fire). Fludd says:

---

[140] The term "Trilithon" Wood borrows from William Stukeley, his principle contemporary rival in the excavation, recording and interpretation of Stonehenge and other stone circle monuments. The best monograph on Stukeley is Haycock, David Boyd, *William Stukeley, Science, Religion and Archaeology in Eighteenth-Century England* (Woodbridge: Boydell Press, 2002).

[…] if we consider mystic Astronomy we shall indeed perceive in it the whole power of the quaternary, and this most clearly; for its whole secret lies in the hieroglyphic monad which exhibits the symbols of sun, moon, the elements, and fire, that is to say, those four which are actively and passively at work in the universe in order to produce therein the perpetual changes whereby corruption and generation take place in it.

He elaborates that the quaternary is represented in the cross for in this figure four lines meet at a common point; the sun the moon (or male and female principles) and fire make a trinity which joined together with the quaternary cross make the number seven.

In Wood's plans for the city of Bath we see that the sequence of spaces comprising the Royal Crescent, the King's Circus, Queen's Square and St. James Triangle actually seem in their geometric schema to embody the components of Dee's Hieroglyphic monad. Working down from the top we have the moon-shaped Royal Crescent; the Solar disc of the Circus, the four quartered geometry of the cross in the Queen's Square and finally the fiery St. James Triangle with its curious obelisk in the form of an elongated tetrahedron.

### The King's Circus
One can go further, much further with a reading of each of the spaces separately. Wood's method was always to layer multiple meanings in his projects. So for example the King's Circus can also be seen as a Vitruvian theatre, an interpretation of the Temple of Solomon, or a Druid temple to the Sun and Moon. None of these interpretations invalidates the others since all can be reconciled as manifestations of the architectural tradition which can ultimately be traced to Moses. Here I will elaborate an interpretation of the Circus in relation to Wood's Druidic myth of Bladud.[141] At the level of iconography the most obvious Druidical reference is the circle of acorns which adorn the pediment of the Circus. Much has been made of the ring of emblematic metopes which adorn the lowest order of the

---

[141] See Brownell *op.cit,* Hart *Scroope*, and John Summerson, "John Wood and the English Town Planning tradtition" in *Heavenly Mansions* (New York: Norton, 1963), 87-110. My observations on the Circus and Stonehenge are in part dependent on these authors.

façade, figures which are taken and adapted from a range of emblem books which would have been easily available to Wood. It is difficult to find any consistent iconogaphic program expressed in the metopes beyond reference to the individual occupants of the houses, but it is possible that the ring could be seen as a magic circle such as that on which Bladud hovers in the James the First genealogy to which I refer above.

There are two points of emblematic importance relating to the orientation of the Circus and its points of entry. Firstly Stonehenge and the Circus are both exactly aligned with the rising sun at the Summer solstice so that you would enter Stonehenge from the grand axis and the Circus from the direction of the London Road with the rising sun of the solstice behind you.

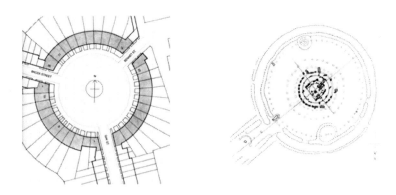

Fig. 3-7. The King's Circus as it stands today and Wood's survey of Stone Henge overlaid on a twentieth century survey.

Secondly, the house on axis with this entry point into the Circus, No. 6, is the only house to have its door in the centre. As we have seen above, Wood records the number six as an emblem of the Druids' practice of starting of their new Age, new Year, new month on the sixth day of the new moon.

Then there is the possibility of reading the number of houses in the circus as lunar references. At first glance, there seem to be thirty houses in the circus, Nos. 1 and 30 flank the entry into the space from Gay Street to the south. On closer inspection, whilst there are thirty house numbers there are actually only twenty-nine front doors which open onto the space. The house which would bear the address No.19, the King's Circus, opens onto Bennet Street. So there are either twenty-nine or thirty houses on the Circus depending on how you look at it. Referring back to Wood's interpretation of Stonhenge the thirty standing stones of the outer ring and the twenty-nine stones of the inner ring relate to the days of alternate lunar months. This might all seem slightly strained, but I believe the reasoning to be absolutely consistent with Wood's interpretative method in which the minutiae of numbering and grouping elements and their subsequent emblematic reading is essential. With reference to the Circus it is worth noting that in his interpretation of Stantondrue, Wood has eighty-one "cells" for the college of Druid priests set between the eighty-one standing stones of the "earth" circle.[142] To complete our house numbering, in addition to the thirty houses already noted there are a further three which have an elevation onto the Circus but are entered from the side streets, two from Brock Street and one from Bennet Street. Perhaps we can see these as the three decades of days within the months, such an interpretation would easily be within Wood's method, which hovers between the certainty of absolute measurement and the ambiguity of multiple possible readings.

Finally we must address the question of size, and comparative measurement. It has been noted that the diameter of the Circus corresponds almost exactly to the diameter of the outer circle at Stonehenge and also to the largest circle at Stantondrue.[143] Wood was interested not just in proportion but in the actual size of the objects of his studies. He devoted a considerable amount of time and effort to a comparative study of the units of measurement his ultimate aim being to establish accurately the size of the Jewish Yard, a prerequisite of achieving an accurate reconstruction of the ultimate origin of true architecture in the Biblical Jewish precedents of the Ark, Tabernacle and Temple. His published version of the *Origin of Building* devotes a

---

[142] Wood, *Description*, 154-55.
[143] See V. Hart, "John Wood," *Scroope* 4: 33.

full eight pages to the subject. Having established the matter of comparative measurement to his satisfaction Wood is able to observe that the circumference of the circle of the earth at Stantondrue, and thus the circumference of the King's Circus, is 365 Jewish Yards and thus "[...] was made so as to express the days of the Solar year[...]"[144] Thus the figure of the Circus can be seen as a solar disc, its dimensions represent the solar calendar.[145]

### Queen's Square

The Queen's Square we might see as a Garden of creation, at once an Eden and an evocation of the genesis of the cosmos. Amongst Alchemists, the creation was commonly seen as what they would call a "spagerick" act, that is a technique of practical Alchemy in which a substance is separated into component parts,[146] thus Fludd in talking about the creation says:

It was by the Spagericall or high Chymicall virtue of the word, and working of the Spirit, that the separation of one region from another, and the distinction of one formal virtue from another, was effected or made.[147]

To paraphrase the opening verses of the book of Genesis: in the beginning was a formless abyss of potential. The spirit of God moved upon the waters. And God separated by his word the light from the darkness. He then parted the waters into those above and those below and only then came to create the dry land. So the first creations were light, darkness and water. In Fludd's philosophy these three formed the principles of creation. In Paracelsian terms the three principles equated to Sulphur (light), Salt (darkness) and Mercury (water), but

---

[144] Wood, *Description*, 156.

[145] Wood's reference to Stonehenge as a temple to the Sun and Moon is made in *Choir Gaure*. For the application of this to the Circus and Crescent see Brownell *op.cit.* and Mowl and Earnshaw, *op.cit.* 179-206.

[146] Allen G. Debus and Robert P. Multhauf, *Alchemy and Chemistry in the Seventeenth Century* (William Andrews Clark Memorial Library.Los Angeles: University of California, 1966)*,* 16.

[147] Robert Fludd, *Mosaiicall Philosophy:Grounded upon the Essentiall Truth or Eternal Sapience.* (London, 1695), quoted in Allen G. Debus, *The English Paracelsians*, 108.

these must be seen not so much as the chemical substances which we know but as principle energetic qualities. The "secondary" elements in Fludd's cosmology are none other than the traditional four Galenic elements earth, water, air, fire and all four of which are derived from the primary waters.[148]

In his description of the Queen's Square, Wood points out that the obelisk placed at its centre is to have an unusual form. It is to be tapered to a point so as to more nearly resemble a ray of light from the sun. Furthermore he describes the proportions of the obelisk saying it is divided into seven parts, the lowest of which forms a broader, but still tapering plinth.[149] In terms of an Alchemical cosmogony such as Fludd's, the number seven might refer to the seven days of the creation, seven as a union of the quaternary and trinity–the components of Dee's Monas, seven heavenly bodies, seven notes of the diatonic scale and so on. In the centre of the Queen's Square garden, then Wood places a pyramidal light shaft, structured into seven parts and penetrating into the darkness of the earth through a pool of water. At the plane of the horizon where darkness meets light in the pool, the garden opens out into a four quartered elemental figure. My reading is that the whole garden forms an emblem of the genesis of the cosmos seen in Alchemical terms.

\*

\*   \*

I cannot say that Wood received this symbolism directly from a reading of Fludd. Indeed it seems unlikely since he is rather scrupulous in referencing his sources and I have not so far found Fludd's name mentioned. However, a reading of secondary literature on the influence of Paracelsian medicine in England and in the wider context of Europe leaves me in no doubt that the basic elements of Woods Alchemical iconography were, in the context of early eighteenth-century medical thought and practice easily accessible. Wood's projects would have been legible to an audience of his contemporaries amongst the medical practitioners in Bath not just by virtue of the commentary on them provided by his writings, but also in

[148] Debus, *English Paracelsians*, 109.
[149] Wood, *Description*.

relation to the corpus of medical knowledge and debate which was current at that time. Alchemical theory and practice certainly existed in England into the late 17th century, and the "chemical philosophy" co-existed with a mainstream dominated by "Newtonian" physics well into the 18th century. Or more particularly, a necessary part of the professional knowledge of the medical practitioners of Wood's age would have been a thorough acquaintance with the medical theories of the time and those included the Alchemical theory or rather the extension of that theory into what is known as iatrochemistry. Fludd was in his time important enough as a philosopher and doctor to have conducted a correspondence with no less a figure than Kepler. As the seventeenth century progressed, his influence, at least in England, diminished rapidly probably as a result of his wholehearted espousal of the mystical aspects of the philosophy. The same cannot be said of Paracelsian medicine theory and practice in general. If we look to Fludd's contemporary, the Paracelsian doctor Jean Baptiste van Helmont, we find that his writings were enormously influential up until 1700. They were published in full as late as 1707 and were included in compilations specifically relating to Bath medical practice during the period of Wood's architectural practice in the middle years of the century. The Phlogiston theory is one example of a continuing interest in the older world picture.[150] Newtonianism and the chemical philosophy existed side by side and mutually informed each other. Wood's architecture at Bath attempted to reconcile the traditional cosmology embodied in the Bladud and Mosaic myths of origin; and the new observational method represented by his quest for a universal temporal and spatial framework. The two come together in Wood's antiquarian researches and ultimately in the emblematic spaces which he created for the city.

**List of Works Cited**

**Manuscript Sources:**

Pedigree, Lyte. British Library MSS. Genealogy prepared for James 1st.

---

[150] Allen G. Debus, *The Chemical Philosophy* (New York: Dover Publications Inc, 2002), 547.

Wood, John. Bath Reference Library, MSS. *Origin of Building.*

## Primary Sources:

Croll, Oswald. *Philosophy Reformed and Improved in Four Profound Tractates.* Translated by H. Pinnel. London, 1657.

Fludd, Robert. *Mosaiicall Philosophy: Grounded upon the Essentiall Truth or Eternal Sapience.* London, 1695.

Wood, John. *Choir Gaure, Vulgarly Called Stonehenge.* Oxford: The Theatre, 1747.

───── *A Description of Bath.* Bath: Kingsmead Reprints, 1965. This is a facsimile of the 3${}^{rd}$ edition. Bath: J. Leake, 1765.

───── *The Origin of Building; Or, The Plagiarism of the Heathens Detected.* Bath: J. Leake, 1741.

## Secondary Sources:

Brownell, Charles Edward. "John Wood the Elder and John Wood the Younger: Architects of Bath." Unpublished doctoral thesis, Columbia University, 1976.

Debus, Allen G. and Robert P. Multhauf. *Alchemy and Chemistry in the Seventeenth Century.* William Andrews Clark Memorial Library. Los Angeles: University of California, 1966.

Debus, Allen G. *The Chemical Philosophy.* New York: Dover Publications Inc., 2002.

───── *The English Paracelsians.* London: Oldbourne, 1965.

Hart, Vaughan. "John Wood, Stonehenge and Palladianism: Or Whose Renaissance Is It Anyway?" *Scroope, Cambridge Architecture Journal* 4 (1992): 31-36.

Haycock, David Boyd. *William Stukeley, Science, Religion and Archaeology in Eighteenth-Century England.* Woodbridge: Boydell Press, 2002.

Mowl, Timothy and Brian Earnshaw. *John Wood, Architect of Obsession.* Bath: Millstream Books, 1988.

Neale, R.S. "Bath: Ideology and Utopia 1700-1760." In *The Eighteenth Century Town, A Reader in English Urban History 1688-1820,* edited by Peter Borsay, 223-43. London: Longman, 1990.

Summerson John, "John Wood and the English Town Planning Tradition." *Heavenly Mansions* (New York: Norton, 1963).

# CHAPTER 4

# Les villes d'eaux en France (1850-1914): espaces urbains et architectures publiques[1]

## Bernard TOULIER

*Ils ont été bien inspirés ceux qui, comptant sur l'avenir des stations françaises, ont placé leurs capitaux en conséquence. Ils ont généralement fait de bonnes opérations ceux qui, dans ces stations, ont acheté des terrains, bâti des hôtels, des maisons meublées, des villas [...] Les villes d'eaux, les bains de mer, les villes d'hiver sont en vogue [...] quand on n'y va pas pour des raisons de santé, on y va pour son plaisir.*

*Toute opération financière qui reposera sur cette double aspiration de l'homme: éviter la maladie, fuir l'ennui, aura chance de succès [...] La fortune de presque toutes ces villes de plaisir et de santé a été l'œuvre de quelques hommes qui ont fait de la prospérité d'une station leur préoccupation principale.*

*L'histoire de chacune est à peu près la même: bourgade au début perdue dans des lieux ignorés, elle ne tire aucun profit des richesses que lui a octroyées la nature. Survient quelqu'un qui apprécie les avantages à tirer de la source, on fait de la publicité et tout change de face. Le visiteur arrive, il faut le recevoir, et voilà de riches hôtels qui s'élèvent à la place de pauvres cabanes; on ouvre des cafés, des boutiques, la ville surgit. En résumé, les stations s'enrichissent et en même temps elles font gagner les chemins de fer, la poste, payent des impôts considérables, et finalement enrichissent les caisses de l'État avec l'or de l'étranger, et sont, par conséquent, une des sources de la richesse nationale. Macé (docteur),* Gazette des eaux, *28 avril 1881.*

---

[1] Cet article s'inspire en partie de l'ouvrage de l'auteur. *Villes d'eaux, architecture publique des stations thermales et balnéaires* (Paris: Imprimerie nationale /Dexia Editions, 2002). Voir aussi: Jérôme Pénez, *Histoire du thermalisme en France au XIX$^e$ siècle. Eau, médecine et loisirs* (Paris: Economica, 2005).

## Une ville médicale agglomérée autour des griffons

A partir de la fin du 18$^e$ siècle, les saisons passées aux eaux sont incluses dans le cycle de vie nomade de l'aristocratie. La ville d'eaux devient au milieu du 19$^e$ siècle un haut lieu de sociabilité: que l'on s'ennuie ou que l'on se divertisse, que l'on soit malade ou bien portant, la cure thermale est "la continuation obligée des élégances de l'hiver; […] le premier devoir social de tout homme qui tient à l'estime de soi; plus encore à celle d'autrui; s'en dispenser, laisser fuir toute une saison sans apparaître à Vichy, [Dieppe] ni à Bade ni à Hombourg, ce serait non seulement une faute de goût, un solécisme impardonnable, mais un crime de lèse-société" (Félix Mornand, *La vie des eaux*, 1853). Avec ses buvettes et ses casinos, ses cercles et ses casinos, ses parcs et ses promenades la ville thermale est un vaste théâtre où les baigneurs ont autant l'occasion de voir que d'être vus.

Cette ville s'organise autour des équipements collectifs dévolus à la médecine, aux loisirs, à l'hébergement et aux transports. La ville d'eaux française, repliée sur elle-même dans les massifs montagneux est agglomérée autour du lieu d'émergence de la source minérale, le griffon. Ces villes nouvelles établies autour des sources forment des "villes-parcs " (Fig.4-1). Leur création nécessite d'importants travaux d'aménagements pour domestiquer le paysage et créer un urbanisme de loisirs et de services, aux antipodes de la ville industrielle.

Fig. 4-1. La Bourboule, panorama.

**Création et vogue de la station thermale**

La création des stations thermales s'inscrit à la fois dans le mouvement de l'avènement des loisirs et de la médicalisation de la société française du 19ᵉ siècle. Leur essor est amplifié par le développement des moyens de transport et contribue à l'accroissement exponentiel du tourisme.

L'usage d'aller *prendre les eaux* pour se soigner se généralise au cours du 19ᵉ siècle. La vogue des villes d'eaux prend un large essor sous le Second Empire, s'épanouit durant la Belle Epoque et atteint son apogée avant la crise de 1929. En quelques dizaines d'années, à partir du début du 19ᵉ siècle, le thermalisme devient peu à peu un projet commercial: l'exploitation systématique des eaux minérales apparaît sous le Premier Empire. Des villes s'édifient sur le modèle anglais de Bath autour des thermes antiques et des grands hôtels, ou de Brighton où des établissements de bains et des casinos déployent une architecture fonctionnelle et luxuriante. En France, des stations comme Luchon, Plombières ou Aix-les-Bains voient le jour à cette époque. Sous la Restauration et la Monarchie de Juillet, le thermalisme entre dans une phase de renouveau.[2]

Les villes d'eaux thermales se développent sous le Second Empire: la clientèle de ces stations triple entre 1850 et 1870 pour atteindre le chiffre de 300 000 curistes et visiteurs. Après la guerre de 1870, les Français désertent les stations en vogue du bord du Rhin comme Bade ou Hombourg. Cet ostracisme s'étend à tout l'empire austro-hongrois et particulièrement aux stations de Marienbad et de Carlsbad, la principale ville rivale de Vichy. La présence de l'empereur Napoléon III et de l'impératrice dans ces villes d'eaux ont largement contribué à l'essor du thermalisme. Les retombées de ces cures sont bénéfiques non seulement pour les villes élues mais pour l'ensemble des stations. A partir de 1856, Napoléon III effectue onze saisons dans trois villes d'eaux différentes: Plombières, Saint-Sauveur et Vichy. Le thermalisme est pour Napoléon III un champ d'essais exemplaire pour ses projets urbains.

Les années 1890-1910 de la Belle Epoque marquent une période de renouveau et de luxe qui s'arrête durant la Première guerre

---

[2] Dominique Jarassé, *Les thermes romantiques. Bains et villégiature en France de 1800 à 1850* (Clermont-Ferrand: Institut d'études du Massif Central, 1992).

mondiale. Ces stations aux propriétés thermales très diversifiées, adaptées à toutes les maladies accueillent à la veille de la Première guerre mondiale 375 000 baigneurs, soit un total de 700 000 visiteurs en comptant les accompagnateurs. Les villes d'eaux forment des réseaux urbains liés à la nature de leurs activités et à leur spéciali-sation mais aussi à leur degré d'accessibilité liés à la proximité des grands centres urbains et de Paris.

**Un réseau concentré dans les massifs montagneux dépendant des moyens d'accès**

En 1850, parmi les deux cents stations thermales installées sur le territoire, soixante-quinze d'entre elles se consacrent aux activités de boisson sur place ou d'expédition des eaux et les cent vingt-cinq stations restantes possèdent environ cent soixante-dix établissements de bains. Parmi ces établissements, seulement une quarantaine répon-dent à un véritable projet architectural, les autres sont de simples baraques de bois ou des aménagements de fortune dans des maisons particulières.

Près de cent stations sont aux mains des propriétaires privés, les autres sont propriétés de l'État (Aix-les-Bains, Bourbon-l'Archam-bault, Bourbonne-les-Bains, Luxeuil, Néris, Plombières et Vichy) ou des collectivités: quatorze aux communes, trois aux départements et deux aux hôpitaux. Entre 1800 et 1850, trente-six établissements sont construits dans ces stations: l'élan est donné par les collectivités publics et l'État. La tendance se renverse durant la seconde moitié du 19e siècle. A la fin du siècle, on évalue le nombre de stations privées à cent quatre-vingt et les stations aux mains des pouvoirs publics restent en nombre quasi-constant de trente. Près de 80% des nouvelles constructions sont dans les stations privées.

Malgré la faiblesse de sa représentation, l'Etat joue un rôle moteur dans l'expérimentation et l'exemplarité des constructions des stations thermales. Le domaine thermal de l'État s'accroît au cours du 19e siè-cle. Vichy, devenue plus tard la "reine des villes d'eaux," comme Néris et Bourbon-l'Archambault sont tombées dans le domaine royal devenu ensuite national. En 1811, 1812 et 1853, l'État devient succes-sivement propriétaire des thermes de Plombières (Vosges), de Bour-bonnes-les-Bains (Haute-Marne) et de Luxeuil (Haute-Saône). A la suite du retour de la Savoie à la France, en 1860 ce sont les thermes d'Aix-les-Bains qui sont nationalisés. Enfin, d'autres établissements thermaux sont annexés momentanément au domaine national, comme l'établissement de Bourbon-Lancy. Si les établissements thermaux administrés en régie ont tendance à végéter, les stations affermées comme Plombières ou Vichy bénéficient des largesses directes de l'Empereur ou de l'État.

En 1910, le service des mines décompte 1376 sources autorisées (sur près de 1800 sources d'eaux minérales répertoriées) alimentant 350 établissements thermaux réparties sur 130 à 170 stations concentrées pour l'essentiel sur les quatre massifs montagneux des Alpes, du Massif-Central, des Pyrénées et des Vosges. Le développement économique des villes thermales est étroitement dépendant de leur accessibilité.

A partir du Second Empire et surtout de la Troisième République, les stations s'accrochent au chemin de fer "comme les feuilles d'un arbre à ses branches." Les compagnies de chemin de fer développent l'attractivité des villes d'eaux placées sur ou à proximité du tracé de la voie ferrée. Elles lancent des campagnes de promotion commerciales et touristiques pour attirer la clientèle des baigneurs, jouent sur la concurrence et participent parfois activement au développement des stations, comme en Auvergne.

Les liaisons routières se développent également sous le Second Empire avec la création de routes thermales. Dans les Pyrénées, Napoléon III ordonne la création d'un réseau de routes pour relier les stations de Bagnères-de-Bigorre, Luchon, Barèges, Cauterets, les Eaux-Bonnes et les plus petites stations de Labassere, Gazost, Saint-Sauveur … séparées par des montagnes et des cols élevés.

A partir du début du XX$^e$ siècle, l'usage de l'automobile révolutionne l'accès aux stations. Les compagnies de chemins de fer investissent également dans l'automobile en créant des services relais d'autocars. En 1913, des correspondances automobiles relient Vichy et Châtel-Guyon par Clermont-Ferrand et Royat avec le Mont-Dore et La Bourboule: ce sera la "route thermale d'Auvergne." Le principe des routes touristiques automobiles est bientôt repris par toutes les autres compagnies de chemin de fer.

## La fièvre thermale et l'aménagement des nouveaux espaces urbains

Sous le Second Empire, le déploiement des moyens de communication développe encore l'engouement pour cette activité et crée les conditions favorables au développement des villes d'eaux. Médecins et industriels, banquiers et particuliers sont les propagateurs de cette "fièvre thermale." Ils investissent dans la création et le développement des stations thermales dont les eaux sont "sources de richesse intarissable." L'eau minérale est une "mine liquide qui s'épanche spontanément à la surface du sol." Durant cette période, la famille Bouloumié crée la station de Vittel et sous la Troisième République, les frères Brosson lancent Châtel-Guyon, sous l'impulsion du banquier Brocard. La ville d'eaux est considérée comme un des produits du tourisme naissant, basé sur l'investissement spéculatif.

Durant la seconde moitié du 19$^e$ siècle, la croissance des villes d'eaux est considérable. De 1850 à 1914, Vichy passe de 1500 habitants à 15 000, Aix-les-Bains de 3000 à 9000 habitants. Entre 1875 et 1890, la fièvre thermale s'empare de nombreux hommes d'affaires soucieux de s'enrichir par l'exploitation des sources et le commerce des eaux minérales. Maupassant, dans son roman *Mont-Oriol* publié en 1886, nous relate les âpres luttes qui se livrent autour des sources de Chatel-Guyon, avec la "guerre des sondages pour le captage de nouvelles sources."

La nouvelle ville d'eaux vient se greffer sur une ville préexistante, par juxtaposition ou superposition. Elle devient un des quartiers spécialisés de la ville, supplantant et phagocytant parfois les activités traditionnelles. La ville nouvelle peut aussi être créée sur un site vierge, comme à Vittel (Fig. 4-2) ou à quelque distance d'une agglomération préexistante fonctionnant alors comme un faubourg ou une ville-satellite. Quelle que soit sa situation, elle est toujours bâtie sans plan préconçu, répondant d'abord à une fonction médicale.

A Vichy, le nouveau quartier thermal créé sous Napoléon III se juxtapose à l'ancienne cité:

> Il y a deux Vichy contigus: l'un vieux, tortueux et mal bâti, jadis fortifié … relégué à l'extrémité de la vaste et belle promenade qui fait face à l'établissement, et exclusivement affecté à la demeure des indigènes; l'autre jeune, pimpant, désert huit mois de l'année, mais les quatre autres, en revanche, peuplé et animé comme la rue Richelieu, caravansérail dédié à la France buveuse d'eau, agrégation sans cesse grossissante d'hôtels, petits et grands [… ] (Félix Mornand, *La vie des eaux*, 1856).

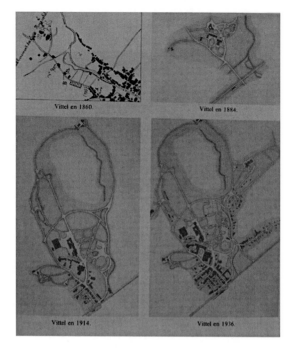

Fig. 4-2. Vittel, étapes de l'urbanisation.

Dans les stations thermales, les premières tentatives d'urbanisation apparaissent dès le 18e siècle. En 1765, à Bagnères de Luchon, l'intendant Antoine Mégret, baron d'Etigny, trace une large avenue de 600 mètres, bordée de tilleuls pour relier les bains au bourg. L'intervention directe de l'État dans l'urbanisme des villes d'eaux est exceptionnelle. A Vichy, où l'État est propriétaire du domaine thermal, celui-ci se substitue à la municipalité et présente en 1856 un projet urbain conçu par Charles-E. Isabelle, attaché aux établissements thermaux de l'État (Fig. 4-3). L'architecte organise l'espace urbain qui intègre le quartier thermal à la cité préexistante à partir de la gare, départ d'un réseau viaire en patte d'oie qui ceinture la ville et descend jusqu'aux bords de l'Allier. Comme à Vichy, les villes nouvelles s'orientent habituellement à partir de l'axe structurant créé par la liaison fonctionnelle créée entre la gare et le casino ou l'établissement de bains.

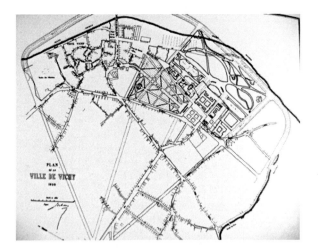

Fig.4- 3. Vichy, Plan 1856.

Le renouveau du thermalisme témoigne d'un changement d'attitude par rapport à la nature, jugée jusqu'à la fin du XVIII$^e$ siècle étrangère et sauvage. La montagne dominatrice et écrasante autour des stations thermales, devient le lieu du sublime, à l'opposé de la ville industrielle. La nature est domestiquée et asservie, au service de la santé. Les promenades publiques, aménagées pour la déambulation et la détente, l'agrément et la rencontre sont des espaces privilégiés de sociabilité pour la société thermale et balnéaire. Le parc thermal relie et unifie les principaux établissements de la station dans une promenade paysagère à travers la ville. Le parc peut être semi-privatif ou privatif, soumis à un droit d'entrée réservé aux seuls curistes. C'est un espace clos qui rassemble toutes les infrastructures thermales comme à Vernet, Pougues, Argelès-Gazost ou même Châtel-Guyon. A la fin du 19$^e$ siècle, la station thermale se définit comme une ville réduite en miniature, autour de son parc sur lequel donnent les principaux équipements publics et les chalets d'habitation, comme à Martigny-les-Bains.

Placées au cœur des villes thermales, les compositions paysagères des parcs sont largement développées à partir de la fin du 19$^e$ siècle; elles associent l'aptitude climatique et hygiénique du site dans des promenades aménagées au milieu d'une nature recomposée, comme au Bois de Boulogne. Ces parcs incluent des galeries-promenoirs qui prolongent les parcours du curiste au-delà des pavillons des sources. La galerie est un prolongement organique du pavillon des sources, destinée initialement à faciliter la digestion du buveur d'eau. Le curiste est considéré comme un malade à la constitution fragile qu'il faut protéger de la pluie et du vent. L'usage de ces galeries vitrées, couvertes et fermées, était davantage développé dans les stations thermales austro-allemandes. Vichy, ville "concurrente" des stations de Carlsbad et de Marienbad, possède des galeries couvertes remarquables. Utilisées d'abord pour abriter le promeneur devant les étalages des boutiques de l'Hôpital (1899), le principe est repris ensuite par l'architecte Charles Lecœur pour relier les points forts de la station et faciliter la déambulation dans le parc (1901-1903) (Fig. 4-4). A Vittel, la Grande-Galerie mauresque (1905) unit le pavillon des sources à l'établissement thermal bâti par Charles Garnier en 1884.

Le kiosque à musique, placé au milieu de la ville d'eaux, le plus souvent dans le parc thermal abrite un petit orchestre qui rythme le temps des baigneurs et des curistes. Placé à proximité des terrasses des hôtels, cafés et restaurants le kiosque attire les promeneurs au milieu de la journée, en fin d'après-midi et le soir. Le baigneur, assis sur des chaises ou des bancs vit dans un décor d'opéra au son de la musique distribué par les kiosques aménagés à partir de la seconde moitié du 19$^e$ siècle (Fig. 4-5).

Fig. 4-4. Vichy, galerie promenoir.

Fig. 4-5. Vichy, kiosque à musique.

## Les "temples" thermaux

Le temple thermal, est l'élément majeur de la trilogie constitutive de la ville d'eaux, avec l'hôtel et le casino, l'établissement des eaux évolue selon les règles thérapeutiques et les modes. Abritant à l'origine de nombreuses fonctions, notamment dans les petites stations thermales, l'établissement thermal a tendance à se concentrer à partir de la seconde moitié du 19ᵉ siècle, sur la seule fonction thérapeutique. Un des derniers établissements thermaux multifonctionnels est celui des Eaux-Chaudes (1841-1850). Il regroupe sous un même toit l'établissement de bains, l'hébergement pour les baigneurs et les administrateurs avec un cercle-casino.

Le programme se complexifie avec les recherches sur les composantes chimiques des eaux minérales. Elles autorisent de nouveaux traitements thérapeutiques, ce qui multiplie les salles aux usages spécialisées. Les règles de la moralité et de l'hygiène concourent à l'exclusion de l'enceinte de l'établissement thermal des salons de jeux, des salles de bal et des théâtres. Le casino récupère ses fonctions, à l'exception de thermes-casinos comme ceux de Bagnères-de-Bigorre (1881) ou de Dax-Salin-Thermal (1891).

L'établissement thermal est la clef de voûte de la station, réceptacle quasi religieux de l'eau miraculeuse. Le curiste y passe près de la moitié de sa journée. La qualité des soins, la modernité des installations, le confort et le luxe de son architecture font la réputation de la station. Durant tout le XIX^e siècle, une course effrénée à la concurrence s'engage: on y multiplie les techniques de soins, selon les progrès de la science médicale.

De nombreuses générations d'architectes et de médecins prennent les thermes romains de Dioclétien ou de Caracalla comme l'archétype de l'établissement thermal, malgré leur inadéquation fonctionnelle à un programme contemporain de thérapie moderne. Vers 1900, le traité de Julien Guadet *Eléments et théorie de l'architecture* fait l'éloge des établissements du Mont-Dore, de Bagnères et d'Aix-les-Bains parce qu' "ils rappellent un peu—de loin—les Thermes des Romains, restés le type de ce programme, et restés à tout prendre sa solution même moderne." Depuis le Second Empire, médecins-inspecteurs et ingénieurs des mines responsables de l'hygiène des bains et du captage et de la distribution de l'eau ont le souci de rationaliser les établissements et de les réduire à leur stricte fonction thérapeutique. Au modèle anachronique et traditionnel des thermes de Caracalla qui mêle les eaux, les jeux et les commerces, ces hommes de l'art se rapprochent du modèle de l'hôpital à l'agencement rigoureux et aux cabines de bains bien alignées, sans hall dispendieux ni boudoirs.

A la différence de l'hôpital rejeté à la périphérie de la ville industrielle, l'établissement thermal reste au cœur de la ville de santé et s'articule avec tous les autres espaces et bâtiments de la ville. Malgré sa hiérarchie en trois classes en usage dans les grandes stations, comme à Vichy ou à Aix-les-Bains, ce type d'établissement s'adresse jusqu'au début du XX^e siècle principalement à une classe de rentiers (exception faite des établissements réservés aux militaires), attirés par le décor luxueux des halls et des escaliers monumentaux, comme l'établissement du Mont-Dore d'Emile Camut (1887-1894).

Au cours du 19^e siècle, la construction de tels édifices publics communaux, contrôlés par le Conseil général des Bâtiments civils est souvent confiée à l'ingénieur en chef des Ponts-et-Chaussées, puis à l'architecte départemental. L'architecte des Bâtiments civils Charles Lecœur (1830-1906) a dessiné de nombreux établissements thermaux. Il construit les thermes de Bourbon l'Archambault (1881-1885), donne plusieurs projets pour l'établissement d'Amélie-les-Bains (avant la construction de 1896), édifie un bâtiment annexe aux thermes d'Aix-les-Bains (1897-1899) et conçoit en association avec Lucien Woog les Grands-Thermes de Vichy (1899-1903) pour lesquels il effectue un voyage d'informations en Allemagne.

La situation du bâtiment thermal dépend de nombreuses contraintes topographiques et techniques. Les bâtiments sont impérativement implantés à proximité du jaillissement des sources minérales, afin d'en garder toutes les propriétés. La loi exige que l'eau soit exploitée au plus près des griffons. Les sources étant souvent regroupées dans les massifs montagneux, l'implantation devra tenir compte du relief, notamment dans les Pyrénées, jouer avec les niveaux et des volumes en longueur. L'adossement de l'établissement thermal au rocher limite la profondeur du bâtiment comme à Bagnères-de-Bigorre (1823-1828) où l'élévation des niveaux compense le manque de place. On retrouve le même phénomène dans de nombreuses stations comme à Ussat (1845-1855), Bourbon-L'Archambault (1881-1883) ou Saint-Nectaire (1888-1889).

Le développement s'effectue généralement en façade et peut atteindre comme à Vichy plus de 170 mètres de long. Toute la machinerie du captage, les réservoirs, les chaufferies et les buanderies sont généralement cachés, rejetés en arrière ou intégrés pour présenter au baigneur une façade ostentatoire et rassurante. Les façades des établissements thermaux édifiés au 19ᵉ siècle correspondent au schéma de composition traditionnelle symétrique en usage dans de nombreux bâtiments publics. Cette composition ternaire correspond à la division de la clientèle selon le sexe, marquée par un espace d'accueil central. Les élévations à colonnes sont très prisées dans la construction des thermes romantiques de la première moitié du 19e siècle comme à Brides ou Saint-Sauveur.

Au 19ᵉ siècle, la référence antique—rappel de l'origine du thermalisme—joue principalement sur l'élévation principale, le hall et sur quelques détails des "baies thermales" (fenêtres semi-circulaires à deux meneaux), des colonnes adossées servant de piédestaux à des statues à l'antique (Royat), des voûtes à caissons (Châtel-Guyon) … Les références antiques se mêlent parfois aux influences du style roman régional comme en Auvergne à Royat, Châtel-Guyon ou au Mont-Dore. A partir de la seconde moitié du 19ᵉ siècle, la référence stylistique vient également de l'Orient, berceau de la tradition des bains publics, avec ses coupoles et ses minarets (Vittel, 1884; Les Thermes-Salins de Biarritz, 1893; Salies-de-Béarn, 1894; …). La construction de l'établissement de Vichy par Charles Lecœur et Lucien Woog (1899-1903) marque l'apogée de cette influence. Outre les tours en forme de minarets, le caractère oriental est marqué par la forme de son dôme, rappel de ceux des tombeaux mamelouks du Caire et de celui du palais des Beaux-Arts et des Arts libéraux de l'exposition de 1889 (Fig. 4-6). Le style doit conforter les vertus thérapeutiques attendues par la pratique thermale: les styles rustiques et pittoresques, les innovations frivoles de l'Art Nouveau sont exclus et réservés pour les annexes des buvettes et des kiosques.

Le typologie de l'établissement thermal se fixe dès la fin du 18$^e$ siècle (Luchon, 1784 par l'ingénieur Le Bourgeois). Les cabines de bains, desservies par des couloirs ou des galeries sont disposées de part et d'autre d'un grand hall. Cette distribution fonctionnelle est visible sur les élévations principales des longs bâtiments quadrangulaires, rythmées par les avancées du corps central et des pavillons latéraux. Au sein de l'établissement thermal, la distribution des espaces et des circulations évolue, notamment en fonction des progrès de l'hygiène. Au 19$^e$ siècle, les espaces répondent à plusieurs principes: l'espace collectif de la galerie et l'espace individuel de la cabine, l'espace habillé et l'espace de soins, sans oublier la partition entre les femmes et les hommes. Les curistes en tenue de ville entrent

Fig. 4-6. Vichy, projet thermes.

Fig. 4-7. Le Mont-Dore, établissement thermal.

Fig. 4-8. Chatel Guyon, thermes (intérieur).

directement par le hall, puis selon le sexe s'achemine dans les galeries menant aux cabines. La galerie n'est alors que le prolongement de l'espace public et la cabine sert à la fois de vestiaire et d'espace de soins.

Le hall, lieu d'accueil et point de rencontres sert de sas avec l'extérieur. Son caractère emblématique en fait un espace privilégié pour recevoir un décor peint ou sculpté. Un élève d'Ingres, Romain Cazes peint à Luchon (1854-1858) un cycle de huit panneaux (disparus) sur les vallées et les montagnes et des environs; il décore les écoinçons d'allégories des sources aboutissant à *L'allégorie de la découverte des sources et de l'érection des nouveaux thermes*. Vers 1886, le thème des sources et de l'eau—plantes aquatiques et hérons—est repris dans le décor en céramique de Bourbon-L'Archambault. Les cartons sont dessinés par l'architecte de l'édifice, Charles Lecœur, et exécutés par la firme Parvillée. Diverses variations sur le thème de l'eau sont encore reprises par le peintre Alphonse Osbert sur les tympans du hall de Vichy (1903-1904). La cascade, sculptée sur la façade extérieure est reprise à l'intérieur dans la composition peinte de *La Source* et dans *Le Bain*, l'eau thermale issue en vapeur du centre de la terre s'oppose à l'eau dormante et figée du lac.

Le hall de l'établissement du Mont-Dore reprend l'idée des thermes antiques mais, pour des raisons de reprise de constructions antérieures, la salle des Pas-Perdus se situe à l'étage, laissant le hall des sources abritant les buvettes au rez-de-chaussée (Fig. 4-7). Les voûtes du grand hall de la salle des "Pas-Perdus" sont peintes en 1893 par Hector d'Espouy d'un décor végétal inspiré de la Renaissance. Son associé, Antoine Calbet est l'auteur des amours placés dans les cartouches qui contemplent ou désignent le passant et l'invitent à savourer d'autres plaisirs, loin des soins de la cure. La référence antique est plus proche de Byzance dans le hall monumental des Grands-Thermes de l'établissement édifié par Benjamin Chaussemiche à Châtel-Guyon (1903-1906), sobrement décoré avec sa voûte à caissons ornés de rosettes, ses colonnes de marbre rouge et ses escaliers à double rampe (Fig. 4-8). A Châtel-Guyon, Chaussemiche reprend également la référence antique de l'espace en rotonde que l'on retrouve dans les thermes de Caracalla de Rome, utilisée dans quelques autres établissements comme celui d'Enghien. L'espace de distribution circulaire ou semi-circulaire donne accès aux cabines de bains.

Les bains sont pris en piscines ou en cabines. Les piscines semblent tomber en désuétude vers 1850 pour reprendre un regain de faveur à la fin du 19ᵉ siècle. Le traitement en piscine économise l'espace mais ne s'applique en aucun cas au traitement des maladies contagieuses. La répartition des espaces de soins se retrouve dans le cahier des charges des constructions d'établissements thermaux. A Moutiers, "l'établissement thermal à construire devra contenir au moins deux piscines, dix douches dont six de type Tivoli, et trente cabines de bains avec vestibule, salles d'attente, vestiaires et tous les accessoires nécessaires" (1868). Les établissements les plus renommés possèdent quelques cabines de bains dites de première classe ou de luxe comme celles de Vichy ou d'Aix-les-Bains. Quelques stations comme celle de Cransac offrent des bains de vapeur pris dans des étuves en bois, logés dans des cabines.

Le thermalisme est aussi concurrencé par l'hydrothérapie qui utilise simplement la masse et la force de percussion d'une eau banale sans propriété particulière: les établissements hydrothérapiques peuvent aussi combiner toutes les variétés de traitements au moyen de bains et de douches.

## Les buvettes, pavillons et palais des sources

Les buvettes, placées au point d'émergence des sources chaudes, sont formées d'une vasque arrondie ou demi-circulaire. La vasque est parfois recouverte d'une cloche de cristal taillé comme à la buvette de La Grande Grille à Vichy qui protège l'eau jaillissante et bouillante avant qu'elle ne s'écoule par des conduites à robinets dans le verre du buveur. La buvette peut être placée dans l'établissement thermal ou à l'extérieur, dans des pavillons ou de simples édicules.

A l'extérieur de l'établissement thermal, dans le parc thermal, la buvette utilisée pour les cures de boisson est abritée sous un édicule ou un pavillon, reliée le plus souvent à une galerie-promenoir. L'eau jaillissante de la source, symbole du rituel thermal de la boisson mira-culeuse et guérisseuse, est mise en scène dans un sanctuaire qui arbore souvent des styles rustiques et champêtres, intégré à son environne-ment. Elle sourd de sa roche, ou jaillit d'un endroit sauvage pour attes-ter de son authenticité et de sa "magie tellurique." Durant le 19ᵉ siècle, toutes les poncifs du pittoresque sont utilisés pour édifier ces buvettes extérieures: la cabane en rondins ou en branchages couverte de chaume, ou la grotte reconstituée (Châtel-Guyon, Aulus). L'édicule peut aussi prendre les aspects d'une fabrique ou d'un pavillon de jardin, lumineux et transparent, comme la fabrique néo-gothique de Sermaize-les-Bains. Les pavillons des sources à structure métallique élevés durant la seconde moitié du 19ᵉ siècle diffusent une lumière zénithale sur la buvette centrale circulaire et les curistes. Les constructions métalliques des pavillons de Contrexéville et de Vittel, dans le style mauresque sont édifiées dans le dernier quart du 19ᵉ siècle.

## Les lieux du divertissement et du sport

La ville d'eaux, d'abord ville de soins est aussi une ville de plaisir et s'organise en fonction de ses deux pôles. L'objectif exclusivement médical du thermalisme est tempéré par celui de la distraction apportée notamment par le jeu. Le casino, pôle du divertissement devient l'édifice de représentation par excellence de la station, l'objet des théâtralisations les plus folles, en opposition avec le pôle balnéaire et médical. La présence du casino est un signe distinctif de l'importance de la station: seules les stations thermales réputées bénéficient de leur présence. Dans les petites stations, des "salons" indépendants et privés s'ouvrent dans les hôtels ou bien sont abrités dans des "cercles," comme à Salies-de-Béarn. Les cercles offrent à la clientèle des baigneurs et des curistes des salons de conversation, des salles de lecture, de correspondance, de réunion et quelques salles de jeux.

L'apparition du casino dans la ville thermale est postérieure à celle de la ville des bords de mer; son modèle vient d'Outre-Rhin. Dès les années 1860, les concessionnaires de l'établissement thermal de Vichy demandent à l'État l'installation d'un casino dans la ville.

Les établissements thermaux d'Allemagne, dont les sources minérales présentent beaucoup d'analogie avec celles de la France, ont sur nos établissements du même genre des avantages difficiles à combattre. A la renommée de leurs eaux, ils joignent au grand luxe de leur installation l'attrait malheureusement si puissant du jeu. Nous ne saurions, certes, leur envier ce dernier moyen de séduction, mais la difficulté même d'y suppléer doit engager le gouvernement à s'efforcer d'exécuter dans nos établissements toutes les améliorations de nature à retenir et attirer les malades et les riches étrangers qui viennent souvent y demander plutôt la distraction que la santé (Fig. 4-9).

A Vichy, l'adjonction du théâtre de Charles Lecœur (1898-1902) place "Vichy: miroir de Paris" au même rang que les meilleurs établissements de la capitale: sa capacité de spectateurs la place juste après l'Opéra.

Fig. 4-9. Vichy, casino.

Dans ces villes d'eaux, de nombreux établissements sportifs issus ou hérités des goûts aristocratiques et du goût anglais viennent compléter les lieux de divertissements. Les sports prennent le relais de la cure thermale pour entretenir et soigner les corps. Les stations offrent un déploiement intense d'activités mondaines et sportives, comme les régates et canotages sur les lacs et rivières, le tir au pigeon, la chasse, le croquet, le tennis ou le golf. L'architecture sportive s'intègre au programme de la ville-parc. Les petits bâtiments construits pour abriter les clubs et les vestiaires des jeux de tennis, de criquet ou de golf ornent le grand parc urbain. Certains chalets en bardage d'écailles de sapin et de bois découpés sont préfabriqués en hiver et montés en quelques jours comme le pavillon de lawn-tennis ou le chalet du golf-club construit à Vittel pour la saison 1911. Avant 1914 des concours hippiques sont organisés dans les villes thermales d'Aix-les-Bains, Vittel, Plombières et Vichy. Des tribunes sont édifiées pour les spectateurs des courses hippiques, nautiques puis cyclistes, et les compétitions de tir. Ce sont parfois de simples constructions en bois comme les tribunes du vélodrome ou du tir aux pigeons de Vittel édifiées en 1905.

## Les lieux de vie: hôtels, commerces et cultes

L'hôtel—habitation publique—propose une série d'équipements ou de services semblables par delà les frontières. La clientèle, en grande partie internationale, développe des pratiques similaires, les schémas architecturaux circulent. Une nouvelle génération d'hôtels apparaît dans les villes d'eaux durant la première moitié du 19ᵉ siècle. Ils sont dotés de salons où les curistes peuvent se côtoyer. Désignés souvent sous le nom de leur propriétaire, ces hôtels ne possèdent généralement que quelques dizaines de chambres (Fig. 4-10). Le Second Empire voit la construction d'établissements gigantesques pouvant atteindre une centaine de chambres. En 1866, à Vichy on dénombre 112 hôtels qui reçoivent 32% de la fréquentation des curistes et des visiteurs contre 203 meublés qui en logent 58%; 16 villas, 4 pavillons et 6 chalets totalisent 7% des hôtes, sans compter quelques autres bâtiments divers.

Fig. 4-10. Cransac, Hôtel Roques.

L'hôtel participe au développement urbain de la ville d'eaux, évoluant selon les normes du confort (électricité, ascenseur, téléphone…) et de l'hygiène (chambres lavables). Il est au cœur de la ville, intégré à la démarche médicale et à la thérapeutique thermale ou climatique. Dans les villes thermales, l'hôtel tire ses références stylistiques de l'immeuble de rapport, tend à occuper l'ensemble d'un îlot et à s'intégrer au front urbain. Mais il peut aussi être isolé, ouvert sur un point de vue: panorama "sauvage" sur le lac du Bourget et les Alpes à Aix-les-Bains, parc urbain à Vichy. Cette jouissance paysagère s'accompagne d'une débauche de balcons et de loggias, d'ouvertures et de fenêtres cadrant le point de vue. A la fin du XIX$^e$ siècle, les grands hôtels sont souvent précédés d'une cour d'honneur, entourée de colonnades, ouvrant sur un porche, pour faciliter l'accès des voyageurs en voiture.

La liaison directe, par ascenseur entre la chambre du curiste et le lieu de soins, est souvent recherchée dans les nouveaux grands centres thermaux dès le troisième quart du XIX$^e$ siècle. Un funiculaire permet parfois de relier l'hôtel, placé sur les hauteurs d'un site au milieu d'un vaste parc—pour bénéficier des avantages climatiques—à l'établissement hydrothérapique et au pavillon des sources situés en contrebas comme au Royal-Hôtel d'Evian (Albert Hébrard, 1906-1909). L'établissement thermal est parfois intégré dans les sous-sols ou au rez-de-chaussée de l'hôtel. Les thermes de Dax (1871) offrent au sous-sol des piscines d'eau et de boues, une salle de humage au-dessus des griffons, des bains de caisses à vapeurs térébenthinées, des baignoires… Le rez-de-chaussée est réservé aux vestiaires et aux cabines donnant sur une grande galerie vitrée. Les appartements des malades les moins valides, les salons, salles à manger et salles de jeux sont au premier étage, et les deux derniers étages contiennent les autres chambres pour les curistes.

Les quatre fonctions du programme de l'hôtel du 19$^e$ siècle correspondent à des espaces spécialisés pour *la réception, le manger, le dormir et le loisir*. L'organisation de l'hôtel, articulée en strates verticales fait penser à celle du paquebot. Le sous-sol alimente le rez-de-chaussée réservé à la réception, au manger et au loisir; les étages étant consacrés au dormir.

Une grande partie des plans d'hôtels des villes d'eaux peuvent se regrouper selon deux types: l'hôtel à atrium central sous verrière, fermé sur lui-même et l'hôtel-bloc, ouvert sur l'extérieur. Dans le premier cas, l'espace central de l'hôtel, couvert d'une verrière est ceinturé aux étages par des coursives propices à l'observation et à la déambulation. Le dispositif se retrouve par exemple au Grand-Hôtel d'Aix-les-Bains (Bernard Pellegrini, 1853-1854), à l'Hôtel du Parc de Salies-de-Béarn (Xavier Saint-Guily, 1890-1893), à l'Hôtel Astoria d'Aix-les-Bains (De Morsier Frères et Charles Webel, 1905).

Le massif longitudinal du type "hôtel-bloc," plus courant, s'articule autour d'un corps central desservi par deux ailes (Fig. 4-11). Les chambres sont accessibles par une rue intérieure et l'exposition est généralement nord-sud. Les meilleures chambres avec balcons donnent au sud et les services et les chambres de seconde classe sont exposées au nord. Cette disposition se retrouve à Aix-les-Bains dans les trois palaces du Spendid, de l'Excelsior et du Royal alignés sur les pentes du Mont-Revard et au Royal-Hôtel d'Evian.

Fig. 4-11. Chatel Guyon, Hôtel Continental.

Comme les compagnies de chemin de fer avec leurs voitures de première, deuxième et troisième classe, les hôtels offrent une typologie très hiérarchisée, depuis le petit hôtel jusqu'au palace, selon l'échelle du programme et le degré de luxe et de confort. Les villes d'eaux avec la mode des bains de bains et la vogue du thermalisme ont largement contribué à la naissance des grands hôtels-palais pour loger et nourrir curistes et baigneurs selon un train de maison luxueux. A la Belle Epoque, les palaces recréent cet espace aristocratique propre à séduire une clientèle tournée vers l'ostentation. L'engouement pour le palace touche toutes les grandes stations thermales comme Aix-les-Bains, Vichy, Vittel, Evian, Luchon … Dans les palaces comme dans les hôtels, les architectes s'inspirent de l'architecture du Grand siècle avec une constante référence au palais de Versailles et aux œuvres de Gabriel. Comme dans les grandes demeures aristocratiques édifiées à cette époque chaque pièce reçoit une décoration en relation avec sa destination; ainsi les salles à manger font souvent référence à la Renaissance et les grands salons allient les styles Louis XIV et Louis XVI.

Fig. 4-12. Vittel 1884 après travaux. Charles Garnier.

Les hôtels disposent de nombreuses annexes telles que des boutiques et des banques, des cafés, des salons de thé et des buvettes. Dans la ville d'eaux, une partie de la zone commerçante se situe à proximité des hôtels et des casinos, mais toujours en dehors de l'espace thermal. Cette activité sert d'espace intermédiaire et de liaison entre les différents établissements et quartiers de la ville, notamment entre le quartier thermal et la vieille ville. Les passages couverts et les galeries commerçantes se multiplient au cœur de la station. A Vichy, en 1888, les architectes Jean Barrody et Antoine Percilly aménagent un passage couvert sous verrière à structure métallique lors de la transformation de l'hôtel Mombrun, le passage Gidoin. Onze ans plus tard, l'architecte Charles Lecœur édifie une galerie marchande en hémicycle abritant 26 boutiques près du parc thermal vichyssois.

Le séjour des buveurs d'eaux et des baigneurs "étrangers" appartenant à différentes confessions appelle des services religieux particuliers. De nouvelles églises et chapelles sont créées. En 1885, Charles Garnier apporte gracieusement son concours à la construction d'une chapelle érigée dans la cour même de l'hôtel de Vittel, pour remplacer une construction provisoire en bois (Fig.4-12).

## Un espace paysager de divertissement autour de grands équipements

L'architecture des villes d'eaux est conditionnée par la présence des sources thermales, organisée autour de la trilogie "thermes–casinos–hôtels" édifiés dans un environnement paysager. La ville d'eaux serait-elle une invention de la société industrielle pour soigner les corps malades de la "grande ville" et divertir les esprits fatigués avides d'évasion? L'ambivalence entre soins et loisirs est le fondement de l'espace thermal. Si la cure thermale a pour premier objectif de soigner, elle réunit aussi des groupes de personnes de mêmes affinités qui se reconnaissent et se retrouvent, selon les impératifs de la concurrence médicale et de la propagande commerciale.

Les villes d'eaux sont des espaces utopiques et artificiels, d'illusion et d'apparence, éphémères et saisonniers, de dépaysement et de féerie hors du temps et du territoire du quotidien des grandes villes. L'architecture rationnelle, fonctionnelle et médicale des thermes fait référence aux palais monumentaux, antiques ou orientaux. Les promoteurs et les architectes des villes d'eaux s'attachent à construire une image rassurante et séductrice autour d'un produit commercial attractif. L'architecture curative se veut sereine et apaisante, masquant les peurs de la maladie et les spectres des infirmités. Les palaces cosmopolites reconstituent des visions oniriques des fastueux châteaux royaux. La multiplication des théâtres, de salles de jeux et de bals permet de se distraire et de s'étourdir dans une ambiance frivole de spectacles et de divertissements. Dans ces villes de villégiature objets de toutes les concurrences spéculatives, véritables temples de loisirs élitaires au prétexte thérapeutique, l'architecture des stations rend compte de tous les courants qui ont traversé le 19$^e$ siècle.

Il reste à écrire une histoire du thermalisme en Europe au XIX$^e$ siècle, soulignant le rôle précurseur de l'Angleterre et la place prépondérante à la fin du siècle du modèle des stations austro-allemandes, plus populaires et modernes face à la diversité des stations hydrominérales françaises plus élitistes.

**Bibliographie sélective**

**Ouvrages généraux**

*Annuaire médical des stations hydrominérales, climatiques et balnéaires de France.* Paris: Expansion scientifique française, 1929.

Authier, André et Pierre Duvernois. *Patrimoine et traditions du thermalisme.* Toulouse: Privat, 1997.

Bardet, G. et J.L. Macquarie. *Plages et stations thermales de la France.* Paris, 1885.

Boyer, Marc. *Histoire de l'invention du tourisme, XVI$^e$-XIX$^e$ siècles.* Paris: Editions de L'Aube, 2000.

Boyer, Marc. *Le thermalisme dans le Grand Sud-Est de la France.* Grenoble: PUG, 2005.

Macquarie, Jean-Louis. *Villes d'eaux de la France.* 6$^e$ édit. Paris: Guides Dentu, 1890.

Moldoveanu, Mihail, *Cités thermales en Europe.* Barcelone/Madrid: Thermaios/Actes Sud, 2000.

Porcheron, L. *Guide pratique aux villes d'eaux, stations climatiques, plages marines françaises.* Paris: Ed. Quo Vadis, s.d.

Tegtmeier, Ralph. *Les casinos dans le monde.* Crémone: Artbook international, 1993.

Wallon, Armand. *La vie quotidienne dans les villes d'eaux (1850-1914).* Paris: Hachette, 1981.

*Villes d'eaux: histoire du thermalisme.* Paris: Colloque du CTHS, n°10, 1993.

Watkin, David, Vincent Bouvet et *al., Palaces et grands hôtels d'Europe.* Paris: Flammarion, 1984.

**Stations thermales**

**Sources manuscrites**

Pouzadoux, Isabelle. "Contribution à l'histoire culturelle d'une station thermale. Le Grand casino de Vichy de 1820 à 1939." Mémoire de maîtrise d'histoire, Université Clermont-Ferrand, 1989.

Morillon, Cécile. "L'architecture thermale à Vichy entre 1853 et 1914." Thèse d'Histoire de l'art, Université Clermont-Ferrand, 1998.

Penez, Jérôme. "Histoire du thermalisme en France au XIX$^e$ siècle." Thèse de Sociologie, Université Paris VII, 2000.

## Bibliographie

Foucart, Bruno. "Au plaisir des architectes. Les villes d'eaux et leur architecture aux XIX$^e$ et XX$^e$ siècles." *Monuments Historiques* 1 (1978): 2-11.

Ceroni, Brigitte, Bernadette Fizellier-Sauget, Annie Lafont. *Le Mont-Dore: une ville d'eaux en Auvergne, Puy-de-Dôme*. Clermont-Ferrand: Etude du patrimoine auvergnat, 1998. (Images du Patrimoine, 175).

Chambriard, Pascal. *Aux sources de Vichy. Naissance et développement d'un bassin thermal (XIX$^e$-XX$^e$ siècles)*. Saint-Pourçain-sur-Sioule: Bleu autour, 1999.

Contal, Marie-Hélène. *Vittel 1854-1936: création d'une ville thermale*. Paris: IFA; Le Moniteur, 1982.

[Direction Régionale des Affaires Culturelles]. *En d'autres thermes: art et architecture thermale en Auvergne*. Clermont-Ferrand: DRAC/CNMHS, 1987.

Grenier, Lise (dir.). *Les villes d'eaux en France*. Paris: IFA, 1984.

Jamot, Christian. *Thermalisme et villes d'eaux en France*. Clermont-Ferrand: Institut d'études du Massif-Central, 1988.

Jarassé, Dominique. *Les thermes romantiques. Bains et villégiature en France de 1800 à 1850*. Clermont-Ferrand: Institut d'études du Massif Central, 1992.

Jarassé, Dominique (dir.). *Villes d'eaux des Pyrénées occidentales. Patrimoine et devenir*. Clermont-Ferrand: Institut d'études du Massif Central, 1996.

Léone-Robi, Isabelle. *Bagnoles-de-l'Orne, ville d'eaux*. [Caen]: Développement culturel en Basse-Normandie, 1995. Non paginé [22] p. (Itinéraires du patrimoine, 106).

Penez, Jérôme. *Histoire du thermalisme en France au XIX$^e$ siècle. Eau, médecine et loisirs*. Paris: Economica, 2005.

Toulier, Bernard. "Architecture des villes d'eaux. Stations thermales et stations balnéaires." In *Villes d'eaux des Pyrénées occidentales. Patrimoine et devenir*, 23-36. Clermont-Ferrand: Institut d'études du Massif Central, 1996.

Walter, Elisabeth. "Le décor dans les établissements thermaux et les casinos." *Monuments Historiques* 1 (1978): 65-74.

# CHAPTER 5

# Les stations thermales françaises: des villes idéales?

## Jérôme PENEZ

La page blanche est à la fois la hantise de l'écrivain qui angoisse à l'idée de ne pas la remplir, mais également la promesse de la liberté, celle de pouvoir écrire sa propre œuvre sans la contrainte du déjà existant. Par bien des aspects, l'espace thermal du début du 19ᵉ siècle ressemble à une page blanche, même s'il serait exagéré de ne pas prendre en compte les structures humaines pouvant déjà exister près des sources. Bien souvent, ces embryons ne sont pas des obstacles à la création d'unités urbaines totalement nouvelles, qui se fondent en faisant fi du déjà existant, du déjà établi, en préférant se concentrer et s'orienter seulement vers le neuf, vers l'avenir. Même dans des "localités" où l'eau minérale est connue et exploitée, la situation au début du 19ᵉ siècle est souvent proche du néant.

Une description de la station de Saint-Nectaire, station thermale auvergnate, confirme cette idée: la commune est divisée en deux parties, Saint-Nectaire le Bas et Saint Nectaire le Haut. La partie basse possède deux chaumières, celle du médecin inspecteur et celle servant à l'administration des bains; cette dernière n'est qu'une cabane sans aucun confort. La situation de la partie haute du village n'est guère plus enviable; regroupées autour de l'église romane, quelques maisons sombres sont les seules traces de l'occupation humaine des lieux.[1]

De telles descriptions semblent permettre de tout pouvoir réaliser; la page de l'espace thermal est blanche au début du 19ᵉ siècle, à de

---

[1] Cécile Morillon, "Nature et artifice dans une station thermale au 19ᵉ siècle: Saint-Nectaire-les-bains," in *2000 ans de thermalisme. Economie, patrimoines, rites et pratiques*, sous la direction de Dominique Jarassé (Clermont-Ferrand: IEMC, 1996), 178-80.

rares exceptions près de lieux de jaillissement de sources, qui, comme Vichy, Bagnères-de-Bigorre ou Luchon, sont déjà en route vers l'urbanité.

## Des villes sans modèles

La "ville d'eaux idéale" n'est pas une entité abstraite, relevant d'une conception clairement énoncée. Il n'existe pas de schéma, de plan défini, de modèle, pas de manuel d'édilité servant à réaliser la ville d'eaux idéale. La cité thermale idéale serait un concept vague, flou, un "paradis artificiel," sans réelle transcription dans le paysage. Comme le constate en 1909, le docteur Raoul Blondel: "il n'est guère de station thermale dont l'organisation reproduise la mise en exécution d'un plan préconçu de toutes pièces."[2]

Cette citation est extraite de ce qui est, à notre connaissance, la seule réflexion d'ensemble concernant un programme de construction d'une station thermale; c'est un des rares exemples de texte émanant d'un médecin qui s'intéresse à l'urbanisation d'une cité thermale. Mais cette vision d'une "station thermale idéale," comme le dit l'auteur, est tournée essentiellement vers la médecine:

> Il n'est peut-être pas inutile d'esquisser ici le plan idéal d'une station moderne disposée de toutes ses parties en vue de sa destination essentielle, d'une sorte de ville de santé […] le plan d'une cité scientifique véritable, adaptée aux contingences actuelles.

L'auteur fixe à la ville d'eaux un but principal qui est médical; le reste de l'organisation de la cité doit être totalement subordonné à la médecine. En outre, ce plan se veut scientifique; pas de place à l'esthétique, et aux superficialités; c'est le règne de l'efficacité et notamment celui de l'efficacité médicale. Le reste du texte du docteur Blondel est concentré sur la médecine, sur la "ville de santé," aux dépens de la "ville de plaisir" qu'il vilipende. Il évoque les loisirs, les jeux, les casinos, les hôtels..., mais les envisage essentiellement sous l'angle de la médecine et du malade.

Ce programme ne correspond donc qu'à une partie de la station thermale telle qu'elle existe durant tout le 19e siècle; il est le représentant de la tentative vivace, de la part des médecins, de maintenir

---

[2] Dr Raoul Blondel, *Plan d'une station thermale idéale* (Paris: F. Alcan, 1909), 1.

leur contrôle sur le thermalisme. Le docteur Blondel s'est rendu compte que le corps médical a trop négligé de prévoir l'évolution urbaine des cités thermales.

Finalement, mise à part cette tentative de programme qui intervient bien tard, à un moment où l'essentiel des infrastructures thermales et des structures urbaines est déjà établi, il n'existe pas de plan programmatique d'une ville d'eaux. Pourtant, dès le début du 19ᵉ siècle, la station thermale sait ce qu'elle ne veut pas être, même si elle ne sait pas réellement ce qu'elle peut et doit être.

Jusque dans le dernier quart du 19ᵉ siècle elle se définit surtout en négatif. Le positif ne vient que lorsque des réalisations importantes sont déjà effectuées, lorsque des exemples sont présents. S'il n'existe pas réellement de programme servant à la construction des stations thermales françaises au 19ᵉ siècle, il semblerait qu'un modèle ait été réalisé en grandeur nature depuis le 18ᵉ siècle en Angleterre: la ville thermale de Bath. Pourtant l'architecture de Bath n'est pas reprise en tant que telle dans les stations thermales françaises. En outre, à Bath, les thermes ne constituent pas le bâtiment central de la station, tandis qu'en France, l'établissement thermal est bien le cœur de la cité.

La référence à Bath n'est d'ailleurs que rarement évoquée dans les documents des architectes, des médecins, des édiles municipaux, des ingénieurs français qui se consacrent à l'aménagement des stations thermales françaises.

## L'industrie et la station thermale: un rapport ambigu

L'image de la ville qui domine au 19ᵉ siècle est la ville industrielle. La cité thermale, elle, rejette l'industrie, elle ne veut pas devenir une ville industrielle; seul l'embouteillage, voire la pastillerie ont le droit d'exister près des sources, mais ce sont des activités qui peuvent être considérées comme "nobles," car étant proches de la médecine, et nécessitant finalement peu d'espace, mis à part dans des stations telles que Vichy, où l'usine d'embouteillage et la pastillerie occupent un vaste site.

Espace valorisé, puisque la plupart des guides imprimés consacrés à Vichy conseillent aux hôtes de la station de visiter ces usines, qui sont de bons exemples du progrès. Les villes d'eaux veulent d'ailleurs être à la pointe du progrès, non pas spécialement industriel, mais surtout au niveau du confort offert à leurs visiteurs. L'hygiène est un élément important.

Le progrès passe aussi par le développement incessant des méthodes de soins, et par la volonté de toujours proposer aux malades de nouvelles techniques d'application des eaux minérales.

Cette course effrénée concerne aussi le confort de l'hébergement dans les hôtels, avec la présence devenue "obligatoire" d'ascenseurs à la fin du 19$^e$ siècle, tout comme celle du téléphone, qui trouve de nombreux adeptes dans les villes d'eaux; à la veille de la Première guerre mondiale, la plupart des hôtels possèdent leur propre ligne téléphonique. L'électricité est aussi une préoccupation importante des acteurs thermaux du dernier quart du 19$^e$ siècle; les villes d'eaux sont parmi les premières villes à s'équiper des nouveautés issues du progrès. Il est également nécessaire de modifier de manière fréquente et répétée les bâtiments thermaux, afin d'offrir régulièrement aux visiteurs un "visage nouveau" de la station; l'adéquation avec les découvertes scientifiques et leur application urbaine est une nécessité, d'une part en raison de la concurrence entre stations et, d'autre part, pour maintenir le statut réel ou hypothétique de ville idéale.

Il est vrai que, comparativement au reste des villes françaises, les stations thermales sont parmi les mieux équipées, une comparaison qui leur est encore plus favorable par rapport aux campagnes qui les environnent. Symbole d'un progrès toujours actif, la ville d'eaux rejette tout ce qui peut la faire ressembler aux villes industrielles qui, au 19$^e$ siècle, représentent tout ce que l'urbain possède de néfaste, de mauvais, de peu attrayant.

Pourtant, comme il est possible de le constater: "le thermalisme est une industrie qui a besoin d'une ville .... organisée."[3]

En effet, cette remarque possède l'indéniable intérêt de ne pas faire perdre de vue que l'activité thermale, sous son versant purement médical, sous celui de l'hygiène ou encore sous celui des loisirs, peut être considérée comme une industrie, régie par les lois du capitalisme tel qu'il se met en place et se développe au 19$^e$ siècle, et tenant compte des lois de l'offre et de la demande, soumise à la concurrence, gérant une matière première...

Mais, finalement, la matière première du thermalisme n'est pas seulement l'eau minérale qui est à l'origine du phénomène; la "matière première" c'est aussi l'espace dans lequel se déroulent les activités thermales, médicales, divertissantes, touristiques...

---

[3] Marie-Hélène Contal, *Vittel, création d'une ville thermale (1854-1936)* (Paris: Editions du Moniteur, 1982), 60.

Un espace qui se doit d'être organisé, et qui se doit de présenter un aspect urbain, mais une urbanité proche de la nature. C'est cette matière première qui transformée, modifiée, arrangée, fournit le cadre, la ville d'eaux, dans lequel les activités thermales peuvent se dérouler.

Matière première, l'espace thermal, lorsqu'il est constitué en ville d'eaux, devient en quelque sorte à la fois le produit fini, ce qui est vendu, mais c'est aussi l'usine en elle-même, avec ses différents secteurs que sont les thermes, les casinos, les infrastructures de loisirs, les hôtels... autant de services d'une même entreprise: l'entreprise thermale. L'une des difficultés des concepteurs et des créateurs des villes d'eaux est ce double statut de la station thermale, à la fois marchandise et usine, qui rend sa réalisation délicate et qui oblige à jongler entre fonctionnalité, efficacité et paraître, avec, en filigrane, la création d'une image.

Au 19ᵉ siècle, la relation entre le thermalisme et l'industrie met l'accent sur l'inscription de la médecine et des loisirs dans la sphère du rentable, du productif, du "capitaliste." Ce rapprochement entre le monde de l'urbain et celui de l'économie, du capitaliste, est d'autant plus visible et d'autant plus important dans le cas relativement fréquent, à la fin du 19ᵉ siècle thermal, où les principales activités du thermalisme dépendent de la même société, de la même entreprise qui gère la fonction médicale, celle des loisirs, voire de l'hébergement.

Les quartiers thermaux, qui se mettent en place dans le dernier quart du 19ᵉ siècle à Vittel, à Châtel-Guyon, à Argelès-Gazost, et, dans une certaine mesure, à Vichy sont le fruit de la volonté d'entreprises: les "fameuses" "Sociétés des eaux" à qui appartiennent ces espaces dévolus au thermalisme et qui deviennent des espaces "phares" des villes qui développent la bipolarité médecine et loisirs.

La ville d'eaux, anti-thèse de l'industrie: l'opposition n'est donc peut être pas si simple qu'il y paraît, ou du moins, elle ne correspond réellement qu'à l'opposition entre la station thermale et les autres villes qui doivent leur développement à une activité industrielle "classique," générant la construction d'usines, nécessitant d'importants logements ouvriers...

### Les villes d'eaux: des exemples de la ville idéale?

La station thermale se veut donc être l'anti-ville industrielle, mais elle veut aussi se démarquer des villages environnants par son urbanité, par ses monuments, par son hygiène et son bon goût. Une telle conception peut plus facilement se réaliser sur un territoire vierge. C'est bien là une des caractéristiques de la ville idéale et non seulement de la ville thermale parfaite, telle qu'elle se conçoit au 19$^e$ siècle. Elle ne peut être totalement réalisée que dans des structures neuves, innovantes.

Même si des tentatives, tout au long du siècle, essaient de modifier les villes déjà existantes pour leur donner un aspect parfait, ces tentatives sont, à terme, vouées à l'échec. Même l'œuvre gigantesque entamée sous le Second Empire à Paris par Haussmann ne parvient qu'à améliorer la situation, sans aboutir à une ville parfaite, semiéchec sans doute dû à la taille gigantesque de l'entreprise, et au fait que la ville ne peut pas être "idéale" si elle comprend toutes les fonctions qui sont les siennes, comme celle d'une production liée à l'industrie.

Cependant, il est bon de prendre conscience d'une différence entre les notions de "ville idéale" telles qu'elles apparaissent durant tout le 19$^e$ siècle et les conceptions de la ville thermale parfaite. Les villes idéales, celles des socialistes utopiques, celles des romanciers, celles des penseurs de tous bords et de tous horizons, fournissent avant tout des réponses à des questions sociales et politiques.

La ville idéale se doit d'être fonctionnelle, elle se doit de proposer un mode de vie nouveau, souvent basé sur la collectivisation d'une partie ou de toute la vie. Ces cités doivent permettre une production jugée parfaite, elles sont une réponse aux modifications importantes générées par la croissance industrielle, soit en la modifiant, soit en l'annihilant. Mais ces villes n'ont pas pour buts principaux le loisir et la médecine. Bien sûr ces deux fonctions sont prises en compte, mais comme accessoires, le loisir étant considéré comme une victoire par rapport au travail, mais en aucun cas comme dans la station thermale où le loisir est le but de la construction de l'urbain, tout comme la médecine n'est jamais à l'origine de l'édification de cités "médicales;" au contraire les "villes idéales" inventées au 19$^e$ siècle ont généralement tendance à déconcentrer la médecine, à ne plus créer d'"hôpitaux-casernes." La visée essentiellement tournée vers l'économie sociale de ces villes parfaites explique que les plans proposés soient essentiellement des plans géométriques, quadrillés, le but étant d'être fonctionnel.

Mais, la station thermale doit-elle être fonctionnelle ou doit elle être plus "sauvage," plus "naturelle," voire inorganisée?

La ville d'eaux, comme ville idéale, possède de nombreux atouts favorables, généralement l'absence d'importantes structures urbaines préexistantes, son statut de ville des plaisirs, mais aussi de ville d'espoir où l'homme peut guérir, tout en étant proche de la nature; une victoire sur la mort qui nécessite bien sûr que la maladie ne soit pas mise en avant, mais au contraire masquée. La station thermale ne contient ainsi que les aspects les plus valorisants de l'oeuvre humaine, les plus positifs; elle serait ainsi une enclave de bonheur.

Lorsque les structures existantes sont trop prégnantes, trop contraignantes, il est fréquent que la volonté d'idéalisation pousse les acteurs du thermalisme à fonder une "autre ville" à l'écart des anciennes constructions, solution souvent adoptée dans la seconde partie du 19$^e$ siècle: Vittel, Argelès-Gazost, Le Vernet... sont des exemples parfaits de ces créations *ex nihilo*, créations qui peuvent être imposées aussi par la localisation des sources et l'impossibilité de déplacer l'eau minérale.[4]

Soucieuse de se libérer des infrastructures déjà existantes, la ville d'eaux se veut l'antithèse des villages environnants, représentatifs du retard des campagnes sur les villes: le manque d'hygiène, la présence de rues étroites, sombres, l'absence de monuments, autant d'éléments répulsifs qui sont souvent à l'origine de la volonté des acteurs du thermalisme de s'éloigner des sites d'origine des villages où s'implante l'activité thermale.

Il paraît en effet bien difficile de modifier complètement un tissu villageois déjà existant. Les exemples de stations thermales implantées au cœur d'un village montrent les nombreux obstacles à surmonter pour faire coïncider les idéaux urbains et les pratiques et les conceptions villageoises. La lutte acharnée du docteur Bertrand et de ses successeurs au Mont-Dore pour tenter de "civiliser" les populations locales et pour donner un aspect "urbain" à ce village auvergnat est assez édifiante.

---

[4] Si la plupart de ces réalisations est effectuée dans la seconde partie du siècle, voire même dans le dernier quart du 19$^e$ siècle, certaines stations adoptent, dès le milieu du 19$^e$ siècle, des projets urbains consistant dans un quartier thermal élaboré à part du reste des structures existantes, et souvent inclus dans un parc où la nature est dominante. Saint-Christau, petite station pyrénéenne, adopte cette solution de mise en avant de la nature, dans un quartier thermal bien délimité dès le milieu du 19$^e$ siècle. Lise Grenier (dir.), *Le voyage aux Pyrénées ou la Route thermale* (Paris: Institut Français d'Architecture), 69.

Cette volonté de rompre avec un environnement rural jugé inadapté et attardé, est très visible dans les guides imprimés qui, bien souvent, établissent des correspondances entre les cités thermales et les villages restés à l'écart des bienfaits de la civilisation et qui sont montrés comme étant les restes d'époques révolues.

L'exemple de la "reine des villes d'eaux," Vichy, qui affirme sa supériorité sur le reste des villages, voire des villes bourbonnaises, est significatif de cette volonté; même si les guides imprimés conseillent de visiter des villages environnants, ces derniers sont qualifiés de "pittoresques," comme des garants d'un autre âge, dépassé; les témoins du mauvais goût et du refus des règles de l'hygiène.

La description de Chateldon dans le *Guide Joanne* de 1870 (écrit par L. Piesse) est révélatrice de cette volonté de montrer le retard urbain de la petite cité bourbonnaise par rapport à son illustre voisine, Vichy: "les maisons noires, mal construites, moitié en bois, et moitié en pierre, bordent des rues sales et étroites, offrent partout un aspect triste et malheureux. La population semble misérable, souffreteuse [...]"[5] Seules échappent à cette description misérabiliste, l'église et la tour de l'horloge.

Antithèse de la grande métropole qui se laisse dévorer par l'industrie, antithèse du village rural resté à l'écart des progrès de la civilisation, la station thermale ne peut pourtant pas, ne veut pas, rompre totalement avec ces deux modèles, elle cherche à leur emprunter leurs aspects les plus positifs. Ainsi, la cité thermale veut être une ville à part entière. Une volonté qui s'affiche par la présence d'une architecture monumentale peu en rapport avec le reste des installations déjà existantes. Une architecture qui, bien souvent, se détourne des traditions régionales pour copier les fastes des grandes métropoles. Les façades des établissements thermaux, des casinos construits dans la seconde partie du 19ᵉ siècle seraient tout à fait à leur place à Paris, et à plus forte raison dans de grandes villes de province.

### A la recherche de la ville thermale idéale

Ce n'est pas tant le statut de "simple ville" que recherchent les villes d'eaux, mais plutôt celui de métropoles. Pourtant, aucune grande ville, même si elle possède des eaux minérales, ne parvient à devenir une cité thermale, voire même à exploiter ses eaux minérales.

---

[5] Louis Piesse Louis, *Vichy, Guide Diamant* (Paris: Hachette, 1870), 94.

Paris, Besançon, et Nancy, possèdent des eaux minérales mais ne sont pas des "hydropoles," voire, bien souvent, ne sont pas des villes d'eaux.

Tout se passe comme si la station thermale cherchait à devenir une ville, mais seulement en copiant les aspects positifs de la ville, tout en gardant sa spécificité et tout en n'étant jamais réellement une grande métropole. Une ville d'eaux doit être obligatoirement concentrée sur le thermalisme, qui doit faire vivre seul la plus grande partie de la ville. En outre, elle doit proposer une image qui est celle d'une ville sans en être réellement une, elle doit dépayser, elle se doit d'avoir un lien privilégié avec la nature environnante et avec la nature domestiquée au sein des parcs.

La ville thermale possède une spécificité qui la distingue des autres villes: son caractère saisonnier, éphémère. Elle n'est ville que durant quelques mois, ensuite, le reste de l'année, elle sombre dans une léthargie, elle hiberne, elle n'est qu'une sorte de ville fantôme en attendant le prochain réveil.

La plupart des stations thermales n'ont pas acquis le statut de ville avant le 19$^e$ siècle, et avant la croissance exponentielle du thermalisme. Aussi il n'est pas rare que les villes d'eaux revêtent un aspect superficiel, celui du déplacement "inadapté" des caractères d'une ville en plein cœur de la campagne, parfois au cœur d'espaces montagneux qui semblent peu propices au développement de structures urbaines et pourtant...

L'exemple le plus connu et peut-être le plus révélateur de cette "anomalie" urbaine réside dans le témoignage d'Hippolyte Taine lors de son arrivée dans la station des Eaux-Bonnes au milieu du 19$^e$ siècle:

> Je comptais trouver ici la campagne: un village comme il y en a tant, de longs toits de chaume ou de tuiles, des murs fendillés, des portes branlantes, et dans les cours un pêle-mêle de charrettes, de fagots, d'outils, d'animaux domestiques, bref, tout le laisser-aller pittoresque et charmant de la vie rustique. Je rencontre une rue de Paris et les promenades du bois de Boulogne.
>
> Jamais campagne ne fut moins champêtre; on longe une file de maisons alignées comme des soldats au port d'armes, toutes percées régulièrement de fenêtres régulières, parées d'enseignes et d'affiches, bordées d'un trottoir, ayant l'aspect désagréable et décent des hôtels garnis. Ces bâtisses uniformes, ces lignes mathématiques, cette architecture disciplinée et compassée, font un contraste risible avec les

croupes vertes qui les flanquent. On trouve grotesque qu'un peu d'eau
chaude ait transporté dans ces fondrières la cuisine et la civilisation.[6]

Taine transcrit les désillusions d'un voyageur à la recherche de la
nature, et qui ne souhaite pas retrouver la ville qu'il vient de quitter.
D'ailleurs, Taine note bien le caractère quelque peu artificiel de cette
volonté "contre nature" de créer une ville dans un lieu hostile, où
l'espace manque.

Pour beaucoup d'hommes du 19ᵉ siècle, héritiers du Romantisme,
et emplis d'images des stations thermales telles qu'elles étaient à la fin
du 18ᵉ siècle et dans la première moitié du siècle, c'est la campagne
qu'ils pensent trouver et non pas ce qui n'est, par bien des aspects,
qu'un pastiche des grandes métropoles.

Une nouvelle fois, le thermalisme et sa transcription spatiale
peuvent paraître paradoxaux: entre les conceptions romantiques qui
perdurent pendant tout le 19ᵉ siècle et qui prônent les vertus de la
ruralité et de la vie au contact de la nature, et le souci pour les stations
d'être des villes, même de grandes villes, avec tous leurs attributs et
tous leurs perfectionnements. Mais finalement, ce que défendent les
romantiques c'est une vision idéalisée de la vie campagnarde qui
correspond très mal aux réalités rurales de la France du 19ᵉ siècle.

En outre, au fur et à mesure que le 19ᵉ siècle avance, que les
conceptions hygiéniques se développent, la vie "naturelle" perd de son
attrait, ou du moins conserve seulement un attrait "idéalisé."

Pour bien des stations thermales l'apparence de la ville n'est bien
qu'une apparence, une sorte d'illusion entretenue par l'image du
thermalisme qui se met en place dans la seconde partie du siècle.
Même dans des stations qui ont obtenu depuis longtemps leur statut de
ville, le rural n'est jamais loin; car ces villes ne sont que de "petites
villes," des bourgs qui restent profondément liés à la campagne qui les
environne. Hippolyte Taine, encore, mais cette fois se trouvant à
Bagnères-de-Bigorre, remarque "que sous son luxe d'emprunt la ville
garde les habitudes rustiques, mais la riche lumière fond les
contrastes, et le battage du blé a la splendeur d'un bal."[7] Taine voyage
et raconte ses pérégrinations au milieu du 19ᵉ siècle. Un demi-siècle

---

[6] Hippolyte Taine, *Voyage aux Pyrénées* (1863; Paris: Editions de La Tour, 1989), 83.
[7] Hippolyte Taine, *op. cit.,* 267.

plus tard, les aspects de la ruralité ont disparu des "hydropoles," mais bien souvent ils demeurent très présents dans les stations thermales qui n'ont pas encore atteint leur apogée.

Dans des stations thermales telle que celle de Châtel-Guyon qui connaît son réel développement dans le dernier quart du siècle et qui fait partie des cinq plus importantes stations thermales à l'aube du 20$^e$ siècle, l'essentiel de la population locale vit de l'agriculture, de la vigne, situation qui perdure jusqu'à la Première guerre mondiale, le village vigneron, entourant les restes du château du comte Guy II d'Auvergne, présentant toujours les caractéristiques d'un bourg rural auvergnat, tourné vers l'activité viticole.

En 1894, alors que la station thermale est en pleine expansion, le village est toujours en marge des grandes évolutions liées à l'arrivée du thermalisme:

> le village était indigne d'une station thermale, [...] des rues étroites, et sinueuses, aucun caniveau pour l'écoulement des eaux d'orages, les eaux usées étaient jetées à même la rue. D'innombrables tas de fumier étaient établis en bordure de toutes les rues du village. Les fondrières étaient le plus bel ornement de ces voies malpropres.[8]

Cette description pourrait être celle de n'importe quel village auvergnat; une situation qui dure encore plusieurs années. Bien des cités thermales naviguent ainsi tout au long du 19$^e$ siècle entre urbanité et ruralité.

## La station thermale: "cité jardin" et "ville-parc"

Même à la veille de la Première guerre mondiale, rares sont les stations thermales à avoir acquis réellement le statut de ville à part entière et à ne plus être prises dans le flou entre la ville et la campagne, un flou qui est entretenu par la relation très forte de ces stations avec la nature.

De nombreux abords de sources thermales sont en effet conçus comme des villes-parcs. La nature est omniprésente dans les stations thermales, que ce soient les parcs qui développent leurs allées entre les bâtiments thermaux, mais aussi les rues de la ville d'eaux qui souvent

---

[8] A.S.E.M., Registre des délibérations du conseil d'administration de la Société des Eaux Minérales, le 29 novembre 1894.

sont bordées de jardins, d'arbres... Les bâtiments apparaissent, de la sorte, comme des îlots au coeur d'une nature luxuriante.

Il est fréquent que, selon les principes d'appropriation touristique d'un lieu par les visiteurs, il soit jugé nécessaire d'avoir une vue plongeante sur la ville que l'on souhaite visiter; ce panorama, lorsqu'il est décrit dans les guides touristiques, ressemble généralement à un océan de verdure, au cœur duquel se détachent des monuments qui sont les fleurons de la station. L'importance de la nature permet seulement aux bâtiments les plus imposants de se démarquer. La ville d'eaux idéale serait donc une ville-parc proche de la nature, parsemée d'établissements de grande envergure, de villas enserrées de parcs...

Il existe également une relation entre ville thermale et cité-jardin dans leur rapport à la nature.

L'idée des cités-jardins a fait du chemin depuis les premiers projets de Léonard de Vinci pour décongestionner la ville de Milan. Plusieurs siècles plus tard, la réalisation d'une cité-jardin est entre- prise en 1856 aux portes de Paris: au Vésinet.[9] Il est intéressant de noter, que, que ce soit dans l'esprit du génie italien ou dans celui des concepteurs du Vésinet, la cité-jardin ne se conçoit qu'à proximité d'une grande agglomération; elle ne doit être qu'une ville résiden- tielle, sans industrie, sans fonction autre que celle d'habitation, voire éventuellement avec quelques commerces.[10] Finalement, cette concep- tion de la cité-jardin se résume à la création d'un quartier résidentiel, concept qui bien évidemment se rapproche fortement des stations thermales telles qu'elles ont été précédemment décrites, même si la cité-jardin thermale possède deux fonctions supplémentaires qui sont les soins et les divertissements: ces deux activités qui, certes, n'appa- raissent pas comme étant fondamentales dans les cités-jardins de Léonard de Vinci ou celles créées autour de Paris, sont bien présentes.

Ces localités, celle du Vésinet ou ses émules, fondées en péri- phérie de la capitale sont destinées aux classes supérieures de la société.

---

[9] Jean-Robert Pitte, *Histoire du paysage français*, tome 2: "Le profane: du XVI$^e$ siècle à nos jours" (1983; Paris: Taillandier, 1989), 109-110.

[10] Si les cités jardins semblent surtout destinées à être des quartiers d'une ville plus vaste, il ne faut pourtant pas omettre qu'à l'origine les projets de Napoléon III, lors des travaux effectués à Paris, consistent à créer une vraie cité-jardin, peuplée de squares, de parcs, d'avenues bordées d'arbres.

L'idée de cité-jardin populaire ne naît qu'à l'extrême fin du 19e siècle en Angleterre. La population concernée par les cités jardins est donc essentiellement la même que celle qui fréquente les stations thermales.

Des projets grandioses, tel que celui élaboré à Bagnères-de-Bigorre en 1867, sont de véritables villes-jardins, avec une multitude d'espaces verts et la volonté de séparer tous les bâtiments par de la verdure. Ce projet ne voit pas entièrement le jour, seuls le casino et un boulevard sont édifiés.[11] Quelques décennies plus tard, les réalisations d'Argelès-Gazost, du Vernet, de Vittel par exemples, consistant en des parcs thermaux regroupant l'essentiel des infrastructures nécessaires à la vie en cure, sont des adaptations des cités-jardins tant rêvées. Certes l'ampleur est moindre, puisque toute la ville n'est pas concernée, les constructions qui entourent cet îlot de nature s'inscrivent dans des espaces où la nature occupe la première place, des espaces souvent bien délimités.

L'urbanité thermale ne cherche pas à être en rupture avec son environnement naturel; au contraire, dans la majorité des villes d'eaux, le but recherché est un passage progressif, sans heurts, entre l'urbain et le naturel, entre le construit et le sauvage. Ce passage du construit au sauvage se retrouve dans les parcs. La ville d'eaux serait donc davantage une ville-parc qu'une cité-jardin.

**L'eau dans la station thermale**

Si la nature est célébrée dans les villes d'eaux, l'eau y occupe une place relativement importante: en effet, des fontaines, des lacs sont présents dans toutes les stations. Le thermalisme, né de l'eau, se doit d'être un lieu de culte voué à l'élément liquide. Les allées construites dans le quartier des Quinconces à Luchon, à proximité des thermes, sont bordées de serpentines qui accompagnent le promeneur tout au long de ses déplacements. Pourtant, si l'eau occupe une place privilégiée, elle n'est pas aussi présente qu'il serait possible de l'imaginer.

Un frein apparaît sans doute dans la volonté de conserver un certain mystère à l'élément liquide en le limitant aux espaces de

---

[11] Lise Grenier, Philippe Duboy, "Les villes de santé," in Lise Grenier, Dominique Jarrasse, *Villes d'eaux en France* (Paris: Institut Français d'Architecture, 1985), 35.

traitements thermaux, en l'enfermant dans les thermes, ou en le réservant aux malades fréquentant les buvettes. Il est ainsi fréquent que des ruisseaux "naturels" traversant les villes d'eaux soient couverts.

Les impératifs d'urbanisme interviennent pour justifier ce choix, mais il semble que la volonté de domestiquer l'eau et de la réserver à son aspect médical ne soit pas étrangère à ces travaux de couverture qui interviennent surtout à l'extrême fin du 19$^e$ siècle et au 20$^e$ siècle.

A Contrexéville, les nouveaux aménagements terminés en 1912 contribuent à la construction d'une grande partie des infrastructures thermales sur la rivière du Vair, qui, désormais, traverse en souterrain le quartier thermal.[12] L'eau, est un élément finalement trop rare dans une station thermale, ce constat étant effectué à Vichy dans la dernière décennie du 19$^e$ siècle.

Les bassins, les ruisseaux, la serpentine dans le parc sont peu à peu supprimés pour laisser à l'eau la portion congrue dans l'aménagement de la ville d'eaux. Pour remédier à cette confidentialité de l'eau, la seule solution envisagée à Vichy consiste dans la création de décors évoquant l'eau minérale près des buvettes, dans le casino..., mais l'eau "réelle" reste toujours cachée.[13] Seule la rivière l'Allier permet à l'eau d'occuper une place importante, mais l'eau de la rivière ne peut pas être assimilée totalement à l'eau de source, d'où peut-être l'importance qu'elle conserve.

Une importance que l'homme tente de réduire et de domestiquer par des aménagements tout au long du 19$^e$ siècle pour, notamment, limiter les caprices et les débordements de cette rivière. L'urbanisme thermal, bien qu'empreint de sa présence, ne lui réserve qu'une place limitée, même si, dans des stations telles que Luchon, elle garde une place plus importante sans être pourtant primordiale. L'eau est donc plus souvent intégrée aux décors architecturaux, aux peintures à l'intérieur des bâtiments phares des stations, que physiquement présente dans l'urbanisme thermal, même si quelques fontaines remarquables sont présentes dans les villes d'eaux au 19$^e$ siècle: dans la cour de l'établissement thermal de Vals, ou celle devant l'hôtel de ville de

---

[12] Pierre Masson, *Cent dix ans d'architecture contrexévillois, Clasquin, Schertzer, Méwès... et quelques autres* (Contrexéville: Cercle d'Etudes locales de Contrexéville, 1997), 24.

[13] Cécile Morillon, *L'architecture thermale à Vichy entre 1853 et 1914, op. cit.*, 282-84.

Vichy, voire celle inaugurée en 1903 à Lamalou, hommage au professeur Charcot,[14] par exemple.

*

*   *

Ville idéale, alliance parfaite avec la nature. Pourtant apparaissent déjà les limites d'une telle entreprise: il semble en effet illusoire de vouloir totalement masquer la maladie, alors qu'elle est la raison fondamentale et originelle de l'existence de ces villes.

La station thermale, ville hôpital, vision extrême qui ne correspond que partiellement à la réalité; mais cette remarque a le mérite de bien repositionner la ville d'eaux dans son rôle premier, celui de centre de soin. L'établissement thermal est d'ailleurs le bâtiment phare de toute cité thermale.

Même s'il n'existe pas de plan programmatique pour servir à l'élaboration de la ville d'eaux idéale, des modèles existent à la veille de la Première guerre mondiale: Vernet-les-bains, Vittel, Argelès Gazost en sont les exemples. Ce n'est que dans le dernier quart du 19e siècle que se construisent ces villes d'eaux représentant la cité thermale idéale.

Au regard des constructions de stations à partir de la décennie 1880 jusqu'à la veille de la Première guerre mondiale, il est possible d'établir quelques caractéristiques de cette cité thermale idéale telle qu'elle se met en place:

-un ensemble situé à l'écart du reste de l'agglomération, un ensemble enfermé dans un parc, ce dernier permettant la jonction entre les différentes infrastructures;
-l'espace thermal est un espace réglementé, que ce soient les parcs, les rues, les thermes, les casinos... les règlements fleurissent pour organiser les pratiques de l'espace. Il n'est pas possible de tout faire dans une ville d'eaux. Ces directives sont instituées dès le début du 19e siècle avec comme objectif premier de "civiliser" les populations locales, de leur apprendre à se conformer au mode de vie urbain, ou du moins à celui de l'élite urbaine. Mais les règlements ne s'arrêtent pas lorsque cette étape est franchie, ils se maintiennent toujours à

---

[14] Jean-Pierre Mouilleseaux, "L'eau et ses images: le décor des villes thermales," in Lise Grenier, Dominique Jarrasse, *op. cit.*, 126-27.

l'entrée des thermes, à celle des casinos.... Si ces règlements écrits ne concernent que les activités et pas encore les constructions, il existe tacitement des règles de constructions, notamment l'exclusion de l'industrie;

- la présence de la tétralogie thermale: le parc déjà évoqué, les thermes, le casino-théâtre, les hôtels, de "grands hôtels." Tous ces bâtiments doivent être facilement repérables dans le paysage et doivent être monumentaux. La ville thermale est monumentale. Les différents bâtiments doivent posséder en leur sein les derniers avatars du progrès et proposer aux visiteurs malades ou non, un confort irréprochable;

-la présence d'annexes: des buvettes, des terrains de sport, des lieux de rencontre, des promenades larges et bien aménagées, voire même couvertes;

-une relation privilégiée avec la nature, avec une nature sauvage, ou ayant l'apparence de la nature non humanisée, avec des passerelles réelles ou visuelles entre l'ensemble thermal et cet environnement naturel;

-la ville d'eaux doit être une "ville théâtre" pour reprendre le qualificatif employé par Marc Boyer.[15] Elle doit permettre, par le jeu des promenades, des places, des parcs, des déambulatoires, des galeries, des salles de spectacles... de se montrer, tout en pouvant être spectateur;

-mais la ville d'eaux se doit d'être en perpétuelle évolution, elle se doit de progresser et de proposer sans cesse des améliorations, que ce soit à l'intérieur de l'espace thermal déjà existant, ou alors en élargissant cet espace. Cet élargissement se trouve matérialisé, par exemple, par les hippodromes et par les golfs qui voient le jour à l'extrême fin du 19$^e$ siècle dans les stations thermales les plus importantes.

Ces réorganisations de l'espace urbain du thermalisme doivent aussi s'effectuer sur les infrastructures déjà existantes, qu'il est sans cesse nécessaire de reconstruire, ou moins radicalement, qu'il faut partiellement recréer. Ces nécessaires et fréquentes réorganisations des quartiers thermaux correspondent à la croissance de la fréquentation; la plupart des villes d'eaux françaises bénéficient, au 19$^e$ siècle, d'une croissance numérique de leur clientèle, un développement qui oblige à des extensions. Ce modèle, si tant est qu'il puisse être consi-

---

[15] Marc Boyer, "L'invention du tourisme" (Thèse dactylographiée, Université de Lyon, 1997), F 31.

déré comme un modèle, ne s'est pas créé antérieurement à la ville d'eaux; il est le fruit d'une expérience de plusieurs décennies, voire de plusieurs siècles.

Ce n'est pas tant une vision de l'esprit, une conceptualisation *a priori*, qu'une prise de conscience pragmatique de ce que doit être l'urbanité thermale. Fruits de l'expérience pluriséculaire de l'exploitation des eaux minérales, dépendantes de considérations locales, élaborées à des périodes différentes du 19ᵉ siècle, les stations thermales présentent toutes d'importantes similitudes qui sont la conséquence de la fonction principale de toutes ces villes, de toutes ces structures urbaines: le thermalisme.

A la veille de la Première guerre mondiale, d'une ville d'eaux à une autre, les mêmes types de bâtiments, les mêmes éléments se retrouvent.

Même si l'organisation urbaine n'est pas totalement identique, si la taille de la ville est variable, si l'environnement naturel est différent, le baigneur, le buveur d'eau, le touriste, lorsqu'il arrive dans une station thermale, n'est pas totalement dépaysé.

Dépaysement d'autant moins important si cet hôte vient d'une grande métropole qui possède également des bâtiments monumentaux, des parcs, des boulevards...

S'il existe un modèle de villes d'eaux idéales, il serait présomptueux de le considérer comme celui de la ville idéale. La ville d'eaux s'apparente à une ville-parc, et ne possède que deux fonctions: soigner et divertir; accessoirement la fonction industrielle peut être présente, avec l'embouteillage de l'eau minérale, mais cette fonction industrielle n'est que très limitée spatialement. La ville d'eaux idéale n'est bien souvent qu'un quartier idéal et ne peut donc à ce titre prétendre pouvoir être considérée comme une ville idéale à part entière, tout comme les cités-jardins ne sont, en définitive, que des "banlieues" de villes plus importantes, qui, elles, possèdent toutes les fonctions qui déterminent l'urbanité.

Ville d'eaux idéale, quartier thermal idéal, toutes les stations ne peuvent prétendre avoir atteint ce but à la veille de la Première guerre mondiale. Si les caractéristiques de la ville d'eaux parfaite dressées précédemment peuvent exister près de certaines sources, ce n'est pas le cas près de tous les griffons. En outre, le chemin a été souvent long pour les stations qui ont réussi à créer un environnement thermal parfait, du début du 19ème siècle et jusqu'à l'aube de la décennie

1910. C'est en effet durant ce long 19ᵉ siècle que l'essentiel des structures urbaines thermales se met en place en France.

Entre l'urbanisme de Vichy, à la fin de l'époque napoléonienne, et celui de 1914, entre l'organisation urbaine d'Aix-les-bains durant la décennie 1810 et celle de la veille de la Première guerre mondiale, les différences sont très importantes, mais entre l'occupation spatiale de Velleron en 1815 et celle visible un siècle plus tard, les différences ne sont plus aussi considérables.

La diversité thermale existe aussi au niveau de l'espace et de la structuration urbaine; pourtant cette diversité ne doit pas masquer une unité de l'urbanisme thermal, unité qui se transcrit dans le paysage thermal par la présence, à proximité de presque toutes les sources exploitées, de la tétralogie: établissement thermal, casino-théâtre (ou autres structures de loisirs), hôtels, parc.

Jérôme PENEZ

**Bibliographie indicative:**

Chadefaud, Michel. *Aux origines du tourisme dans les pays de l'Adour. Du mythe à l'espace: un essai de géographie historique.* Pau: Université de Pau, 1987.

Chambriard, Pascal. *Aux sources de Vichy. Naissance et développement d'un bassin thermal (XIXè-XXème siècle).* Saint-Pourçain-sur-Sioule: Bleu autour, 1999.

Frenay, Etienne. *Le thermalisme en Roussillon, XVIII-XIXème siècle.* Perpignan: Archives départementales des Pyrénées Orientales, 1987.

Ragon, Michel. *Histoire de l'architecture et de l'urbanisme moderne.* Tome 2: *Idéologies et pionniers, 1800-1900.* 1986. Paris: Le Seuil, 1991.

Schama, Simon. *Le paysage et la mémoire.* Paris: Le Seuil, 1999.

# Part III

# The scientific foundations of spa culture and their socio-political implications

# CHAPTER 6

# The Female Invalid and Spa Therapy in Some Well-Known 18th-Century Medical and Literary Texts: From John Floyer's *The Ancient Psychrolousia Revived* (1702), to Fanny Burney's *Evelina* (1778)

## Annick COSSIC

The vital part played by women in the development of spas is a well-known fact since women were prime targets in an aspect of the systematic commercialization of leisure that originated in the eighteenth century. That women should be pampered consumers in these temples of Fashion that watering places like Bath had become is not really surprising; in the "travelling family pattern," they could be expected to accompany an ailing male relative, likely to be the head of the family.[168]

Yet, more often than not, their stays in spas also had a therapeutic dimension, to which they either paid lip service, or which was the real object of their visits. The female water patient has notorious forerunners in several British spas. Bath's reputation was given a boost by royal visitors: Anne of Denmark, Queen Consort to James I, who,

---

[168] This is the case in fiction, but also in real life, as shown for example by the Reverend John Penrose's *Letters from Bath 1766-1767*, ed. Brigitte Mitchell & Hubert Penrose (Gloucester: Alan Sutton, 1983): the Reverend Penrose was accompanied by his wife and daughter. The pattern still held good at the end of the century; a survey of Mrs Philip Lybbe Powys's visits to Bath at first corroborates this view: see Stephen Powys Marks, "The Journals of Mrs Philip Lybbe Powys (1738-1817), A Half Century of Visits to Bath," *Bath History* 9 (2002): 36.

following her 1615 visit while she was trying to find a cure for dropsy, gave her name to the Queen's Bath (1618), Catherine of Braganza who, in 1663, accompanied by her royal spouse, was in quest of a cure for her barrenness, and Queen Anne who repeatedly–she went to Bath in 1702 and 1703, but had been there before–sought to alleviate the pains occasioned by her chronic gout and dropsy. In Scarborough, a merchant's wife, a Mrs Farrer, was reported to be the discoverer, around 1620, of the springs and to have first tested their properties against her own complaints.[169]

The dual–possibly paradoxical–nature of spas, as both centres of therapy and loci of entertainment, leads us to examine the status of the female spa invalid, whose differentiation from her male counterpart is not obvious in a context of therapeutic "promiscuity," since mixed bathing was the rule in the baths and mixed drinking in the Pump Room. After reviewing the range of female disorders treated by spa therapy described both in medical texts written by John Floyer, George Cheyne, Richard Russell, Tobias Smollett and William Oliver, and in works of fiction, Christopher Anstey's epistolary poem, *The New Bath Guide* (1766), Smollett's *Ferdinand Count Fathom* (1753), and *The Expedition of Humphry Clinker* (1771), as well as Fanny Burney's *Evelina* (1778), I will engage in an analysis of woman's manifold roles as cause or cure of illness, therefore as agent, and also as victim of illness, therefore as patient, which raises the crucial issue of the contribution of spas to the construction of femininity. In the last part of this paper, I will try to demonstrate that spas were the theatre of the female invalid's re-appropriation of her body, in her use of her disorders as instruments of empowerment.

*
* *

### The female water patient and her diseases

A taxonomy of the different female ailments liable to be success-fully treated in spas shows the recurrence of an extensive range of chronic diseases, namely affecting mobility–like gout or rheumatic complaints–, the skin or the digestive functions as a result of malnu-

---

[169] Thomas Hinderwell, *The History and Antiquity of Scarborough and the Vicinity, with Views and Plans* (York, 1798), 173.

trition (ulcers, the scurvy which occasions "scorbutic eruptions," dropsy) and the mind which can be "vapoured" or hysterical. So far and at first sight, this is a pathology which is not markedly different from that of the male one. Such a list is drawn up by George Cheyne, in *An Essay on the True Nature and Due Method of Treating the Gout* (1720), who asserts "Bath water is beneficial in all cases, where steel and sulphur is; that is in almost all chronical cases whatsoever."[170] His list is extensive and does not seem to be gender-specific, except at the end, where specifically female disorders are lumped together and range from "green and breeding sickness" to "barrenness" "weakness after child-birth," "obstructions of the monthly purgations" to "all other peculiar diseases of the Sex." For Cheyne, quite a number of disorders, nervous ones among them, are caused by an "undue relaxation" of the "fibres of the solids" (*Essay*, 95).

This apparent similarity between male and female diseases is only superficial. Differentiation occurred along two distinct axes, class and gender. Gout and nervous disorders were decidedly patrician, "elite disorders" and in this respect the "gout war" that opposed those who believed that gout, since it was patrician, was an inherited condition, and those who, on the contrary, held that it was acquired as a result of excess, luxury and an imbalanced lifestyle, is particularly relevant.[171] It was partly what Cheyne contended since he dubbed his contemporaries "martyrs to their luxury."[172] By the end of the century, hypochondria and hysteria had become equally socially significant, as pointed out by Roy Porter:

> they were undergoing a mutation in nature and significance [and] becoming the badges of supersensitive people who [...] thought themselves sick [...] As it evolved in the Enlightenment, hypochondria thus represented sickness encultured into sickly sensitivity. Hysteria developed similarly–indeed the two conditions were often represented as brother and sister."[173]

---

[170] George Cheyne, *An Essay on the True Nature and Due Method of Treating the Gout* (1720; London, 1753), 62-70.

[171] See William Cadogan, *Dissertation on the Gout and All Chronic Diseases* (London, 1771).

[172] George Cheyne, *The English Malady: Or a Treatise of Nervous Diseases of All kinds* (London, 1733), 35.

[173] Roy Porter, "Civilisation and Disease: Medical Ideology in the Enlightenment," in *Culture, Politics and Society in Britain, 1660-1800,* ed. Jeremy

Class as a social marker thus identified women belonging to the aristocracy and to the middling orders as likely to be gout sufferers, a point which is amply demonstrated by the example of Queen Anne, but also of Sarah, Duchess of Marlborough, all famously plagued by "podagra." The *English Malady*, an elite disorder, similarly afflicted the female members of *The Quality*: Lady Huntingdon corresponded with Cheyne on the subject of her complaints, while Lady Luxborough, suffering too from nervous disorders, corresponded with William Shenstone on the subject and was also treated by Cheyne.[174]

The second marker in this classification of diseases treated in spas is gender. Its superficial absence was due to several factors. In the first half of the eighteenth century, physicians were still influenced by the one-sex model which was only gradually superseded by what Thomas Laqueur has called the two-sex model:

> The female body came to be understood no longer as a lesser version of the male's (a one-sex model), but as its incommensurable opposite (a two-sex model). [...] Organs that had been seen as interior versions of what the male had outside – the vagina as penis, the uterus as scrotum–were by the eighteenth century construed as of an entirely different nature. Similarly, physiological processes–menstruation or lactation–that had been seen as part of a common economy of fluids came to be understood as specific to women alone.[175]

The legacy of the one-sex model is perceptible in the writings of George Cheyne, a iatrophysician who departed from humoral theories. The apparently minor part played by gender in Cheyne's essays can also be explained by the traditional association of gout with a male illness, by what Roy Porter and G.S. Rousseau have defined as "gout's gender base," underlining that women were newcomers in the field in the eighteenth century: "ever since the Hippocratic writings it has been observed that gout rarely develops in women before menopause.

---

Black & Jeremy Gregory (Manchester & New York: Manchester University Press, 1991), 173-75.

[174] C.F. Mullett, ed., *The Letters of Dr George Cheyne to the Countess of Huntingdon* (San Marino, 1940). In them Cheyne constantly advised Lady Huntingdon, who was pregnant and unwell. Also Marjorie Williams, *Lady Luxborough Goes to Bath* (Oxford: Basil Blackwell, 1946), 5.

[175] Thomas Laqueur, *Making Sex: Body and Gender from the Greeks to Freud* (Cambridge, Mass.: Harvard University Press, 1990), viii.

The first attack typically occurs in middle age."[176] Figures of the numbers of female patients at the Bath General Hospital corroborate this view of a predominantly male clientele and show an imbalance which is both ascribable to the nature of the illnesses treated there and to the hospital policy which prioritized male employment, hence an overwhelming number of male admissions and a standardized portrait of the male patient suffering from plebeian mobility-related complaints.[177]

Yet a Bath physician, William Oliver [1695-1764], referred to a "Female Gout" which was a combination of hypochondria and gout; gout thus became a "nervous gout:"

> the matter in this sort is of a very volatile phlogistic nature, passing like lightning, or electrical fire, through the whole body, causing darting pains in every part, where it meets with any obstruction [and makes its victim], the fair sex in particular [become] hypochondriacal.[178]

Ultimately, what emerges from this overview of female illnesses in spa therapy is the prevalence of the reproductive function and the dominant position of the womb. For authors of medical treatises like John Floyer in *The Ancient Psychrolousia Revived: Or, an Essay to Prove Cold Bathing Both Safe and Useful in Four Letters* (1702), George Cheyne, in *An Essay on the True Nature and Due Method of Treating the Gout* (1720), Richard Russell in *A Dissertation on the Use of Sea Water in the Diseases of the Glands* (1749) and Tobias Smollett in *An Essay on the External Use of Water* (1752), female diseases can be both cured and prevented by the external use of water. Floyer advocates cold bathing in order to "promote the menses,"[179] while for Smollett "the warm bath promotes delivery by relaxing and

---

[176] Roy Porter and G.S. Rousseau, *Gout: The Patrician Malady* (New Haven & London: Yale University Press, 1998), 4.

[177] Anne Borsay, *Medicine and Charity in Georgian Bath: A Social History of the General Infirmary, c. 1739-1830* (Aldershot: Ashgate, 1999), 229.

[178] William Oliver, *A Practical Essay on the Use and Abuse of Warm Bathing in Gouty Cases* (Bath, 1753), 54.

[179] John Floyer, *The Ancient Psychrolousia Revived: Or an Essay to Prove Cold bathing Both Safe and Useful in Four Letters* (London, 1702), 118.

rendering the parts more dilatable."[180] Russell, whose plea in favour of
sea-bathing helped undermine the hitherto unchallenged supremacy of
watering places, recommends sea-bathing to his female patients for
reasons that echo Smollett's and Cheyne's (*Essay* 62-70), namely
reasons of fluidity, water–whether spa water or sea water–helping the
removal of "obstructed Menses"[181] by promoting a general
"fluidification."

As for hysteria, a mostly female disorder, it is also construed as
emanating from the womb. As analysed by G.S. Rousseau, "until the
eighteenth century it was believed to be the only condition reserved
for women–the disease of the 'wandering womb'–which arose from
unrestrained imagination."[182]

This conception of the female body as either overflowing or under-
flowing or not flowing at all is in line with a sort of prescriptive
paternalism that attempted to regulate it, and thereby to check it. The
desire to control can be partly explained by demographic concerns,
particularly acute during the French Revolution, and are the manifestation of what P.-G. Boucé has called the "great medical solicitude
lavished on conception and pregnancy"[183] because sterility was seen–
and this has been underlined by Sander L. Gilman–as "a social
disease."[184] But it is primarily related, as shown by Gail Kern Paster,
to "the construction of the female body as effluent, overproductive,
out of control."[185] In such a light, Cheyne's regulation of women's
menses is in keeping with his general attempt at regulating excess,
largely caused by luxury, even in the case of menstruation, since
"upper-class women who ate rich moist foods were thought to flow

---

[180] Tobias Smollett, *An Essay on the External Use of Water* (London, 1752),
17-29.

[181] Richard Russell, *A Dissertation on the Use of Sea Water in the Diseases of
the Glands* (1749; Oxford, 1753), 390.

[182] G.S. Rousseau, "Medicine and the Muses: an Approach to Literature and
Medicine," in *Literature and Medicine during the Eighteenth Century*, ed.
Marie Mulvey Roberts and Roy Porter (London: Routledge, 1993), 44.

[183] Paul-Gabriel Boucé, ed., *Sexuality in Eighteenth-Century Britain*
(Manchester: Manchester University Press, 1982), 39.

[184] Sander L. Gilman, *Health and Illness: Images of Difference* (London:
Reaktion Books, 1995), 57.

[185] Gail Kern Paster, *The Body Embarrassed: Drama and the Disciplines of
Shame in Early Modern England* (Ithaca, New York: Cornell University
Press, 1993), 21.

more heavily than their lower-class counterparts" (Paster 81). This leaking body, which is not exclusively female, surfaces in *Humphry Clinker* too,[186] where Matthew Bramble questions the quality and purity of the Pump water: "what a delicate beveridge is every day quaffed by the drinkers; medicated with the sweat, and dirt, and dandruff; and the abominable discharges of various kinds, from twenty different diseased bodies, parboiling in the kettle below."[187] In this particular case, as elsewhere, Smollett the novelist and Smollett the physician are in complete agreement, since in his *Essay*, Smollett reports the case of a woman "afflicted with a pain in her loins [...] found nothing gave her so much relief as warm bathing, upon the use of which, a gross, unctuous matter was found floating upon the water, and might have been taken off with a spoon" (Smollett, *Essay*, 17).

## Women's multiple functions: the construction of femininity and spa therapy

This diversity of female diseases which nonetheless converge on the womb is matched by the multiplicity of functions successively or simultaneously fulfilled by the female water patient; these manifold functions put together shed light on the contribution of spas to the construction of femininity. Women in spas were assigned several roles, on the one hand, as causing or curing illness and therefore as agents and, on the other hand, as victims of illness, and therefore as patients. The female invalid thereby successively donned different garbs.

Gout, as has been shown previously, was one of the major affections improved if not entirely cured by spa therapy. Its gender base, though enlarged to women who shared men's luxurious lifestyles, remained narrow and predominantly restricted to men. Such a disease, which was strongly associated with voluptuousness and nicknamed "an exquisite torment," occurred in what has been termed "a sexually charged terrain," (*Gout: The Patrician Malady*, 239), a phrase which highlights the erotic implications of the onslaught of gout; hence the remark made by Rhazes (an Iranian physician and

---

[186] See David M. Weed's "Sentimental Misogyny and Medicine in *Humphry Clinker*," *Studies in English Literature 1500-1900*: 37( Summer 1997): 626.

[187] Tobias Smollett, *The Expedition of Humphry Clinker*, ed. Lewis M. Knapp and Paul-Gabriel Boucé (1771; Oxford: OUP, 1984), 46.

philosopher [*c*. 860 – *c*. 923]: "the disease also comes from great sadness, and from excessive venery, especially after meals, for Hippocrates and other philosophers say eunuchs and those who have nothing to do with women do not get it" (*Gout: The Patrician Malady,* 23).[188]

This is where age comes into play in the multiplicity of female functions in spa therapy; the women likely to be agents of corruption and of destruction of the male body through venery and hypochondria were younger than those who were water patients suffering from gout or from rheumatic complaints. This is clearly shown by "The Journals of Mrs Philip Lybbe Powys" who visited Bath regularly from 1759 to 1808 and who only ventured into the waters in 1803 when she was 65 (Stephen Powys Marks 49). Young women fitted in with a mercurial representation of femininity, and their inflicting of mental and bodily pain interconnected with their perceived and stereotyped fickleness.[189]

Conversely, women's angelic side can also lead a number of medical authors to construe them as agents of physical regeneration, provided they meet a number of criteria defined by age and physical appearance. Philip Thicknesse, author of *The Valetudinarian's Bath Guide: or the Means of Obtaining Long Life and Health* (1780), insists on the importance of "partaking of the breath of youthful women" (11-25). This is tantamount to a glorification of the beautiful body, Bakhtin's "classical body," represented in Anstey's *The New Bath Guide* by the character of Jenny W-R-D, in Smollett's *Humphry Clinker* by that of Lydia Melford and in Burney's *Evelina* by Evelina herself. The classical body is a perfect body, a statue whose refined constitution makes it susceptible to a single ailment, i.e. nervous diseases, due to its heightened sensibility and to the physiological thinness of its fibres. Cheyne, in *The English Malady*, makes a distinction between "those of large, full, and (as they are call'd), mastiff muscles, and of big and strong bones" with "a firmer state of fibres"– that is to say men–and those of "little muscles and small bones" whose fibres are relaxed, adding "soft and yielding, loose and flabby flesh and muscles, are sure symptoms of weak and relaxed nerves or fibres"

---

[188] There were some who opposed such a view: like Sir Richard Blackmore who refused to link gout and sexual libertinism (*Gout: The Patrician Malady,* 59).

[189] See Terry Castle's analysis in *The Female Thermometer: Eighteenth-Century Culture and the Invention of the Uncanny* (Oxford: OUP, 1985), 25.

(*The English Malady*, 69); further down in the same essay he establishes a hierarchy between the "male" and the "female:" "the original stamina, the whole system of the solids, the firmness, force and strength of the muscles, of the viscera, and great organs, are they not owing to the male?" (*The English Malady*, 96). In *An Essay on the True Nature and Due Method of Treating the Gout*, he ascribes the low incidence of gout among women to "the known greater laxity of their fibres" (*Essay* 3), as "relaxed fibres belong to the sex" (*Essay*, 104).

Lydia Melford is depicted by her brother Jery at the beginning of Smollett's epistolary novel as "a fine, tall girl, of seventeen, with an agreeable person; but remarkably simple, and quite ignorant of the world" (*Humphry Clinker* 8). She thus combines innocence with a perfect body,[190] theoretically healthy, which is equally true of Jenny W-R-D in *The New Bath Guide* who turns out to be much more fashion-conscious than her, and is aware of the necessity of properly adorning her "classical" body: "Nature, my friend, profuse in vain / May ev'ry gift impart, / If unimprov'd, they ne'er can gain / An Empire o'er the heart" (Letter III, l. 5-8).[191] Evelina, who briefly visits Bath but stays longer at the Hot Wells–almost three weeks–where she is expected to recover from her illness, is the very embodiment of beauty: "Her face and person answer my most refined ideas of complete beauty: and this though a subject of praise less important to you, or to me, than any other, is yet so striking, it is not possible to pass it unnoticed."[192] As owners of perfect bodies, both Lydia and Jenny hold a specific status in a place primarily devoted to therapy; they do not bathe in the waters, but they drink them, thus joining the others in a well-heeled ritual and temporarily donning the garb of the female invalid.

Their drinking the water may be seen as a cursory compliance with the rules of spa behaviour, as the result of a desire to join and to belong. This is particularly true of Jenny who has a festive approach to spas. Lydia Melford's behaviour is far more complex when she describes her experience of water drinking as a combination of health and pleasure: "It is the only hot water I could ever drink, without

---

[190] See Tim Prior, "Lydia Melford and the Role of the Classical Body in Smollett's *Humphry Clinker*" *Studies in the Novel* 30, no. 4 (1998): 489-503.

[191] Christopher Anstey, *The New Bath Guide* (London, 1766): first edition.

[192] Fanny Burney, *Evelina*, ed. Edward A. Bloom (1778; Oxford: OUP, 1982), 21.

being sick–Far from having that effect, it is rather agreeable to the taste, grateful to the stomach, and reviving to the spirits. You cannot imagine what wonderful cures it performs" (40). Lydia, who does not fall into the category of invalids, but who is melancholy, drinks the waters preventively; which means that at the Pump Room, but also in the Baths–and Smollett, in his *Essay*, recommends warm bathing to young women "with a florid complexion, who live in the country and are used to hard exercise" and are therefore apparently in good health, as "it relaxes and renders the parts more dilatable" (*Essay*, 22),–two types of invalids rubbed shoulders, the real ones and the potential ones. Their physical appearance contrasted with the florid complexions of the guides, "strapping peasant women," as shown by D. Porter and R. Porter's analysis.[193] This introduces yet another criterion, which is not only social but also geographical. Lydia, in spite of her classical body, comes out of the Assembly Rooms "quite feverish," a diseased condition that is explained by her aunt: "Aunt says it is the effect of a vulgar constitution, reared among woods and mountains; and that as I become accustomed to genteel company, it will wear off" (*Humphry Clinker*, 41).

Young women, apparently healthy, bathing in the baths or drinking the waters often did so in order to better fulfil their reproductive function, as future mothers or would-be mothers or in order to be mentally healthy, to counteract the threat of insanity, equally detrimental to the survival of the species. Lydia nearly faints, for lack of refinement according to her aunt, but possibly, like her uncle, as a consequence of her sensibility (Prior 497-98), which is presented as a weakness. This is confirmed in a letter sent to a friend, in which she expresses her melancholy caused by her separation from the man she loves: "O my dear Willis! I begin to be visited by strange fancies, and to have some melancholy doubts" (*Humphry Clinker*, 58). Lydia's frailty demonstrates that the frontier between health and illness is easy to cross and that the "perfect body" is not immune from diseases, particularly nervous ones. This is also exemplified by Smollett's *Ferdinand Count Fathom* where Fathom's first *coveted* patient in Tunbridge Wells was "a young lady, [...] seized with a violent head-

---

[193] Dorothy Porter & Roy Porter, *Patient's Progress: Doctors and Doctoring in Eighteenth-Century England* (Cambridge: Polity Press, 1989), 26.

ach and palpitation"[194] but *actual* one "a gentlewoman's daughter, of a weakly constitution, [who] by drinking the waters, had so far recovered her health and complexion" (*Ferdinand Count Fathom*, 250).

If illness lurks in the young and beautiful woman, it is patent in the more seriously affected female water patient, likely to be older, that is to say in a woman whose illness hurts and inflicts physical pain. The distinction made earlier between older and younger women was not always so clear-cut, especially towards the end of the century, as noted by Mrs Philip Lybbe Powys in an entry dated January 28 1805: "[…] formerly youth was seldom ill, now, from thin clothing and late hours you hardly see a young lady in good health or not complaining of Rheumatism as much as us old ones" (Powys 52).[195] The identikit drawn in the first part of this paper shows that the female spa patient was affected in her mobility or in her feminine organs. Her body, in paralytic disorders, rheumatic ones or in the gouty condition, became distorted, either locally, or entirely. It then is the complete antithesis of the classical body and fits Bakhtin's category of the grotesque. Its grotesqueness is linked to its monstrosity, and gout is apprehended in such terms as truly monstrous: "Gout is construed as 'monstrous:' monstrous attacks, monstrous joints, monstrous limbs, monstrous interruptions, a phantasm of contorted shapes and dangling limbs– except that nothing dire ever occurred in that little elbow world" (*Gout*, 239). The onslaught of illness turned women into patients, which was a condition they shared with men. But in a great many cases it also made them lose their classical bodies, if ever they had one, by turning them into monsters:

> "The gouty body castive, putrid, and fetid" attracted synonyms equally morbid, if comically inscribed: the body "concoctive," "peccant" "mortifick." The image was of elements "cooking" and putrefaction "forming" as in architectural moulds. All this monstrosity reduced the body to a "ruin" a rubble, as in surrounding neo-gothic piles. (*Gout*, 239).

---

[194] Tobias Smollett, *The Adventures of Ferdinand Count Fathom*, ed. Damian Grant (1753; London: OUP, 1971), 247.

[195] Conversely, old women were aping young women, as observed by Penrose: "Ladies without teeth, without eyes, with a foot and half in the grave, ape youth and dress themselves with the fantastick pride of eighteen or twenty" (29).

The monstrous appearance of Queen Anne does not need more commenting upon, but less regal women found themselves at the heart of a conflict between an idealized femininity and the reality of decay paralleled in *Humphry Clinker* with the decay of an entire civilization brought about by the corrupting agents of materialism spearheaded by trade. The monstrosity of the female body, plagued by illness, mirrors that of the City itself, either Bath or London, described in similar terms by Smollett. *The New Bath Guide* by Anstey conveys an identical message: the freshness of Jenny, compared to a rose (letter II, l. 76), is antithetically matched by the grotesque bodies of some-what emasculated Simkin Blunderhead, of his sister Prudence and of their servant Tabby Runt said to be "the strangest fish that e'er were seen" (letter I, l. 60), "stranger wretches" (letter I, l. 65). The very name Tabby Runt is doubly meaningful; it alludes to the servant's deformed body, as a runt is "a small pig or an undersized person" (*OED*), and links *The New Bath Guide* to *The Expedition of Humphry Clinker*: Anstey's character finds an avatar in that of Lydia's aunt, Tabitha Bramble, an equally grotesque spa patient whose grotes-queness has been captured by Cruikshank in an engraving entitled "Tabitha in a Bath chair" (1832).

Fig. 6-1
"Tabitha in a Bath Chair"

While Jenny is classically compared to a rose, both Tabby Runt and Tabitha Bramble lose their humanity and are animalized via the cat, since "tabby" means "a dwarf" and a "tabby cat" is a "grey cat" (*OED*); Matt. Bramble refers to his sister as a "fantastical animal" (*Humphry Clinker* 12), "that wild cat my sister spinster" (*Humphry Clinker* 14). They are comic characters perceived by both a male gaze and a female one, that of Jenny or that of Lydia, to whom they are foils.

The loss of control due to illness, with its concomitant shift towards ugliness,[196] entailed a dependence on members of the medical profession, physicians, nurses, apothecaries. As long as a woman inhabited a classical body, she retained a degree of independence, as appears in Jenny's attitude at the end of the "Consultation of Physicians" when she throws the whole paraphernalia out of the window (a meaningful gesture captured by Cruikshank's engraving "The Doctors Flying from their Own Physic," 1832: see fig. 6-2).

Fig. 6-2
"The Doctors Flying from their Own Physic"

---

[196] The Reverend Penrose was struck by the ugliness of the "Bath ladies"—patients and non-patients alike—and wrote: "I never saw such a parcel of ugly faces, as I have seen since I came to Bath. I believe they look so much worse, for taking such pains to adorn themselves" (*Letters*, 38-39).

This is a case of female rebellion against the omnipotence of the male physician and also against the prevalence of the drug-culture. The evolution of medicine showed a growing divorce between the patient and his or her doctor, following the introduction of what Roy Porter calls "a new Gestalt," i.e. "a body suffering from various lesions, whose signs the practitioner would investigate [...] using diagnostic technology, and thus setting less store by the patient's own story" while, before, the patient was primarily "an ailing human."[197]

## Women's re-appropriation of their bodies: spa illness as empowerment

The taming of the female spa invalid that resulted from the onslaught of illness might well turn out to be temporary in quite a number of cases subjected to spa therapy. Illness which, theoretically, restricted the invalid's freedom and should have deepened the already existing gap between man and woman in the sphere of the balance of power between the sexes, the doctor being male–in gynaecologic cases he was called a man-midwife–and the invalid being female, was used by the female water patient as an instrument of empowerment. Such an attempt is to be analysed as linked to illness as a form of deviance, which implies that the physician is not simply an individual working to earn a living or devoted to his patient's well-being, but also has a societal task as an agent of therapy understood as a form of social control.[198]

The "instumentalization" of illness is first to be accounted for by the very nature of spas and the evolution of spa life. Smollett in his *Essay on the External Use of Water* famously called Bath "the hospital of the nation" (Smollett, *Essay*, 29), a topos that he took up in

---

[197] Roy Porter, "Reforming the Patient in the Age of Reform: Thomas Beddoes and Medical Practice," in *British Medicine in an Age of Reform*, ed. Roger French & Andrew Wear (London & New York: Routledge, 1991), 10.

[198] See Uta Gerhardt, *Ideas about Illness: An Intellectual and Political History of Medical Sociology* (Basingstoke: Macmillan, 1989), 34-50, 316-18. In this respect, Gerhardt's exploration of Parsons' s deviancy model (*Ideas*, 34) is illuminating as well as the analysis of therapy as a "learning experience which functions as social control" (*Ideas*, 50): for Gerhardt, the production of ill health functions as " 'a social 'I' ... engaged with otherness' [Figlio 1982, 176]" (*Ideas*, 316), and "as collective, the medical profession embodies the social function of medicine: namely, social control" (*Ideas*, 318).

*Humphry Clinker* ("A national hospital it may be; but one would imagine, that none but lunatics are admitted" [34]). Yet a hospital was in most cases a place of containment, of coercion, and the Bath General Hospital also fulfilled this social function for the Poor of the neighbouring counties. Illness had a stigma attached to it, since it was traditionally associated with punishment as in *The Iliad* and *The Odyssey*,[199] which can also explain why some diseases were to remain secret, because they were particularly stigmatized and the patient cursed with illness bore part or all of the blame attached to it.

In spas, illness was more often than not proudly exhibited,[200] since patients and fellow sufferers were seen by all those who cared to look. In this respect, the very architecture of the baths and of the pump room lent itself to voyeurism and to a fetishist behaviour on the part of the other bathers or of the healthy visitors. Both the female invalid and the spectator of her invalidity were engaged in transgression. Then if some critics have contended that the novel is a representation of transgression (*Female Thermometer*, 117), it is no wonder that spa therapy should have been extensively represented not only in novels, but also in poems, letters and the visual arts. Both the medical conception of spa therapy as overwhelmingly public and the architecture of spa buildings encouraged a staging of illness, turning the invalids, especially the female ones, into actors of their diseases. The mingling, in the Baths themselves, of both sexes, but also of people suffering from a wide range of affections (even if some more privacy could be obtained for instance, in the Cross Bath in Bath), meant that illness, far from being shamefully hidden, was exhibited like a "badge of fashion" and of "status."[201] What one could witness in spas was an externalization of illness, and its instrumentalization in the building of an image of oneself through role playing.

Lydia Melford in *HC* reports her aunt's words: "My aunt, who says every person of fashion should make her appearance in the bath,

---

[199] Susan Sontag, *Illness as Metaphor* (New York: Vintage Books, 1979), 42.

[200] Spas are invalid-friendly, as noted by observers: "it is pleasant to invalids to be able to go about in any manner they please without attracting impertinent observations" (Ellen Wilson, "A Shropshire Lady in Bath, 1794-1807," *Bath History* 4 [1992]: 101).

[201] The phrase is used by John K. Walton to describe the sea visit in *The English Seaside Resort: A Social History 1750-1914* (Leicester: Leicester University Press, 1983), 17.

as well as in the Abbey Church, contrived a cap with cherry-coloured ribbons to suit her complexion" (*Humphry Clinker*, 39-40). This is particularly relevant here, because it shows that the awareness of the theatrical nature of spa therapy was also felt by those spa invalids that we classified as owners of grotesque bodies. Hence one of Tabitha Bramble's weapons, which are conventional weapons of the seduction game, is a specific bathing costume: "the ladies wear jackets and petticoats of brown linen, with chip hats, in which they fix handkerchiefs to wipe the sweat from their faces" (*Humphry Clinker*, 39). The desire to seduce was there, but the success of the attempt can be doubted, since both Lydia Melford and Evelina seem somewhat put off by the sight: "they look so flushed, and so frightful, that I always turn my eyes another way" (*Humphry Clinker*, 39), and Lady Louisa in *Evelina* declares: "I always hated bathing, because one can get no pretty dress for it." (*Evelina*, 393).

The theatrical nature of what was, to a certain extent, a game and a compensatory exercise in self-pampering verges on imposture. Thomas Beddoes, a physician born in 1760, had no qualms about stating "our chronic maladies are of our creating, i.e. gout, nervous maladies, scrofula, mental derangement, hysteria, hypochondria, indigestive disorders, and general debility" (*British Medicine*, 13); he exposed the "grossness of medical impostures" (13), but this medical imposture was often fuelled by the patient's own imposture.

This above-mentioned staging of illness was an exercise in self-gratification that took on an erotic dimension. In the prescriptions of spa therapy–bathing and drinking–, two forces, fashion and illness, were fused. Hence the concept of "fashionable diseases" which is the title of a physician's essay in his treatise, *Medical Cautions for the Consideration of Invalids; Those Especially Who resort to Bath*, "Essay on Fashionable Diseases" (James Makittrick Adair, 1786). The female invalid wore her illness as a badge of status in exactly the same way as she wore her clothes; such an attitude was shared by mistresses and servants alike, hence Tabitha Bramble's insistence on dragging Win into the bath with her:

> […] as for poor Win, who wore a hat trimmed with blue, what betwixt her wan complexion and her fear, she looked like the ghost of some pale maiden, who had drowned herself for love. When she came out of the bath, she took assafoetida drops, and was fluttered all day; so that

we could hardly keep her from going into hysterics" (*Humphry Clinker*, 40).

In fashion, Beddoes, who calls watering places "obscene temples to Moloch" (*British Medicine*, 33), sees a primitive force which strips women almost bare and he depicts "half naked women who brave disease and death, all evening" (*British Medicine*, 17). Both fashion and spa diseases, under cover of refinement, involved a strong awareness of the female body, whether grotesque or classical. That there should have been primitive undertones is not surprising, because of the mythical value of water. Immersion in water, as Carl Jung has convincingly argued, is also sexual[202] and in this respect Lydia's and Evelina's attitudes are revealing of their maiden shyness that for the time being keeps them outside the circle of real actors. Bathing was therapeutic and pleasurable, because also voluptuous. The baths, even if medicinal, were first and foremost the offspring of the *bagnios*, which were and are, as Smollett recalls in *The Essay*, "points of luxury and pleasure" that induced "a charming indolence or *Languor* […] upon the spirits" (Smollett, *Essay*, 15-16).

In such a context, sickliness could become an asset, since to be fashionably ill was a sign of belonging to the right social stratum and was thus glamorous, because one was different.[203] Nervous diseases, most easy to be counterfeited, in the second half of the century, were also most particularly paradigmatic of a social group and were aped by the women belonging to the upwardly mobile middling orders. Beddoes describes how sickliness was practically taught in girls' schools (*British Medicine*, 19). The headache is repeatedly used as a weapon in *Humphry Clinker*: Lydia's by her brother Jery to stave off the threat embodied by Sir Ulic Mackilligut, a fortune-hunter that preys on her in Bath's *Assembly Rooms*, Win's by herself to resist her mistress's injunctions (*Humphry Clinker*, 41, 43). In *The New Bath Guide*, both Prudence and Tabby are cured at the end of the poem, Tabby of her "virgin-distemper" and Prudence of her hypochondria by "doctors of the soul:" Tabby by a Moravian Rabbi, Prudence by Roger

---

[202] Carl Jung, *Symbols of Transformation*, vol. 5 of *The Collected Works* (Princeton: Princeton University Press, 1976), 217-9. Jung draws a parallel between sea-water and the womb.
[203] Roy Porter, ed., *The English Malady* (1733; London & New York: Tavistock/Routledge, 1991), XI.

(a word which in the vulgar tongue means penis), her "soul's physician" (*NBG*, letter XV, l. 31, 73-76). Such distempers did not disfigure, as noted by Roy Porter in his introduction to Cheyne's *The English Malady*: "nervous disorders offered a particularly attractive version of the sick role, flinging the doors wide open to the grand century of hypochondria" (Porter, Introduction to *The English Malady*, XXXVIII). In a way, they were chosen, a point made by James Makittrick Adair in his "Essay on Fashionable Diseases:" "Fashion has long influenced the great and opulent in the choice of their physicians, surgeons, apothecaries, and midwives; but it is not obvious how it has influenced them also in the *choice* of their diseases."[204]

Spa diseases thus played a sizeable part in the female invalid's empowerment, although one could argue that Prudence Blunderhead and Tabby Runt, if cured, fell into another trap–which is what Anstey wanted to demonstrate in his satirical poem–and are ultimately to be considered as victims, which would tend to show that their empowerment was short-lived. Prudence's illness has enabled her to escape the domination of her brother, but only to be fettered by matrimony if her seducer marries her.

Nonetheless, the illness of the female water patient was sociable and allowed her to taste the pleasures of an urban life more propitious to the emancipation of women. The very fact of going to watering places, like Bath or Scarborough, Tunbridge Wells or Cheltenham, freed women from the constraints of country life and also temporarily put an end to their isolation. In spas, they could share their diseases [205] with fellow patients united by sympathy and also write about them,

---

[204] James Makittrick Adair, *Medical Cautions for the Consideration of Invalids; Those Especially Who Resort to Bath* (Bath: Cruttwell, 1786), 12.

[205] See John Mullan, *Sentiment and Sociability: The Language of Feeling in the Eighteenth Century* (1988; Oxford: OUP, 1990), 201-13: "hypochondria can be a shared malaise and a shared privilege [...];" Mullan later concludes: "there is no social space for sensibility [...] Illness is its appropriate metaphor" (240). See also James Makittrick Adair: "people of fashion claim an exclusive privilege of having always something to complain of; so the mutual communication of their ailments is often a topic of conversation; the imagination frequently suggests a similarity of disease, though none such really exists; and thus becomes soon completely fashionable" (*Medical Cautions*, 13).

seized with the general "itch for writing," an act which introduced yet another voyeur, the addressee of the letter. Yet the counter-model of retirement and isolation of the female hypochondriac who was an anti-social being gradually gained the upper hand, which was a threat to spa popularity: the trend is shown, albeit dimly, in *The New Bath Guide* by the character of Elizabeth Modeless, while in *Humphry Clinker* and *Evelina*, Lydia and Evelina are aware of the virtues of the countryside and of isolation in pure surroundings. Mullan refers to "the representation in novels of the mid-eighteenth century of sensibility in retreat, segregated from a world impervious to it" (*Sentiment and Sociability*, 213).

This empowerment of the female invalid was also due to the mixing of the sexes encouraged by the spa loci, a mixing which, though a traditional feature of spas, was also typical of the New Society in the making in the eighteenth century. The female water patient therefore benefited from a general trend away from what Linda Colley has called "the age of the tavern" but also contributed to the emergence of this trend. Yet some doctors and female patients were in favour of the segregation of the sexes, among whom Dr Cleland in Bath, whose scheme was supported by Smollett in his essay. Smollett tells us that the "fair sex" needs sheltering: under the present arrangement "they must mingle with male patients, to whose persons and complaints they are utter strangers; […] and be exposed in a very mortifying point of view, to the eyes of all the company" (Smollett, *Essay*, 34); this is an argument also given by Evelina: "the very idea of being seen, in such a situation, by whoever pleases to look, is indelicate" (*Evelina*, 393).

The more or less conscious choice of illness as empowerment was rather risky for women, not exactly a safe bet, for several reasons. Firstly, because "illness is a particular expression of a universal feature of human existence, namely the threat to personal viability and survival" (Gerhardt 273 [Comaroff 1982, 51]), secondly because warm bathing was potentially dangerous, a remedy that could kill, as pointed out by various physicians, Robert Peirce, Thomas Short, Charles Lucas, or William Baylies,[206] and thirdly because the

---

[206] David Harley, "A Sword in a Madman's Hand: Professional Opposition to Popular Consumption in the Waters Literature of Southern England and the Midlands 1570-1870," *The Medical History of Waters and Spas. Medical*

treatment could be painful and aesthetically damaging, as shown by
the ladies' flustered complexions in the baths. The painfulness of the
therapy also stemmed from the age-old belief that pain was the
prerequisite of the cure. Hence the recipe of the success of spas with
their combination of pleasure and pain, even if the two were
somewhat opposed: play was made therapeutic, provided it remained
an "innocent entertaining amusement,"[207] an antidote to spleen, and
Epicureanism triumphed over Stoicism.

*
*   *

The female invalid was bound to be an ontologically inferior
being, guilty on two counts. Guilty like all invalids in a Christian
framework that saw illness as a logical consequence of the Fall:
Cheyne for instance referred to "divinely willed afflictions," writing
that "when Mankind was simple, plain, honest, and frugal, there were
few or no diseases. Temperance, exercise, hunting and labour and
industry kept the juices sweet and the solids brac'd."[208] But guilty too
as a woman, like Eve in the Bible.[209]

Against such a culturally loaded background, the female water
patient of the eighteenth century managed to escape the boundaries
drawn by the physicians' prescriptive paternalism and to carve out for
herself a social space fraught with theatricality where her illness could
become a metaphor of her personality and of her entire self. On a
stage designed for show, she re-appropriated her grotesque or classical
body and used it as an instrument of empowerment, re-asserting the
erotic dimension of bathing. By jumping into the waters and casting
off her clothes only to don a bathing costume, she responded to a

---

*History,* Supplement n° 10, ed. Roy Porter (London: Wellcome Institute for
the History of Medicine, 1990): 50-53.

[207] George Cheyne, *The English Malady, or A Treatise of Nervous Diseases of
All Kinds as Spleen, Vapours, Lowness of Spirits, Hypochondriacal, and
Hysterical Distempers, etc. In Three Parts*, 181.

[208] George Cheyne, *The English Malady*, 48-55.

[209] Hence the necessity of a cure that would be both physical and spiritual was
particularly felt in the case of the female invalid: "cure of souls and cure of
bodies have traditionally been treated as complementary," Roy Porter,
"Medicine and Religion in Eighteenth-Century England: A Case of Conflict?"
*Ideas and Production* 7 *History of Science* (1987): 5.

primeval urge in a sophisticated way, since bathing was strongly ritualised and no longer nude.

Joining in a general quest for health which associated hydrotherapy with the taking of drugs, she used the spa as a springboard towards emancipation, a golden opportunity to free herself from the oppression of a male mentor, a brother, an uncle, a father or a spouse, and subverted the therapeutic function of watering places that became primarily marriage markets, or "metropolises of love," that is to say, for women, stepping stones towards social status, the acquisition of a name and self-fulfilment.[210] Limited both in time and in space as it was, this sort of emancipation all the same enabled the emergence of a new image of womanhood whose complexity deepened towards the end of the eighteenth century and in the course of the nineteenth century which officially favoured a watered-down version of femininity.[211]

## Select Bibliography

Adair, James Makittrick. *Medical Cautions for the Consideration of Invalids; Those Especially Who Resort to Bath*. Essay I "On Fashionable Diseases." Bath: Cruttwell, 1786.

Anstey, Christopher. *The New Bath Guide*. First edition. London, 1766.

————— *The New Bath Guide*. Edited by John Britton. London, 1832.

Borsay, Anne. *Medicine and Charity in Georgian Bath: A Social History of the General Infirmary, c.1739-1830*. Aldershot: Ashgate, 1999.

Boucé, Paul-Gabriel, ed. *Sexuality in Eighteenth-Century Britain*. Manchester: Manchester University Press, 1982.

---

[210] "I know it would cure entirely, in time, of all your complaints, and make you look beautiful, healthy and gay, as you should" (C.F. Mullett, ed., *The Letters of Doctor George Cheyne to the Countess of Huntingdon* [San Marino, 1940], 28).

[211] See Roy Porter's analysis: "healthy nerves and muscles had masculine attributes hard and resilient; weak nerves were feminine: soft, languid, passive. Polite culture increasingly fabricated the image of the fashionable lady as frail, yielding and delicate" (Roy Porter, Introduction to *The English Malady*, XLI).

Burney, Fanny. *Evelina*. 1778. Edited by Edward A. Bloom. Oxford: OUP, 1982.

Cadogan, William. *A Dissertation on the Gout and All Chronic Diseases*. London, 1771.

Castle, Terry. *The Female Thermometer: Eighteenth-Century Culture and the Invention of the Uncanny*. Oxford: OUP, 1985.

Cheyne, George. *An Essay on the True Nature and Due Method of Treating the Gout*. 1720. London, 1753.

————— *The English Malady: Or a Treatise of Nervous Diseases of All Kinds*. London: G. Strahan, 1733.

Floyer, John. *The Ancient Psychrolousia Revived: Or, an Essay to Prove Cold Bathing Both Safe and Useful in Four Letters*. London, 1702.

Gerhardt, Uta. *Ideas about Illness: An Intellectual and Political History of Medical Sociology*. Basingstoke: Macmillan, 1989.

Gilman, Sander L. *Health and Illness: Images of Difference*. London: Reaktion Books, 1995.

Harley, David. "A Sword in a Madman's Hand: Professional Opposition to Popular Consumption in the Waters Literature of Southern England and the Midlands 1570-1870." *The Medical History of Waters and Spas*. *Medical History,* Supplement n° 10, edited by Roy Porter, 48-55. London: Wellcome Institute for the History of Medicine, 1990.

Hinderwell, Thomas. *The History and Antiquity of Scarborough and the Vicinity, with Views and Plans*. York, 1798.

Jung, Carl. *Symbols of Transformation*. Vol. 5 of *The Collected Works*. Princeton: Princeton Uiversity Press, 1976.

Laqueur, Thomas. *Making Sex: Body and Gender from the Greeks to Freud.* Cambridge, Mass.: Harvard University Press, 1990.

Mullan, John. *Sentiment and Sociability: The Language of Feeling in the Eighteenth Century*.1988. Oxford: OUP, 1990.

Mullett, C.F., ed. *The Letters of Dr George Cheyne to the Countess of Huntingdon*. San Marino, 1940.

Muscher, Daniel M. "The Medical Views of Dr. Tobias Smollett (1721-1771)." *Bulletin of the History of Medicine* 41 (1967): 455-62.

Oliver, William. *A Practical Essay on the Use and Abuse of Warm Bathing in Gouty Cases*. Bath, 1753.

Paster, Gail Kern. *The Body Embarrassed: Drama and the Disciplines of Shame in Early Modern England*. Ithaca, New York: Cornell University Press, 1993.

Penrose, John. *Letters from Bath 1766-1767*. Edited by Brigitte Mitchell & Hubert Penrose. Gloucester: Alan Sutton, 1983.

Porter, Dorothy & Roy Porter. *Patient's Progress: Doctors and Doctoring in Eighteenth-Century England*. Cambridge: Polity Press, 1989.

Porter, Roy and G.S. Rousseau. *Gout: The Patrician Malady*. New Haven & London: Yale University Press, 1998.

Porter, Roy. "Civilisation and Disease: Medical Ideology in the Enlightenment." In *Culture, Politics and Society in Britain, 1660-1800*, edited by Jeremy Black & Jeremy Gregory, 154-83. Manchester & New York: Manchester University Press, 1991.

———— "Medicine and Religion in Eighteenth-Century England: A Case of Conflict?" *Ideas and Production* 7 *History of Science* (1987): 4-17.

———— "Reforming the Patient in the Age of Reform: Thomas Beddoes and Medical Practice." In *British Medicine in an Age of Reform*, edited by Roger French & Andrew Wear, 9-44. London & New York: Routledge, 1991.

Porter, Roy, ed. *The English Malady*. 1733. London & New York: Tavistock/Routledge, 1991.

Powys Marks, Stephen. "The Journals of Mrs Philip Lybbe Powys (1738-1817), a Half Century of Visits to Bath." *Bath History* 9 (2002): 28-64.

Prior, Tim. "Lydia Melford and the Role of the Classical Body in Smollett's *Humphry Clinker*." *Studies in the Novel* 30, no. 4 (1998): 489-503.

Rousseau, G.S. "Medicine and the Muses: An Approach to Literature and Medicine." In *Literature and Medicine during the Eighteenth Century*, edited by Marie Mulvey Roberts and Roy Porter, 23-57. London: Routledge, 1993.

Russell, Richard. *A Dissertation on the Use of Sea Water in the Diseases of the Glands*. 1749. Oxford, 1753.

Smollett, Tobias. *An Essay on the External use of Water*. London, 1752.

———— *The Adventures of Ferdinand Count Fathom*. 1753. Edited by Damian Grant. London: OUP, 1971.

———— *The Expedition of Humphry Clinker*. 1771. Edited by Lewis M. Knapp and Paul-Gabriel Boucé. Oxford: OUP, 1984.

Sontag, Susan. *Illness as Metaphor*. New York: Vintage Books, 1979.

Walton, John K. *The English Seaside Resort: A Social History 1750-1914*. Leicester: Leicester University Press, 1983.

Weed, David M. "Sentimental Misogyny and Medicine in *Humphry Clinker*." *Studies in English Literature 1500-1900*: 37 (Summer 1997): 615-36.

Williams, Marjorie. *Lady Luxborough Goes to Bath*. Oxford: Basil Blackwell, 1946.

Wilson, Ellen. "A Shropshire Lady in Bath, 1794-1807." *Bath History* 4 (1992): 95-123.

# CHAPTER 7

# Les eaux et les bains dans la thérapeutique des XVIII<sup>e</sup> et XIX<sup>e</sup> siècles

Alain CAUBET

Il convient dès l'abord d'indiquer à ceux qui ne pratiquent pas souvent l'histoire de la médecine, que beaucoup de textes de cette discipline, datant des XVIII<sup>e</sup> et XIX<sup>e</sup> siècles sont illisibles aujourd'hui. Cela vient du vocabulaire vieilli, transformé, comportant beaucoup de faux amis. Il faut aussi s'entendre sur ce que l'on appelle l'histoire de la médecine: est-ce l'histoire des premières (premières découvertes, premières citations, premières réussites) ou bien celle des pratiques communes, des médecins ordinaires, de la population normale? C'est davantage à ce deuxième aspect que nous allons nous attacher.

Pour exposer la place du thermalisme à cette époque, nous dirons d'abord ce qu'étaient l'état de santé et les possibilités de traitements aux XVIII<sup>e</sup> et XIX<sup>e</sup> siècles, puis nous donnerons un aperçu des considérations théoriques que l'on développait à propos des eaux et des bains, enfin nous évoquerons ce qu'était la pratique de ces deux méthodes. Pour ces derniers points, nous ne souhaitons pas aborder l'histoire du thermalisme telle qu'elle est composée habituellement à partir des légendes locales, et des pratiques spontanées, si diverses selon les lieux. Nous souhaitons surtout approcher l'usage que l'on en faisait, et l'idée que les médecins avaient de son efficacité. Pour cela, nous utiliserons quelques écrits d'auteurs savants, mais aussi l'*Encyclopédie* de Diderot et d'Alembert (*Dictionnaire raisonné des arts, sciences et métiers*) et le *Grand Dictionnaire Universel* de Pierre Larousse (*GDU*), 1863-1876, qui fait un point de ce qu'un Français instruit pouvait comprendre et admettre des sciences médicales de son temps.[1]

## 1- Santé et traitements aux XVIIIᵉ et XIXᵉ siècles

Cette époque est marquée par une très forte mortalité précoce suivie par une décroissance régulière de chaque classe d'âge, faisant que la population de vieillards, rhumatisants ou porteurs d'affections chroniques, était, en proportion, beaucoup plus réduite qu'aujourd'hui. Dans les stations thermales, se côtoyaient des personnes de tous âges, porteuses de séquelles de maladies aiguës, aujourd'hui traitées efficacement et ne laissant aucune suite.

L'encadrement médical du pays était très limité: sans doute 3500 médecins en France au moment de la Révolution, et un maximum de 15 000 au XIXᵉ siècle. Longtemps, la pratique a été urbaine, coûteuse et inaccessible au plus grand nombre. Certaines catégories sociales (la cour, les grands seigneurs, les personnages disposant de la fortune et du pouvoir) étaient, au contraire, très entourées et il était possible à leur propos de citer la boutade *"Turba se medicorum perisse*: mort de trop de médecins."[2]

La thérapeutique médicamenteuse, depuis l'Antiquité, n'a pas connu d'évolution importante. Elle s'appuie sur l'usage des plantes, selon des recettes immémoriales, et de minéraux en petit nombre. Les remèdes animaux sont en complet déclin au XVIIIᵉ siècle mais la vogue en renaît, à la fin du XIXᵉ, avec Brown-Sequard. Hors quelques agents puissants, tels l'opium ou le quinquina, toute cette pharmacopée est d'une efficacité modeste. On pourrait comparer l'ensemble de ces remèdes à ceux qui sont aujourd'hui en vente libre.

La chirurgie est dite de la "main forcée." L'essentiel des actes se réduit à des réparations d'urgence (plaies, excisions d'abcès, réduc-

---

[1] Le *Grand Dictionnaire Universel* de Pierre Larousse, que nous noterons *GDU*, comporte 182000 articles, tous anonymes, répartis en 15 tomes, parus entre 1863 et 1876, et deux tomes de suppléments, parus en 1879 et 1890.

[2] Pline l'Ancien, *Histoire naturelle*, Livre XXIX, V, texte traduit par A. Ernout, Coll. des Universités de France (Paris: Les Belles Lettres, 1962), 23.

tions de fractures). Toutefois, la taille périnéale, plus tard hypo-gastrique, la cure de cataracte, la césarienne, la trachéotomie, impressionnent fortement le public par leur audace et leurs échecs. Il faut toujours agir vite. Ainsi, une amputation de cuisse doit être réalisée en moins de trois minutes; une désarticulation de l'épaule n'en demande pas beaucoup plus. Au milieu du XIX$^e$ siècle, l'usage, vite répandu, des anesthésiques permit aux chirurgiens de tenter des interventions inimaginables auparavant, durant dix, vingt, parfois trente minutes. Mais la mortalité devint plus importante encore, car l'infection pouvait davantage se propager. Ce n'est qu'avec l'antisepsie puis l'asepsie, qui s'imposa après 1890, que la mortalité post-opératoire fut réduite sensiblement. Par cette brève évocation, on aura compris l'impuissance thérapeutique de nos lointains prédécesseurs.

L'idée de prévention connut une vogue croissante à partir du XVIII$^e$ siècle dans les classes instruites. Sa mise en application ne débuta que modestement à partir des années 1830. Parmi les moyens de prévenir les maladies, l'hygiène a, de tout temps, été le thème de nombreux conseils donnés par les praticiens, comme aujourd'hui. Mais il est délicat de distinguer le fruit d'un raisonnement médical de la simple reprise de croyances populaires. L'hygiène personnelle nous est mal connue. On sait le manque d'eau dans les villes. Vers 1870, les Rennais ne disposaient en moyenne que de huit litres d'eau par jour et par personne, eau qui devait satisfaire les usages industriels ou artisanaux, les lessives, la boisson et la cuisine, et enfin l'hygiène privée.[3] C'est peu. Toutefois, au fil du XIX$^e$ siècle, on signale l'augmentation du nombre de bains publics proposant baignoires et douches. Mais il reste difficile de préciser le degré de propreté atteint. Les textes des contemporains sur l'hygiène intime sont en nombre infime et consistent en conseils ou en reproches, mais ils sont rarement un récit ou un aveu. Donnons toutefois quelques indications. Les moqueries sociales sur la saleté d'autrui ne manquaient pas et faisaient rire. Dans *La Station Chambaudet*, créée en 1862, Eugène Labiche fait dire à un domestique, face au public, "Moi, je fais ma toilette dans un verre d'eau et il en reste!" Mais dans ce cas, quel était vraiment le degré de connivence avec le public? Signalons aussi que dans le *GDU*, l'auteur (anonyme) de l'article "Bains" éprouve le besoin de décrire au lecteur

---

[3] François-Xavier Merrien, *La bataille des eaux, l'hygiène à Rennes au XIX$^e$ siècle* (Rennes: Presses Universitaires de Rennes, 1991), 121.

ce qu'est la sensation ressentie lorsque l'on se plonge dans un bain; d'ailleurs l'auteur affecte le savoir par ouïe dire...

L'appel à des pratiques religieuses et magiques complète la thérapeutique populaire. Les pèlerinages lointains (Saint-Nicolas de Bari, Saint-Jacques de Compostelle, Rome) sont presque impossibles depuis l'avènement de Louis XIV. Toutefois, il reste toujours à proximité du patient, surtout dans les régions à terrain accidenté, quelque source jouissant de la réputation de guérir. Certaines sont visitées en tout temps, d'autres le sont à des occasions carillonnées.

Pour en finir avec cette brève présentation de la thérapeutique, combattons un raccourci trompeur. Ce n'est pas parce qu'il ne nous reste presque rien de convaincant de la thérapeutique des siècles passés que les praticiens se croyaient démunis. Au contraire, leur mémoire était encombrée de recettes. Les polémiques médicales sur le quinquina, l'antimoine, l'émétique (voir Molière), l'usage des remèdes animaux, les clystères, etc., passionnaient la ville et la cour. Et parmi les innombrables traitements possibles, les eaux curatrices avaient une bonne part.

### 2- Eaux et bains: convictions populaires, théories savantes

Selon Chomel:[4] "Chacun prétend être médecin, le malade se rend l'arbitre de sa conduite."[5] On comprend alors que les médecins devaient tenir un large compte des convictions populaires, qui furent, jusqu'aux années 1950, le socle des traitements prescrits. Il convient donc de bien distinguer les convictions du plus grand nombre, des théories de la Faculté.

### 2A- Convictions populaires

La symbolique des eaux est forte dans nos pays. Chacun veut croire que ce que les eaux primitives ont fait à la nature entière, elles peuvent le refaire pour chacun d'entre nous, redonner puissance,

---

[4] Pierre Jean Baptiste Chomel (1671-1740), médecin et botaniste, adjoint de Tournefort, médecin du roi, doyen de la faculté de médecine de Paris, auteur du *Traité des eaux minérales, bains et douches de Vichy* (1734).
[5] J. Godonnèche, "Les conceptions hydrologiques de Chomel," *Histoire de la médecine* (février 1952): 45-48.

fécondité, santé, longévité. Les légendes de la fontaine de Jouvence ou du bassin de Bethesda à Jérusalem sont crues de tous, car s'appuyant sur une certitude latente.

L'existence de pores cutanés est aussi une croyance bien ancrée dans les populations. Venue de l'Antiquité, aujourd'hui encore utilisée par les vendeurs de cosmétiques, cette représentation "spongiaire" de l'être humain sous-tend le désir de symbiose avec la nature et ses éléments principaux. Elle avait été théorisée par Asclépiade (128 ou 124–56 ou 45 av. J.-C.).[6]

"L'humorisme spontané des populations" de l'Occident joue un rôle important dans le recours aux eaux minérales et thermales. Dans l'article "Hydrothérapie" du *Dictionnaire* Dechambre[7] (1888), Tardivel, ancien interne de Paris, relate les inventions curieuses d'un certain Priessnitz.[8] Ce paysan silésien fut autorisé, en 1830, à ouvrir un centre d'hydrothérapie à Graefenberg, en Silésie autrichienne. Il imposait aux populations nombreuses qui se pressaient dans son établissement les usages les plus copieux de l'eau froide. C'est l'occasion pour Tardivel, de nous donner cette phrase: "[Il était] imbu des idées humorales chères aux peuples dans tous les temps et tous les pays, idées qui

---

[6] Asclépiade est un atomiste, il conçoit des "corpuscules se glissant par des pores imperceptibles s'arrêtant et obstruant le passage," d'où la maladie sans doute. Ces méthodistes s'attachent aux éléments communs entre les maladies. Ces faits communs sont le resserrement, le relâchement et l'état mixte ou moyen entre les deux précédents. Cette théorie simple et naïve ne tient pas compte des causes particulières ou déclenchantes de la maladie. C'est oublier le terrain propre de chaque patient et donc tout l'hippocratisme. Cette théorie fut en vogue au premier siècle. Asclépiade la rendit célèbre à Rome avec des traitements qui surprenaient. Il fut un grand évacuateur par toutes les voies. Il poussait le patient à bout par des privations afin qu'il réagisse plus vivement contre la maladie. Il avait aussi renoncé à presque tous les remèdes. Son disciple Thémison lui succéda dans ce rôle de chef d'école, tout en ne lui étant pas fidèle en doctrine. G. Serbat, introduction à sa traduction de *De la Médecine* de Celse, tome I, Coll. des Universités de France (Paris: Les Belles Lettres, 1995), 16.

[7] Tardivel, article "Hydrothérapie," in *Dictionnaire encyclopédique des sciences médicales* tome 50, ed. Dechambre (1888), 718.

[8] Vincenz Priessnitz (1799-1851). Quasi illettré, il se convainquit des effets salutaires de l'eau froide et en prescrivit l'usage autour de lui. Sa réputation devint si grande que son centre de cure accueillit jusqu'à 1700 personnes en 1839.

ont résisté à tous les progrès de la science et qui reposent d'ailleurs sur un fond de vérité incontestable." Cela nous amène à développer ce qu'étaient les spéculations savantes sur le fonctionnement du corps humain et sur la maladie.

## 2B- Théories médicales savantes

L'hippocratisme est notre plus vieille représentation du fonctionnement du corps. Dans une conférence donnée à l'occasion de la célébration du centième anniversaire de la Société française d'histoire de la médecine, Madame Salomon-Bayet[9] analysait l'hippocratisme, rappelant qu'il était structuré par quatre convictions: l'observation et le raisonnement causal, l'unité et l'interdépendance des parties, la notion de tempérament (constitution ou idiosyncrasie), enfin *natura medicatrix*. Cette fable physiologique était en plein déclin au XVIIIe siècle quand une attention nouvelle fut portée au traité intitulé *Des airs, des lieux et des eaux*. Plusieurs auteurs, tel Lepecq de la Clôture,[10] en firent des commentaires, fondant ainsi l'hygiénisme militant du XIXe siècle. Une aération maximale et une eau abondante et salubre furent ensuite recherchées avec inquiétude. Suivant une inspiration très hippocratique, Bordeu[11] nous dit "L'action des eaux thermales se réduit à favoriser ou à empêcher les excrétions morbifiques ou les crises."[12] Cette notion de crise est longuement développée par lui dans le seul article qu'il donne à l'*Encyclopédie* de Diderot

---

[9] C. Salomon-Bayet, "Le néohippocratisme aurait-il un avenir?" *Histoire des sciences médicale* 27, n°3 (2003): 351.

[10] Louis Lepecq de la Clôture (1736-1804). Médecin, il publia *Observations sur les maladies épidémiques* en 1770 *et Collection d'observations sur les maladies et constitutions épidémiques* en 1778. Il fut anobli par Louis XVI.

[11] Théophile de Bordeu (1722-1776). Médecin diplôme à Montpellier et plus tard à Paris, il fut un temps surintendant des eaux minérales de l'Aquitaine, vantant les eaux de Barèges. Il s'occupa ensuit de la notion de secrétions des glandes. Son principal ouvrage, le dernier, fut, en 1775, *Recherches sur les maladies chroniques*. Sur on usage des eaux, voir J. Godonnèche, "Théophile de Bordeu et les médecins des Pyrénées," *Histoire des sciences médicales*, n° spécial (1961): 55-61

[12] Théophile de Bordeu, *Recherches sur les maladies chroniques* (1755), 5e partie.

et d'Alembert.[13] Il s'y moque un peu des croyances pythagoriciennes du décompte des jours de crise et de guérison. La crise est comprise comme un combat vif auquel on a préparé le malade: "l'art guérit la maladie en préparant et en excitant les crises."[14] Il s'agit d'un combat, dans lequel la nature peut vaincre ou succomber. Dans cet esprit, on se félicite de voir la maladie s'aggraver sous l'effet des eaux: si le rhumatisme, l'entérite ou l'eczéma flambent, cela signifie que le combat est en cours et que, sans doute, le malade triomphera. Au contraire, la stabilité de la maladie annoncerait l'inutilité de la cure.

Les pores, déjà évoqués, pouvaient se trouver bouchés par des corpuscules qui s'y glissent, s'arrêtent et obstruent le passage. Cette obsession répandue par Asclépiade et Themison, a un écho durable, car il est assez facile de croire au passage d'éléments chimiques au travers de la peau.[15]

Selon le professeur Rostan,[16] ils agissent ainsi que nous allons l'indiquer:
1° Par la pression de l'eau, milieu plus dense que celui auquel la peau est ordinairement soumise; effet auquel on peut attribuer en partie la

---

[13] "Galien prétend, à peu près dans le même sens, que la crise est un changement subit de la maladie en mieux ou en pis; c'est ce qui a fait que bien des auteurs ont regardé la crise comme une sorte de combat entre la nature et la maladie; combat dans lequel la nature peut vaincre ou succomber: ils ont même avancé que la mort peut à certains égards être regardée comme la crise d'une maladie." Théophile de Bordeu, article "Crise," *Encyclopédie* de Diderot et d'Alembert.

[14] Théophile de Bordeu, *Recherches sur les maladies chroniques* (1775), 1<sup>e</sup> partie, XLVI.

[15] Le passage au travers de la peau n'est significatif que pour les substances liposolubles, mais il est quasi inexistant (à l'opposé des auteurs que nous citons) pour les substances hydrosolubles. Toutefois, ce phénomène est actuellement étudié avec attention; sur ce point de science moderne, voir: R. C. Wester et H. I. Maibach., "Percutaneous Absorption of Chemicals from Water Simulating Swimming and Bathing and from Vapor Exposure," in *Water Contamination and Health* (New York: Marcel Dekker, 1994), 149-65.

[16] Louis-Jean Rostan (1709-1866), interne des hôpitaux de Paris. En 1826, il publie son *Traité de médecine clinique* et un *Cours d'hygiène*, livre destiné "non seulement aux médecins et aux élèves, mais aussi aux gens du monde, qui parlent si souvent des choses qu'ils ne connaissent pas et surtout de la médecine, la plus difficile des sciences."

constriction de la poitrine, la gêne de la respiration dans les premiers moments de l'immersion;

2° par le contact d'un plus grand nombre de molécules, qui rend plus prompt et plus intense l'addition ou la déperdition du calorique;

3° par la sensation de température qui est éprouvée;

4° par l'absorption de l'eau qui varie suivant la température du bain et qui est la plus considérable dans le bain tiède;

5° par l'action de l'eau sur la peau, comme le ramollissement, l'imbibition; quelquefois par le choc du liquide.../...

Si l'on en croit Falconner,[17] un adulte plongé pendant une heure dans un bain élevé à cette température [31 à 37°] absorberait plus de quinze cents grammes de liquide.../... Il est certain que le corps plongé dans l'eau en absorbe une certaine quantité, nous pourrions dire même une quantité notable. Le fait de Falconner, cité plus haut, le démontre péremptoirement.[18]

L'eau est souvent dans un but thérapeutique, chargée de principes qui lui communiquent des propriétés variées. Le tissu cutané s'empare-t-il d'une partie du liquide ou des principes que ce liquide contient en solution? Cette dernière proposition a été l'objet de vives controverses. Quelques auteurs, après expérience, répondent négativement. Nous les croyons dans l'erreur.[19]

Enfin, selon l'école nouvelle de la physiologie, "l'hydrothérapie a une action de rééquilibration de l'harmonie corporelle car toutes les grandes fonctions sont sous l'influence de l'innervation et de la circulation capillaire;"[20] ainsi s'exprime Constantin James,[21] collaborateur

---

[17] Randle Wilbraham Falconner (1816-1861). Après des études à Edimbourg, il fut médecin de l'hôpital de Bath, puis maire de Bath en 1857. Il est l'auteur de *The Baths and Mineral Waters of Bath*, plusieurs fois réédité.

[18] *GDU*, article "Bain," 1867.

[19] *Ibid*.

[20] Constantin James, *Traité de thérapeutique thermale*, 6e édition (Paris, 1867), cité par I. Guichard, "Un collaborateur oublié de Magendie: Constantin James, de Bayeux, médecin éclectique, apôtre du thermalisme," (Thèse de médecine, Caen, 1993) n° 2325.

[21] Constantin James, (1813-1888), interne de Paris, collaborateur temporaire de Magendie dont il rédigea les leçons de physiologie. Il a publié, dans le domaine qui nous intéresse ici: *Etudes sur l'hydrothérapie ou traitement par l'eau froide* (1846), *Guide pratique aux eaux minérales de France et de l'étranger* (1851), *Du choix des eaux minérales dans le traitement des*

entre 1840 et 1846 de Magendie.[22] Tardivel, en 1888, ne dit pas autre chose.[23] Cet appel à des notions de physiologie est encore d'actualité.

Quelles qu'aient été les explications données, le recours au thermalisme et à l'hydrothérapie a été constant dans les deux siècles passés.

## 3- Eaux et bains dans la pratique française

Le contraste semble avoir été net entre d'une part l'ensemble du corps médical qui savait ces traitements souvent coûteux et aléatoires et d'autre part un groupe assez limité de propagandistes de l'hydro-logie et du thermalisme, attachés –sinon acharnés– à faire connaître et admettre les bienfaits constants des eaux naturelles.

## 3A- Scepticisme du corps médical

Il semble bien que la plus grande partie du corps médical n'ait pas cru à l'utilité de l'hydrothérapie et du thermalisme. Contentons-nous de quelques citations:

Médecin prescrit bain quand il perd son latin.[24]

---

maladies de poitrine, *Rapport sur les eaux minérales de la Corse* (1854), *De l'emploi des eaux minérales* (1856).

[22] François Magendie (1783-1855), physiologiste et professeur de médecine au Collège de France. En 1848, il fut nommé président du Comité d'hygiène publique. Il démontra l'action de la strychnine, la morphine, l'iode, l'acide prussique, l'ipécacuanha. Il distingua les nerfs moteurs et sensitifs. Il croyait peu au pouvoir de la médecine; selon son expression, il traitait en se bornant à ne pas interrompre le travail de la nature, et à l'aider autant que possible.

[23] "La seule interprétation rationnelle que l'on puisse donner du phénomène consiste à admettre la stimulation ou l'excitation primitive du système nerveux périphérique, transmise aux centres nerveux et amenant par une série de réflexes les modifications si remarquables que l'on observe dans les grandes fonctions de circulation, de calorification et de nutrition, d'où il résulte, par un enchaînement d'actions thérapeutiques fonctionnelles et grâce à la répétition journalière de ces mêmes actes, le retour de l'organisme à ses conditions normales d'équilibre qui constituent l'état de santé." Tardivel, *op.cit.*, 742.

[24] François Lebrun, *Se soigner autrefois, Médecins, saints et sorciers aux XVII$^e$ et XVIII$^e$ siècles* (Paris: Le Seuil, 1995), 145.

En général, les eaux sont les derniers conseils de la médecine poussée
à bout. (Diderot)
L'hydrothérapie repose sur une théorie chimérique en désaccord avec
toutes nos connaissances physiologiques et pathologiques (Roche,[25]
1840).[26]
Les erreurs d'application auxquelles ont conduit ces médecins, dignes
d'un autre nom [charlatan], ont jeté par leur fréquence et leur gravité,
un véritable discrédit sur la médecine thermale. Dans le monde,
beaucoup parmi les plus illustres même, ne croient pas à l'efficacité
des eaux (Garrigou,[27] 1896).[28]

Ajoutons qu'une grande partie du public lettré, dont faisaient
partie les médecins, avait traduit au lycée des extraits des Anciens et
tout particulièrement de Pline, lequel est fort cruel sur ces sujets:

[...] ces bains brûlants prônés sous prétexte de parfaire la digestion,
mais dont on ne sort qu'affaibli et d'où l'on ne retire les patients les
plus dociles que pour les ensevelir; les boissons prises à jeun et suivies
de ces vomissements provoqués pour reboire encore sans mesure,
.../... Non seulement, il [Charmis][29] condamna les médecins qui
l'avaient précédé, mais il proscrivit aussi les bains chauds et,
persuadant les gens de se baigner dans l'eau froide, même au cœur de
l'hiver, il plongea les malades dans les bassins. Nous vîmes alors des
vieillards consulaires s'enorgueillir d'être raidis de froid; n'avons-
nous pas là-dessus le témoignage formel de Sénèque? Il est hors de
doute que tous ces intrigants, à l'affût de la vogue par n'importe
quelle nouveauté, ne l'acquéraient qu'au prix de notre vie. [30]

---

[25] Louis-Charles Roche (1790-1875), médecin à Paris. Adepte des théories de
Broussais, il revint ensuite à la médecine hippocratique, arbitrant le débat
entre Broussais et Laennec. Auteur de nombreux ouvrages, il fut membre de
l'Académie de médecine.
[26] Tardivel, *op. cit.*, 724.
[27] Félix Garrigou (1835-1920). Médecin d'abord installé à Aix-les-Thermes,
puis à Luchon, il analysa les eaux minérales et créa l'École hydrologique des
Pyrénées. Sa carrière l'entraîna ensuite vers la chaire fondée à Toulouse, mais
il reste connu et réédité pour ses travaux de préhistorien.
[28] Felix Garrigou, "Coup d'œil rapide sur les bases scientifiques de la
thérapeutique thermale," in *Mémoires de l'académie des sciences, inscriptions
et belles lettres de Toulouse*, 9e série, tome VIII, année 1896.
[29] Charmis, médecin marseillais ayant exercé à Rome sous le règne de Néron,
fabuleusement enrichi par sa pratique caricaturale de la médecine.
[30] Pline l'Ancien, *op. cit.*, 21-28.

## B- Enthousiasme des défenseurs de l'hydrologie

Les défenseurs de l'hydrologie eurent une production abondante, au plan d'exposition confus et au ton véhément. Quelques propagandistes zélés et graphomanes maintenaient l'usage des eaux dans les débats d'actualité, luttant contre l'indifférence commune dans le corps médical. Les périodes de vogue et de défaveur, cycliques, les rebonds successifs des théories hippocratiques, physiologiques, anatomocliniques, avaient permis de bâtir des argumentaires à chaque fois renouvelés et produits largement devant le public. Cette littérature abondante comporte des ouvrages généraux mais aussi beaucoup de monographies. Un rapide sondage[31] dans le fonds ancien de la bibliothèque universitaire de Rennes ramène une trentaine de références liées au thermalisme. Deux datent de l'Ancien Régime, huit du début du XIX$^e$ siècle, quatorze de la fin du XIX$^e$. Ils se répartissent pour moitié en ouvrages généraux, pour moitié en monographies et plaquettes portant sur des stations particulières. Par ailleurs, en 1785, Carrère avait pu donner l'analyse de 252 ouvrages consacrés aux eaux minérales.[32] Entre 1850 et la Belle Époque, on compte dix journaux médicaux ressortissant du thermalisme.[33] Cette production littéraire

---

[31] Cette recherche à été réalisée par Mme B. Gilbert-Lemarchand, que nous remercions vivement.

[32] Joseph Barthélémy-François Carrère (1740- 1802). Professeur à Perpignan, il migra vers Paris à la suite de démêlés confus, y devint censeur royal (d'où son accès facile à l'ensemble de la littérature médicale) et médecin ordinaire de Louis XVI ainsi que membre de la SRM. Il est l'auteur du *Catalogue raisonné des ouvrages qui ont été publiés sur les eaux minérales en général et sur celles de la France en particulier, publié sous les auspices de la Société royale de Médecine* (1785).

[33] *Annales de la Société d'hydrologie médicale de Paris 1853-1962; Annales des établissements thermaux* (1897-1934), devient alors *Annales des stations hydrominérales, climatiques, balnéaires, de tourisme et de sports d'hiver; Gazette des eaux* (1858-1919); *Rapports généraux sur le Service médical des eaux minérales de la France* (1847-1909); *L'Écho des villes d'eaux, bains de mer et stations hivernales* (1875-1885); *L'Europe thermale (Revue des villes d'eaux, des bains de mer et des stations hivernales)* (1883-1885); *Le monde thermal* (1857-1885); *Le moniteur de la santé (Annales de l'hydrothérapie scientifique)* (1874-?); *Revue d'hydrologie médicale française et étrangère* 1858-1885; *Châtelguyon thermal* (1891-1930); L. Dosdat-Courbey, "Recensement international des publications scientifiques médicales ressortissant du thermalisme," (Thèse de médecine Nancy I, 1986, n°296).

exagérée était de mauvais aloi et, *in fine*, desservait peut-être la cause. C'est ce que déplore Garrigou, premier professeur d'hydrologie médicale:

> Un jeune médecin arrive-t-il dans une station thermale pour y créer sa position? Son premier soin et souvent même avant d'y avoir exercé, est de rédiger un travail qu'il livre au public. Dans sa brochure, il raconte les merveilles des eaux qu'il va exploiter, tout y guérit, les maux les plus étonnants sont soulagés, et copiant dans la plupart des cas les observations recueillies par d'autres médecins, il ne fait qu'ajouter une difficulté de plus à la solution d'un problème déjà fort complexe.../... Je ne parle pas des propriétaires de sources, qui, sous forme de prospectus, envoient aux médecins et au public des cas de guérison qui n'ont jamais eu lieu, et de ceux qui parlent d'analyses qui n'ont jamais existé et d'après lesquelles leur source contiendrait un arsenal pharmaceutique, dont la création est sortie de leur cupidité.[34]

Mais Garrigou lui-même laissa une correspondance de 125 volumes de 500 pages chacun.

Le contenu de cette littérature d'enseignement ou de simple description est une suite d'explications confuses. Les auteurs, désespérés de ne pouvoir dégager une théorie claire à partir de pratiques si empiriques, foisonnantes, et parfois indéfendables, en viennent à ne traiter le sujet que très platement. Ils le découpent en de nombreux paragraphes, empêchant ainsi d'obtenir un raisonnement d'ensemble. Certains se contentent de distinguer les eaux minérales, thermales, les bains, les boissons, etc. Selon James,[35] il convient de séparer d'un côté l'hydrologie qui fait appel à l'eau froide en traitement extérieur et qui agit par les propriétés physiques de l'eau,[36] et, d'un autre côté, les

---

[34] F. Garrigou, "Généralités hydrologiques," *Revue d'hydrologie médicale française et étrangère* (1884).

[35] I. Guichard, *op. cit.,* 24.

[36] Ces traitements extérieurs pouvaient avoir des variantes nombreuses quand des empiriques comme Priessnitz les prescrivaient: grand bain ou bain d'immersion, bain partiel: assis dans une baignoire associé à des frictions, bain local, affusions, ablutions, douches, lotions, drap mouillé, compresses appliquées en différentes régions (tout particulièrement sur le front), ceinture mouillée, sudation, etc. La composition de l'eau n'était pas le plus important pour lui, à la différence des Français pour lesquels c'était là l'élément primordial.

traitements thermaux qui agissent par la boisson et les effets chimiques des sels minéraux. La plupart des auteurs se résignent à des énumérations, ainsi, l'article "Bain" du *GDU*:

> On voit, à l'inspection de cette longue liste, qu'il n'est pas facile d'établir une bonne classification des eaux minérales. Elles renferment toutes, en effet, un nombre très grand de principes divers, et quelquefois même plusieurs de ces principes s'y rencontrent en quantités à peu près équivalentes. En se fondant sur la prédominance de tels ou tels principes, sur l'action thérapeutique bien constatée de tel ou tel élément, sur la constitution d'ensemble de l'eau, c'est-à-dire sur la nature des corps les plus abondants, on arrive cependant à établir une classification bâtarde, moitié chimique, moitié médicale, que, faute de mieux, nous donnons avec presque tous les auteurs. Les eaux minérales sont divisées en cinq classes, savoir:
> -Les eaux minérales sulfureuses, minéralisées par des sulfures alcalins ou terreux;
> -Les eaux salines plus ou moins riches en sels alcalins ou terreux, tels que les sulfates ou les chlorures sodiques ou magnésiens. Ces eaux renferment quelquefois le brome et l'iode;
> -Les eaux ferrugineuses. Cette classe ne renferme pas toutes les eaux qui contiennent du fer, mais seulement toutes celles dans lesquelles le fer joue le principal rôle;
> -Les eaux alcalines minéralisées par les bicarbonates alcalins, et plus rarement par les silicates et les borates alcalins;
> -Les eaux gazeuses acidulées, qui ont pour principal élément minéralisateur l'anhydride carbonique libre.[37]

Plus tard, en 1896, Garrigou, peu suspect d'être hostile à l'hydrologie médicale, doit avouer:

> En premier lieu, il faut signaler l'absence absolue de toute méthode pour diriger le médecin qui cherche à s'instruire sur l'hydrologie. Nul traité didactique n'existe, exposant les lois de cette science. Nul hydrologue n'a cherché à fixer les règles d'un enseignement rationnel de l'hydrologie. En général, les discussions portent sur des connaissances vagues, et par cela stériles, des lois géologiques, chimiques et physiques qui régissent la formation et la composition des sources hydrothermales. [38]

---

[37] *GDU*, article "Bain," 1867.
[38] Garrigou, 1896, *op. cit.*

La confusion persiste; ainsi, en 1907, du même Garrigou:

> Chaque station a la prétention de guérir les mêmes groupes de mala-
> dies. Et nous voyons dans la plupart des monographies les auteurs
> égrener des listes interminables de maladies similaires, guéries par les
> eaux minérales près desquelles ils exercent leur art. D'où, les rivalités
> de stations et de médecins.[39]

D'autres auteurs, spéculant sur les prémices de la chimie,[40] après
Lavoisier, avaient donné l'espoir d'un isolement prochain des minéraux constituant la précieuse boisson. Par là, ils rêvaient d'expliquer la
disparité des effets des traitements thermaux et de dénoncer les charla-
tans. "J'ai formé des vœux pour qu'il y eut des chimistes voyageurs
qui puissent aller chez tous les peuples et interroger la nature dans
tous les lieux. C'est ainsi qu'il faut agir pour fonder une théorie générale des eaux minérales."[41] Mais les espoirs mis dans la chimie furent
vite déçus; les thermalistes se barricadèrent alors dans un ensemble
théorique où les eaux natives jouissaient de vertus qu'elles perdaient
en quelques instants si l'on n'avait su les avaler dès leur surgissement.
Sur ce point, voici l'opinion de quelques auteurs:

> "La chimie a beau multiplier ses essais et ses subtilités analytiques,
> elle ne parviendra jamais à éclairer directement la thérapeutique et les
> médecins suivront une fausse lumière s'ils n'embrassent pas
> l'observation médicale, s'ils n'adoptent pas la méthode de Bordeu"
> (Marchant[42], 1832).[43]

---

[39] F. Garrigou, *Indications pratiques relatives aux applications des eaux
minérales à divers états morbides*, (Paris: Doin, 1907).

[40] Au XXe siècle, la découverte de la radioactivité a fait naître des espoirs chez
ceux qui s'efforçaient de trouver des explications logiques à l'action des eaux.
En Bretagne, une source était clamée "la plus radioactive de France." Par
prudence, ses propriétaires ont depuis insisté sur d'autres vertus.

[41] Propos de Jean-Louis Alibert (1786-1837), dans *Précis historique sur les
eaux minérales les plus usitées en médecine, suivi de Quelques
renseignements sur les eaux minérales exotiques*. (1826). Médecin à l'hôpital
Saint-Louis, il est considéré comme le fondateur de la dermatologie française.
Voir: R. Molinéry, "Alibert, hydrologue", *Bulletin de la Société d'histoire de
la médecine* 18 (1924): 36.

[42] Léon Marchant, auteur en 1832 de *Recherches sur l'action thérapeutique
des eaux minérales* (Paris: J. B. Baillères).

"Quand le chimiste analyse une eau minérale, il ne fait que disséquer un cadavre" (Chaptal).[44]
"C'est la physiologie des eaux qu'il faut particulièrement approfondir; il faut les étudier dans leur état de vie et d'action" (Alibert).[45]

Ce qui n'empêche pas le même Alibert de défendre les eaux minérales artificielles mises en œuvre à l'hôpital Saint-Louis (Paris), "scientifiquement" mises au point par Peligot[46] et Darcet:[47] bains simples, sulfureux, alcalins et fumigation en tout genre.[48]

La mainmise définitive des médecins sur les cures d'eaux donna au public l'illusion d'une clarification théorique. En effet, la distribution des eaux minérales et médicinales dépendait, depuis les lettres patentes du 19 août 1719, du Premier Médecin du Roi, qui pouvait se dire "Surintendant des eaux minérales" et qui nommait des intendants particuliers pour chaque bassin. Après 1778, c'est la Société royale de Médecine (SRM) qui fut investie de cette charge. Une déclaration de 1780 confirma ces dispositions; puis arriva un arrêté du Conseil en date du 5 mai 1781, qui réglementa le droit des eaux tout autant que leur surveillances par les médecins. La SRM entretint une correspondance avec ses représentants en province, mais l'évoque très peu dans ses *Mémoires*—publications portant sur les eaux—: trois seulement pour trois cent cinquante-sept articles.[49] Les *Annales d'hygiène publique et de médecine légale*, fondées en 1829, firent une place beaucoup plus importante à ces sujets, sans qu'on y décèle beaucoup plus de rigueur dans l'évaluation de l'efficacité de ces traitements.

---

[43] R. Molinéry, "À l'occasion du centenaire de la naissance du Professeur Garrigou, premier professeur d'hydroclimatologie," *Bulletin de la Société d'histoire de la médecine* 28 (1944): 298-300.
[44] *Ibid.*
[45] R. Molinery, *op. cit* (1924): 34.
[46] Eugène-Melchior Péligot (1812-1890), professeur de chimie au Conservatoire des arts et métiers, membre de l'Académie des sciences.
[47] Jean-Pierre-Joseph Darcet, (1777-1844). Elève de Vauquelin, il développa l'aspect industriel des procédés de la chimie. Il succéda à Berthollet comme membre de l'Académie des sciences.
[48] R. Molinéry, *op. cit.,* (1924): 39.
[49] A. Caubet, "Une académie au XVIII$^e$ siècle, la Société royale de médecine; 1776-1789," *Conférences rennaises d'histoire de la médecine et de la santé* 5 (1997): 45, 55.

A propos de son maître, le docteur Fleury, imitateur à Bellevue près de Meudon des Bains de l'emprique Priessnitz à Graefenberg, Tardivel osa risquer: "L'hydrothérapie empirique, hydrothérapie allemande, avait cédé le pas à l'hydrothérapie scientifique et rationnelle, à l'hydrothérapie française." Où va se loger le sentiment national! La fondation de chaires universitaires consacrées au thermalisme, à la fin du XIX$^e$ siècle, raviva l'espoir d'une simplification de la discipline grâce à un enseignement de qualité.

Le ton de cette littérature est proche de la propagande ou du moins du plaidoyer véhément. Les défenseurs acharnés des eaux minérales pouvaient, par leurs excès, nuire à leur cause. Fleury, dont le souvenir est par ailleurs défendu par Tardivel,[50] était un avocat trop brusque de sa cause:

> Plus préoccupé du besoin de frapper fort que de frapper juste et de s'attirer par la vigueur de ses coups les applaudissements de la galerie, il avait fini par nuire à sa propre cause auprès des esprits sages et modérés dont il décourageait les sympathies par les intempérances de sa plume et les ardeurs excessives de sa polémique.

### 3C- Le déroulement des cures

Il existait d'innombrables variantes de traitement par les eaux, selon la température, le lieu du bain, les substances ajoutées. Nous donnons ci-dessous un extrait tronqué et très allégé des énumérations faites dans le *GDU* à l'article "Bain," lequel compte autour de 12 000 mots...

Bain liquide: Selon la zone plongée
On distingue en médecine, parmi les bains liquides, les bains locaux ou partiels, le bain de mains ou manuluve, le bain de siège ou demi-bain par opposition aux bains généraux ou entiers.

Bain liquide: Selon la température
-Le bain froid (de 0 à 15° centigrades) est dangereux
-De 15 à 18° centigrades
-Le bain frais (de 19 à 25° centigrades) produit un effet tonique très prononcé
-Le bain tempéré (de 24 à 30° centigrades)
-Le bain tiède (de 31 à 37° centigrades). Le docteur Turck a employé le bain tiède avec succès dans les cas de folie (ce bain doit être alors

---

[50] Tardivel, *op. cit.,* 723.

très prolongé), le tétanos, certains cas de brûlure, etc. les douleurs rhumatismales chroniques, les hémorroïdes, les cas d'aménorrhée…/… Il faut défendre ce bain à tous les individus prédisposés aux congestions cérébrales et à constitution pléthorique, à ceux qui sont atteints d'inflammations internes et d'affection cancéreuse et squirrheuse de l'utérus et du tube digestif.
-Le bain chaud (au-dessus de 32° centigrades) n'est plus aujourd'hui d'aucun usage en thérapeutique.

Bain liquide: Selon le liquide
Les bains aqueux, a dit le professeur Rostan, sont un des plus puissants moyens de l'art de guérir. Cependant, il faut bien le dire, la science n'a pas encore posé des règles précises sur l'emploi de cette médication, et le praticien doit tous les jours s'en rapporter à sa propre expérience pour juger des cas morbides où il peut être utile d'en faire usage.
Les bains d'eau additionnés:
-Bains alcalins (imitation des eaux minérales alcalines de Vichy)
-Bain de Barèges ou sulfureux
-Les bains de sel (Les bains de mer sont des bains froids, de 15° à 17, dont l'eau contient jusqu'à 4 pour cent de substance minérale; ils réunissent les qualités toniques des bains froids et des bains salins.)[51]
-Les bains iodés et iodurés,
-Les bains chlorurés à l'hypochlorite de chaux
-Les bains mercuriels
-Les bains arsénieux
-Les bains émollients au son, à la guimauve, à la graine de lin ou le lait, avec de l'amidon, de la colle de Flandre, de la gélatine et de la pâte d'amandes.
-Les substances aromatiques, le thym, la lavande, la sauge, le serpolet, la menthe, etc., donnent les bains aromatiques.
-Le vin, le vinaigre, l'alcool, s'ajoutent à ceux qu'on veut rendre excitants.
-Le bain de Pennés est tonique, excitant et aromatique, il contient une assez forte proportion de carbonate de soude.
-Le bain de Raspail contient de l'ammoniaque saturé, du camphre et du sel ordinaire; c'est une reproduction de l'eau sédative. Il est employé dans les rhumatismes. M. Raspail indique encore un bain alcalino-ferrugineux, dont la composition est très compliquée, et dans lequel une certaine quantité d'électricité se développe.

---

[51] C'est aussi pour ces bienfaits médicaux que James réclame que l'on puisse se baigner gratuitement dans la mer, sans acquitter le "cachet de bain," si l'on n'utilise pas les installations de la plage.

Bain liquide: Autres bains liquides
-Les bains de tripes sont des bains gélatineux faits avec les issues des bêtes à cornes
-Les bains de sang d'animal (M. Raspail en conseille encore l'usage, sous la dénomination impropre de bains vivants)
-Les bains électriques. Le malade est placé dans une baignoire de bois dont l'eau est acidulée
-Le bain à l'hydrofère (pulvérisateur des liquides de M. Sales-Girons)

Bains gazeux
-Bain de vapeur
-Bains d'air comprimé
-Bain de vide
-Bains d'oxygène
-Bain d'acide carbonique
-Bains de gaz ammoniac (à Pouzzoles)
-Bains de soleil: le seul inconvénient est d'être exposé à un soleil ardent et aux conséquences de l'insolation, qui peut déterminer des méningites et des érésipèles vulgairement appelés coups de soleil.

Bains solides
-Bains de marc de raisin
-Bains de marc d'olives
-Bains de fumier
-Bains de couvain d'abeilles
-Bains de sable chaud
-Bains de boues minérales

Ainsi, il fallait faire un choix entre de nombreuses variantes. Puisque l'on considérait le "tempérament" du patient comme devant être connu avant toute décision, c'était au médecin traitant habituel, le mieux à même de le connaître, de faire la prescription. Les nombreux guides des eaux minérales étaient aussi destinés à informer les prescripteurs, tout en leur faisant subir une habile publicité. Suivons Joséphine Bonaparte qui, en 1801, s'adresse à Yvan son chirurgien: "Bonaparte a voulu que j'aille aux eaux. Je compte partir dans huit jours pour Plombières.[52] Faites-moi l'amitié de vous informer si la saison est favorable et sur la manière de me conduire aux eaux."[53]

---

[52] Plombières se trouve au sud des Vosges.
[53] J. F. Lemaire, article "Thermalisme," in *Dictionnaire Napoléon*, tome 2, ed. J. Tulard (Paris: Librairie Arthème Fayard, 1987),  848-49.

Une fois sur place, il convient de se reposer des fatigues du trajet pendant un jour ou deux. On peut débuter le traitement par une saignée[54] ou une purge, voire les deux, avant même de prendre les eaux. Le nombre de verres bus chaque jour peut varier de quantités vraiment toxiques (trente à quarante verres selon Priessnitz), jusqu'à deux, trois ou quatre par jour, à la fin du XIXᵉ siècle. Il convient aussi de jouir de la paix de l'esprit et d'éviter les contrariétés. La vie mondaine doit rester compatible avec un lever précoce, car c'est parfois à l'aurore, que l'eau doit être bue.

C'est communément le matin, une heure après le lever du soleil que le temps est le plus favorable pour boire les eaux à leur source: la fraîcheur de l'atmosphère modère pendant la nuit l'évaporation de leur esprit minéral au lieu qu'il s'évapore et se dissipe de plus en plus, à mesure que l'air s'échauffe par la chaleur du jour.[55]

Sur ce point, le débat n'était pas bien tranché. La cure pouvait s'achever par une nouvelle saignée ou une nouvelle purge. Ainsi, après deux ou trois semaines de dépaysement, et d'évacuations intenses, le patient regagnait ses préoccupations ordinaires: il avait pris les eaux.

*

\* \*

Ainsi, appuyé sur les convictions du public, l'usage des eaux était une affaire bien subjective, souvent prescrite par le patient lui-même, d'où le malaise et les doutes du corps médical. Toutefois, nos lointains prédécesseurs respectaient mieux que nous les désirs du public, et l'on aurait pu reprendre à propos des cures, ce que James disait de la teinture d'arnica:[56] "La mode l'a prise sous son puissant patronage. Hâtez-vous d'en abuser pendant qu'elle guérit."

---

[54] Du moins au XVIIIᵉ siècle, la vogue de ce traitement ayant vite décliné ensuite.

[55] Raulin, *Traité analytique des eaux minérales*, 1774, cité par J. Godonnèche, "Les facteurs psychologiques en cure thermale au temps jadis," *Histoire de la médecine* nº spécial (1958): 192-96.

[56] C. James, *Premiers secours à donner avant l'arrivée d'un médecin*, 1868.

**Bibliographie**

Alibert, J.L. *Précis historique sur les eaux minérales les plus usitées en médecine, suivi de Quelques renseignements sur les eaux minérales exotiques.* 1826.

Bordeu, T. de. *Recherches sur les maladies chroniques.* Paris, 1775.

Bordeu, T de. "Crise." *Encyclopédie* de Diderot et d'Alembert. Paris, 1751-1772.

Carrère, J.B.F. *Catalogue raisonné des ouvrages qui ont été publiés sur les eaux minérales en général et sur celles de la France en particulier, publié sous les auspices de la Société royale de Médecine.* 1785.

Caubet, Alain. "Une académie au XVIIIᵉ siècle, la Société royale de médecine; 1776-1789." *Conférences rennaises d'histoire de la médecine et de la santé* 5 (1997): 20-79.

Chomel, P. J.-B. *Traité des eaux minérales, bains et douches de Vichy.* 1734.

Dosdat-Courbey, L. "Recensement international des publications scientifiques médicales ressortissant du thermalisme." Thèse médecine, Nancy I, 1986, n° 296.

Garrigou, F. "Généralités hydrologiques." *Revue d'hydrologie médicale française et étrangère.* 1884.

Garrigou, F. "Coup d'œil rapide sur les bases scientifiques de la thérapeutique thermale." *Mémoires de l'Académie des sciences, inscriptions et belles lettres de Toulouse.* 9ᵉ série, tome VIII, année 1896.

Garrigou, F. *Indications pratiques relatives aux applications des eaux minérales à divers états morbides.* Paris: Doin ed., 1907.

Godonnèche, J. "Les conceptions hydrologiques de Chomel." *Histoire de la médecine* (Fév.1952): 45-48.

——————— "Les facteurs psychologiques en cure thermale au temps jadis." *Histoire de la médecine,* n° spécial (1958):192-96.

——————— "Théophile de Bordeu et les médecins des Pyrénées." *Histoire des sciences médicales,* n° spécial (1961): 55-61.

Guichard, I. "Un collaborateur oublié de Magendie: Constantin James, de Bayeux, médecin éclectique, apôtre du thermalisme." Thèse de médecine, Caen, 1993, n° 2325.

James, C. *Études sur l'hydrothérapie ou traitement par l'eau froide.* 1846.

*Guide pratique aux eaux minérales de France et de l'étranger*. 1851.

*Du choix des eaux minérales dans le traitement des maladies de poitrine*. 1854.

*Rapport sur les eaux minérales de la Corse*. 1854.

*De l'emploi des eaux minérales*, 1856.

*Traité de thérapeutique thermale*. 1851. Paris, 1867.

Lebrun, F. *Se soigner autrefois, Médecins, saints et sorciers aux XVIIᵉ et XVIIIᵉ siècles*. Paris: Le Seuil, 1995.

Marchant, L. *Recherches sur l'action thérapeutique des eaux minérales*. Paris: J.B. Baillères, 1832.

Merrien, F.X. *La bataille des eaux, l'hygiène à Rennes au XIXᵉ siècle*. Rennes: PUR., 1994.

Molinéry, R. "Alibert, hydrologue." *Bulletin de la Société d'histoire de la médecine* 18 (1924): 36.

———————— "A l'occasion du centenaire de la naissance du Professeur Garrigou, premier professeur d'hydroclimatologie." *Bulletin de la Société d'histoire de la médecine* 28 (1944): 298-300.

Pline l'Ancien. *Histoire naturelle*. Livre XXIX, texte traduit par A. Ernout. Coll. des Universités de France. Paris: Les Belles lettres, 1962.

Raulin. *Traité analytique des eaux minérales*. 1774.

Tardivel, "Hydrothérapie." *Dictionnaire encyclopédique des sciences médicales*. Sd Dechambre 50 (1888): 718-50.

# CHAPTER 8

# Accommodating the Poor:
# The Role of the Voluntary Hospital in
# Nineteenth-Century English Spas

## Jane ADAMS

With the exception of the voluntary mineral water hospital established at Bath in 1739, it was not until the nineteenth century that similar institutions, providing free treatment to the poor, were set up in other English spa towns. This essay will examine the role of these charitable hospitals in the second and third quarters of the nineteenth century, with reference to the Devonshire Hospital at Buxton and the Warneford Hospital in Leamington Spa. Access to spa treatment for the poor was justified both on philanthropic grounds and in recognition of its use in enhancing the reputation of local spa waters, but an influx of patients from the lower classes posed a potential threat to the ability of watering-places to develop a social tone and culture aimed at attracting better off visitors. This essay will explore how an institutional model of medical charity mitigated these issues, exercising control over charity patients through social and medical assessment of potential patients and managing access to shared bathing facilities; and will show how charitable medical institutions were integral to the planned development of the built environment and the shifting social and cultural worlds of health resorts.[1]

---

[1] This essay forms part of a larger project, "Healing Cultures, Medicine and the Therapeutic Uses of Water in the English Midlands, 1840-1948," funded by the Wellcome Trust to whom thanks are due for their support in funding research by Jane Adams and Hilary Marland. The project will examine water's role as a continued mainstay of a rich and varied spectrum of therapeutic approaches in this period using comparative analysis of case-

The historiography of English spas has addressed their emergence as a specialised form of urban centre, the "health and leisure resort" linked to the developing consumer culture of the seventeenth and eighteenth centuries and has suggested their decline in the face of the expansion in popularity of sea-side resorts in the nineteenth century.[2] The linking of health and leisure has meant that studies have focussed as much on the social as on the medical aspects of spa life and there has been no systematic analysis of the impact of charitable medical institutions on these centres in the nineteenth century.[3] There has also been an emphasis on exploring the medical and social routines of aristocratic and middle class visitors with little attention devoted to how the poor accessed the waters and medical facilities.

The economic success of a spa rested on the reputation of its unique waters and the ability to attract visitors. On the one hand, it was felt that the genuine invalid who could benefit from the spa waters should not be barred on the basis of an inability to pay and free access to spa waters was a well established customary right in many places. However, as spa towns developed into leisure resorts for the aristocracy and middle classes in the eighteenth and nineteenth centuries, increasing attention was given to the regulation of public spaces including bathing and drinking facilities and to the promotion of a suitable "social tone." Vagrants, in particular, were discouraged in order to minimise begging from visitors, but even those poor who were genuinely ill and suitably behaved posed a problem of propriety,

---

studies of spas and hydropathy centres in the English Midlands. These will include Cheltenham, Droitwich, Matlock, Malvern and smaller centres such as Woodhall Spa and Tenbury Wells in addition to Buxton and Leamington Spa. The range and development of water treatments will be covered in more detail in future publications.

[2] Peter Borsay, "Health and Leisure Resorts 1700-1840," in *The Cambridge Urban History of Britain,* 3 vols, *vol. 2. 1540-1840,* ed. P. Clark (Cambridge: Cambridge University Press, 2000), 775-803. J.K. Walton, *The English Seaside Resort: A Social History* (Leicester: Leicester University Press, 1983), 19-22.

[3] An important exception for the long eighteenth century is Anne Borsay's study of the Bath General Infirmary. Anne Borsay, *Medicine and Charity in Georgian Bath: A Social History of the General Infirmary, c. 1739-1830* (Aldershot: Ashgate, 1999).

particularly in relation to sharing water and bathing and leisure facilities.

Hospitals provided one solution to the provision of accommodation and managed access for the poor. Institutions enabled the spatial separation of patients through the siting of hospitals away from fashionable districts and amenities, providing spaces to which the poor could be restricted and in some cases providing separate bathing facilities. The early voluntary hospitals were mainly supported by subscribers from the gentry and middle classes and access, through personal ties to subscribers, promoted the paternal model of English society.[4] As the nineteenth century wore on, an increasing number of friendly societies and other mutual societies also subscribed to hospitals, increasing access for the working classes.[5]

Hospitals could also contribute to the production of the desired self-image of a town. Charity was both fashionable and worthwhile, providing a vehicle for advertising the efficacy of the waters and a reason for approaching and attracting wealthy patrons.[6] It was important that these institutions served to promote rather than undermine the town's role as a spa and health resort and public events including charitable balls, fundraising bazaars and church sermons were used to integrate medical charity into the social and cultural life of the spa.

Buxton and Leamington have been selected for this study by virtue of their importance as spa centres in the nineteenth century and the

---

[4] There is an extensive historiography. See, for example, Borsay, *Medicine and Charity,* 201-05 and Roy Porter, "The Gift Relation: Philanthropy and Provincial Hospitals in Eighteenth-Century England," in *The Hospitals in History*, ed. L. Granshaw and R.Porter (London: Routledge, 1989), 147-78.

[5] Martin Gorsky, Martin Powell and John Mohan, "British voluntary hospitals and the Public Sphere: Contribution and Participation before the National Health Service," in *Medicine, Health and the Public Sphere in Britain, 1600-2000*, ed. Steve Sturdy (London: Routledge, 2002), 123-44.

[6] Peter Borsay, *The Image of Georgian Bath, 1700-2000: Towns, Heritage and History* (Oxford: Oxford University Press, 2000), 40-41.

success and longevity of their hospital facilities.[7] Buxton is one of only two British spas (along with Bath) with natural thermal water and the reputation of its water for bathing and drinking dates back to the Roman period.[8] The town and its baths were developed by the Cavendish family, the Dukes of Devonshire, with the Fifth Duke building the Crescent, large stables and the Great Hotel and expanding the bathing suite between 1780 and 1811 as an integrated resort area. The baths were managed and run by the Devonshire estate although in the nineteenth century some other facilities in the Crescent, such as hotels, were run by private individuals. The origin of the Buxton Bath Charity in 1779 coincides with this first period of extensive building.[9] A further period of development took place in the late 1850s in which the baths were remodelled and expanded. This period also saw the first moves towards town improvements, including the provision of sewage and water systems and the proposal for a hospital for charity patients. In the 1880s, significant expansion was funded by the Cotton Districts' Convalescent Fund (CDCF) which effectively consolidated the hospital's place as a specialist centre for rheumatism within a regional network of charitable infirmaries. The Devonshire's specialist reputation and function played an important figurative and practical role in establishing and maintaining Buxton's reputation as a spa centre.

---

[7] Hydropathy treatments continued to be provided under the National Health Service at the Devonshire Royal Hospital and the Royal Pump Rooms in Leamington Spa until their closure in the 1990s.

[8] Its thermal water is a natural $82^0$F. For a fuller discussion of the development of Buxton, see Mike Langham, *Buxton, A People's History* (Lancaster: Carnegie House, 2001), Mike Langham and Colin Wells, *A History of the Baths at Buxton* (Leek: Churnet Valley Books, 2003) and Mike Langham and Colin Wells, *A History of the Devonshire Royal Hospital at Buxton and the Buxton Bath Charity* (Leek: Churnet Valley Books, 2003). The Dukes of Devonshire were also involved in the development of Eastbourne, "the Empress of Watering Places," and Barrow-in-Furness. See David Cannadine, *Lords and Landlords: The Aristocracy and the Towns 1774-1967* (Leicester: Leicester University Press, 1980) especially Parts 1 and 3.

[9] William Robertson, *A Hand-book to the Peak of Derbyshire and the Use of the Buxton Mineral Waters* (London: Bradbury & Evans, 1854), 199-201 and Ernest Axon, "Historical Notes on Buxton, its Inhabitants and Visitors, Eighth paper, Buxton Doctors since 1700, how the Bath Charity Began," repr. from *Buxton Advertiser*, December 2nd, 9th and 23rd, 1939.

In contrast, Leamington's importance as a spa town dates from the discovery of a second well in 1784.[10] By 1810 a number of bath houses had opened in the village to the south of the River Leam and plans for laying out a new town north of the river were underway although these efforts were hampered by the failure to find spring water north of the river. A spring was found midway between the Old and New towns in 1811 and two years later the Royal Baths and Pump Room, the most prestigious bathing establishment in the town, opened on this site. By the 1820s Leamington was considered to be, along with Cheltenham, one of the most fashionable spas in the country. The town's population grew rapidly from 543 in 1811 to 12,812 in 1841. Granville, visiting in that year, described Leamington as "highly fashionable," and as the most favoured watering place of the elite who were "determined to go thither and nowhere else."[11] Further rapid growth continued with the development of a winter season based on hunting with hounds, education and as a residential town. By the 1860s, the importance of a spa economy to the town had declined to the extent that the commercial viability of the spa facilities was in question and in 1868 the only remaining suite of baths in the town, those at the Royal Pump Rooms, was sold to the Local Board of Health.[12]

Although a bathing charity had been established by the spa's founder, Benjamin Satchwell, in the eighteenth century, its operation appears to have lapsed in the early period of the spa's development. It was re-launched in 1831 as the Leamington Charitable Bathing Institution to provide free access to baths for the poor. In the same year, the first proposals for a hospital were put forward, supported by a very generous benefactor, Samuel Warneford, himself a keen

---

[10] Useful sources for the history of Leamington Spa are T.B. Dudley, *A Complete History of Royal Leamington Spa from the Earliest Times to the Charter of Incorporation* (Leamington Spa: Tomes, 1896), Lyndon F. Cave, *Royal Leamington Spa, its History and Development* (Chichester: Phillimore, 1988), and E.G. Baxter, "The Social Life of Visitors to Leamington Spa in the First Half of the Nineteenth Century, Part 1," *Warwickshire History*, 3 (1) (1975): 15-37 and "Part II," *Warwickshire History* 3 (2) (1975-6): 46-70.

[11] A.B. Granville, *Spas of England and Principal Sea-Bathing Places,* 2 vols. vol. 2, *The Midlands and South* (first pub. 1841, repr. Bath: Adams and Dart, 1971), 217-31.

[12] Cave, *Leamington Spa*, 20.

promoter of spa therapy. Despite his support, the hospital had considerable debts when it opened in 1834 and the ongoing financial crisis prompted the merger of the two charitable enterprises in 1835. There were no bathing facilities on site, but free access was provided by the Royal Pump Rooms, another business venture of an important investor in the development of the new town and one of hospital's main benefactors, Bertie Greetheed. Baths were eventually built on the hospital site in 1873.[13]

An analysis of the promotion and development of the two hospitals and bathing facilities in the towns allows several important themes to be explored. Both spas used the mechanism of bathing charities, later integrated with a hospital to manage access by the poor to their spa waters and in both towns the development of these medical institutions coincided with attempts to influence and regulate the public life of the spa. The physical hospital buildings were integral to the planning and development of different urban areas or zones for different social classes, providing a visible and defined space for poor patients in buildings and urban areas away from fashionable bathing and leisure facilities.

## Propriety and the Reform of the Poor

The popularity of spas rested on the reputation of their waters and they had always attracted patients from all social classes. Spa treatment took time, from several weeks to several months, and the issue of how the poor were to be accommodated and supported without encouraging the vices of begging and vagrancy and without infringing on the activities and facilities used by the better classes posed an ongoing problem. Until the eighteenth century, bathing facilities were limited; for example at Buxton there was a single communal bath until 1696 when a separate bath was built for the poor, fed by an overflow from the main pool.[14] Sir John Floyer, writing in 1697, noted that the common practice at Buxton was to bathe naked although "custom hath taught the sexes to have separate times of

---

[13] Warwickshire Record Office, CR 1564/12, Warneford Hospital Annual Report, 1873.
[14] Langham and Wells, *Baths at Buxton,* 26.

bathing."[15] In addition to these issues of propriety, the sick poor could easily become a financial burden to local parishes while begging created a disorderly atmosphere and annoyed wealthier visitors. These threats to public order had led to legislation in 1597 seeking to manage access to Bath and Buxton within the provisions of the Poor Law.[16] While confirming the right of the "diseased, impotent poor" to free access to the waters, this stipulated that they must only travel to the spas under licence of two Justices of the Peace and that all costs must be borne by their own parish.[17] Begging in the towns was forbidden. The expiry of this legislation in 1714 was one of the factors influencing the proposal to set up a hospital in Bath in the 1720s and the Hospital Bill of 1738 provided free access to Bath for poor patients from all over the country but only through the mechanism of controlled hospital admissions.[18] Charities played a crucial role in strategies to control beggars and travellers of various sorts by providing a formal and visible channel through which legitimate claims for help could be assessed and managed, and unsuitable cases refused. Bathing charities were established in both Leamington and Buxton towards the end of the eighteenth century to address these issues.

The Buxton Bath Charity was established in 1779 to provide free baths to those living over seven miles from Buxton and is reputed to have been organised by the stewards of the hotels and lodging houses in the town together with at least one medical practitioner. By 1811 the charity was run by a committee and solicited regular subscriptions in addition to the donations from visitors to the town, normally

---

[15] Sir John Floyer, *An Enquiry into the Right Uses and Abuses of the Hot and Cold Temperate Baths in England* (1697), quoted in Langham and Wells, *Baths at Buxton*, 27.

[16] Under the terms of the Old Poor, individual parishes in England were responsible for providing relief to the poor who could claim a right of settlement. This operated until 1834 when responsibility for poor relief shifted to Poor Law Unions. For a discussion of medical relief provided under the Poor Law within a local community, see Hilary Marland, *Medicine and Society in Wakefield and Huddersfield 1780-1870* (Cambridge: Cambridge University Press, 1987).

[17] Langham and Wells, *Baths at Buxton,* 22; Anne Borsay, *Medicine and Charity,* 232.

[18] Borsay, *Medicine and Charity*, 232.

1shilling.[19] From 1785 the charity was put on a more formal footing, with prospective patients having to be recommended in writing. The application comprised both a recommendation from a reputable person such as an overseer of the poor or a churchwarden and a certificate from a medical practitioner stating the applicant could benefit from a course of treatment at the baths. Baths were provided in a large Poor Bath, separate from the other public bath, used by everyone else, and an allowance was given to pay for lodging in the town; between 1823 and 1840 this was 5 shillings a week for 3 weeks. The charity did not cover travel costs to or from Buxton which had to be covered by the home parish of the patient. The charity thrived and bathing facilities for the poor were expanded as the other bathing facilities were updated. In 1822 a separate poor bath was built for women and additional hot baths for the poor were provided as part of the redevelopment of the Natural and Hot Baths in the 1850s.

In Leamington, there appears to have been a customary right of access to the original drinking well prior to the commercial exploitation of the spa at the end of the eighteenth century, and, following the erection of a new pump house in 1802, free drinking water continued to be available from an outside pump. Benjamin Satchwell, who found the second spring in 1784 and was one of the spa's early developers, is reputed to have started a charity with Dr Kerr to provide free baths. Although records of this enterprise have not survived, the charity was referred to in publicity for the launch of the Leamington Charitable Bathing Institution in 1831. The re-launched charity provided free medical assessment and access to baths but no funds to cover the cost of lodgings although "a Book, containing a List of Houses, where Board and Lodging may be obtained at a low rate, shall be kept by the Superintendent at the Bath. –Average Price, from Five to Fifteen Shillings per week."[20] January editions of the *Leamington Spa Courier* in 1831 also included notices for other new organisations dealing with the poor, notably the

---

[19] A. Jewitt, *The History of Buxton: and the Visitor's Guide to the Curiosities of the* Peak (London, 1811), 65-67; Robertson, *Guide to the Peak* (1858), 199-201, Axon, "Buxton Doctors," 7-11.
[20] *Leamington Spa Courier*, 30 April 1831.

Benevolent Society and a proposal for a new hospital building to supplement the town's dispensary.[21]

Charity thrived in early modern England but from the seventeenth century there were notable shifts in both the motivation behind charitable giving and its institutional forms. In summary, there was a shift from individual and indiscriminate casual alms giving to individual supplicants to contributing to associational charities which combined the resources of many donors to provide a variety of care to the poorer classes through established rules of operation. Ann Borsay has described this as a "more rational, directive approach which selected on the basis of personal merit rather than indulging the donor's wish for deliverance or self-satisfaction."[22] The associational model allowed for discrimination to be applied to identify suitable, deserving cases for treatment and was felt to offer a more effective alternative to individual and indiscriminate giving. Along with other bathing charities, the Buxton Bath Charity used the filters of personnel recommendation and medical opinion to assess both the moral and medical grounds for charity, but the associational model was applied to all sorts of charitable operations, not just medical charities. In Leamington Spa, the Rev. Robert Downes emphasised the expected benefits of this institutional form in a speech promoting the proposed Benevolent Society:

> I am well aware of the difficulty attending the proper administration of charity, even where a partial knowledge of my parishioners, and an earnest and active endeavour to render myself acquainted with their character and circumstances, has not been wanting. This difficulty must, of course, be greatly increased, when extended to those who neither are, nor can be expected to be, acquainted with the merits and the claims of the numerous applicants of their charitable assistance: and I well know it has been the feeling and the wish of many benevolent individuals in this place, whose desire it is 'to do good' as well as 'to distribute' (for in indiscriminate charity these two essential virtues are often at direct variance with each other;)... to have an accredited channel for their benevolent contributions through which they may feel satisfied that they are well and properly applied. [23]

---

[21] *Leamington Spa Courier,* 8 January 1831 and 22 January 1831.

[22] Borsay, *Medicine and Charity*, 231.

[23] *Leamington Spa Courier,* 8 Jan. 1831.

The message is clear. Indiscriminate charity had the ability to exacerbate problems if the recipients were not morally worthy of help and assessment of an individual's suitability required direct and detailed investigation of character and circumstance. It was implicit that there would be some who would fail to meet these criteria, and for these the law was the appropriate alternative. Again, Rev. Downes,

> I have made no allusion to vagrants and common beggars [...] the cases of real distress among strolling mendicants is so rare, that they ought to fall more under the cognizance of the Police of the place, than be considered as objects worthy of the notice of this institution. And here I would take the opportunity of impressing on the minds of the Parish-officers, and especially the Commissioners under the Local Act, the necessity of appointing a sufficient number of Beadles [...] for the purpose of removing all vagrant beggars and other disorderly persons from the public streets; and especially to preserve the congregations going to and coming from public worship from their annoyances. [24]

Under these early charitable arrangements, poor patients had to find their own food and accommodation which tended to be in poor neighbourhoods and of a low quality, acting to swell the number of the poor sick in the town. In Buxton for example the baths were situated close to the Crescent and the prestigious hotels and parks of the lower town but the modest allowance provided by the Bathing Charity meant that many patients were forced to lodge some distance from the baths, mainly in Higher Buxton. Pressure to resolve this problem led to calls for the provision of a "lodging house for the Buxton Bath Charity" in 1854. Publicity material for a fundraising bazaar for the building appeal stated that "the distance from the Baths at which so many of the Charity Patients are at present compelled to lodge, renders it both difficult and in many cases when crippled or infirm, very distressing to them to reach the baths with that regularity which is so essential to ensure them the greatest possible amount of good to be derived from the Waters."[25] The provision of accommodation would render several benefits to patients, notably "better and more roomy lodging, free ventilation in their living and

---

[24] *Leamington Spa Courier*, 8 Jan. 1831.

[25] Derbyshire Record Office, D4508/1/1/6. Advertisement for a bazaar and fancy fair, August 1858.

sleeping rooms, greater facilities for cleanliness, and convenient and economical means for cooking their meals."[26] Not everyone was supportive of the hospital. In its end of year review in 1859, the *Buxton Advertiser* commenting on the opening of the hospital, noted, "the prejudices of the lodging-keepers against its establishment [...] how utterly baseless these had proved to be."[27]

The Devonshire Hospital opened in 1859 with 100 beds, with baths continuing to be provided from the Poor Baths at the back of the Crescent. The site chosen for the Hospital was the original stables built at the same time as the late eighteenth century development of the Crescent, a hexagonal building around an open circus which was used for riding in bad weather. By 1859, the demand for stabling had contracted, partly due to the impact of railways, as although a station was not opened in the town until 1863 there was an earlier route using daily coaches from Buxton to Rowsey with rail connections to Derby, London and Manchester.[28] The upper storey of the building had always been used as accommodation for ostlers, grooms and some visitors and it was a part of this that was converted for use by the hospital, with the remaining two thirds of the building continuing to be used as stables.[29]

Support for the hospital should be considered against the backdrop of "improvement" in Buxton, and in particular the widening of roads, improvements to the water supply and the installation of a sewerage system. By the 1840s further development of residential areas, services, parks and gardens was underway under the continued direction of the Devonshire Estate, but from the late 1850s the Seventh Duke pursued a policy of greater independence for the town.[30] The Mechanics and Literary Institute was established in 1856 and a new Market House in 1857. In December 1859, E.W. Wilmot, the Duke's agent, gave a lecture to the members of Buxton

---

[26] ibid.

[27] *Buxton Advertiser*, 31 December 1859.

[28] Langham, *Buxton,* 25.

[29] Langham and Wells, Devonshire Royal, 25; William Robertson, *A Hand-Book to the Peak of Derbyshire and the use of the Buxton Mineral Waters* (London, 1868), 252-58.

[30] Langham, *Buxton,* 46-60.

Mechanics' Institute, setting out the need for an improved sewage, drainage and water supply system, road and footpath improvements and improved facilities for slaughtering animals. Together with extended and enhanced public parks, these would address many of the shortcomings rapidly becoming apparent:

> During the last summer our own beautiful Wye was a miniature Thames; the stench late at night and early in the morning was dreadful; the windows of the houses looking towards it, at times, could not be opened; visitors in walking avoided its banks, and complained bitterly of its condition. In other parts of the town visitors moved from one house to another, to avoid the smell of bad sewers.[31]

The provision of central and manageable accommodation for poor visitors to the baths must be assessed as part of this programme of improvement in the town which sought to influence and regulate behaviour as well as physical environment. In 1857 E. W. Wilmott, together with J. C. Bates, proprietor of the *Buxton Advertiser,* and others had recommended improvements be made to the "lock-up" provisions in Higher Buxton where male and female vagrants were locked up together in accommodation with no "privy."[32] As part of his programme of improvements put forward in 1859, Wilmott included the building of day and infant schools and sports facilities to address the "moral and educational condition of our population." [33]

At the beginning of the nineteenth century the only hospitals in English spas were in Bath; Bellot's Hospital founded in 1609 which provided accommodation for ten men and the Royal Mineral Water Hospital which opened in the 1740s with 100 beds. A sea-bathing infirmary had also been set up in Margate in 1792, principally to provide accommodation for poor Londoners.[34] Hospitals opened at

---

[31] E.W. Wilmott, "Town Improvements, a Lecture Delivered before the Members of the Buxton and Fairfield Mechanics' Institute," (Buxton, 1859).

[32] Mike Langham and Colin Wells, "J.C. Bates 1822-1899," *Derbyshire Miscellany* 14 (IV) (1996): 104-113, 108.

[33] Wilmott, "Town Improvements," 10.

[34] A tradition of therapeutic sea bathing has been traced to the early eighteenth century but it became much more popular after the mid-century, following the publication of Dr Richard Russell's, *A Dissertation on the Use of Sea Water in the Diseases of the Glands, Particularly the Scurvy, Jaundice, King's Evil,*

Harrogate in 1824, Leamington Spa in 1834, Buxton in 1859 and Droitwich in 1881. The hospitals set up in spa towns were charitable institutions providing access to poor patients. They followed the well-established organisational model adopted by English voluntary hospitals from the eighteenth century, with funding provided by subscribers who gained the right to recommend a patient for treatment in return for their financial contribution. In order to be accepted for treatment, recommended patients had to be approved by the medical personnel who confirmed that they would benefit from the waters and by the management committee, representing the hospital's supporters, to ensure they were deemed a suitable case for charitable help, a procedure that included an assessment of the moral worth of the potential patient. The mechanism of subscriber rights provided access to the waters to the poor from any part of the country while maintaining the power of exclusion for any patients not meeting with the approval of the management committee. Institutional provision also had other advantages, notably in offering greater supervision over patients. All hospitals had approved rules, setting out their organisational arrangements which included restrictions on patients' behaviour as only "proper objects" were to be entitled to access free treatment. The financial status of patients was also investigated: for example, in 1882 a patient from Peterborough was forced to leave the hospital following an internal investigation into his employment circumstances. "The man stated that his income from the Savings Bank was £175 per annum, and from other sources £100…but pleaded poverty as he had lost his wife, had a large family and was in indifferent health." [35] His pleas were not accepted and he was forced to leave without completing his course of treatment.

---

*Leprosy, and the Glandular Consumption* (London, 1752). Margate developed as a resort in the eighteenth century due to ease of transport from London by steamer. One of the principal founders of the Margate Sea Bathing Infirmary, established to take tuberculosis patients was John Coakley Lettsom, an early promoter of the charitable dispensary movement, see J. Whyman "A Hano-verian Watering-Place: Margate before the Railway Age," in *Perspectives in English Urban History*, ed. A. Everitt (London: Macmillan 1973), 138-60.

[35] Derbyshire Record Office, D 4508/1/1, Devonshire Hospital, Minutes of the Committee of Management, 2 September 1882.

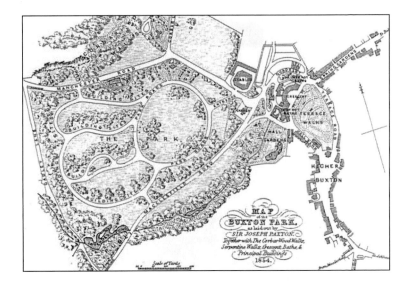

Fig. 8-1. Paxton's plan for the development of Buxton Park redrawn and printed in W. H. Robertson, *Handbook to the Peak of Derbyshire or Buxton*, 1854.

This map of Buxton in 1854 shows the position of the hexagonal stables, situated in the resort area at the bottom of Terrace Walks and to the rear of the Crescent. Part of the stables building was converted to the Devonshire Hospital in 1859. The redevelopment of the Natural and Hot baths in 1854 at both ends of the Crescent provided for separate access to the baths for charity patients from the back of the building.

This map is reproduced with kind permission from Derbyshire Local Studies Library, Matlock.

## Shared bathing facilities

While hospitals could solve the accommodation problem for the poor, they did not in their early stages provide separate bathing facilities. At Harrogate a strategy for segregating the poor was implemented by closing the hospital during the high season. Granville comments on the influence of the hotel keepers in Harrogate in devising this policy to keep the poor away from the town during the period favoured by aristocratic visitors:

> They go so far as to command (for it a threat in the shape of a request) the closing of the hospital, as before stated, during the season, lest the sight of the poor lepers, and still more so, the use they make of the sulphur water and of the upper or bog-wells, as they are called, should interfere with their own establishments of baths and invalids.[36]

At Leamington and Buxton differing arrangements were made, reflecting the bathing customs and facilities in the two spas. Although by the eighteenth century nude bathing had gone out of fashion, different social classes and sexes still bathed together.[37] In the nineteenth century the fashion shifted towards increased social segregation and separation of the sexes with individual baths replacing communal facilities. Although shared facilities continued in some spas, including Buxton, the fashion was changing, as shown by Granville's anecdote of the "ludicrous scene" of a "gallant officer of the life-guards," forced to come face to face with his tailor in the "generalizing plunging" bath at Buxton in the 1840s. The officer and his friend:

> agreed to bathe at the same time, and early, that they might avoid coming in contact with the 'multitudinous.' Accordingly, they both plunged into the dark stream early one fine morning, rejoicing in the privacy of the hour […] But what must have been the amazement of the gallant invalid when, upon raising his head above the water, whilst yet recovering from the shock of the plunge, he heard himself addressed with 'How do you do Sir Richard?' by a mouth spluttering and spirting out water like a porpoise, and belonging to a head which

---

[36] Granville, A. B. *Spas of England and Principal Sea-Bathing Places,* 2 vols, vol. 1 *The North* (first pub. 1841, repr. Bath: Adams and Dart, 1971), 80.

[37] This practice was satirised by, among others, Thomas Rowlandson in his satirical print of *The King's Bath,* in his series *The Comforts of Bath,* 1798.

had also just emerged out of the tepid stream [...] Sir Richard stretched his neck towards the said head, puckered up his eyelids to sharpen his vital organs, approached the individual nearer and nearer, when, lo! He discovered that the 'How do you do, man?' was no other than his tailor from Chester![38]

Granville's reaction to the mixed clientele at the public baths in Buxton in 1841 is instructive:

−when I beheld the class of persons, too, who kept coming in (for the access is free and the bath always open), and their dress and appearance−when I saw the pot-bellied farmer of sixty, half palsied, and the lame artisan with his black and callous hands, and the many who suffered from cutaneous disorders−all plunging together, or one after the other, in quick succession−some of whom would set about scrubbing from their hardened cuticles the congregated perspiration of ages, with a handbrush kept *pro bono publico* on the margin of the bath;−say, when I beheld all these things, I confess my courage failed me, despite of my constant desire to try on myself, and ascertain by my own feelings, the effects of the various mineral waters I have examined.[39]

At the time of Granville's visit in 1841 there were nine baths at Buxton, providing segregated bathing for men and women. There were six Natural Baths, using water at the natural 82°F providing separate baths, one public and one private each for men and women. Public baths were shared while the private baths could be hired by individuals. In addition, there was a separate public bath each for male and female charity patients. Hot Baths, in which the water temperature could be regulated, were added in 1816, one for gentlemen and one for ladies. In addition there was one "tonic bath" situated away from the main bathing suite on the Macclesfield Road providing a communal bath.

---

[38] Granville, *Spas of the Midlands*, 35-36.
[39] Granville, *Spas of the Midlands*, 35.

**Table 1: Expansion of facilities at the Natural and Hot Baths at
Buxton 1836-1870s**

|  | 1836 | 1853 | 1870s |
|---|---|---|---|
| **Natural Baths** |  |  |  |
| Gentlemen | 1 public<br>1 private | 2 public<br>2 private | 2 public<br>4 private |
| Ladies | 1 public<br>1 private | 1 public<br>2 private | 1 public<br>4 private |
| Charity (separate entrance) | 1 men's public<br>1 women's public | 1 men's public<br>1 women's public | 1 men's public<br>1 women's public |
|  |  |  |  |
| **Hot Baths** |  |  |  |
| Gentlemen | 1 hot | 1 public hot<br>4 private hot | 10 private hot |
| Ladies | 1 hot | 1 public hot<br>4 private hot | 10 private hot |
| Mixed |  | 1 cold plunge |  |
| Charity (separate entrance) |  | 2 men's<br>2 women's | 2 men's<br>2 women's |

Source: Langham and Wells, *Baths at Buxton,* 51-65.

for both sexes, maintained at a cooler temperature. Between 1852 and
1853 the Natural and Hot Baths were entirely rebuilt, to the design of
Henry Currey who used two contrasting architectural styles. The
Natural Baths were built of stone and adjoined the west end of the
Crescent, while the Hot Baths, on the eastern end were built of iron
and glass after the fashion of the Crystal Palace.[40] Table 1 shows the
expansion in private bathing facilities between 1836 and the 1870s.
Although the poor baths were integrated into the same bathing suites,
separate entrances were provided in the 1853 development which
ensured that charity patients entered from the rear of the Crescent and
had no need to go to the front of the building and the adjacent Terrace
Gardens.

[40] Langham and Wells, *Baths at Buxton,* 51-65.

## Table 2: Bathing facilities at Leamington Spa, 1838

| Bathing establishment | Date founded | Facilities |
|---|---|---|
| Goold's Original Baths | 1788 | 8 baths for hot or cold<br>8 showers<br>Plunging bath |
| Curtis' Baths 'large and convenient baths fitted up with Dutch tiles and Derbyshire marble' | 1790 | 7 ladies<br>4 men's<br>1 cold<br>1 child's |
| Robbins' Baths | 1804 | 6 marble baths with connecting dressing rooms<br>Pump Room |
| Lee's Baths 'good baths formed of Dutch tiles' | 1806 | 6 baths with dressing rooms<br>Pump Room |
| Royal Pump Room and Baths | 1813 | 20 baths, ladies and men's separate providing hot, cold and tepid baths and showers |
| Imperial Fount and Marble Baths 'fine veined white marble' | 1819 | 4 baths with dressing rooms<br>Entrance arcade and library |

Source: *Fairfax Guide, Directory and Almanac to Leamington Spa and its Environs*, 4th ed. (Leamington: John Fairfax, 1838), 20-35.

In contrast, at Leamington in 1841, there was only one "plunging bath," the remainder of facilities offering private bathing and showering facilities. In part this probably reflected the competitive nature of the bathing industry in the town. Unlike Buxton where the Natural and Hot baths were operated by the Devonshire estate, at Leamington there were a number of proprietors offering different facilities. The *Fairfax Guide* of 1838 listed six different bathing establishments where the Leamington waters could be drunk or baths taken, all established between 1788 and 1819. Several of these also incorporated Pump Rooms and one a library and arcades offering shops and other attractions. In addition there were the Fumigating

Baths where "warm air, shampooing, vapour, sulphur, chlorine, camphor, iodine and other medicated baths" were offered. [41]

## The Hospital and the Public Sphere

Peter Borsay has described the health and leisure resorts that emerged in the seventeenth and eighteenth centuries as special forms of urban developments, "rus in urbe" that were a part of a wider network of urban expansion founded on expanding national prosperity and an emerging consumer culture. They were the antithesis of the emerging industrial towns, free from pollution and dedicated to the services of health and leisure and "the pursuit of sociability," rather than the production of goods. In eighteenth century spas this was characterised by the ideal of the "company" a public society

> to whose norms and practices visitors were expected to demonstrate loyalty [...] a daily routine was constructed, in many spas of a rigorously formal character, designed to ensure that everyone was doing the same thing in the same place at the same time; in several resorts a master of ceremonies emerged [...] whose responsibility it was to promote order, sociability and conformity. [42]

The subscription system was one mechanism used to encourage participation in this public culture, providing access not only to bathing and drinking facilities but also to walks, theatres, concerts and assemblies. As visitor numbers expanded, increasing social heterogeneity undermined this communitarian culture and encouraged the increased use of private clubs and parties. These trends, seen in Bath from the late eighteenth century, were noted in Leamington from the 1830s, where there was increasing difficulty in attracting supporters for public balls due to the popularity of more segregated private parties. [43] The changing trends in bathing provision and conventions reflected this increased shift to privatisation of society, as public bathing in shared water gave way to private bathing rooms and facilities with access controlled by price.

---

[41] *Fairfax Guide, Directory and Almanac to Leamington Spa and its Environs,* 4th ed. (Leamington: John Fairfax, 1838), 20-35.

[42] Borsay, "Health and Leisure Resorts," 793.

[43] Baxter, "Part 1," 31.

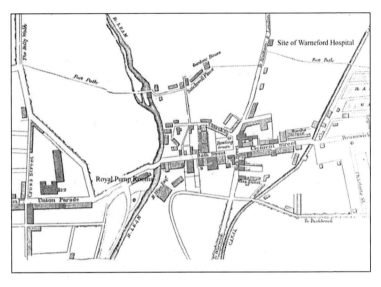

Fig. 8-2. Map of Leamington Spa showing the Royal Pump Rooms and the
site of the future Warneford Hospital. Adapted from *Ground Plan of
Leamington in 1818* printed in *Spennell's Directory,* 1883.

This map shows the main streets of the spa development south of the
River Leam. The bath houses were situated in Bath Street, Clement
Street and High Street. The only baths north of the river were the
Royal Pump Rooms, situated at the bottom of Union Parade which led
up to the New Town. The Warneford Hospital, built in 1832, was
situated on the edge of the old spa town with patients attending the
Royal Pump Rooms for bathing.

This map is reproduced with kind permission from Warwickshire
Record Office.

Peter Borsay has drawn attention to the importance of the
changing images of classical (Roman and Georgian) Bath to the city's
representation in the twentieth century, arguing that their legacy is

fundamental to its contemporary significance and operation.[44] This approach emphasises the important figurative role buildings and organisations play in contributing to the self-image of a spa town, with hospitals representing the charitable impulse in physical form. A well publicised charity was undoubtedly an excellent advertisement as acknowledged by the Leamington Charitable Bathing in its promotional material in 1831. The committee called for the charity to be supported as they were

> [...] fully convinced of the importance and necessity of diffusing as widely as possible the usefulness and celebrity of the LEAMINGTON WATERS and BATHS; which we are of the Opinion, may be made more extensively known, and beneficial to INVALIDS and to the PUBLIC, and thereby increase the welfare and general interests of the place [...][45]

The range of publicity material and mechanisms regularly used by hospitals included Annual reports, sermons and newspaper reports of meetings. Hospital charities were an established part of the social calendar with events such as the annual ball and annual sermon providing an opportunity for fundraising, self-advertisement and social interaction.

Spas operated in a competitive marketplace seeking to attract visitors and residents, and as each rose in favour they were only too aware that another interloper may be waiting to take their place. As in seaside resorts, the development of social tone was all important in attracting the right kind of clientele. John Walton notes that "the higher the class of visitor sought, the more important was the creation and perpetuation of a planned, controlled environment" in order to cultivate a high social tone and to implement appropriate zoning strategies to separate facilities for different publics.[46] In towns, "urban space is a resource which is contested and control over space conveys advantage to some and disadvantage to others."[47] Both Buxton and

---

[44] Borsay, *Image of Georgian Bath*, 1-16.

[45] *Leamington Spa Courier*, 30 April 1831.

[46] Walton, *English Seaside*, 103.

[47] For a useful and concise discussion of the social construction of space, see Colin G. Pooley, "Patterns on the ground: urban form, residential structure and the social construction of space," in *The Cambridge Urban History of*

Leamington aimed to be aristocratic resorts. In Buxton, the development of the hospital was an integral part of the development of the Lower Buxton Resort area, providing a solution to the problem of accommodation for the sick poor close to the bathing facilities but separated from the fashionable leisure areas. In Leamington, the hospital was situated to the south of the River, on the edge of the older spa development. Although patients attended the Royal Pump Rooms for bathing, they would have no reason to venture into the new urban area on the north of the river. The spaces allocated to hospitals indicate a desire to define and manage the space used by patients but also reflect the importance and status of medicine to the local town.

The importance of medical institutions in framing the emerging public sphere has begun to receive some attention.[48] Jurgen Habermas argued that the growth of capitalism during the late seventeenth and eighteenth centuries led in the first instance to the development of new forms of privacy based in the household and in private business. These made possible private forms of sociability associated with the modern sphere of civil society, notably the salon, the coffee house and the popular press that constituted a novel bourgeois public sphere distinct from the pre-existing public sphere of the state.[49] These associational institutions were influential in the development of local middle-class identity and the emergence of civic society.[50] The voluntary hospital also enshrined participatory democracy, being one of a number of voluntary clubs and cultural institutions that, alongside the press and new public spaces, provided the forum for private citizens to engage in debate and decision making. Sturdy argues that Habermas underplayed "the extent to which institutions of various kinds were implicated in the structuration of the public sphere" and the emergence of medicine as a public activity.[51] Health resorts comprise

*Britain,* 3 vols, *vol. 3*, 1840-1950, ed. Martin Daunton Cambridge CUP, 2000), 429-65.

[48] Steve Sturdy, ed., *Medicine, Health and the Public Sphere in Britain, 1600-2000* (London: Routledge, 2002).

[49] Sturdy, "Introduction," in *Medicine, Health and the Public Sphere in Britain, 1600-2000*, ed. Steve Sturdy (London: Routledge, 2002), 1-24.

[50] R.J. Morris, *Class, Sect and Party: the Making of the British Middle Class, Leeds, 1820-1850* (Manchester: Manchester University Press, 1990).

[51] Sturdy, "Introduction," 4.

a unique mix of public and private spheres, as aspects of life normally carried out in the private, domestic sphere, including bathing and accommodation, take place in public arenas. This required "hierarchies of accessibility that structured social interaction in ways that were vitally important for the organisation and regulation of social life."[52] In this context, the charitable organisation could also exercise coercive pressure to regulate the behaviour of the poor. From the mid-nineteenth century medical charity, along with other voluntary initiatives were directed toward encouraging and sustaining independence and self-maintenance. The expansion in numbers of hospitals arose "not because of changes in medicine or perceived medical need, but because the economic and social climate changed in ways that made these institutions attractive to a range of political views."[53]

## Expanding access to the poor in the nineteenth century

One measure of the success of hospitals in providing access to spa facilities is the record of numbers treated from the annual reports. The Warneford Hospital published summary figures in 1873 reporting numbers treated over the first forty years of the hospital's operation. Inpatients treated rose from 76 in 1832 to 486 in 1872. The number of baths taken by patients was 813 in 1832, rose to 1170 in 1862 but had fallen to only 191 by 1872. The report commented that "the baths were fifty times more generally used in 1842 than in 1872; and if the same proportion had been observed in the latter year as in the former, there would have been 10,000 baths instead of 191 administered in the year 1872."[54] The declining use of baths was put down, in part, to the distance patients had to travel from the hospital to the Royal Pump Rooms, and was cited in support of the governors' decision to provide a saline water source within the hospital itself.

---

[52] Sturdy, "Introduction," 6.

[53] Marguerite Dupree, "The Provision of Social Services," in *The Cambridge Urban History of Britain,* 3 vols, *vol. 3, 1840-1950,* ed. Martin Daunton (Cambridge: Cambridge University Press, 2000), 351-393, 361.

[54] Warwickshire Record Office, CR 1564/12, Warneford Hospital Annual Report, 1873.

The annual report of the Devonshire Hospital in 1872 recorded that 1,403 inpatients had been admitted in the year, compared to 622 in the first year of the hospital's operation, 1859. The low average occupancy taken across the year was due to the low number of patients treated in the winter months, with an average of 21 patients reported for January, 34 in February and 57 in March. In contrast, in the summer months it was reported "some 200 Patients were constantly waiting for their turn to be admitted, and that sometimes a Patient has had to wait five weeks before a vacant bed can be obtained." The Committee was able to report that ongoing discussions with the Devonshire estate had yielded an agreement in principle that the remainder of the stables might be freed up for conversion to additional hospital accommodation if additional finance could be found. This plan "would not only fulfil the primary Christian duty of granting to the suffering poor the utmost opportunity of using the healing waters of Buxton, but would indirectly benefit all the vested interests of Buxton, by increasing the value of land, houses, &tc., in direct proportion to its increasing celebrity."[55]

Recent research has highlighted the expansion in the contribution of funds from workers to hospitals over the course of the nineteenth century, with a trend of a decline in the proportion of income from charity and donations and an increasing proportion from patient fees, contributory schemes and other sources such as state subventions and investment income. Analysis of individual hospital accounts shows that the proportion of subscriptions given by institutions (friendly societies, schools, corporations, parishes and clubs) rather than private individuals increased in the later nineteenth and early twentieth centuries although it varied between institutions.[56] The importance of corporate contributions was considerable at Buxton, with subscriptions from Poor Law Unions and Friendly Societies listed separately in the annual report showing a marked increase in the period from the hospital's foundation to 1892.

---

[55] Derbyshire Record Office, D4508/10/1, Devonshire Hospital and Buxton Bath Charity Annual Report, 1872.
[56] Gorsky *et al*, "British Voluntary Hospitals," 126-29.

**Table 3: Corporate subscribers to the Devonshire Hospital for selected years, 1858 to 1892.**

|  | 1858 | 1862 | 1872 | 1882 | 1892 |
|---|---|---|---|---|---|
| **Friendly Societies** |  |  |  |  |  |
| No. of subscribers | 17 | 33 | 82 | 111 | 149 |
| Subscriptions (guineas) | 20gs | 36gs | 134gs | 245gs | 354gs |
|  |  |  |  |  |  |
| **Poor Law Unions** |  |  |  |  |  |
| No. of subscribers | 18 | 24 | 36 | 40 | 38 |
| Subscriptions (guineas) | 54gs | 74gs | 142gs | 140gs | 151gs |
|  |  |  |  |  |  |

Source: Devonshire Hospital Annual Reports for Selected Years [57]

In addition to these workers' funds, corporations and infirmaries also subscribed to the Devonshire Hospital. For example, in 1872, the Annual Report lists a further fifteen corporate contributors in the list of annual subscribers, including the infirmaries at Leeds, Huddersfield and Nottingham, the Oaks Colliery Accident Fund, the Stanton Iron Works Company and the Kingston Mill Working people at Hyde. Among the Companies subscribing were the Sheffield and Rotherham Banking Company and the London & North Western Rail Company. The establishment of the Cotton Districts' Convalescent Fund (CDCF) in 1875 provided a further opportunity for expansion of access to the working population. The CDCF was set up to disburse monies remaining in charities established to provide support to cotton workers during the cotton famine in the 1860s. These were deemed surplus once cotton production recommenced at English mills.[58] Funds of

---

[57] Derbyshire Record Office, D4508/1/1.

[58] The cotton famine arose from disruption to American cotton supplies during the American Civil war in the 1860s. Many cotton workers were laid off and were forced to turn to the Poor Law for support. Several different funds were established, collecting monies from all over the country. The CDCF took over

£144, 110 were transferred to the CDCF, "for the establishment and maintenance of one or more Convalescent Hospitals and Homes for the reception of convalescent people, 'from the named townships and parishes in the affected districts." [59]

**Table 4: CDCF: Capital Grants and Beds available**

| Institution | Capital Grant | Beds available to CDCF |
|---|---|---|
| Barnes Home, Cheadle | - | 15 |
| Devonshire Hospital | £24,000 | 150 |
| Southport Children's Sanatorium | £2,500 | 30 |
| Southport New Convalescent Home | £47,706 | 150 |
| | **£74,206** | **345** |

Source: Manchester Local Studies Library, M558/1/1, Minutes of Board of Governors, CDCF, Statement of Capital Account 24 July 1875.

The fund made agreements with four institutions to provide 345 convalescent beds, providing large capital investments to expand existing facilities at the Southport Bathing Institute and the Devonshire Hospital. A smaller number of beds were also available through the Children's Sanatorium at Southport and at the Barnes Home, Cheadle. The remaining funds were invested to provide an income for the maintenance of convalescents at the various homes.

The £24,000 grant from the CDCF to the Devonshire Hospital provided the finance to enable the whole of the old stables to be converted for use by the hospital with the number of beds increased to 300. The original scheme proposed by the Devonshire Hospital Committee was for a grant of £5,000, of which £2,000 was for

funds remaining in the Cotton District Relief Committee and the Central Executive Committee for the Relief of Distress in the Manufacturing Districts and was to provide services to those residing in named Poor Law unions in Lancashire, Chester and York. Manchester Local Studies Library, M558/1, Minutes of Board of Governors, CDCF, 24 July 1875.

[59] Manchester Local Studies Library, M558/1, Minutes of Board of Governors, CDCF, 17 January 1876.

alternative stabling and £3,000 for the conversion of the remaining part of the building to provide an additional 100 beds. The scheme became progressively more elaborate, in particular the inclusion of a scheme to cover the open-air internal circus with what was to be the largest dome in the world at that time. This was needed, it was argued, to ensure proper ventilation within the hospital, and to provide an airing ground for patients in inclement weather. It also meant that a much larger space was established within the confines of the institution, reducing the need for patients to venture out of its precincts and created a unique and prestigious building that added to the reputation and architectural merits of the town.

The extension opened on 21 September 1881 and by 1883 the CDCF were sending over 400 patients a year to the Devonshire Hospital. Access for patients was by referral from one of the seventeen named infirmaries allocated rights to the 150 beds reserved for CDCF use. The allocation was made on the basis of the size of the referring infirmary, the largest being the Manchester Royal with access to 25 beds. Other Manchester hospitals had access to a further forty-five beds, the infirmaries at Salford, Ashton-under-Lyne, Blackburn, Preston, Stockport, Wigan and Oldham all had access to ten beds each and those at Macclesfield and Lancaster to five.[60] In addition to the capital grant, the CDCF was charged a weekly cost for the maintenance of the patients at the hospital. In 1882, the charge at the Devonshire was a little more than fifteen shillings a week compared to just over ten shillings at Southport. Although the Devonshire was seen as providing a specialist service, principally for those suffering from rheumatism, the CDCF at once exerted pressure for a reduction in costs. Despite a visit to Southport to investigate possible economy measures, the charge remained at around the 15s shilling a week level until 1890. The alternative economy measure adopted by the CDCF was to encourage infirmaries to refer to the Devonshire only for specialist treatment, "and in all cases where the ordinary convalescent treatment together with sea bathing is likely to be effective, to send the patient to Southport." [61]

---

[60] Manchester Local Studies Library, M558/1, Minutes of Board of Governors, CDCF, 18 November 1881.
[61] Manchester Local Studies Library, M558/1, Minutes of Board of Governors, CDCF, 27 February 1885.

This directive effectively capped referrals to the hospital with the result that the average number of beds occupied by the CDCF only reached 30 beds in one year to 1890. Despite the large financial outlay on heating and ventilation systems in the new building the Devonshire was used very little.

**Table 5: Patients sent by the CDCF to the Devonshire Hospital**

| Year | Patients seen | Average beds occupied | Length of stay in days | Average weekly cost |
|------|------|------|------|------|
| 1881 | 3 | | 26 | 13s 5d |
| 1882 | 234 | | 29 | 15s 11d |
| 1883 | 403 | 27.5 | 25 | 16s |
| 1884 | 490 | 32.5 | 24 | 16s 8d |
| 1885 | 431 | 27.2 | - | 15s |
| 1886 | 477 | 29.7 | - | 15s |
| 1887 | 458 | 27.3 | - | 15s 10d |
| 1888 | 476 | 28.3 | 24 | 15s |
| 1889 | 446 | 22.3 | 22 | 14s 7d |
| 1890 | 426 | 24.9 | 22 | 15s 4d |

Source: Manchester Local Studies Library, M558/1/1, Minutes of Board of Governors, CDCF, 1881-1890.

in the winter months with much higher levels of occupancy from spring through to autumn. The beds not used by the CDCF did not go unused. The annual report of the Devonshire for 1883 recorded that 2,230 inpatients had been admitted, an increase of 827 for 1872, of which only 403 were referred by the CDCF.[62] The Devonshire continued to be able to attract and treat increasing numbers of poor patients referred by individual and corporate subscribers.

*

*    *

---

[62] Derbyshire Record Office, D4508/10/1, Devonshire Hospital and Buxton Bath Charity Annual Report, 1883.

This analysis of the promotion and development of bathing charities and hospitals in two English towns has shown how charitable medical organisations made an important contribution to the changing culture of the English spa in the nineteenth century. Bathing charities, later integrated with accommodation into the new organisational form of the bathing hospital, were used to manage access by the poor to spa waters, providing a mechanism whereby the charitable impulse could be fulfilled and water therapies provided while ensuring that adequate control was exercised over the selection of patients and their behaviour. The spa town could advertise its waters and publicise charitable benevolence while managing the physical environment of public areas by segregating poor patients in buildings and urban zones away from fashionable bathing and leisure facilities. In addition to this contribution to spatial planning, the hospital also contributed to the creation of the desired social tone of the resorts, providing a mechanism for segregation of the poorer classes within a framework designed to support social cohesion and the development of medical facilities.

## Bibliography

Axon, Ernest. "Historical Notes on Buxton, its Inhabitants and Visitors, Eighth Paper, Buxton Doctors Since 1700, How the Bath Charity Began," repr. from *Buxton Advertiser*, December 2nd, 9th and 23rd, 1939.

Baxter, E.G. "The Social Life of Visitors to Leamington Spa in the First Half of the Nineteenth Century, Part 1." *Warwickshire History* 3 (1) (1975), 15-37 and "Part II.". *Warwickshire History* 3 (2) (1975-6): 46-70.

Borsay, Anne. *Medicine and Charity in Georgian Bath: A Social History of the General Infirmary, c. 1739-1830.* Aldershot: Ashgate, 1999.

Borsay, Peter. "Health and Leisure Resorts 1700-1840." In *The Cambridge Urban History of Britain,* 3 vols, *vol. 2.1540*-1840, edited by P. Clark, 775-803. Cambridge: Cambridge University Press, 2000.

Borsay, Peter. *The Image of Georgian Bath, 1700-2000: Towns, Heritage and History.* Oxford: Oxford University Press, 2000.

Cannadine, David. *Lords and Landlords: the Aristocracy and the Towns 1774-1967*. Leicester: Leicester University Press, 1980.

Cave, Lyndon, F. *Royal Leamington Spa, its History and Development*. Chichester: Phillimore, 1988.

Dudley, T.B. *A Complete History of Royal Leamington Spa from the Earliest Times to the Charter of Incorporation*. Leamington Spa: Tomes, 1896.

Dupree, Marguerite. "The Provision of Social Services." In *The Cambridge Urban History of Britain,* 3 vols, *vol. 3. 1840*-1950, edited by Martin Daunton, 351-93. Cambridge: Cambridge University Press, 2000.

Gorsky, Martin, Martin Powell and John Mohan. "British Voluntary Hospitals and the Public Sphere: Contribution and Participation before the National Health Service." *Medicine, Health and the Public Sphere in Britain, 1600-2000*, edited by Steve Sturdy, 123-44. London: Routledge, 2002.

Granville, A.B. *Spas of England and Principal Sea-Bathing Places,* 2 vols, vol. 1 *The North*. First pub. 1841; repr. Bath: Adams and Dart, 1971.

Granville, A. B. *Spas of England and Principal Sea-Bathing Places,* 2 vols, vol. 2 *The Midlands and South*. First pub. 1841; repr. Bath: Adams and Dart, 1971.

Jewitt, A. *The History of Buxton: and the Visitor's Guide to the Curiosities of the* Peak. London, 1811.

Langham, Mike. *Buxton, a People's History*. Lancaster: Carnegie House, 2001.

Langham, Mike and Colin Wells. "J.C. Bates 1822-1899." *Derbyshire Miscellany* 14 (IV) (1996): 104-13.

Langham, Mike and Colin Wells. *A History of the Baths at Buxton.* Leek: Churnet Valley Books, 2003.

Langham, Mike and Colin Wells. *A History of the Devonshire Royal Hospital at Buxton and the Buxton Bath Charity*. Leek: Churnet Valley Books, 2003.

Marland, Hilary. *Medicine and Society in Wakefield and Huddersfield 1780-1870.* Cambridge: Cambridge University Press, 1987.

Morris, R.J. *Class, Sect and Party: the Making of the British Middle Class, Leeds, 1820-1850*. Manchester: Manchester University Press, 1990.

Pooley, Colin, G. "Patterns on the Ground: Urban Form, Residential Structure and the Social Construction of Space." In *The Cambridge urban history of Britain,* 3 vols, *vol. 3, 1840-1950*, edited by Martin Daunton, 429-65. Cambridge: Cambridge University Press, 2000.

Porter, Roy. "The Gift Relation: Philanthropy and Provincial Hospitals in Eighteenth-Century England." In *The Hospitals in History*, edited by L. Granshaw and R. Porter, 147-78. London: Routledge, 1989.

Robertson, William. *A Hand-book to the Peak of Derbyshire and the use of the Buxton Mineral Waters*. London: Bradbury & Evans, 1854 and 1868 editions.

Sturdy, Steve. "Introduction." In *Medicine, Health and the Public Sphere in Britain, 1600-2000*, edited by Steve Sturdy, 1-24. London: Routledge.

Sturdy, Steve, ed.. *Medicine, Health and the Public Sphere in Britain, 1600-2000*. London: Routledge, 2002.

Walton, J.K. *The English Seaside Resort: A Social History.* Leicester: Leicester University Press, 1983.

Whyman, J. "A Hanoverian Watering-Place: Margate before the Railway Age." In *Perspectives in English Urban History*, edited by A. Everitt, 138-59. London: Macmillan, 1973.

Wilmott, E.W. "Town Improvements, a Lecture Delivered before the Members of the Buxton and Fairfield Mechanics' Institute." Buxton, 1859.

# CHAPTER 9

# Les villes d'eaux françaises, reines du thermalisme européen à la Belle Epoque?

## Carole CARRIBON

"Dans aucun pays du monde, il n'existe des eaux aussi abondantes, aussi variées, aussi efficaces:"[1] cette affirmation d'un médecin français du début du XX$^e$ siècle résume parfaitement une opinion alors en vogue auprès de ses compatriotes, et dont guides médicaux et presse spécialisée se font l'écho. La France s'enorgueillit en effet de posséder, avec ses sources, un patrimoine naturel inestimable et inégalable.

Les stations françaises sont-elles pour autant, à la Belle Epoque, les reines du thermalisme européen? La formulation de la question est, à dessein, un clin d'œil aux surnoms princiers dont se sont parées quelques grandes villes d'eaux—Biarritz, "reine des stations et station des rois" sous le Second Empire, Luchon, "reine des Pyrénées" et bien sûr Vichy, "reine des villes d'eaux"—mais, au-delà de ses allures de slogan publicitaire, elle correspond à de véritables interrogations, pouvant être comprises en termes quantitatifs—la France possède-t-elle davantage de sources? Les stations françaises sont-elles les plus fréquentées?—ou qualitatifs: les villes d'eaux françaises s'offrent-elles en modèles au reste de l'Europe?

Quelle vision les Français ont-ils du thermalisme européen? L'étude des publications françaises—ouvrages médicaux, guides et annuaires des villes d'eaux, presse thermale—met en lumière un double complexe, de supériorité et d'infériorité, des responsables du thermalisme français: d'une part, une indéniable fierté fondée sur l'exceptionnelle richesse et la variété du patrimoine hydrominéral de

---

[1] Dr Binet, "Les stations hydrominérales françaises et leur avenir," *Gazette des eaux*, 11 juillet 1901.

la France; d'autre part, un sentiment d'infériorité et de frustration quant à l'exploitation de ce potentiel, comparée notamment à l'organisation de certaines stations étrangères. De la confrontation de ces deux sentiments naissent des débats passionnés qui agitent le monde thermal français à la Belle Epoque, débats articulés autour d'une nouvelle interrogation, ou plutôt d'une reformulation de la question initiale: comment faire des villes d'eaux françaises les reines du thermalisme européen?

### Un patrimoine thermal d'une exceptionnelle richesse

Avec plus de 1500 sources d'eau minérale et une centaine de stations, la France possède un important potentiel hydrominéral, dont les médecins nationaux se plaisent à souligner qu'il couvre toutes les classifications en vigueur, tant chimiques que cliniques.

La richesse de ce patrimoine naturel s'exprime d'abord en termes quantitatifs. La *Statistique détaillée des sources minérales exploitées ou autorisées en France*, réalisée par le Service des Mines en 1892, recense plus de 1400 sources d'eau minérale; à la veille de la guerre, entre les nouvelles autorisations d'exploitation[2] et, *a contrario*, la disparition des registres statistiques de sources non exploitées, 1700 à 1800 sources constituent le patrimoine hydrominéral français.[3]

L'existence avérée d'une source recouvre cependant des situations fort différentes en terme d'exploitation. L'appellation de "station" ou de "ville d'eaux"—ce second terme étant par ailleurs entendu ici dans un sens restreint[4]—présuppose en effet l'utilisation thérapeutique de

---

[2] J. Penez, *Histoire du thermalisme en France au XIXe siècle. Eau, médecine et loisirs* (Paris: Economica, 2005), 17: l'auteur signale qu'il y a en 1892, 1412 sources recensées, réparties dans 383 communes. Entre 1892 et 1914, 408 autorisations de sources sont sollicitées auprès de l'Académie de médecine.

[3] A titre de comparaison, la *Statistique détaillée des sources minérales exploitées ou autorisées en France*, réalisée par le Service des Mines en 1921, recense 1708 sources.

[4] Le terme de "ville d'eaux" désigne, dans son acception la plus large, les localités possédant sur leur territoire, ou à leurs abords, un élément aquatique naturel—mer, océan, lac, sources—leur conférant un intérêt touristique et parfois thérapeutique. Appliquée au thermalisme, la définition est restreinte à l'existence d'une source d'eau minérale, voire à la nécessaire exploitation d'un établissement thermal, excluant de cette définition les communes dans

l'eau et l'existence d'un établissement de soins. En 1912, dans ses *Notes hydrologiques*, le docteur Bardet évalue le nombre de communes hydrominérales françaises à 140 mais s'empresse de dire que "sur ce chiffre maximum de 140, il en est un grand nombre dont les installations sont si rudimentaires qu'on pourrait facilement les considérer comme non existantes," ajoutant que "si l'on admet le chiffre de 110, il comprend, très largement, la totalité des villes thermales capables de recevoir des malades."[5] La France compte donc une bonne centaine de stations, allant des "micro-stations"[6] accueillant annuellement quelques dizaines de visiteurs aux grandes villes d'eaux prestigieuses, desservies par les "trains de plaisir" et sur lesquelles se fonde la renommée internationale du thermalisme français.

Ce potentiel thermal fait-il de la France le pays le mieux doté d'Europe? Non, à en croire un guide des *Villes d'eaux de l'étranger* qui, en 1892, sous la plume de J. L. Macquarie, affirme que "l'Espagne est la contrée de l'Europe la plus riche en eaux minérales;"[7] dix ans plus tard, le docteur Labat avance, pour ce même pays, le chiffre de 1500 sources, "à peu près comme en France."[8] Le guide Dentu évoque également une statistique officielle italienne faisant état de 1629 sources,[9] soit un chiffre assez proche du patrimoine français. La comparaison entre la France et les autres pays européens n'est cependant pas chose aisée, tant les critères variables de sélection des guides et autres annuaires aboutissent à ne présenter qu'une partie des stations: l'édition 1897 de *l'Annuaire des eaux minérales, stations climatiques et sanatoria de la France et de l'étranger* ne signale ainsi à l'attention de ses lecteurs que les "stations les plus connues:"[10] 41 stations allemandes, 15 autrichiennes, auxquelles il faut ajouter 23 stations hongroises, 26 villes d'eaux espagnoles, 25 italiennes,

---

lesquelles l'embouteillage ne s'accompagne d'aucune activité thérapeutique (par exemple Saint-Galmier [*Badoît*] ou Vergèze [*Perrier*], rarement mentionnées dans les annuaires ou les guides du XIXe siècle).

[5] G. Bardet, *Notes hydrologiques, deuxième série–stations de France et d'Allemagne* (Paris: Doin, 1912), 59.

[6] Ce terme est emprunté à J. Penez, *op. cit.*, 44.

[7] J.L. Macquarie, Villes d'eaux de l'étranger, tome 1: Espagne, Portugal, Italie (Paris: Dentu, 1892), 7.

[8] A. Labat, *Climat et eaux minérales d'Espagne* (Paris: Baillière, 1901), 21.

[9] *Ibid*, 233.

[10] *Annuaire des eaux minérales, stations climatiques et sanatoria de la France et de l'étranger* (Paris: Maloine, 1897).

16 suisses, quelques stations belges, etc. Au début du XX$^e$ siècle, les ouvrages du docteur Labat présentent une petite soixantaine de communes hydrominérales espagnoles,[11] un peu plus de soixante-dix stations allemandes[12] et une quarantaine de leurs homologues autrichiennes,[13] soit, dans tous les cas de figure, une partie seulement du patrimoine thermal de ces pays. Il en va de même pour la traduction française, en 1914, de l'ouvrage du docteur Neville Wood, *Les stations thermales et climatiques de la Grande-Bretagne*:[14] n'y est évoquée qu'une vingtaine de stations, l'éditeur signalant qu'ont été exclues de cette version expurgée "certaines stations [qui] n'offraient qu'un intérêt secondaire au point de vue international."

En termes quantitatifs, le patrimoine thermal hexagonal est donc indéniablement important, sans constituer pour autant une véritable "exception française." Pourtant, le thème de la supériorité des ressources hydrominérales françaises est un véritable leitmotiv des guides ou de la presse thermale: tout autant que le nombre de sources, c'est en effet l'extrême diversité des eaux françaises qui est alors mise en avant.

Sans doute convient-il, au préalable, de rappeler l'état des connaissances sur les eaux minérales à la fin du XIX$^e$ siècle. Depuis le siècle des Lumières, la volonté d'éradiquer toute trace d'irrationnel des traitements médicaux et de comprendre le mode d'action des sources a suscité d'incessantes recherches sur les eaux minérales: les traités d'hydrologie ont fleuri, constituant ce que Gérard Rudolph a appelé "une chaîne de publications balnéologiques entre les années 1770 et les années 1860."[15] Toutes les sources françaises, jusqu'aux plus modestes, ont fait l'objet d'études et de publications; essais[16] et

---

[11] A. Labat, *Climat et eaux minérales d'Espagne, op. cit.*

[12] *Idem, Climat et eaux minérales d'Allemagne* (Paris: Baillière, 1902).

[13] *Idem, Climat et eaux minérales d'Autriche-Hongrie* (Paris: Baillière, 1903).

[14] N. Wood, *Health Resorts of the British Islands* (London: University of London Press, 1912), traduit sous le titre *Les stations thermales et climatiques de la Grande-Bretagne* (Paris: Maloine, 1914).

[15] G. Rudolph, "La contribution de Jean-Louis Alibert (1768-1837), au thermalisme et à la 'physiologie des eaux'," *Villes d'eaux, histoire du thermalisme* (Paris: CTHS, 1994), 124.

[16] L'un des précurseurs de cette rationalisation de la thérapeutique thermale fut Théophile de Bordeu, auteur en 1746 des *Lettres contenant des essais sur l'histoire des eaux minérales du Béarn*. Peut être également cité le *Catalogue*

dictionnaires[17] ont compilé l'évolution des connaissances acquises sur les eaux minérales, en particulier grâce aux progrès de la chimie.

Toutefois, à la fin du XIXe siècle, l'origine des sources guérisseuses demeure encore en partie un mystère et deux théories principales coexistent. La première, dite "superficielle," "géothermique,"[18] "artésienne" ou "neptunienne" voit dans les eaux minérales des eaux de surface qui, descendues dans les profondeurs, stagnent entre des couches imperméables, se réchauffent et se minéralisent au contact des roches, avant de remonter par des fissures. Elle est battue en brèche dès le dernier quart du siècle[19] et Max Durand-Fardel se plaît par exemple à souligner que "c'est surtout en Allemagne que règne la

---

*raisonné des ouvrages qui ont été publiés sur les eaux minérales en général, et sur celles de la France en particulier, avec une notice sur toutes les eaux minérales de ce Royaume et un Tableau des différents degrés de température de celles qui sont thermales* du docteur Carrère en 1785. Philippe Patissier, membre de la Commission des Eaux minérales de l'Académie de médecine, publie en 1818 un *Manuel des eaux minérales de France, à l'usage des médecins et des personnes à qui elles sont nécessaires. Le Précis historique sur les eaux minérales les plus usitées en médecine,* de Jean-Louis Alibert, paraît en 1826. Voir G. Rudolph, *op. cit.,* 113-34 et, dans le même recueil, L. Boulle, " Les eaux minérales en France: un aspect original de l'histoire de la médecine," *Villes d'eaux, histoire…, op. cit.,* 109-112.

[17] Par exemple le *Dictionnaire des Sciences médicales,* dit "le Panckoucke", paru en soixante volumes entre 1812 et 1822, le *Dictionnaire encyclopédique des Sciences médicales,* en cent volumes (1864-1889), ainsi que le *Nouveau dictionnaire de médecine et de chirurgie pratiques*, sous la direction du docteur Jaccoud, paru en quarante tomes (1864-1886), aux éditions J.B. Baillière.

[18] L'expression renvoie à Pierre Simon de Laplace qui élabora, vers 1820, la théorie géothermique: la température du sol devient, à partir d'une douzaine de mètres, indépendante de la température superficielle; elle s'accroît en moyenne d'un degré tous les 33 mètres. Les eaux de surface infiltrées dans les profondeurs de la terre se réchauffent puis remontent en surface à cause de la diminution de leur densité tandis qu'elles sont remplacées par de nouvelle eaux de surface infiltrées, ce qui entretient un véritable cycle.

[19] Déjà, dans un mémoire paru en 1847, *Notes sur les émanations volcaniques et métallifères,* le géologue Elie de Beaumont opposa les eaux minérales froides ou modérément thermales, dans lesquelles il voyait des eaux de surface infiltrées, conformément à la théorie superficielle, aux eaux thermales et hyperthermales auxquelles il attribuait, à l'image des geysers, une origine volcanique. Sa théorie resta cependant marginale.

théorie du *lavage* ou de la lixiviation des *fossiles terrestres* par les *eaux météorologiques.*[20] Une seconde théorie, dite "volcanique," "éruptive" ou "plutonienne," concurrence la première: défendue par le chimiste Armand Gautier lors du Congrès d'hydrologie de Venise en 1905, elle affirme que, si de nombreuses sources ordinaires sont d'origine superficielle,[21] il n'en est rien des eaux minérales; celles-ci naîtraient par distillation des roches ignées puis remonteraient à la surface, à la faveur de failles, à travers les roches éruptives.

L'évolution des connaissances hydrominérales est faite de tâtonnements et d'hypothèses non exclusives les unes des autres. La question des origines des eaux est récurrente, non seulement dans l'absolu, mais aussi parce que les hydrologues espèrent qu'en résolvant le mystère de la formation des sources, ils pourront expliquer à la fois la composition chimique et le mode d'action physiologique des eaux minérales. Progressivement élaborée, la classification des eaux minérales en fonction de leur composition chimique répartit les eaux en familles, classes et autres subdivisions.[22] Ces classements connaissent des variantes, dont l'une consiste à faire abstraction de l'élément chimique dominant au profit d'une composante minoritaire, mais essentielle, comme le fer, le cuivre ou l'arsenic. Toutes ces démarches écartent cependant les eaux faiblement minéralisées, dont la composition chimique a apparemment une valeur insignifiante, mais dont les qualités physiques et thérapeutiques sont pourtant de toute première importance. La classification chimique se révèle donc inopérante pour ces eaux dites "indéterminées:" dès lors, comment expliquer leur action thérapeutique?

La découverte de la radioactivité sembla pouvoir apporter un élément de réponse. Lorsque, au tournant du siècle, les travaux de Henri Becquerel[23] et des époux Curie mettent en évidence l'existence

---

[20] M. Durand-Fardel, *Traité des eaux minérales de la France et de l'étranger, et de leur emploi dans les maladies chroniques* (Paris, 1883), 9.

[21] Les sources d'origine superficielle, majoritaires, ne contiennent pas d'émanations métalliques profondes telles que le phosphore, l'arsenic, l'iode, le fluor ou le cuivre, ni de gaz tels que l'azote, l'ammoniaque, l'argon ou le néon. Leur débit varie en fonction des précipitations ou avec la fonte des neiges. Leur composition n'est pas stable, ce qui les distingue des eaux minérales.

[22] Eaux sulfurées, chlorurées, bicarbonatées, sulfatées, etc.

[23] Henri Becquerel découvre en 1896 que des composés d'uranium émettent des rayons invisibles capables de traverser la matière. Deux ans plus tard,

de la radioactivité naturelle, les hydrologues s'enthousiasment pour ce possible élément d'explication d'une part des propriétés thérapeutiques des eaux dites "indéterminées," d'autre part de l'épuisement progressif, avec le temps, de l'efficacité des eaux minérales naturelles. Presque immédiatement, l'hydrologie s'empare de ce nouveau champ de recherche et dès 1902, le physicien anglais Thomson démontre la radioactivité d'une eau minérale. En France, Pierre Curie présente le 9 mai 1904 à l'Académie des Sciences une communication sur la radioactivité de certains gaz thermaux; Charles Moureu propose, dès novembre 1904, devant le même auditoire prestigieux, un exposé sur les sources thermales radioactives. Assisté d'Adolphe Lepape, il lance une étude systématique des eaux pyrénéennes. Des recherches sont menées sur les gaz rares: dès 1895, Charles Bouchard signale la présence d'hélium et d'argon dans la source de la Raillère à Cauterets, puis à Bagnoles-de-l'Orne. Après avoir cru que la radioactivité pouvait être due au radium, au thorium ou à certains sels contenus dans les eaux minérales, c'est le radon—ou émanation de radium—qui est identifié comme source de la radioactivité des eaux minérales. Commence alors un travail d'analyse et d'étalonnage de la radioactivité de ces eaux, interrompu momentanément par la Grande guerre, et qui verra Luchon, La Bourboule et Plombières se disputer le titre fort convoité de "station la plus radioactive de France"…

S'agit-il pour autant de l'explication ultime de l'action des eaux indéterminées? Rien n'est moins sûr: l'hydrologie ne cesse d'utiliser, de s'approprier, de superposer toutes les découvertes susceptibles d'approfondir ses connaissances[24] mais, parallèlement, il devient, de fait, de plus en plus complexe de classer les eaux minérales, toute classification se révélant inévitablement inaboutie et contestable. C'est ce que reconnaît un traité de clinique hydrologique publié en 1909: "nous devons l'avouer avec modestie: les eaux minérales restent pour

---

Marie Curie, qui a déjà mis en évidence le rayonnement du thorium, extrait de l'uranium deux éléments plus actifs: le polonium (juillet 1898), et le radium (décembre 1898).

[24] "A côté de la radioactivité, des études récentes ont fait découvrir dans les eaux minérales des propriétés nouvelles auxquelles beaucoup d'acteurs seraient tentés d'attribuer une bonne part de l'efficacité mystérieuse de ces eaux; ce sont: d'une part, l'ionisation et d'autre part la présence de substances colloïdales," in G. Parturier, *Rapport sur les eaux de Karlsbad et de Vichy* (Valence/Paris: Impr. Ceas et fils, 1909), 79.

nous ce qu'elles ont été pour l'empirisme de nos pères, des forces naturelles mal connues, et un peu de mystère, dont l'imagination poétique des anciens se plut à voiler les sources, plane encore sur elles."[25]

Jérôme Penez a souligné à quel point toutes ces classifications sacrifiaient à un impératif scientifique censé fonder la crénothérapie sur des connaissances rigoureusement établies. C'est néanmoins sur la base de ces analyses que nombre d'auteurs français se plaisent à souligner la supériorité du patrimoine thermal national, supériorité fondée soit sur la plus grande variété des eaux, soit, à classification chimique égale, sur la meilleure qualité des eaux françaises. "Il suffit de faire un tableau comparatif de la composition des sources," affirme le docteur Bardet, "et je crois que tout juge impartial constatera que nous possédons, en France, des eaux d'une rare variété."[26] Certes, il arrive de rencontrer l'aveu de carences hydrominérales sous la plume d'un hydrologue français, à l'instar de Max Durand-Fardel relevant l'existence, dans le land de Bade, d'eaux bicarbonatées chlorurées sulfatées, "un groupe d'eaux minérales très remarquable, appartenant exclusivement à une région étrangère et dont nous ne possédons pas les similaires."[27] Le guide Dentu de 1892 remarque que l'Espagne possède "une variété très rare d'eaux minérales, les eaux nitrogénées, caractérisées par l'énorme quantité de gaz azote qu'elles renferment;"[28] cependant, dix ans plus tard, le docteur Labat récuse cette classification effectuée par ses confrères ibériques et l'existence d'une famille spécifique d'eaux azotées; il relève par ailleurs "l'infériorité à l'égard de notre groupe pyrénéen" des eaux sulfureuses espagnoles.[29] Il est en effet plus fréquent de voir souligner les faiblesses étrangères. Selon le guide Dentu, "comme dans les régions transrhénanes et transalpines de notre continent, l'Espagne doit envier à la France ses remarquables sources bicarbonatées sodiques."[30] Pour le docteur Labat, "les lacunes hydrologiques sont assez nombreuses pour obliger

---

[25] *Clinique hydrologique* (Paris: Masson, 1909), VI.
[26] G. Bardet, "Lettre ouverte à M. le Professeur Winckler," *Gazette des eaux*, 4 mars 1911.
[27] M. Durand-Fardel, *op. cit.*, 208-09.
[28] J.L. Macquarie, *op. cit.*, 10.
[29] A. Labat, *Climat et eaux minérales d'Espagne, op. cit.*, 77.
[30] J.L. Macquarie, *op. cit.*, 10.

les médecins anglais à diriger leurs malades vers le continent;"[31] ses conclusions sur l'Autriche sont plus nuancées: "les sulfureuses d'Autriche sont supérieures à celles d'Allemagne, sont inférieures à celles des Pyrénées [...]; les alcalines sont plus puissantes que celles d'Allemagne, moins pures que les nôtres comme alcalinité. Pour la cure purgative, la Bohême tient le premier rang en Europe; la Hongrie pour les eaux amères d'exportation."[32]

En ce qui concerne l'Allemagne, il affirme que "l'hydrologie allemande est faible en deux classes; rien de comparable avec notre groupe d'eaux alcalines du plateau central et à notre groupe d'eaux sulfureuses pyrénéennes" avant d'ajouter, dans un souci d'impartialité: "il suffit de constater notre avantage sur ces deux points; aller plus loin, comme l'ont fait quelques-uns de nos auteurs, serait oublier la vérité"[33]... D'autres, après lui, sont moins nuancés, tels le docteur Finck, de Vittel qui, en 1910, en réponse à la question "à quoi tient la supériorité des stations de cures allemandes?," titre de son article, conclut en termes peu amènes "à tout... sauf à la qualité des eaux."[34]

La richesse du patrimoine thermal français est donc mise en avant par les auteurs nationaux: l'éventail des classifications chimiques est tout entier, ou presque, représenté parmi les eaux françaises, contrairement à leur concurrentes étrangères; les éventuelles originalités des sources étrangères sont souvent relativisées: Max Durand-Fardel, relevant la spécificité des eaux du duché de Bade, ajoute immédiatement "qu'il n'en faut pas déduire des spécialisations thérapeutiques dont nous nous trouvions dépourvus."[35] En effet, ce qui importe avant tout, ce sont les propriétés thérapeutiques des eaux: l'approche clinique, en classant les stations par indications thérapeutiques, permet de démontrer qu'en France peuvent être soignées toutes les maladies justiciables d'un traitement thermal.

Les "vertus" des eaux minérales sont connues depuis fort longtemps: elles ont été établies au cours des siècles, de façon empirique,

---

[31] A. Labat, *Climat et eaux minérales d'Angleterre* (Paris: Baillière, 1900), 18.

[32] *Idem, Climat et eaux minérales d'Autriche-Hongrie, op. cit.*, 91.

[33] *Idem, Climat et eaux minérales d'Allemagne, op. cit.*, 93.

[34] Dr Finck, "A quoi tient la supériorité des stations de cures allemandes?," *Province médicale* (31 décembre 1910) repris dans la *Gazette des eaux* du 28 janvier 1911.

[35] M. Durand-Fardel, *op. cit.*, 209.

grâce aux observations cliniques des médecins recueillies par l'Académie de médecine, les Sociétés d'hydrologie[36] et, à la veille de la guerre, l'Institut d'hydrologie et de climatologie médicales de Paris.[37] Même si la crénothérapie couvre un grand éventail pathologique, les médecins thermaux ne prétendent nullement détenir la panacée et signalent les cas où, à l'instar des cancers et des cardiopathies, une cure est inefficace, voire préjudiciable. De plus, ils récusent l'envoi dans les stations de malades contagieux, en particulier les tuberculeux, dangereux pour les autres curistes. La thérapeutique thermale peut ainsi être utilisée comme traitement des maladies chroniques caractérisées par des crises récurrentes. Les cures hydrominérales sont ainsi recommandées pour les maladies métaboliques telles que le diabète, l'obésité[38] ou l'anémie, les affections digestives, intestinales ou rénales,[39] ou encore les pathologies féminines.[40] Certaines eaux ou boues thermales sont efficaces pour soulager les souffrances ostéo-articulaires,[41] soigner les affections respiratoires et oto-rhino-laryngologiques, traiter les maladies cutanées.[42] Un séjour dans une station, parce qu'il associe prise en charge du curiste et repos, peut être profitable en cas de troubles neurologiques ou psychosomatiques.[43]

---

[36] La plus ancienne est la Société d'hydrologie de Paris, fondée en 1853. Les sociétés provinciales sont plus tardives: à la veille de la guerre existe la Société d'hydrologie de Bordeaux et du Sud-Ouest, créée en 1913 par Jean Sellier.

[37] Il est créé en mars 1913 par arrêté du ministre de l'Instruction Publique Louis Barthou, à l'initiative des professeurs Robin et Bardet, mais il ne commence véritablement à fonctionner qu'après la guerre, décernant ses premiers "certificats d'études hydrologiques" en 1920.

[38] Vichy répond par exemple à ces deux indications thérapeutiques, tandis que la réputation de Brides-les-Bains dans le traitement des surcharges pondérales n'est plus à faire.

[39] Contrexéville, Vittel, Evian ou Vichy sont réputées pour leurs cures de diurèse, destinées à éliminer les lithiases (calculs rénaux).

[40] Elles associent souvent troubles gynécoloiques et perturbations veineuses. Plombières ou Salies-de-Béarn ont par exemple fait des "maladies des femmes" l'une de leurs spécialités.

[41] Rhumatismes, goutte, arthrite.

[42] Eczéma, psoriasis, dermatoses, soulagés grâce aux vertus cicatrisantes de certaines eaux. Le traitement de la syphilis est associé à ces maladies dermatologiques.

[43] Désignés par le terme de neurasthénie ou de psychasthénie, voire de névrose.

Pour être efficace, une cure hydrominérale doit être prescrite lors de la phase initiale de la maladie, mais elle peut aussi s'avérer le complément utile d'une intervention chirurgicale en accélérant la cicatrisation de blessures ou la réduction de fractures. Un séjour aux eaux est par ailleurs recommandé pour hâter les convalescences. L'éventail des pathologies est donc large, comme en témoignent les classifications cliniques diffusées dans les ouvrages de médecine ou la presse thermale.

Ce type de classification permet d'expliquer rationnellement la spécialisation des stations hydrominérales, c'est-à-dire la définition, pour chacune d'entre elles, d'indications thérapeutiques principales et secondaires. Cette spécialisation répond elle-même à plusieurs objectifs:

-doter la crénothérapie d'une assise scientifique et fonder une prescription rationalisée des cures thermales. En effet, à l'aube du XX$^e$ siècle, la crénothérapie est toujours en butte à la suspicion, voire la raillerie, d'une partie du corps médical; de grands espoirs sont fondés sur les nouvelles thérapeutiques chimiques, grâce auxquelles on espère réussir à soigner les maladies chroniques constituant le champ d'intervention traditionnel du thermalisme. La spécialisation des stations, renforcée depuis la seconde moitié du XIX$^e$ siècle, doit permettre de crédibiliser le thermalisme.

-limiter la concurrence entre stations françaises,

-donner aux stations thermales une identité spécifique, distincte de celle des autres destinations touristiques,

-lutter contre la concurrence étrangère en utilisant comme argument qu'à chaque pathologie correspondent une ou plusieurs stations françaises. En conséquence, la clientèle nationale qui s'expatrie pour prendre les eaux ne peut arguer de motifs médicaux pour justifier son choix. Plusieurs auteurs français affirment par exemple, au tournant du siècle, que Vichy ne cède en rien à sa rivale Carlsbad:

> si j'avais à établir un parallèle entre les deux médications de Carlsbad et de Vichy, [résume Max Durand-Fardel], je dirais que, parmi les malades qui sont à Carlsbad, le plus grand nombre trouverait à Vichy une médication aussi efficace, beaucoup plus facile et plus inoffensive; et que parmi les malades qui sont à Vichy, un petit nombre aurait trouvé à Carlsbad une médication plus radicale.[44]

---

[44] M. Durand-Fardel, *op. cit.*, 211. Voir aussi A. Labat, *Climat et eaux minérales d'Autriche-Hongrie*, *op. cit.* ou G. Roturier, *op. cit.*

L'exceptionnelle richesse du patrimoine hydrominéral français constitue donc un véritable leitmotiv des écrits nationaux soulignant à la fois la richesse et la diversité des sources hexagonales, tant en termes de composition chimique que d'indications thérapeutiques. Toutefois, lorsqu'il s'agit d'analyser l'utilisation de ce capital extraordinairement varié que les Français sont enclins à glorifier, ces derniers nourrissent un complexe d'infériorité face à l'organisation, au confort, à la modernité de certaines stations étrangères. A la veille de la Grande Guerre, les stations françaises, si nombreuses, à même de soulager tant de maux, sont-elles les plus performantes?

**France, Angleterre, Allemagne: quel modèle pour l'Europe thermale?**

"Reines du thermalisme:" l'expression suggère à la fois nombre et élégance, quantité et qualité de la clientèle. Appliquée à l'échelle européenne, elle invite à se demander quels sont les pays où le thermalisme est le plus développé, les stations les plus fréquentées et les plus réputées. Quelles sont celles qui peuvent constituer des modèles, en matière d'organisation, d'hygiène ou de loisirs? Quelle image du thermalisme européen les écrits français donnent-ils, lorsque la fierté de posséder un patrimoine exceptionnel s'efface devant le sentiment de bien mal l'exploiter?

Il n'est pas aisé de mener une étude quantitative et comparative du thermalisme européen; il faudrait à la fois connaître la fréquentation globale et pouvoir rapporter chaque clientèle nationale à la population totale du pays concerné: les statistiques disponibles pour la Belle Epoque rendent l'entreprise impossible. Ne serait-ce que pour la France, les estimations oscillent, pour la fin du siècle, entre moins de 400 000—372 000 en 1898 selon le docteur Binet[45]—et 700 000 visiteurs pour les plus optimistes. A titre de comparaison, au tournant du siècle, les stations thermales attireraient environ 100 000 personnes en Espagne,[46] 170 000 en Hongrie[47] et, selon le docteur Bardet,[48] 800 000

---

[45] Dr Binet, "Les stations hydrominérales françaises et leur avenir," *op. cit.*

[46] A. Labat, *Climat et eaux minérales d'Espagne, op. cit.*, 21.

[47] *Gazette des Eaux*, 26 avril 1900.

[48] G. Bardet, *Notes hydrologiques: première série–Aux stations minérales d'Allemagne et de Bohême (impressions d'un voyage d'étude)* (Paris: Doin, 1910).

en Allemagne à la veille de la guerre. Il en évalue les recettes, embouteillage compris, à 473 millions de francs[49] contre 120 à 150 millions pour la France.[50] Les chiffres avancés sont variables, sans que soit toujours précisé s'ils correspondent au thermalisme allemand ou austro-allemand,[51] à l'industrie thermale seule ou à l'ensemble des villes d'eaux,[52] ce qui peut entraîner des surestimations. De nombreux ouvrages d'avant-guerre attribuent ainsi au thermalisme germanique un mythique "milliard."

Rien d'étonnant, dans ces conditions, de voir figurer les principales stations allemandes et autrichiennes dans un "palmarès" des villes d'eaux européennes.[53] Wiesbaden dépasse les 100 000 visiteurs depuis les années 1890 alors que Vichy ne les atteint qu'en 1910. La station française arrive en deuxième position devant Baden-Baden et Carlsbad. Et même si le docteur Labat affirme que "Bath et Harrogate comptent autant de visiteurs que Vichy et Carlsbad,"[54] c'est vers l'Europe continentale, et plus particulièrement l'Allemagne et la Bohême que se tournent les regards français.

Bien plus que les chiffres bruts, c'est l'évolution de la fréquentation des villes d'eaux qui intéresse les observateurs français. Or, ils sont unanimes: ce sont les stations allemandes et autrichiennes qui enregistrent les plus forts gains de clientèle, laquelle aurait doublé dans le dernier quart du siècle selon le docteur Labat[55] et enregistré une hausse moyenne de clientèle de plus de 40% entre 1885 et 1895

---

[49] Le chiffre de 472 500 millions figure également dans *La crise des stations françaises de cure et les remèdes à lui opposer* (Paris: Doin, 1910), 15.

[50] G. Bardet, *Gazette des eaux*, 28 janvier 1911.

[51] Une brochure d'après-guerre affirme que "les statistiques officielles évaluent à près de 900 millions par an l'argent apporté par la clientèle étrangère, et principalement la clientèle russe, dans les stations allemandes et autrichiennes." *Stations thermales des Eaux-Bonnes, près Pau (Basses-Pyrénées),* s.l.n.d., non paginé.

[52] Selon Louis Lavielle, le chiffre de 600 millions correspond aux recettes de l'industrie balnéaire regroupant la fréquentation des stations thermales et balnéaires, ainsi que l'embouteillage des eaux minérales. L. Lavielle, *Ce que j'ai vu en Allemagne (notes et impressions d'un voyage d'études aux stations thermales* (Paris: Maloine, 1913), 110.

[53] Cf. Tableau 1 et graphique 1.

[54] A. Labat, *Climat et eaux minérales d'Angleterre, op. cit.*, 17.

[55] Idem, *Climat et eaux minérales d'Autriche-Hongrie, op. cit.*, XV.

selon le docteur Binet, contre 33% pour les stations françaises.[56] Cette progression se poursuit au début du siècle: 66% de clientèle en plus à Wiesbaden entre 1902 et 1912, contre 35% à Vichy pour la même décennie, tandis que Baden-Baden et Carlsbad enregistrent des taux similaires.

Comment l'expliquer? Différents éléments sont mis en avant: l'absence ou la faiblesse, pour ces pays, de concurrence des bains de mer, alors qu'en France, les stations balnéaires détournent une partie de la clientèle potentielle des communes hydrominérales; une position centrale en Europe, propice à attirer la clientèle des pays nordiques; une publicité parfaitement organisée. Et surtout, ainsi que le mentionne l'*Annuaire des eaux minérales*: "la parfaite organisation des établissements thermaux, organisation qui devrait servir de modèle à la nôtre parfois si défectueuse."[57]

**Tableau 1 – Les principales stations d'Europe continentale en nombre de visiteurs (1892-1912)**

|  | 1882 | 1892 | 1898 | 1899 | 1902 | 1912 |
|---|---|---|---|---|---|---|
|  | 80 000 |  | 118 995 | 123 192 | 120 000 | 200 000 |
| **Vichy** |  |  |  |  | 71 134 | 100 000 |
| **Baden-Baden** |  |  | 69 185 | 73 419 | 60 000 | 80 000 |
| **Carlsbad** |  | 35 000 | 46 904 | 50 543 | 52 000 | 70 000 |
| **Aix-les-Bains** |  |  |  |  |  | 40 000 |
| **Aix-la-Chapelle** |  |  | Wiesba den |  | 40 000 |  |
| **Nauheim** |  |  |  |  | 23 000 | 38 000 |
| **Marienbad** | 12 000 |  |  | 21 275 | 23 000 | 35 000 |
| **Spa** |  |  |  |  |  | 20 000 |

[56] Dr Binet, "Les stations hydrominérales françaises et leur avenir," *op. cit.* L'auteur reprend les chiffres avancés par l'un de ses confrères, le docteur Caulet, dans le même journal, le 30 juillet 1896: il y soulignait la progression, sur la décennie 1885-1895, des stations autrichiennes–Ischl (94%), Baden (70%), Carlsbad (53%), Marienbad (49%)–et allemandes–Nauheim (173%), Wiesbaden (40%), Kissingen (21%), Baden-Baden (17%). La progression des stations françaises était moindre: 31% pour Aix-les-Bains, 30% pour Vichy, 19% pour Luchon.
[57] *Annuaire des eaux minérales..., op. cit.*, 129.

Sources: A. Labat, *Climat et eaux minérales d'Allemagne* (Paris: Baillière, 1902),et *Climat et eaux minérales d'Autriche-Hongrie* (Paris: Baillière, 1903); *Gazette des eaux*, 13 septembre 1900; Archives départementales de l'Allier, 1 M 753; N. Mangin, *La vie de société dans les villes d'eaux européennes de 1850 à 1914 - cosmopolitisme et nationalisme* (Thèse de doctorat, Université de Paris IV, 1994).

**Graphique 1 – Vichy et la concurrence austro-allemande (1898-1912)**

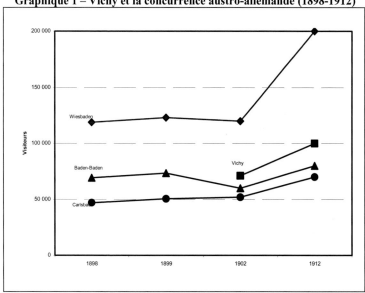

Sources: A. Labat, *Climat et eaux minérales d'Allemagne* (Paris: Baillière, 1902), et *Climat et eaux minérales d'Autriche-Hongrie* (Paris: Baillière, 1903); *Gazette des eaux*, 13 septembre 1900; Archives départementales de l'Allier, 1 M 753; N. Mangin, *La vie de société dans les villes d'eaux européennes de 1850 à 1914 - cosmopolitisme et nationalisme* (Thèse de doctorat, Université de Paris IV, 1994).

"Modèle:" le mot est lâché... Quelle réalité—ou quel idéal—recouvre-t-il? Quels sont les éléments à partir desquels une nation peut prétendre s'ériger en modèle thermal? Il ne suffit pas de compter beaucoup de sources: l'Espagne, richement pourvue, est ainsi volontiers perçue par les observateurs français comme un pays thermal en friche. Il ne suffit pas non plus de compter une ou deux stations prestigieuses: l'Italie, malgré l'existence de quelques villes d'eaux renommées—Montecatini, Lucques, Castellamare—ou la Belgique, bien que la réputation de Spa ne soit plus à faire, sont hors course. Le cas de l'Angleterre est plus complexe, car Bath peut, à bien des égards, faire figure de modèle. Mais cette prestigieuse ville d'eaux est perçue comme une exception parmi des stations essentiellement alimentées par une clientèle nationale, et dont certaines sont entrées dans une phase de "décadence," terme utilisé par Labat à propos de Cheltenham.[58] Les observateurs français pensent que l'âge d'or du thermalisme britannique appartient au passé, alors que la structure et la progression des stations d'Allemagne et de Bohême laisse au contraire augurer un brillant avenir. Le docteur Bardet s'exclame ainsi dans les colonnes de la *Gazette des eaux* du 28 janvier 1911:

> le nombre des stations [françaises] qui reçoivent plus de vingt mille malades est extraordinairement restreint, au contraire, l'Allemagne compte une quinzaine de stations qui dépassent de beaucoup ce chiffre. En France, une station secondaire qui voit venir chaque année deux à quatre mille étrangers peut être considérée comme très heureuse, et rare. En Allemagne, les stations de second ordre qui reçoivent chaque année de deux mille à douze mille personnes sont au nombre de quarante à cinquante. Il suffit de pareils chiffres pour faire constater l'infériorité de notre situation.[59]

Cette réussite de l'Allemagne, et secondairement de l'Autriche, constitue un thème récurrent du discours français. Il faut rappeler qu'après la défaite de 1871, le monde thermal français avait sombré dans une véritable "croisade patriotique."[60] A la fin du siècle, celle-ci n'est plus à l'ordre du jour en des termes aussi virulents, mais n'en a

---

[58] "Cheltenham, comme Leamington, est devenu un rendez-vous de chasse pour l'hiver, un séjour d'été plus frais et un lieu de gymnases pour la jeunesse" in A. Labat, *Climat et eaux minérales d'Angleterre, op. cit.*, 30.

[59] "Note du Docteur Bardet," *Gazette des eaux*, 28 janvier 1911.

[60] N. Mangin, *La vie de société dans les villes d'eaux européennes de 1850 à 1914–cosmopolitisme et nationalisme* (Thèse de doctorat, Université de Paris IV, 1994), 269 et suivantes.

pas moins laissé des traces, comme en témoignent les attaques que subit Georges Clemenceau, fidèle client des stations de Bohême jusqu'à la Grande guerre. La rivalité n'a pas disparu, loin s'en faut, mais les Français s'efforcent désormais d'analyser rationnellement qualités et défauts du thermalisme austro-allemand.

A cet égard, les écrits du docteur Labat, en 1902-1903, font date: la *Gazette des eaux*, pourtant fer de lance du patriotisme thermal par le passé, salue la parution de l'ouvrage *Climat et eaux minérales d'Allemagne* comme la fin d'une "bouderie qui n'avait rien de scientifique."[61] D'autres ouvrages suivent, en particulier les *Notes hydrologiques* du docteur Bardet en 1910 et *Ce que j'ai vu en Allemagne* de Louis Lavielle en 1913.[62] Le climat international s'assombrissant, ces deux auteurs se sentent néanmoins obligés de prendre quelques précautions oratoires, le premier en reconnaissant: "il est possible qu'en voyant le tableau que j'ai dressé de nos heureuses rivales d'Allemagne et de Bohême, plus d'un confrère hydrologue soit tenté de me reprocher de mettre en évidence la supériorité de nos concurrentes,"[63] le second en affirmant qu'il n'est pas "de ceux qui éprouvent une admiration de principe pour tout ce qui est étranger, à plus forte raison pour l'Allemagne."[64] Vaines précautions qui n'empêchent pas la polémique d'enfler entre partisans d'une analyse sans fard, fût-elle blessante pour l'orgueil français, et défenseurs d'un discours patriotique s'abstenant d'un éloge trop appuyé à l'égard de l'Allemagne.[65] Car par un jeu de miroir inversé, chaque compliment fait à l'Allemagne renvoie en effet à une carence française.

---

[61] *Gazette des eaux*, 28 août 1902.

[62] L. Lavielle, *op. cit.*

[63] G. Bardet, *op. cit.,* 14.

[64] L. Lavielle, *op. cit.* , 33.

[65] La *Gazette des Eaux* apporte par exemple un soutien modéré à l'ouvrage de Bardet: "doit-on approuver sans réserves la sincérité forcément brutale qui caractérise l'aveu d'une infériorité d'organisation indiscutable? Doit-on chanter au contraire sur le mode majeur toute la série des richesses incontestées de son propre sol et s'opiniâtrer systématiquement dans la sourde ignorance des imperfections matérielles de leur organisation? Je laisse aux lecteurs des *Notes hydrologiques* de M. Bardet le soin d'en décider. Pour mon compte, je crois qu'il faut approuver cette entreprise pleine de hardiesse et, s'il y a parfois quelques réserves à faire sur certaines interprétations, ces notes n'en constituent pas moins le plus indispensable cri d'alarme pour préserver nos stations françaises du péril sérieux qui les guette. […] Je l'approuve

En premier lieu, l'agencement et la propreté des stations germaniques frappent tous les observateurs, français ou non, à l'instar du docteur Neville Wood:

> en France, les stations thermales semblent avoir grandi naturellement [...]; la route relativement large qui traverse le village devient la rue principale à mesure que s'élèvent les plus belles maisons et les petites rues se modifient au fur et à mesure que la nécessité s'en fait sentir, sans qu'on puisse prévoir que lorsque la ville aura pris plus d'importance, leur étroitesse diminuera sa grandeur. En Allemagne, je ne sais si la chose a été prévue d'avance, mais les villes qui ont atteint leur développement complet paraissent avoir été dessinées en vue de leur développement final. C'est pourquoi les villes d'eaux allemandes ont des promenades publiques et des lieux de réunion mieux installés et plus spacieux, en même temps que leurs rues ont un aspect plus grandiose. En France, "quelques" stations thermales sont abominablement mal tenues: sur les bords de charmants petits ruisseaux, on trouve toutes sortes d'ordures, et le long des routes on voit des choses qu'il vaut mieux ne pas essayer de décrire. En Allemagne, d'autre part, nous trouvons une propreté méticuleuse qui nous rappelle le pont d'un cuirassé.[66]

Même si le médecin britannique adoucit ses propos en affirmant que "dans l'ensemble, le Français est un voisin plus agréable que le Teuton," le jugement n'en est pas moins sévère. Côté français, il tourne au *mea culpa*: "la distance est encore énorme entre la propreté des villes d'eaux étrangères et la négligence qu'on est forcé de constater dans beaucoup des nôtres" reconnaît le docteur Bardet,[67] tandis que Louis Lavielle admet que "ce qui nous étonne par-dessus

---

d'avoir fait l'apologie de la méthode allemande, afin de nous la présenter comme un modèle; mais je crois qu'il aurait pu remplir aussi intégralement sa mission en conservant davantage à ses exemples un anonymat relatif qui ne lui eut point mérité, dans une certaine mesure, le reproche d'apologiste d'une eau minérale étrangère" (*Gazette des Eaux*, 19 mars 1910). Le même journal juge que l'ouvrage de Louis Lavielle montre "un enthousiasme exagéré pour certaines stations balnéaires d'Allemagne" (*Gazette des Eaux*, 26 avril 1913).

[66] N. Wood, *Spa Treatment; Selection of Patients and the Choice of a Suitable Spa* (Londres: Adlard and Son, 1910): propos retranscrits dans la *Gazette des eaux* du 7 mai 1910 sous le titre "Les stations thermales françaises et allemandes jugées par un Anglais."

[67] G. Bardet, *op. cit.,* 67.

tout et nous humilie à la fois dans une ville d'eaux allemande, nous, Français, c'est la belle tenue de la ville, la propreté rigoureuse."[68] Ces dernières s'expliquent, aux dires des médecins français, par l'autorité incontestée dont jouissent leurs confrères. Présentant Bad-Kissingen comme l'archétype de la station allemande, le docteur Bardet écrit ainsi: "la Société des médecins, rigoureusement toute puissante, comme dans toutes les villes d'eaux allemandes, a beaucoup obtenu de la municipalité et de l'administration des bains. [...] Le médecin est véritablement le maître et toute décision prise par la Société des praticiens fait loi."[69]

Aussi les stations germaniques peuvent-elles mettre en œuvre des règlements: interdiction de jeter des papiers dans les parcs, de marcher sur les pelouses, de déplacer les bancs ou de dégrader le parc en cueillant des fleurs, alors qu'aux dires des médecins français, ces mêmes mesures, en France, sont considérées toutes comme vexatoires et portant atteinte à la liberté: "essayez donc dans une station française de réserver des bancs ou des sièges pour les baigneurs," s'exclame le docteur Lavielle, "ils seront immédiatement jetés à bas et détruits par la population indigène, ennemie des privilèges."[70]

Second point fort du thermalisme germanique: la cure elle-même, qui diverge sensiblement de la conception française. "La cure qui nous préoccupe se caractérise par la multiplicité des agents employés," écrit le docteur Labat: "à l'eau naturelle s'ajoutent des boissons diverses constituées artificiellement par l'addition de gaz et de sels divers [...]; viennent ensuite le lait, le petit-lait (*molken*)" [71] qui, en Autriche, est "préparé au moyen de la présure avec le lait de vache, chèvre et brebis, suivant le goût et les besoins des clients et arrive, le matin, tout chaud, dans les hottes qu'apportent les Tyroliens en costume. Il est jaune verdâtre, un peu trouble, fade, à réaction acide légère."[72] Quant au "jus d'herbe (*krautersaft*),"c'est "un liquide verdâtre, épais, acide, âcre, peu digestif;" aux dires du docteur Labat, "il faut un certain courage pour en boire tous les matins."[73]

---

[68] L. Lavielle, *op. cit.* , 9.

[69] G. Bardet, *op. cit.,* 22-23.

[70] L. Lavielle, *op. cit.,* 19.

[71] A. Labat, *Climat et eaux minérales d'Allemagne, op. cit.,* XIV.

[72] Idem, *Climat et eaux minérales d'Autriche-Hongrie, op. cit.,* 7.

[73] *Ibid,* 8.

La variété des ressources hydrominérales françaises rend inutile l'importation de ces pratiques, d'ailleurs fort peu en vogue en France, et pour certaines condamnées par le corps médical français, tel le recours aux eaux artificielles qui "tend à discréditer le traitement thermal naturel."[74] L'exemple allemand invite toutefois à envisager une meilleure rentabilisation des sources par l'adoption d'une conception plus large du thermalisme:

> nos eaux minérales, [affirme le docteur Bardet], gagneraient certainement beaucoup si nous savions varier davantage leurs modes d'utilisation. Nos stations surtout prendraient plus de valeur économique si nous savions les doter d'une foule d'accessoires qui n'enlèveraient rien à la puissance de l'eau elle-même, mais qui permettrait de mieux occuper le temps du malade et de traiter tous les phénomènes morbides qu'il peut présenter.[75]

L'un de ses confrères ajoute: "on ne saurait méconnaître que le public des malades approuve hautement cette manière de procéder, la preuve en est dans l'affluence aux stations étrangères qui ont su s'outiller de cette manière."[76] Or, l'enjeu est bien d'attirer la clientèle, et, sur ce dernier point, les stations austro-allemandes semblent jouir d'un double avantage. D'abord, selon les auteurs français, les Allemands ne vont guère prendre les eaux hors de chez eux,[77] mais se rendent en masse dans leurs propres stations: "leçon de patriotisme"[78] pour les uns, puissant protectionnisme ruinant toute possibilité d'un libre échange des malades pour les autres.[79] Ensuite, plusieurs villes d'eaux germaniques reçoivent une clientèle cosmopolite.[80] La force d'attraction des stations austro-allemandes est attribuée, non seulement à leurs qualités intrinsèques, déjà évoquées, mais aussi à

---

[74] A. Labat, *Climat et eaux minérales d'Allemagne, op. cit.*, XIV.

[75] G. Bardet, *Notes hydrologiques: première série..., op. cit.*, 106.

[76] *La crise des stations françaises..., op. cit.*, 9-11.

[77] Assertion contestable: en 1906, Vichy reçoit par exemple 1643 Allemands et 815 Austro-Hongrois.

[78] Dr Bartoli, "A quoi les stations d'eaux étrangères doivent-elles la vogue qu'elles ont en France," *Gazette médicale du Centre*, juillet 1903.

[79] Dr Finck, *op. cit.*

[80] Selon Nathalie Mongin, *op. cit.,* 325, au tournant du siècle, Carlsbad reçoit 60% d'étrangers. La *Gazette des eaux* avance cependant, pour l'année 1899, le chiffre de 13 748 étrangers sur 50 543, soit 27%.

l'intense propagande menée par les médecins et les responsables thermaux d'outre-Rhin, qui diffusent livres et brochures vantant les mérites de leurs stations et n'hésitent pas à démarcher leur future clientèle. Régulièrement, la *Gazette des eaux* s'insurge contre des méthodes jugées agressives, voire frauduleuses, et dénonce la mauvaise foi de certaines publications accusées de passer sous silence, ou presque, les mérites des stations françaises. Avec la détérioration du climat international, notamment avec les crises marocaines de 1906 et 1911, les propos français se font de plus en plus acrimonieux.

Force est de constater que les médecins français, unanimes à proclamer la supériorité du patrimoine thermal hexagonal, s'inclinent au contraire devant l'organisation et l'hygiène des stations austro-allemandes. Ils en soulignent la qualité d'accueil et d'hébergement, alors que l'industrie hôtelière française est décrite comme dramatiquement déficiente. Comment mettre fin à cette humiliante comparaison et hisser les villes d'eaux françaises au niveau de leurs redoutables rivales?

## Comment faire des stations françaises les "reines" de l'Europe?

A l'issue de son étude comparative, le docteur Bardet attribue l'infériorité française à trois facteurs—"enseignement hydrologique nul, absence de cure-taxe et médiocrité des hôtels."[81] Pour assurer la prospérité de ses stations, la France doit, selon lui, mettre en œuvre des réformes, en grande partie inspirées du modèle allemand. Articulés autour de deux axes principaux—faut-il interdire les jeux dans les stations? Faut-il instaurer une *kurtax*?—les débats français renvoient finalement à une autre question: faut-il reproduire à l'identique le modèle austro-hongrois?

Dans la seconde moitié du XIX$^e$ siècle, le développement des jeux d'argent dans les casinos français a incontestablement renforcé leur pouvoir d'attraction et, ce faisant, celui des villes qui en sont dotées. Cependant, l'accumulation de mesures administratives contradictoires rend nécessaire la clarification du régime du jeu. Au début du XX$^e$ siècle, les villes d'eaux françaises bénéficient en effet d'une tolérance à la limite de l'illégalité: si l'exploitation publique des jeux a été interdite par l'ordonnance de 1781, un décret impérial de 1806 a

---

[81] G. Bardet, *op. cit.,* 129.

instauré une exception au bénéfice des "lieux où il existe des eaux minérales," ainsi que pour la ville de Paris. Cependant, quatre ans plus tard, le Code pénal a sanctionné toute exploitation publique du jeu.[82] Paris a fait l'objet d'une nouvelle dérogation, par une ordonnance du 4 août 1818. Toutefois, en 1836[83] puis en 1885, le caractère délictueux de la tenue de jeux de hasard dans un lieu public—c'est-à-dire une salle où les joueurs sont librement admis[84]—a été confirmé. Le statut des casinos est alors ambigu car, en dépit des droits d'entrée et autres abonnements qui en font théoriquement des lieux "fermés," ne sont-ils pas, en réalité, des lieux ouverts à tous?[85] Ils sont au nombre de 179 au début du XXe siècle;[86] leur autorisation, accordée en vertu du décret de 1806, est théoriquement caduque. En 1902, le Conseil d'Etat est appelé à se prononcer sur la légalité du casino de Néris-les-Bains, frappé d'interdit par un arrêté municipal: à cette occasion, il réaffirme l'interdiction de 1836, proclame la nullité de toute autorisation antérieure et condamne la tolérance ayant jusque-là prévalu. Les casinos des stations thermales et balnéaires sont les premiers concernés: c'est alors qu'en 1904 s'ouvre au Parlement la discussion du projet de loi Combes-Vallé[87] sur le régime des jeux. Chambre et Sénat deviennent le théâtre d'un affrontement entre deux conceptions radicalement

---

[82] L'article 410 condamne la tenue de maisons de jeux; l'article 475 interdit la tenue de loterie ou de jeux de hasard dans la rue et dans les lieux publics.

[83] Loi de finances du 14 juillet 1836, article 10.

[84] Les parties organisées sur invitation et les cercles privés dûment autorisés, réservés aux seuls sociétaires, ne sont donc pas concernés.

[85] M. de Lamarzelle, sénateur du Morbihan, s'exclame: "Qu'est-ce qui fait qu'une maison de jeux rapporte de l'argent? Qu'est-ce qui fait qu'elle est, comme vous le prétendez, nécessaire, à cause de son grand rapport, à la ville d'eau? Sa raison d'être, la source de ses bénéfices, c'est que ceux qui viennent dans la ville peuvent y entrer tous, sans distinction ni exception. [...] Les abus très nombreux se commettent sous l'œil bienveillant de la police; on voit s'installer un peu partout des petits chevaux, notamment dans les cafés de Vichy, [dans] les tripots interlopes et les petits établissements, si nombreux dans certaines stations, que fréquente la clientèle des petits artisans et des employés d'hôtels qui viennent y perdre le salaire de la semaine," *Débats parlementaires*, Sénat, séance du 31 mai 1907.

[86] Selon Albert Sarrault, sous-secrétaire d'Etat au ministère de l'Intérieur, *Documents parlementaires*, Sénat, séance du 31 mai 1907.

[87] Du nom d'Emile Combes, alors Président du Conseil, ministre de l'Intérieur et des Cultes, et de M. Vallé, Garde des Sceaux.

opposées, entre "moralistes," partisans de l'interdiction des jeux dans les casinos, et "pragmatiques," favorables à l'utilisation d'une partie de l'argent des jeux à des fins plus honorables. Les "moralistes" veulent interdire le jeu par principe, par opposition irréductible à ce vice responsable de la ruine des joueurs et du désespoir de milliers de familles; ils sont donc hostiles à tout régime d'exception en faveur des villes touristiques. Ils récusent au jeu toute nécessité économique, le rendant au contraire responsable du déclin des stations françaises depuis les années 1870: "les villes d'eaux, en France, ont cessé peu à peu d'être des villes d'eaux pour devenir presque uniquement des villes de plaisir et des villes de jeu. Et alors, ceux qui veulent véritablement se soigner les fuient, ces villes de jeu et de plaisir, et vont chercher ailleurs le repos."[88]

Une partie du corps médical des stations apporte son soutien au projet d'interdiction du jeu dans les casinos: l'excitation, les veilles prolongées, les soucis causés par les pertes d'argent nuisent au bon déroulement de la cure; même si tous les visiteurs ne sont pas des valétudinaires et si les casinos répondent aux attentes de certains touristes, les malades en pâtissent. Aux yeux de ces médecins, la renaissance des villes d'eaux françaises passe par un retour à leur vocation médicale. Ces partisans de l'interdiction des jeux s'appuient sur l'exemple allemand: les stations d'outre-Rhin, où le jeu a été interdit en 1872, ont certes, dans un premier temps, perdu une partie de leur clientèle mais ont depuis enregistré une reprise fulgurante. Selon le docteur Caulet, "au lieu des noceurs et des chevaliers de la roulette et du trente-et-quarante, accompagnés de l'armée de Cythère, on vit des familles nombreuses et riches se fixer dans les stations."[89] Mais l'exemple étranger est à double tranchant: en Belgique, les jeux viennent d'être interdits; Ostende et Spa, dont la fréquentation s'est effondrée, réclament une compensation financière[90] et l'on parle d'autoriser à nouveau les jeux.

En France, les défenseurs des casinos sont légion. Ils poussent leurs adversaires dans leurs retranchements: si tous les jeux relèvent du vice, il faut alors tous les interdire, y compris le P.M.U. Si certains

---

[88] M. de Lamarzelle, *op. cit.*

[89] Dr Caulet, "Du développement et des traditions des stations thermales allemandes," *Gazette des eaux*, 6 août 1896.

[90] Les jeux avaient déjà été interdits en 1872 et les villes lésées indemnisées.

sont tolérés, pourquoi en interdire d'autres? A l'instar du député Marcel Régnier,[91] ils considèrent que le jeu n'est pas:

> immoral, antisocial, au sens absolu où le sont, par exemple, le faux, le vol, l'adultère. Il est simplement antiéconomique. Dès lors, si dans certaines conditions de temps et de lieu, la tolérance des jeux répond à de sérieux intérêts économiques et favorise la prospérité nationale elle-même, [il faut] faire fléchir un principe abstrait devant le bien général.[92]

A défaut de pouvoir éradiquer le jeu, qui renaîtrait inexorablement sous forme clandestine, mieux vaut donc le rendre utile par un prélèvement financier apportant de nouvelles ressources à l'Etat et aux municipalités. Ces dernières doivent en effet faire face à de gros investissements pour présenter aux visiteurs de meilleures conditions d'hygiène, de confort et d'agrément; beaucoup se sont endettées pour procéder à des travaux d'assainissement et d'embellissement, en gageant leurs emprunts sur le produit des jeux ou les redevances des casinos.[93] Les communes hydrominérales n'hésitent d'ailleurs pas à recourir à un chantage à peine déguisé: selon elles, en les laissant souscrire ces emprunts, le Parlement a contracté à leur égard un engagement moral; s'il ordonne la fermeture des salles de jeux des casinos, cela engendrera immédiatement la faillite de ces établissements, des communes et des principaux acteurs économiques des villes d'eaux.[94] Malgré un fort courant favorable à l'interdiction des jeux dans les casinos français, la loi du 15 juin 1907 consacre finalement le triomphe du pragmatisme sur le moralisme en accordant une déroga-

---

[91] Député de l'Allier, dépositaire en 1907 de la proposition de loi en visant à autoriser et réglementer le jeu dans les stations.

[92] *Documents parlementaires*, Chambre des Députés, Annexe n°707 au *JO* du 29 janvier 1907.

[93] Pour les communes dotées d'un casino municipal.

[94] Selon L. Puech, député de la Seine, "à côté des municipalités, il y a les innombrables hôtels qui se sont établis, il y a tout ce monde d'ouvriers, d'employés, d'artisans, de commerçants et d'industriels qui ne vivent que de la station, et il faut bien le reconnaître, de la prospérité de la station. Or, la prospérité de la station se confond la plupart du temps avec l'autorisation de jouer," *Débats parlementaires*, Chambre des députés, séance du 18 mars 1907.

tion aux "stations balnéaires, thermales et climatiques."[95] En contre-partie, un prélèvement de 15% est désormais opéré sur le produit brut des jeux au profit d'œuvres d'assistance et de bienfaisance,[96] indépen-damment des conditions imposées par les cahiers des charges au profit des communes. Ainsi, au terme d'un débat houleux, la loi réaffirme le privilège des villes saisonnières en matière de jeu. En 1912, le ministre des Finances Lucien Klotz résume ainsi la position du gouvernement:

> la question des jeux relève de la morale publique dont l'Etat est le gardien. Elle intéresse, au premier chef, la prospérité des stations balnéaires et climatériques dont les conseils municipaux sont les représentants. L'Etat ne peut faire fléchir la prohibition édictée dans un intérêt supérieur qu'en considération des nécessités qui s'imposent aux localités fréquentées par une clientèle étrangère. Tels sont les deux seuls facteurs du problème, et celui-ci ne met en présence des concessionnaires que l'Etat, en vertu de son droit de haute police, et la commune, en vertu de son droit de contractant. Le premier exige un prélèvement dont il ne retient pas un centime et qui, consacré à des œuvres de bienfaisance, forme en quelque sorte la rançon du plaisir et de la prodigalité. La commune perçoit une redevance dont le but et la raison d'être sont précisément d'assurer aux stations les avantages en considération desquels l'autorisation est accordée aux casinos.[97]

Ce débat, à peine clos, en relance un second: la commission parle-mentaire chargée d'examiner le projet sur le régime des jeux, alors favorable à l'interdiction, avait en effet suggéré dans ses conclusions: "si des stations thermales ont légitimement besoin de certaines subventions, qu'elles les réclament au grand jour sous la forme d'une rétribution imposée à leurs visiteurs. Il y a peut-être de ce côté des

---

[95] "Par dérogation à l'article 410 du code pénal, il pourra être accordé aux cercles et casinos des stations balnéaires, thermales ou climatériques [...] l'autorisation temporaire, limitée à la saison des étrangers, d'ouvrir au public des locaux spéciaux, distincts et séparés où seront pratiqués certains jeux de hasard," loi du 15 juin 1907, article 1, *JO* du 16 juin 1907, 4177-4178.

[96] Le principe d'une redistribution partielle des gains au profit d'œuvres de bienfaisance était déjà appliqué avec le droit des pauvres sur les spectacles ou le prélèvement sur le Pari Mutuel depuis 1891. Le prélèvement sur le produit des jeux en faveur des œuvres d'assistance rapporta 42 millions entre 1907 et 1913.

[97] *Documents parlementaires*, Chambre des députés, Annexe n°2306 au *JO* du 26 novembre 1912.

mesures à prendre qui sont en vigueur dans d'autres pays et qui ne semblent pas soulever d'objection majeure."[98]

Toute la réflexion politique et économique sur l'instauration d'une taxe de séjour en France s'appuie, une nouvelle fois, sur l'exemple germanique: adoptée à Ems en 1848, Soden en 1861 et Wiesbaden en 1870 puis étendue, après l'interdiction du jeu, à l'ensemble des stations austro-allemandes, la *"kurtax"* est acquittée par tout étranger, curiste ou simple touriste. Selon les stations, elle est perçue à partir du cinquième, sixième ou huitième jour et donne accès à la buvette, à l'entrée du parc et du casino. En Autriche ou en Suisse, elle est doublée d'une taxe de musique. Fournissant des fonds importants, permettant la réalisation de travaux d'aménagement et d'embellisse-ment, elle a pallié la disparition des ressources financières procurées par les jeux. C'est pourquoi, en France, les adversaires du jeu ont prôné son adoption en tant que source de revenus aussi honorable qu'efficace. Les jeux ne sont pas abolis, qu'importe! L'instauration d'une taxe de cure est tout de même envisagée.

Dès 1896, la Société d'hydrologie de Paris et le Syndicat des médecins des stations balnéaires et sanitaires de France se sont décla-rés favorables à son instauration en France, tout en soulignant de prévisibles difficultés d'application. Au début du siècle, la question est reprise lors de différents congrès d'hydrologie. Après une première mouture déposée en janvier 1905, le projet de loi Clemenceau-Caillaux sur "la création de stations hydrominérales et l'établissement de taxes spéciales" est déposé en juillet 1907, puis adopté par les députés le 25 juin 1908. Il cherche à concilier la nécessité de doter les communes thermales d'une ressource budgétaire extraordinaire leur permettant de faire face aux dépenses liées à l'afflux de population saisonnière avec le respect des prérogatives municipales et la volonté de porter secours aux nécessiteux. Il prévoit la mise en place d'une procédure de classement des stations, la perception de différentes contributions,[99] parmi lesquelles une "taxe de saison." Ce terme a été

---

[98] Cruppi, "Rapport de la Commission de la réforme judiciaire et de la législation civile et criminelle, chargée d'examiner le projet de loi sur le régime des jeux," *Documents parlementaires*, Chambre des Députés, Annexe n°2171 au *JO* du 22 décembre 1904.

[99] Taxe de séjour, taxe sur les spectacles, droits d'entrée aux courses et au casino.

préféré à une traduction littérale de "*kurtax*" en "cure-taxe" ou "taxe de cure," de peur que les simples touristes refusent de la payer.[100] Lors de la navette parlementaire, les sénateurs, tout en étendant les dispositions aux stations climatiques, simplifient le projet initial en instaurant une taxe unique désormais désignée sous le terme de "taxe de séjour." Cette taxe, contrairement au modèle germanique, peut être perçue dès le premier jour de visite; point capital, elle demeure facultative car de nombreuses stations ont exprimé des réserves.[101]

Au terme de la procédure parlementaire, la loi du 13 avril 1910 autorise donc les stations thermales classées[102] à percevoir une taxe de séjour; seules les communes classées peuvent solliciter l'autorisation

---

[100] Dans le texte voté par mes députés, la "taxe de saison" aurait été réclamée à partir du cinquième jour de séjour par l'intermédiaire des hôteliers et logeurs. Ces derniers protestent contre leur transformation en percepteurs directs et responsables de la taxe. Ils estiment qu'il risque de leur être préjudiciable d'avoir à contraindre les clients récalcitrants.

[101] Les petites stations sont les plus réticentes et craignent une stratégie retorse des grandes villes d'eaux: "il est inadmissible en effet qu'on puisse laisser aux stations importantes et riches le droit de supprimer la taxe de séjour, et conséquemment d'écraser les petites stations rivales qui, elles, ayant peu de ressources, se seraient vues dans l'obligation de l'établir. On nous objectera bien que certaines grandes stations demandent la taxe. Rien ne nous prouve qu'une fois cette même taxe établie dans les petites stations aux budgets restreints et des dépenses engagées sur ces recettes nouvelles, recettes devenues par conséquent indispensables, rien ne nous prouve que ces mêmes grandes stations pourvues de budgets plus prospères et plus élastiques, n'en profiteront pas alors pour supprimer chez elles la taxe et attirer ainsi à elles la clientèle." Ville de Salies-de-Béarn, *Rapport sur la cure-taxe (28 mars 1909)*, Archives communales de Salies-de-Béarn, 2 L 28.

[102] "Toute commune, fraction de commune ou groupe de communes qui possède sur son territoire soit une ou plusieurs sources d'eaux minérales, soit un établissement exploitant une ou plusieurs sources d'eaux minérales, peut être érigée en station hydrominérale." Le classement est décidé en Conseil d'Etat après consultation de l'Académie de médecine, du Conseil supérieur d'hygiène publique de France et de la Commission permanente des stations hydrominérales et climatiques. Il "a pour objet de faciliter le traitement des indigents et de favoriser la fréquentation de la station et son développement par des travaux d'assainissement ou d'embellissement," après avis d'une Chambre d'industrie thermale (ou climatique). Loi du 13 avril 1910, article 1, *JO* du 15 avril 1910, 3429-3430, complétée par le décret du 26 juin 1911 qui en précise les modalités d'application.

d'exploiter les jeux.[103] Entre 1910 et 1914, 39 communes obtiennent leur classement en station hydrominérale, soit un tiers environ des localités communément reconnues comme étant des villes d'eaux. Dix d'entre elles instaurent une taxe de séjour[104] sans, semble-t-il, pâtir de cette décision;[105] la crainte de rebuter la clientèle demeure cependant suffisamment vivace pour que l'opportunité offerte par la loi soit modérément utilisée avant la Première guerre mondiale. Rendre la taxe de séjour obligatoire, sur le modèle allemand, constituera l'un des débats d'après-guerre.

Pour l'heure, ces réformes suscitent une ultime question: faut-il copier le modèle allemand en tous points? La transposition du modèle germanique en France n'est pas sans faire grincer quelques dents: le docteur Mazeran, par exemple, s'insurge du fait que:

> depuis déjà un certain nombre d'années, […] les progrès réalisés dans nos stations aient été le fruit de l'imitation systématique de l'étranger. Les missions d'étude, au dehors, sont devenues riches de documents et d'enseignement: on s'est empressé de les mettre à profit et l'on a copié servilement. Pour une administration thermale, l'idéal à atteindre, c'est le niveau de la station rivale: autrefois on se disputait la suprématie, on se contente aujourd'hui de ne pas se laisser dépasser. […] Dans la lutte pour l'influence, c'est au pays générateur d'idées que vont les suffrages, celui qui se contente de les adapter s'asservit et perd son indépendance.[106]

Il n'en est pas moins vrai qu'une grande partie du débat thermal français de la Belle Epoque se fait en référence à l'Allemagne. La supériorité de nos voisins d'outre-Rhin est, en fin de compte attribuée à un facteur essentiel: le thermalisme y est pris au sérieux. Intégré à

---

[103] Décret du 5 décembre 1911, *JO* du 8 décembre 1911.

[104] Dax, Vichy, La Bourboule, Royat, Chamalières, Le Mont-Dore, Saint-Nectaire, Châtel-Guyon, Lamalou, Gréoux.

[105] Entre 1903 et 1913, le nombre de baigneurs accueillis a augmenté de 26% à La Bourboule, de 36% à Vichy, de 46% à Châtel-Guyon et de 50% au Mont-Dore. Cf. H. Queuille, "Rapport sur le projet de loi portant création des stations et établissant des taxes spéciales," Chambre des députés, Annexe n°6522 au *JO* du 17 juillet 1919.

[106] Cf. Dr Mazeran, *Orientation nouvelle de la thérapie hydrominérale française*, Communication à la Société d'hydrologie médicale de Paris du 17 février 1913 (Paris: Editions de la Gazette des Eaux, 1913), 8.

l'arsenal thérapeutique, il bénéficie d'une reconnaissance officielle qui fait cruellement défaut à son homologue français quand on sait par exemple qu'avant-guerre, les hydrologues réclament en vain la reconnaissance universitaire de la crénothérapie. Au début du siècle, l'organisation générale des études médicales accorde en effet une place minime à l'hydrologie: incluse dans les cours de thérapeutique, elle est sommairement évoquée en dernière année de faculté. En province, des cours ont été mis en place sous l'impulsion d'hydrologues éminents et obstinés: dès 1891, le professeur Garrigou, pionnier en la matière, a institué à Toulouse un enseignement officiel d'hydrologie; à Bordeaux, les conférences instaurées par le professeur d'Arnozan au début du siècle ont été transformées, en 1912, en cours complémentaire, confié au professeur Jean Sellier. Mais il n'y a pas de formation systématique des médecins, qui connaissent donc mal les ressources hydrominérales de leur propre pays: d'aucuns y voient l'une des principales faiblesses du thermalisme français.

La comparaison de l'organisation des cures suscite davantage de débats: certes, une administration plus variée des soins, un respect plus scrupuleux des régimes alimentaires, comme en Allemagne, sont souhaitables, mais il n'est pas question d'abandonner la spécialisation des stations françaises. La *Gazette des eaux* se fait, entre autres, le chantre d'un modèle français:

> au-delà des Vosges, l'eau passe au second plan. La station, la cure, avec tous ses éléments, constitue le but unique des préoccupations de nos voisins, le traitement thermal n'est qu'un accessoire. Chez nous, au contraire, par l'excellence, l'abondance et la remarquable variété des sources, par la gradation de nos climats, nous pouvons prétendre à des spécialisations multiples, précises et particulières à chacune de nos sources et à chacune de nos régions.[107]

Au fond, les Français restent persuadés d'être les meilleurs: "tout bien pesé," déclare le docteur Finck en 1911, "l'avantage est de notre côté, car nous pourrons toujours [...] prendre aux Allemands ce qu'ils ont de bon, tandis qu'eux ne pourront jamais modifier la composition de leurs sources pour posséder la gamme d'eaux minérales qui existent en France."[108]

---

[107] *Gazette des eaux*, 27 juillet 1912.
[108] Dr Finck, *op. cit.*

La supériorité du patrimoine hydrominéral français et son insuf-
fisante exploitation, au regard des performances des stations austro-
allemandes, constituent les deux leitmotivs du discours thermal
français de la Belle Epoque. Etre les reines du thermalisme européen
s'apparente alors davantage à un idéal, à un défi plus qu'à une réalité
pour les villes d'eaux françaises. Modèle admiré et contesté,
l'Allemagne, et secondairement l'Autriche-Hongrie, constituent les
référents récurrents des écrits français, guides ou journaux. Fut-ce
pour souligner les différences de culture ou de tempérament: l'organisation germanique, certes remarquable, ne pèche-t-elle pas par excès
de rigidité? La discipline imposée aux curistes des villes d'eaux
d'outre-Rhin n'est-elle pas contraire à l'esprit frondeur que s'attribuent volontiers les Français? Les stéréotypes nationaux, voire
nationalistes, ne sont jamais bien loin...

Le discours thermal français est en outre influencé par l'évolution
des relations internationales: les stations autrichiennes, épargnées par
l'hostilité qui s'était manifestée envers les villes d'eaux allemandes
après 1871, se retrouvent, par exemple, peu à peu en première ligne, à
la fois parce que les stations de Bohême sont de redoutables
concurrentes et parce que l'Autriche est l'alliée de l'Allemagne.[109]
Plus les nuages s'amoncèlent dans le ciel européen, plus il semble
difficile de tenir des propos impartiaux sur le rival allemand.

A l'issue de la Grande guerre, l'heure ne sera plus à l'admiration,
fut-elle modérée, des villes d'eaux germaniques. Le même Louis
Lavielle, qui, avant-guerre, s'extasiait à "la vue de merveilles presque
inconcevables,"[110] dénoncera désormais "le bluff des stations thermales austro-allemandes."[111] L'absence de spécialisation des stations
d'outre-Rhin, qualifiée de "bazar thérapeutique," sera jugée rédhibi-
toire. Aux propos relativement courtois d'avant-guerre succèderont
désormais des jugements lapidaires, et nul ne s'étonnera alors de lire,
sous la plume d'un médecin français, que "la France est aussi supé-
rieure à l'Allemagne en fait d'eaux minérales qu'elle l'est en grâce, en
esprit, en intelligence et en honneur."[112]

---

[109] N. Mangin, *op. cit.*, 290.

[110] L. Lavielle, *op.cit.,* 7-8.

[111] Ch. et L. Lavielle, *Le bluff des stations thermales austro-allemandes*
(Bordeaux: J. Péchade, 1916), 7.

[112] O. Reclus, préface de Ch. et L. Lavielle, *op. cit.*, 4.

## Bibliographie

Carribon, Carole. "Du thermalisme mondain au thermalisme social? Les villes d'eaux françaises dans l'entre-deux-guerres (1919-1939)." Thèse de doctorat, Université de Bordeaux, 2001. A paraître.

Grenier, Lise, dir. *Villes d'eaux en France.* Catalogue d'exposition, Institut français d'architecture. Paris: Hazan, 1985.

Mangin, Nathalie. "La vie de société dans les villes d'eaux européennes de 1850 à 1914–Cosmopolitisme et nationalisme." Thèse de doctorat, Université de Paris IV, 1994.

Penez, Jérôme. *Histoire du thermalisme en France au XIX<sup>e</sup> siècle–Eau, médecine et loisirs.* Paris: Economica, 2005.

# Part IV

Spa life and the quest for happiness

# CHAPTER 10

# Deux philosophes aux eaux.
# De Voltaire à Diderot

Jean BALCOU

Pas plus les historiens que les critiques ne se sont intéressés aux villes d'eaux en France au XVIII$^e$ siècle. Il est vrai qu'à l'époque personne non plus ne semblait s'y intéresser. A part, naturellement, médecins et chimistes pour qui les eaux thermales et minérales étaient objet d'étude et de chamaillerie. Mais on citera le long article que l'*Encyclopédie* leur a consacré. Y sont analysés leurs principes, classées leurs vertus curatives, référés les mémoires académiques s'y rapportant. Tout cela demanderait une étude de spécialiste. Ainsi aucun témoignage des artistes du temps, de nos philosophes? L'événement dans ce domaine est évidemment la découverte en 1770 et sa publication en 1774 de l'extraordinaire *Journal de voyage* de Montaigne.[1] Mais il y a aussi tout de même, ce qui n'est pas rien, Voltaire, et, ce qui, en cette occasion, l'est encore plus, Diderot. Partons donc avec le premier pour Forges, Passy, Plombières. Accompagnons le second à Bourbonne. Nous pourrons alors nous amuser à confronter leurs réactions: si pour l'un et l'autre ces villes d'eaux ne sont que des petites villes où l'on transpire encore moins des vapeurs des bains que de l'ennui le moyen d'y échapper ne se jouera pas selon le même registre. Nous verrons enfin que, si ni l'un ni l'autre ne croient trop aux bouteilles ou aux bains, ils ne seront ni l'un ni l'autre à l'abri d'heureuses surprises. Les surprises des eaux, en quelque sorte.

---

[1] Le *Journal de voyage* de Montaigne, périple de 17 mois 8 jours d'un malade de la gravelle dans les villes d'eaux de Plombières (où il laissa ses armes), de Baden qui en est la perle, de Lucques (sans oublier les références à Spa et aux villes d'eaux pyrénéennes), reste le chef-d'œuvre du genre. Il faut attendre l'édition Gallimard de 1983 pour en avoir une idée exacte.

Toute sa vie, de sa naissance à sa mort à 84 ans, Voltaire fut un malade aussi incurable qu'increvable. Ce diable d'homme a, comme il dit, "le diable dans les entrailles,"[2] ces entrailles qu'on nomme alors "hypocondres." Il a le tube digestif toujours en colère, des coliques, il est sujet à d'étonnantes anémies. Ce n'est pourtant qu'à l'été 1724—il a alors 30 ans—qu'il se décide, comme tout le monde, comme son grand ami le duc de Richelieu, d'aller "prendre les eaux" à Forges, en Normandie, station connue depuis le XVI$^e$ siècle et qui a quatre sources froides ferrugineuses et bicarbonatées. Non seulement il manque justement de fer mais l'échec de sa tragédie hébraïque *Mariamne* lui donne de singulières aigreurs d'estomac. Il commence par boire en bouteille l'eau des sources et il n'en revient pas. "Les eaux," écrit-il le 20 juillet à Mme de Bernières, " me font un bien auquel je ne m'attendais pas. Je commence à respirer et à connaître la santé. Je n'avais jusqu'à présent vécu qu'à demi." Mais dès le 2 août il déchante: "Les eaux m'enivrent," écrit-il à son ami Thiriot. "La tête me tourne." Décidément ces fameuses eaux "font beaucoup plus de mal que de bien. " Trois jours à peine après il faisait, en effet, éclater son dégoût: "Il y a plus de vitriol dans une bouteille d'eau de Forges que dans une bouteille d'encre et franchement je ne crois pas l'encre trop bonne pour la santé." Obligé de prolonger son séjour par amitié pour Richelieu, il ne prendra plus d'eau. Tout se termine assez mal pour que, finalement, il finisse par attraper la gale. Il avait de quoi s'écrier au 10 septembre: "Les eaux de Forges m'ont tué."

Rapprochons-nous de Paris, à Passy chic où il y a toujours une rue des Eaux, une commune étagée au-dessus du Bois de Boulogne, qui n'avait alors pas plus de mille habitants, la plus récente des stations thermales dont les cinq sources d'eaux ferrugineuses, sulfureuses et balsamiques avaient d'autant plus de succès qu'elles offraient, outre leur proximité avec la capitale, la fréquentation des écrivains et des artistes, un remède efficace contre la stérilité. Voltaire y a passé une partie de septembre 1747—il a alors 53 ans—, en compagnie de son

---

[2] Lettre du 10 juin 1748 aux d'Argental. Les extraits des lettres qui accompagnent notre communication renvoient à l'édition définitive établie par Th. Besterman, avec le sigle D suivi du numéro de la lettre. Ainsi l'extrait de la lettre à Mme Denis la nièce "Nous laverons notre sang ensemble" renvoie à D 5788. Mais l'édition la plus accessible est celle reprise par F. Deloffre pour la bibliothèque de la Pléiade, *Voltaire, Correspondance* (Paris: Bibliothèque de la Pléiade, 1977-1993).

égérie la marquise du Chatelet. Il y était arrivé incapable de "digérer." Combien de verres d'eau a-t-il pu avaler? Son excitation se traduit par quelques billets écrits en italien à sa nièce Mme Denis. Les eaux l'ont rendu "quasi ammazato." Une fois encore les eaux l'avaient "tué."

Mais la reine des villes d'eaux chez nous reste Plombières,[3] dont la vogue européenne au XVIIIe siècle a d'autant plus d'éclat qu'elle dépend de la cour de Stanislas et qu'elle se trouve non loin de sa résidence d'été de Commercy. Dès 1725 Léopold de Lorraine y faisait faire d'importants travaux. Le roi Stanislas non seulement les poursuivit mais contribua, si on peut dire, à une forme de démocratisation des cures. Disposant de 27 sources d'eaux chaudes, la petite ville désormais vivait complètement du thermalisme, la durée des soins étant de 20 jours. Dans le récit des belles heures de Plombières, le nom de Voltaire est souvent cité après bien sûr celui de Montaigne, qui reste notre plus fameux voyageur européen des villes d'eaux. Mais quels séjours y fit-il en réalité? Revenons un peu en arrière. Une lettre en vers à un de ses jeunes admirateurs du 12 juillet 1729 est d'autant plus intéressante qu'il s'agit d'une évocation assez détaillée d'un passage à Plombières. De retour de son exil en Angleterre Voltaire erre comme un malade réellement malade autour de Paris qui lui est interdit et rien de tel que quelques "bains crottés" dans cette ville d'eaux du "roi bienfaisant." La déception de Forges semble bien oubliée. Faisons maintenant un bond jusqu'aux beaux jours de 1748, au lendemain précisément de sa mort à Passy. Toute sa correspondance évoque alors Plombières, mais c'est que lui-même est resté à Commercy ou à

---

[3] Plombières, que les Romains ont vraiment créée, ne cessa d'attirer du monde et du beau monde. C'est surtout au XIXe siècle que la petite ville d'eaux connut son apothéose avec Napoléon III qu'il faut appeler l'empereur des villes d'eaux. Si, au XVIIIe siècle, elle dut beaucoup à Voltaire, elle fut encore plus courue à la fin de l'Ancien Régime. Relisons ce qu'en dit Jean Kastener dans sa brochure *Le Passé de Plombières*: "Toute la haute société du temps se donne rendez-vous dans la petite société vosgienne qui ainsi devient un des endroits les plus à la mode, et même un des plus bruyants du royaume: on joue gros jeu au salon public; la duchesse de Bourbon offre des bals; la marquise de Montesson, épouse morganatique du prince d'Orléans, organise des concerts; la princesse de Carignan donne de ces agréables parties de campagne que l'on nomme *feuillées*; le prince de Tarente et le duc de Bedford créent des courses de chevaux; Beaumarchais, venu à Plombières pour fabriquer le papier destiné à l'édition de Voltaire dite de Kehl, fait représenter la première de son *Mariage de Figaro*."

Lunéville. Ce sont tous ses amis qui sont aux eaux: les chers d'Argental, qui sont les correcteurs de ses pièces de théâtre, Choiseul qui les a accompagnés, la marquise du Chatelet, attachée à son nouvel amant Saint-Lambert et qui chaperonne la favorite que ses "jambes de plus en plus mauvaises" et l'ordre du roi forcent à "prendre les eaux." Le comble est que Voltaire, qui n'a pas alors mis le pied à Plombières mais dont la correspondance nous apprend beaucoup, finit, au début septembre, par tomber entre la vie et la mort. Même Frédéric de Prusse qui cherche à l'attirer y perd son latin, à qui notre homme répond par du mensonge: "Sire, c'est que Lunéville est près des eaux de Plombières et que je vais là souvent pour faire durer encore quelques jours une malheureuse machine dans laquelle il y a toute une âme qui est toute à votre Majesté." On sait que Voltaire finira par céder à la tentation prussienne. On sait aussi par quelle pitoyable brouille cela se terminera. Le poète avait beau reprendre le refrain "pour ma santé il n'y a que Plombières," le roi, excédé, lui propose encore mieux: "il y avait des eaux excellentes à Glatz vers la Moravie." Ciel! C'est comme si on lui proposait d'aller "prendre les eaux en Sibérie." Tout arrive, même la délivrance. Errant une nouvelle fois comme un malade réellement malade le fugitif s'installe à Colmar avant de prendre enfin la route de Plombières. Et cela malgré son médecin qui diagnostiquait l'hydropisie: "Gervasi," ironise-t-il, "a jugé que les eaux n'étaient pas bonnes contre les eaux." Mais c'est qu'à Plombières l'attendent ses chers d'Argental, sa chère nièce Denis qu'il avait lui-même ainsi appâtée: "Nous laverons notre sang ensemble." Mais il apprend alors que Maupertuis et La Condamine, deux ennemis français de Prusse, sont à Plombières, d'où un contre-temps de trois semaines. Le 4 juillet il est enfin au rendez-vous. Et dès son arrivée, toute la ville d'eaux est en ébullition. Un curiste célèbrera l'événement dans une *Histoire lyrique des eaux de Plombières pour l'année 1754*. Et dire que le grand homme ne fera à la fontaine qu'une apparition, une seule apparition, mais qui, on le voit, suffit à consacrer Plombières! Mais quand il part le 19 on le retrouve Voltaire comme devant: "Je quitte les eaux plus malade que je n'y suis venu." Toujours en quête d'un lieu il arrive à Lyon le 15 novembre. En a-t-il fini avec les eaux? Voici comment d'après ses *Mémoires* [4] il en réchappa:

---

[4] *Mémoires pour servir à la vie de M. de Voltaire*, écrits par lui-même, ouvrage *clandestin* jusqu'en 1827.

"On m'avait conseillé les eaux d'Aix-en-Savoie, quoi qu'elles fussent sous la domination d'un roi, je pris ma route pour aller en boire. Il fallait passer par Genève. Le fameux médecin Tronchin, établi à Genève depuis peu, me déclara que les eaux d'Aix me tueraient, et qu'il me ferait vivre."

Pourquoi donc ce 10 août 1770 Diderot, pour sa part, se retrouve-t-il à Bourbonne-les-Bains? Parce qu'il accompagnait un ami, qu'il retrouve une maîtresse, qu'il peut poursuivre jusqu'à Langres? Pas pour raison de santé, en tout cas. Il ne sera qu'un "visiteur" pour une quinzaine de jours (du 10 août au 18 puis du 29 août au 5 septembre). Mais c'est aussi l'occasion pour notre encyclopédiste de mener sur un sujet qui intéresse tout le monde une enquête de terrain. Il le fait pour deux raisons. D'abord, comme il l'annonce dès le début de sa relation,[5] pour renseigner le rédacteur en chef du *Journal de Médecine, Chirurgie et Pharmacie*; ensuite, comme il l'écrit à Sophie Volland, pour en tirer "une lettre à l'usage des malheureux que leurs infirmités pourraient y conduire!"[6]

Ce sont les eaux qui font vivre Bourbonne. Avec le nouveau village de 500 feux pour 3000 âmes,[7] les maisons d'hôtes où l'on s'entasse, l'hôpital, le couvent des Capucins et son jardin public. Ici les curistes laissent 50000 écus l'an. Pourtant la population reste pauvre, tant il est vrai, comme le constate Diderot, que "l'argent ne reste pas où il est déboursé." Pourtant elle faisait de son mieux en regardant tous ces malades comme autant d'"oiseaux de passage dont il faut tirer parti."

---

Nous disposons désormais de l'édition de J. Hellegouarc'h (Paris: Le Livre de Poche, 1990).

[5] *Voyage de Bourbonne à Langres* était destiné à la *Correspondance littéraire* de Grimm qui ne l'a pas publié. Il ne le sera qu'en 1831. Voir aujourd'hui l'édition du Club français du livre dans les *O.C.*, t. VIII, 597-619 et 621-627. Mais nous disposons aussi de l'ouvrage collectif présenté par Anne-Marie Chouillet (Paris: Aux Amateurs du livre, 1989) où nous trouvons une documentation que nous avons utilisée.

[6] *Lettre à Sophie Volland,* juillet 1770, *op. cit.*, 84. Mais une autre intention, sans doute la principale, que Roseline Rey (*ibid.*, 181) a mise en évidence, parcourt malicieusement le texte: "l'interrogation 'philosophique' sur les conditions d'efficacité de l'art médical."

[7] Un rapport de 1773 donne pour Bourbonne alors qualifié de "bourg" 2507 habitants, en gros le même nombre qu'aujourd'hui.

Le paysage thermal s'est édifié sur l'ancienne ville d'eaux romaine. La source principale est un puits de six pieds de profondeur fumant sans cesse et situé dans un quadrilatère à colonnes. L'eau s'écoule dans un grand bâtiment pour y former quatre bassins séparés par une cloison. Des gradins les entourent qui sont "le lieu des bains du peuple." Plus loin se trouve le bain dit *Patrice* et qui semble la source la plus ancienne. Des tonneaux emportent l'eau vers les maisons où les particuliers pourront prendre leur bain.

Bourbonne attire beaucoup de monde de tout pays et de toute condition. Les soldats y sont envoyés en nombre, les aristocrates venus surtout de Paris y côtoient les étrangers et le peuple des environs.[8] Et n'oublions pas les animaux: un tel y fait doucher son cheval, une telle son chien, une autre "son singe boiteux." Si Bourbonne est si réputé c'est que ses eaux, dont Diderot nous présente des analyses, ont une particulière énergie, une remarquable variété de température élevée, des effets polyvalents. On y recourt d'abord pour paralysies, rhumatismes et accidents corporels, puis pour obstructions diverses (la fille de la maîtresse de Diderot a "une énorme obstruction à un ovaire"), puis pour maux d'estomac et de ventre, puis pour "affections nerveuses et vaporeuses," enfin surtout pour "les maladies militaires." A en croire notre auteur les trois grands pourvoyeurs sont Vénus, Bacchus et Comus qui est, comme chacun sait, le dieu des rats de bibliothèque. Si vous suivez la cure complète vous aurez: l'eau en boisson à prendre tous les quarts d'heure selon la prescription, la douche de 20 à 30' administrée par les doucheurs et les doucheuses, le bain d'une heure, les boues. Naturellement le séjour va de mai à octobre et la saison normale est de 27 jours.

La lettre de Diderot fournit d'autres indications, les prix, les adresses nécessaires. Si notre visiteur reprend à son compte le jugement de Voltaire sur ces eaux "qui font du mal quand elles ne font pas de bien" il s'évertue tout de même à l'objectivité consolatrice. Son père y fit deux séjours, l'un dont il guérit, l'autre dont il mourut. Sa sœur Denise est une habituée qui s'en porte très bien. Lui-même but quelques verres mais pour en perdre l'appétit. Quoi qu'il en soit Bourbonne est un de ces lieux où l'on n'a pas envie de revenir.

---

[8] Diderot reste assez discret sur ces arrivées de soldats qui ne manquent pas d'attirer les prostituées et qui font également de Bourbonne une ville d'eaux de garnison.

Si l'on en croit nos deux philosophes la vogue des villes d'eaux a quelque chose de paradoxal. Car elle commence par provoquer, selon eux et pour eux, un mouvement de répulsion qui s'accompagne d'un sentiment de punition. D'abord on y va parce qu'on est malade et qu'on doit y vivre un certain temps avec d'autres malades, et quels malades! Et toutes ces villes ne peuvent être que des trous. Voyez Plombières que de son premier séjour de 1729 au dernier de 1754 Voltaire chansonne:

Du fond de cet antre pierreux,
Entre deux montagnes cornues,
Sous un ciel noir et pluvieux

[pour conclure sur]

Car Plombières est en vérité
De Proserpine l'apanage.

A peine installé vous fuyez comme Choiseul fuyant de Plombières. Encore faut-il s'installer: "Nous nous sommes logés comme des chiens," tempête la marquise du Chatelet que voilà "à 50 dans une maison," sans plus aucune intimité, puisque "tout le monde vous voit jusqu'au fond de votre chambre."[9] Triste promiscuité du jour, se plaint aussi Diderot, bruyantes arrivées de nuit dans cet autre trou qu'est Bourbonne. Quant au sort des malades, même leur simple vue, qui le supporterait sans gémir? Ou l'on vous fait boire une eau bitumeuse, ou l'on vous tient interminablement empaqueté dans une grosse toile pour vous faire transpirer dans l'eau trop chaude. D'où, note Diderot, un corps où se condensent comme des "glaires ou des blancs d'œuf légers." Portons-nous encore du côté de Voltaire qui n'est pas loin de voir dans le recours aux cures une forme d'autopunition quand:

Près d'un bain toujours crotté,
Plein d'une eau qui fume et bouillonne,
Où tout malade empaqueté
Et tout hypocondre entêté,
Qui de son mal toujours raisonne,
Se baigne, s'enfume, et se donne

La question pour la santé.

Il est curieux de noter que Voltaire n'ait pas noté cette gymnas-tique des curistes de Passy: "Après avoir consommé leur verre d'eau,

---

[9] René Pomeau, *Voltaire en son temps*, vol. 1 (Paris: Fayard, 1995), 555.

les curistes prirent l'habitude, chaque matin, d'exécuter une démarche sautillante, coupée tous les cinq pas d'une sorte de pirouette."[10] Le spectacle donné par les arrivants est encore moins réjouissant:

> D'impotentes sempiternelles
> Qui toutes pensent rajeunir

mais trop peu de "pucelles," et puis:

> De vieux citadins de Nancy
> Et des moines de Commercy.

Ces "bavardes de villes d'eaux," comme les appelle un critique,[11] ne sont ainsi appelées que parce que leur bavardage n'en finit pas sur les maux de leurs malades.

Pas toujours heureusement. Mais bavardage tout de même, sans qualité. Mais puisqu'il en est ainsi, tirons donc de tant d'inconvénients le moins de déplaisirs possibles. Soyons sûrs qu'avec Voltaire d'un mal naît toujours du bien. A lui donc, comme il l'écrit aux d'Argental, ces habitués des villes d'eaux, de transformer sinon un "vilain trou" en "jardin d'Armide" du moins d'en conjurer le mortel ennui. Il faut dire que de Forges à Plombières ses compagnons d'infortune sont de la meilleure société, que les aristocrates, que la Cour se retrouvent aux eaux, ce qui change tout. Il suffit de citer les noms prestigieux du temps. Richelieu, duc et ambassadeur, le duc de Bourbon alors le premier ministre, la marquise de Prié, sa maîtresse, Mesdames de Béthune ou de Guise: voilà, par exemple, pour Forges dont l'historiographe de Voltaire, Desnoireterres,[12] lyriquement dira: "Rome n'est plus dans Rome, elle est aux eaux, elle est à Forges." A Passy la journée se termine au bal, aux jeux et d'argent[13] aussi, qui se font dans des sortes de casinos privés, au théâtre de marionnettes. Mais c'est surtout au dernier séjour de Plombières qu'après l'enfer en Prusse est retrouvé tout un bonheur de se retrouver dans tout un cercle de l'esprit. Voir

---

[10] *Ibidem*, 523.

[11] Le mot est de E. Fournier dans son édition en 1874 du Théâtre de Voltaire. Cité par Desnoiresterres.
Gustave Desnoiresterres, *Voltaire et la société française au XVIII*e *siècle*, 2e édition, vol. 1 (Paris: 1871-1876), 305.

[12] Gustave Desnoiresterres, *Voltaire et la société française au XVIII*e *siècle*, 2e édition, vol. 1 (Paris: 1871-1876), 305.

[13] Ainsi le 16 août 1724 à Forges il perdit 100 louis. Il sera plus heureux en affaires en Lorraine.

Voltaire, lui parler, l'écouter n'a pas de prix. "La présence de Voltaire," relate un curiste, "a répandu dans l'air une influence poétique qui a fait naître un grand nombre de vers et de chansons." Quoi, pas de théâtre, pas d'opéra? Mais "bonne chère et jeux, cela s'appelle prendre les eaux." Le meilleur remède dans les villes d'eaux, il n'est, somme toute, que dans le plaisir quand on sait se l'offrir. Et si, commentera Diderot, "le voyage ne guérit pas, il prépare bien l'effet des eaux par le mouvement, le changement d'air et de climat, la distraction."

Laissons le dernier mot à ce dernier pour qui, comme Plombières pour Voltaire, Bourbonne est un "séjour déplaisant," sans "nulle promenade," à "l'atmosphère étouffante." Et d'imaginer une autre ville d'eaux qui en serait le contraire. "C'est ainsi," écrit-il, "que les Anglais l'ont pratiqué à Bath et à Tunbridge où les hommes vont se distraire de la maussaderie de leurs femmes, les femmes de la maussaderie de leurs maris et où tout en buvant des eaux, on rit, on cause, on danse, et l'on arrange d'autres amusements plus doux." Mais surtout pour la première fois depuis longtemps, pour la dernière fois aussi, Diderot se retrouve à l'air libre, au grand vent du pays natal.

Résumons: une quinzaine de jours pour Diderot à Bourbonne; quelque deux mois en tout pour Voltaire de Forges à Passy et de Plombières à Plombières. C'est peu dans toute une vie, trop peu pour avoir vraiment retenu l'attention. Chez Voltaire c'est essentiellement la correspondance qui y renvoie. Et si nous avons la relation de Diderot c'est surtout parce que le voyage de Bourbonne aboutit au voyage de Langres. Mais ce qui, du coup, mérite une autre attention. Les villes d'eaux n'ont-elles été que simples lieux de passage, ou ont-elles été autre chose?

Même pour Voltaire. La correspondance est remplie d'allusions à sa mauvaise santé. Son grand corps maigre d'un mètre 83 lui fait peur à lui-même. Certes on se demande quand il n'en joue pas. Ses séjours aux eaux nous font précisément participer à ce jeu qui n'en est pas un. Or ce qui est en même temps extraordinaire, c'est son pouvoir de ressusciter, même si les eaux n'y sont apparemment pour rien. Mais si Voltaire reste, malgré qu'il en ait, attiré par les villes d'eaux, c'est parce qu'il y trouve un refuge. C'est surtout vrai pour les deux séjours à Plombières. Car à chaque fois il est dans la situation de l'interdit de séjour: en 1729, il revient de son exil en Angleterre, en 1754 il revient chassé de Prusse et déjà exilé de France. Il espère du moins trouver dans ces petites villes d'eaux un peu de sérénité. C'est aussi, comme on l'a vu, qu'elles sont l'occasion de reconstituer autour de soi une petite société selon son esprit et son cœur. Faire d'un lieu à la campagne un jardin, on a déjà entendu ce projet. Et, pourquoi pas, un jour, un jardin à soi? Comme il en rêvait encore, on s'en souvient, des eaux de Plombières dans sa prison dorée de Prusse! Le véritable inconvénient de ces villes d'eaux est, dès lors, plus encore que l'absence de théâtre, celui-ci: la promiscuité d'un tumulte futile qui fait perdre son temps. En attendant de pouvoir rentrer à Plombières dans l'été 1754 Voltaire s'était retiré trois semaines dans la bibliothèque bénédictine de Senones. Comme dans la ville d'eaux dont il est la vedette il regrette ces trois semaines de travaux forcés! Mais le plus prodigieux est que d'une ville d'eaux à l'autre, Voltaire flanqué à la fin de son copiste, ne cesse, comme si les eaux lui fouettaient le sang, d'écrire, de prodigieusement écrire, et pas seulement une comédie à Forges *L'Indiscret*, une tragédie à Passy *Brutus*, une autre tragédie à Plombières *L'Orphelin de la Chine*, sans compter *Zadig*, mais aussi les grandes œuvres historiques du *Louis XIV* ou de l'*Essai sur les mœurs*, sans compter les morceaux philosophiques et satiriques, et la correspondance!

Mais que serait la ville d'eaux sans la dame du lieu? A Forges et dans le cœur de Voltaire règne la présidente Mme de Bernières. A Passy et dans le cœur de Voltaire règne encore la marquise Mme du Chatelet. Mais le Plombières de l'année suivante, le Plombières de 1748, sera aussi le lieu de la trahison de la marquise, suivie de sa mort, le moment où le cœur de Voltaire s'est brisé à jamais. Reste Mme Denis, veuve depuis 1745, la chère nièce, mais qui pour rien au monde ne quitterait Paris. Le miracle du dernier séjour à Plombières est que non seulement elle répondra au rendez-vous de son oncle mais qu'ayant "lavé" dans les eaux, ne fût-ce qu'une seule fois, leur "sang ensemble," elle restera avec lui jusqu'à la fin, jusqu'à Ferney.

On sait pourquoi Diderot était venu à Bourbonne, et avec quelles intentions. Mais savait-il, en visitant ces lieux, de quel choc il serait secoué et que ce serait comme une révélation? "Je ne sais ce que j'ai," se met-il à écrire, "je ne sais ce que j'éprouve. [...] Que je suis triste! Que je suis heureux!" Cet indéfinissable sentiment de tristesse et de bonheur allait faire du rapport programmé un véritable "voyage" initiatique.

C'est le spectacle même qu'il a sous les yeux qui suscite ce double sentiment. Ces eaux lui rappellent d'abord les deux voyages de son père, maintenant disparu. Mort et résurrection. De quel père il était le fils et quel homme est ce fils devenu? Mais c'est en devenant ce qu'il est que Diderot le philosophe s'est révélé le vrai fils de Diderot l'artisan. C'est ici que ce dernier avait retrouvé sa mémoire perdue, et c'est ici que le voyageur d'aujourd'hui retrouve sa propre mémoire." "Que je suis triste! Que je suis heureux!" Mais que signifie encore ce rassemblement de malades? Pour ceux qu'il voit là du matin au soir, qui se retrouvent dans ce trou perdu "par le hasard de la maladie," où le dernier venu s'annonce par "Me voilà" et où on lui répond "Tant pis pour vous," il est, en tout cas, une maladie dont ils guériront du moins provisoirement, c'est "la morgue du rang." Tant il est vrai que "la souffrance et l'ennui rapprochent les hommes" et que "deux malades sont frères." Mais il n'y a pas non plus que le manque d'attrait du lieu, il y a aussi toute cette misère paysanne des alentours, ces étendues gorgées de pluie où la moisson est compromise. Quelle joie de voir alors arriver par les soins de l'intendante le blé miraculeux! Car pour notre visiteur les maux de la terre et les maux de l'homme se rejoignent. Il s'agit de la même question de survie.

Mais toujours la vie l'emporte, et le bonheur sur la tristesse. Ah, qu'on s'ennuie ici, mais qu'on s'ennuie! Mais non, que de choses à voir et en vrai! Et puis on lit, on écrit, on s'amuse ensemble à faire des contes, à imaginer par exemple l'histoire des *Deux amis de Bourbonne*, où Diderot redécouvre le plaisir sauvage de célébrer deux prolétaires hors-la-loi. Pour cet homme habitué des salons et des ateliers, le voyage à Bourbonne est bien, sans jeu de mot, un retour aux sources, aux secrets sacrés de la nature. Il voit les eaux brûlantes sortir de terre, il entend les éruptions souterraines, il célèbre le mariage de l'eau et du feu et dans son délire voit l'univers se précipiter dans "un gouffre enflammé." Même les vieilles inscriptions de cette ancienne cité romaine suscitent l'imagination et voici que ORVONI et TO.MONAE[14] tirent à Diderot les deux seuls mots bretons de toute son œuvre de BERV (bouillant) et TOM (chaud). Mais laissons ces divagations pour entendre la véritable leçon du voyage, la stoïcienne et joyeuse leçon qu'il faut savoir l'art d'être fataliste. Comme

---

[14] Voici la traduction de cette pierre votive conservée au musée de Bourbonne: "A Borvo et Damona. Caius Latinius Romanus, Lingon, pour la guérison de sa fille Cocilla, conformément à un vœu."

Jacques[15], bien sûr, qui surgit, dernière révélation, à cheval sur la route ensoleillée qui s'en va de Bourbonne à Langres et qui est comme la route du temps retrouvé.

> Deux grands philosophes aux eaux
> Ce sont Diderot et Voltaire
> Ce sont Voltaire et Diderot
> Sans doute ils en ont plein le dos
> Des eaux de Bourbonne et Plombières
> Ou de Forges ou de Passy
> On y a trop peu d'aventures
> Tout est si vain de par ici
> On est loin trop loin de Paris
> Des touristes on n'en a cure
> Le meilleur bien qu'on se procure
> Chut! Pas un mot de tout ceci.

## Bibliographie

Desnoiresterres, Gustave. *Voltaire et la société française au XVIII*e* siècle*. 2e édition. Paris, 1871-1876.

Diderot, Denis. *Voyage à Bourbonne et à Langres*. Edition Anne-Marie Chouillet. Paris: Aux Amateurs du livre, 1989.

Kastener, Jean. *Le Passé de Plombières*. 4ème édition. Plombières, 1966.

Pomeau, René. *Voltaire en son temps*. 2 vols. Paris: Fayard, 1995.

Voltaire. *Correspondance*. Edition Bestermann-Deloffre. Paris: Bibliothèque de la Pléiade, 1977-1993.

---

[15] C'est au retour de Langres que *Jacques le fataliste* a, semble-t-il, pris corps. La relation du *Voyage à Bourbonne* se dénouait sur une anecdote à la manière de *Jacques*: voulant rendre service à un ami il commettait en jouet du destin une action déshonorante. A-t-on remarqué aussi que notre visiteur compatissant recommandait au curiste de se faire accompagner d'un maître Jacques? Simple hasard?

# CHAPTER 11

# The Saga of Lisdoonvarna–from "Queen of Irish spas" to Modern Matchmaking Mecca

## Irene FURLONG

The 18<sup>th</sup> century was something of a golden age in Irish history. Ireland had been in a state of almost perpetual conflict since the 1580s, but peace had come at last and Dublin had been transformed into one of the most glittering cities in Europe. With relative prosperity in the country through its textile manufacture and agricultural industries, trade links with Europe increased, and the population of Dublin expanded outwards. Small towns on the periphery of the city became fashionable as sites for the big houses of the Anglo-Irish aristocracy and landed gentry who effectively ran the country until 1921, and the European fashion of spas spread to the Emerald Isle as a result of the influence of these first Irish tourists–the elite who could afford the Grand Tour.

When speaking of the growth and development of Irish spas, one senses that this phenomenon was one of missed opportunities in terms of the potential for attracting visitors to places that were quite often not of great scenic beauty. The development of spas was normally dependent on the exploitation of natural resources and even a country as small as Ireland possessed a proliferation of these resources. Besides, there existed a long tradition of using the curative powers of water, albeit in a religious framework, as the country abounded in holy wells, many with associations with putative Irish saints and a healing tradition that went back into antiquity. However, the difference was that the people who frequented these wells were not usually of the same social class as those who would later flock to the spas on a fashionable excursion.

A treatise on Irish watering places, *The Irish Spas*, was written by Peter Bellon in 1684, in which he referred to the waters at Chapelizod, outside Dublin, and in 1725, Dr John Burgess, of Cashel, published an essay on the waters and air of Ballyspellan Spa in County Kilkenny with "rules of conduct for the rich and poor in drinking the waters and the proper exercises necessary there." It was dedicated to "the ladies and gentlemen who resort to the waters of Ballyspellan for the preservation and recovery of their health." Burgess deplored the absence of some sort of pump room or shelter where visitors could be protected from bad weather, remarking "the spout has only lately been covered by a little arched shed, while a kind of ruin affording no shelter stands near it." Nevertheless, it was claimed that Ballyspellan was frequented by the cream of Dublin society for its diet of magnesium and iron water, served with dry biscuits, and Burgess estimated that the man who looked after the spring made about £40 a year on the sale of the water, a not inconsiderable sum in those days. Moreover, a charitable fund was set up in Kilkenny in 1821 to aid poor persons who wished to visit the spa during the fashionable season, with the proviso that this relief was to be given only during the season, which ran from 1 June to 29 September.[1] Ballyspellan continued to operate as a spa until the late nineteenth century, when, in common with other Irish spas, it went into decline. An attempt to revive its fortunes in the 1930s failed.

Many other Irish spas thrived for longer or shorter periods in the eighteenth and nineteenth centuries. Around Dublin, the two principal spas were at Templeogue and Lucan. Templeogue is roughly 5 miles from the centre of the city, and the spa operated from April to September every year from the 1710s onwards, with a weekly ball and band music throughout the week. In 1712, Jonathan Swift, Dean of St Patrick's Cathedral in Dublin and author of *Gulliver's Travels*, expressed the opinion that its being so near to Dublin was a disadvantage, as he thought a journey to a spa contributed towards the cure.[2] Its success can be gauged from the fact that a weekly newspaper, the *Templeogue Intelligencer*, which ran to eight pages, was published weekly to keep the public informed as to the various events taking

---

[1] G. Leahy, "Ballyspellan Spa," *Old Kilkenny Review* 6 (1953): 53.

[2] Francis E. Ball, *A History of the County Dublin*, vol. 2 (Dublin: Alex. Thom, 1902), 55.

place there. The first issue, in 1728, contained some guidelines as to the best way of taking the waters there:

> The hour of meeting is generally eight o'clock in the morning; but the distance from town requiring an hour in the passage, the ladies must rise between six and seven to be there in time; and it is scarce to be imagined what good effect these early hours often have, not only on the health and constitution, but on the very life and conversation, of the fair sex … The air and exercise in going to the waters, the innocent recreations of the place and the returning again with a good stomach, are better for the health, and more conducive to long life, than all the learning of Galen or all the aphorisms of Hippocrates.[3]

However, the spa eventually declined, as the quality of the water could not be maintained and its place was taken by Lucan, eight miles outside the city and described in 1898 as being "a miniature bit of Switzerland–peaceful, serene, tender." The spa in Lucan came into being in the eighteenth century, an iron spring having been discovered there in 1758, although there was a prior tradition of Sunday excursions in summer to a well at Chapel Hill prior to 1758. Lucan attracted "men of note and women of fashion to repair exhausted nature by draughts from the famous spa, which was high recommended by the faculty." The Vesey family, on whose grounds the waters were located, enabled the construction of assembly rooms on the plan of Bath or Cheltenham, and the Crescent, comprising a terrace of fine houses, and a small hotel were built to accommodate the crowds who wished to stay at the spa. By the 1780s the spa was rivalling those of Tunbridge Wells and Leamington in terms of visitors. Concerts and balls were held at the hotel while circuses and carnivals were also held locally. Every Sunday, thousands of well-to-do Dubliners ventured out on horses, coach, foot and jaunting cars to join in the merriment. A report in *Anthologia Hibernia*, published in 1794 by a gentleman confined to his room who occupied his time in counting those who passed his window on their way to the famous spa, testified to its popularity as follows:

> Fifty-five coaches, twenty-nine post-chaises, twenty-five noddies, two hundred and twenty-one cars, four hundred and fifty horsemen–three

---

[3] William D. Handcock, *The History and Antiquities of Tallaght* (Dublin, 1899), 14.

thousand passengers at lowest computation, along with a thousand from adjacent parts, and double the number of pedestrians–thus finding twelve thousand people attracted by the wonderful accounts published of the cures effected by its famous waters.[4]

A letter to the *Dublin Penny Journal* in 1832 from a Mr. Terence O'Toole comments favourably on the Lucan spa and laments the fact that the Irish upper classes feel the need to travel abroad to foreign spas and seaside resorts, while also describing the transformation which could be wrought by the effects of drinking the waters at Lucan:

> Just on the road side is the Spa-house, apparently a well kept and well resorted hotel, creditable to the owner, and in some respects a proof that were such accommodations as are *here* found, to be met with in other places, Irish families would stay at home, and rest satisfied with our own spas, and the salt ablutions of our own seashores.[5] There, as at Harrowgate (sic), citizens who because they *were* good livers have now *bad* livers, hope to have their visceral obstructions removed, and Connaught squires, whose noses are rubicund with the red juices of the grape and the limpid distillations of John Barleycorn, find the roses removing from the unseemly position on their noses, and retiring to the more natural and seemly station of their cheeks.[6]

Unfortunately, the exodus of the Irish upper classes residing in Dublin to England after the Act of Union in 1800 and the unrest in the country after the rising of 1798, contributed to the decline of many spas and, during the nineteenth century, Lucan was little known except to the residents in the neighbourhood, who, in the summertime, picnicked in the woods and drank tea in the deserted ballroom.[7] However, Lucan did rise again with the coming of the tramcar, which stimulated the building of a new Spa Hotel in the 1890s and *Porter's Guide and Directory for North County Dublin*, published in 1912, extolled its virtues thus: "The Lucan Hydropathic Spa Co Ltd have built a truly magnificent hotel and sanatorium, which under the present management is fast becoming one of the most fashionable

---

[4] *Lucan Newsletter* (24 January 2004): 3.
[5] *Dublin Penny Journal* 1, n° 14 (1832).
[6] *Ibid.*
[7] Frances Gerard, *Picturesque Dublin Old and New* (London, 1898), 62.

resorts of the upper ten of Irish society."[8] It was a short-lived success, as the Lucan spa succumbed, as did many others, to the rigours of the Great War, and in Ireland the subsequent War of Independence and Civil War had the effect of wiping out the tourism infrastructure on the island for a couple of decades. The original spa house in Lucan was washed away in a flood of the River Liffey in 1954 but the Spa Hotel continues in use to this day.

Other well-frequented spas in Ireland were in Leixlip, fourteen miles outside Dublin; Mallow in County Cork and a village called Spa, outside Tralee in County Kerry, but the most celebrated and longest surviving Irish spa is that of Lisdoonvarna, in County Clare, which has experienced a startling metamorphosis from being the "Queen of Irish spas" to becoming a twenty-first century match-making Mecca.

The first recorded analysis of the waters near Lisdoonvarna, in the northwest corner County Clare on the west coast of Ireland was made in 1751. Local legend attributed its discovery to the strong smell of bad eggs associated with sulphur springs being noticed by a passer-by around 1770, but John Rutty's survey of Irish and European spas, published in 1757, declared that the waters had been examined by an apothecary, Charles Lucas, as far back as 1740. Furthermore, Rutty confirmed that an eye-specialist from Limerick, Sylvester O'Halloran, had travelled to Lisdoonvarna in 1751 to analyse the waters at his request, and that they concurred on the presence of iron and sulphur in good measure there. By the beginning of the nineteenth century, Hely Dutton's *Statistical Survey of Clare* could confirm that the spa had been long celebrated, "some find it beneficial after a winter's drinking of bad whiskey from private stills," but he added that "this water would be much resorted to, if accommodations for drinkers could be had, but the health of those who go there, is probably more injured by damp, dirty lodgings in cabins, than benefited by the use of the water."[9] He explained that the serious dearth of accommodation was due to the fact that "leases of sufficient length for building, owing to a minority, cannot at present be obtained." In addition, the spa was

---

[8] *Porter's Guide and Directory for North County Dublin 1912* (Dublin: Hodges, Foster & Figgis, 1912), 17.

[9] Hely Dutton, *Statistical Survey of the County of Clare* (Dublin, 1808), 30.

located in a rather inaccessible area and travel facilities were not good. Visitors had either to avail of the "big houses" owned by Anglo-Irish landlords in the vicinity or make do with the damp, dirty lodgings in cabins in the small village of Rooska. To make matters worse, boarders had to bring their own furniture and provisions by horse-drawn vehicles over primitive roads.[10] However, these disadvantages were offset by the fact that the spa was located in an area of outstanding natural beauty, with the awe-inspiring Cliffs of Moher, rising to a vertical height of 668 feet above the sea, and the beautiful and wild west coast of Clare in close proximity. The villages of Kilrush, Kilkee and Lahinch had become known for their sea-bathing and the Aran Islands were beginning to be seen as the last bastion of authentic Irish civilisation.

By 1837, Pierce Creagh, the landlord on whose property at Rathbawn the principal well was situated, had built a few cottages to cater for visitors to the spring, but the Ordnance Survey maps of that year show only three houses in the area which was to comprise the main part of Lisdoonvarna Spa Town. In the Ordnance Survey Name Books of 1840, it was reported that the sulphur well was known locally as Tubberspa, from the Irish word "Tobar" meaning a well or spring. Another well at the Gowlaun Bridge had been discovered eight years previously by a Dr Daly of Ennistymon and was called "Tubber Brimstone." In fact, the curative powers of the waters at Rathbawn and the later development of another well at Gowlaun were the direct cause of the establishment of the town of Lisdoonvarna, which experienced phenomenal growth in the aftermath of the Great Famine of the 1840s. Dr Alexander Kane, writing about the Irish watering-places in 1845, was rather doubtful about the prospects of success for the mineral springs in Lisdoonvarna:

> They lie in a wild and rather inaccessible country near the Atlantic Ocean, and the accommodation for visitors is very defective, circumstances that militate against the due appreciation of their excellent medicinal water, notwithstanding their undoubted virtues, which are admitted by all the physicians in that part of the kingdom, who have had the best opportunity of testing their value. The

---

[10] John Fleetwood, "Lisdoonvarna–Our Last Active Spa" in *Ireland's Own* (2002): 29.

accommodation is poor and defective; yet the intrinsic value and established reputation of the waters still attract a number of strangers, even at the present day. Lodgings may be obtained in a few cottages, but the intended occupants must carry with them both provisions and furniture.[11]

However, Knox firmly endorsed the efficacy of the waters in Lisdoonvarna, citing Lucas, O'Halloran, Rutty and other medical writers of the eighteenth century. In addition, he quoted from a letter from a Dr Cullenan of Ennis:

The chalybeate spring is not excelled by many spas in the world, having produced most decided salutary effects in various cases of scrofula, haemorraghe, chlorosis and when the stomach's functions have been deranged by intemperance [...] The injurious effects have been no less striking when the water has been used improperly, as in organic diseases of the heart.[12]

The first hotel, the Royal Spa, was built in 1832 by John Reidy, whose father had been involved in a local Clare agrarian secret society in 1831. He was transported to Van Diemen's Land and the money he sent home enabled his son to build much of Lisdoonvarna. The hotel was described by Dr Fausset in 1867 as "a plain square building of moderate dimensions, apparently superadded to a cottage residence, through which the entrance still remains. It contains a good-sized coffee room, some private sitting rooms and sleeping apartments."[13]

Another hotel was constructed in the course of that catastrophic period, the Great Irish Famine, which wreaked havoc on many areas in County Clare, with thousands dying from starvation and disease. Father Patrick Fallon, parish priest of the area, wrote an impassioned plea to the Chief Secretary of Ireland, pleading for some form of employment to be provided for the inhabitants to save them from impending death:

---

[11] Alexander Knox, *Irish Watering-places, Their Climate, Scenery and Accommodations* (Dublin, 1845), 309.

[12] *Ibid.*

[13] Sr. M. de Lourdes Fahy, "Origins and Development of Lisdoonvarna 1750-1900," paper delivered at the Merriman Summer School, 1986.

Let the work be productive or unproductive or anything that speculators or theorizers may please call them, let us have them at all hazards and thus avoid death in a Christian country teeming with abundance of all kinds of eatables except the potato, the wretched staple of the worst fed peasant in Europe or perhaps in the world.[14]

On 12th July 1846, the Gowlaun Bridge was broken down, supposedly by the neighbouring inhabitants, who were endeavouring to procure employment in the building of a new road. The following year, Pierce Creagh complained that the public works were left incomplete and that the spa waters were affected, being, as he said: "Choked with excavations of the adjoining hills having been shovelled in. The lodge owners and invalid visitors have been materially affected."[15] This comment was made at a time when famine was "making fearful havoc" among the people of west and north Clare. In Kilfenora, a village close to Lisdoonvarna, "the poor were perishing in the ditches by mid-December 1847."[16] Lisdoonvarna's population decreased, as a result of the famine, from 425 people in 1841 to 309 in 1851, a drop of about 27%, which was a smaller decline than that of many other towns. There was no case of cholera reported there in 1849, when the disease was rampant and caused numerous deaths in other parts of Clare and throughout the country.

A post office was established in April 1847 and a second hotel, Hickey's, was also in existence at this time. The discovery of a sulphur spring at Gowlaun, on the property of Captain William Stacpoole, in 1852 stimulated the building of more private accommodation and, in 1853, location ratepayers obtained a baronial presentment for the construction of a decent approach to the well, as up to then it was reached only by a tortuous path and the waters obtained by the most primitive means. In 1856 Stacpoole invited Professor Apjohn, professor of Chemistry and Mineralogy at Trinity College, Dublin, to analyse the water and make some recommenddations. An engineer from the firm of Hodges, Smith and Company in Dublin drew up plans for a bath house, terraced houses and Siamese

---

[14] *Ibid.*

[15] *Ibid.*

[16] Ciarán Ó Murchadha, *Sable Wings over the Land* (Ennis: Clasp Press,, 1998), 148.

villas to be built at the spa, along either side of the river. Nothing came of these plans at this time, as Stacpoole was reluctant to grant leases on the land, but more hotels, and a Church of Ireland Chapel of Ease came into being in 1859. By the end of the 1850s, with sixty houses now available in the area, the spa's reputation had increased as "a most desirable resort for the Invalid and Tourist," and a dramatic increase in the numbers of the new, rising class of Roman Catholic big farmers had altered the former exclusive clientele base of the Protestant gentry, professionals and "strong farmers." This led to the building of a Roman Catholic Chapel of Ease around 1869, to facilitate the growing numbers of Catholics who would otherwise have had to travel the two and a half miles to the parish church at Toomaghera. The fact that Mass was being celebrated in the National School up to that time by visiting priests, who by then were coming to Lisdoonvarna in great numbers, was bitterly complained of by a schools inspector in 1852, but the local parish priest pleaded ignorance about the whole business and promised it would not happen again.[17]

In 1867 Captain Stacpoole built two small houses over the well on his land at Gowlaun and he also installed a pump to bring the water up. His close relation, Dr William Westropp, supervised the building of the first bathhouse at the sulphur wells, as he was evidently as enthusiastic as Stacpoole about the exploitation of the springs for commercial purposes. However, their entrepreneurial efforts were not appreciated by local people, as Stacpoole also put gates to the approach to the well, blocking up a public right of way which had existed from the time that a water-mill had been operated on the site. Local agitation led to the gates being dynamited in 1869 and in the legal action that followed, right of public access to the well was restored. Stacpoole was granted £60 compensation for destruction of property, but it was ruled that as the public had a right of entrance to the well, they were within their rights in removing any obstruction to it.

In the meantime, Pierce Creagh had also decided to improve facilities at the Rathbawn spring, and received the approbation of the *Clare Journal*, which declared in 1869: "Every inducement will be held out to purchasers to invest their money and, from the increasing popularity of the spas, it seems not improbable that a great social

---

[17] *Ibid.*

revolution is about to be wrought in this celebrated district."[18] Indeed, the celebrated Dr. Fausset, writing in 1867, explained the success of the spas in these terms: "The absence of French cookery, together with early and regular hours contribute not a little to the effects which the fine air, total change of scene and the restorative influences of the mineral waters are calculated to produce."[19] He also recommended two to eight half pints of sulphur water daily as the proper dosage.

In 1870, a first-class hotel, the Eagle, with fifty bedrooms, was opened near the Gowlaun spring, which had now become the principal well. A new road had been built, which facilitated access, and in that year fifteen hundred people visited the spa. An idea of the routine at the spa can be gauged from Dr Mapother, who gave a detailed account of the regime in the Eagle and Royal Spa hotels in his work *Lisdoon-varna Spas and Sea-Side Places of Clare* in 1871: visitors had three meals a day, with breakfast at nine a.m., dinner around 5 p.m. and tea at 8 p.m., but the wants of invalids and the newly-arrived were attended to at all times. The fee at this time was seven shillings a day, about the size of a worker's weekly wage, and the place was so over-crowded that they had to put extra mattresses on the dining tables and billiards tables during the night. The hotels closed at 11 p.m.[20] While commenting on the fact that 1,500 visitors frequented the spa in 1870, Mapother also lamented the lack of entertainment available to them: "No cricket, not even a ball-alley; the arrival of the post and of the newspapers, and a game of cards, are the only events to break the monotony for those who do not make excursions from the Spas."[21]

The Queen's Hotel was built by a Limerick company in 1874, and advertised itself as "second to none, on an elevation having a view of the sea from the ground floor and the beautiful coast scenery extending from Hag's Head to Black Head."[22] As more large hotels and lodgings houses became available, the demand for transport was

---

[18] *Clare Journal* (Ennis, 1869): 22.
[19] E.D. Mapother, *Lisdoonvarna Spas and Sea-side Places of Clare* (Dublin & London: 1871), 15.
[20] *Ibid.*
[21] *Ibid.*
[22] P.D., *A Hand book to Lisdoonvarna and Its Vicinity* (1876; Ennis: Clasp Press, 1998), 113.

met by the Midland Great Western railway, which numbered among its summer excursions "the cheapest, shortest and most enjoyable route to the celebrated spas of Lisdoonvarna."[23] This journey by train, steamer and omnibus or long car took over seven and a half hours from Dublin in 1876, a daunting prospect for invalids who proposed to visit the spa for its curative properties.

However, once there, there was a choice of wells to visit. The iron and magnesia wells near the Spa Bridge, situated on the lands of Pierce Creagh and known as the Rathbane Spas, were usually visited after lunch. Iron was taken as a blood tonic and magnesia was considered good for those with weak stomachs. The waters of the copperas well were widely used for ulcers, sores and skin diseases. The Twin wells were quite unique, having sulphur and iron springs gush from the rock within inches of one another. There was also another iron well near the Spectacle Bridge, a local curiosity built to enable the road to pass over a deep ravine, and this well was analysed by a Professor Apjohn in 1856, but it was closed up within the following decade.[24] The best known well was the Sulphur Well, where various analyses showed that it contained three times as much hydrogen sulphide gas as the Harrogate spa. The well was busiest between 8.30 and 10.30 a.m., and many people preferred to drink the water hot. It was claimed that it cured many who were crippled with arthritis, and local hoteliers went to the various wells for buckets of water for the lunch tables, where it was often fortified with whiskey and wine. One writer, around 1870, stated: "the poorer people foolishly use it for making tea, as the boiling entirely expels the gas."

The 1870s were probably the heyday of the Lisdoonvarna spas in terms of the quality of its patrons. Guests included the Earl of Westmeath, Lord Dunboyne, Lord Gough, Lady Foster and Lord Aberdeen, later Lord Lieutenant of Ireland. They all brought their suites and entourages along with them, and the Lord Lieutenant occasionally graced the spa with his presence. It was during this period that a detailed guidebook on the area, *A Handbook to Lisdoonvarna and Its Vicinity*, was first published in 1876.

---

[23] *Ibid.*, 116.

[24] Sr. M. de Lourdes Fahy, *Origin and Growth of Lisdoonvarna 1750-1900*, a paper delivered at the Merriman Summer School, 1986.

Fig. 11-1. The sulphur well at Lisdoonvarna.
Lawrence Collection, National Library of Ireland


The main author was named only as "P.D.," but it has been
broadly accepted that this was the Reverend Canon Philip Dwyer, a
Church of Ireland vicar *cum* rector of the parish of Drumcliffe in
Ennis. He prefaced the work by declaring "those who had it in their
power to communicate information calculated to alleviate human
suffering and to promote innocent recreation were bound to use that
power."[25] The handbook began by guiding travellers from railway
termini at Limerick or Killaloe, with a view to acquainting them with
"whatever may prove interesting or instructive, whether occurring
along the way or in the adjacent regions of the wild west." The author
anticipated not only great numbers of Irish visitors, but also "not a few
foreigners and our American cousins too, who land at Cork, visit
Glengarrif, do Killarney, take train for Tralee and car for Tarbert."
The nearest railway station was Ennis, from which one travelled, often
in an open car, the twenty-five miles to Lisdoonvarna. From this it can
be gathered that an arduous journey awaited anyone wishing to visit
the Spa, and the writer of the handbook expressed righteous

---

[25] P.D., *A Handbook to Lisdoonvarna and Its Vicinity* (1876; Ennis, 1998), xv.

indignation at the failure to provide a railway line to Lisdoonvarna, at a time when the railway network was spreading its tentacles into the furthermost and most remote regions of the country:

> If Lisdoonvarna Spas be of such great medicinal value as the public incline to think, and agree to believe, it does seem a most curious fact that a convenient and speedy mode of approach is not offered by those parties most concerned to advance the interests of the country and to consult for the wants of afflicted humanity. Would such spas, if to be found in England, Scotland or Wales, have been left so long in an almost unapproachable condition, at least approachable only by the very same roads in use over frightful "mountain tops ascending" for some decades of centuries past?[26]

On the accommodation provided, the writer did admit that "some have pronounced the accommodation poor, defective and very indifferent" and that little could be said in praise of the hotels but averred that "the man who cannot be pleased among the following hotels, must be hard to please indeed." He listed five hotels–the Eagle, the Queen's, the Royal, the Imperial and the Atlantic–and stated that almost every house in Lisdoonvarna that was not a hotel was a lodging house or a private villa available for rent. For sustenance, he declared that:

> None need fear a deficient supply or one of an inferior quality, or carry with them provisions [...] Every day the best beef and mutton is killed; indeed, the district is famous for its fattening qualities. Bread and groceries may also be had in the shops, fruit and vegetables too. The country and coast people supply in great abundance potatoes, eggs, milk, also fowl and fish.[27]

One chapter in the handbook was devoted to the quality and type of water to be had in the wells. An examination had been facilitated by the Parliamentary Grant for Scientific Reports and commissioned by the Royal Irish Academy. It had been carried out by Mr Plunkett, Assistant Chemist in the Royal College of Science and Mr Launcelot Studdert, LL.D., an alumnus of Trinity College, Dublin, and their report was read to the Academy by Mr Plunkett on 24 May 1875. Having spent a number of weeks in situ at the springs, they then carried out a lengthy investigation under the aegis of Professor

---

[26] *Ibid.*, 31.
[27] *Ibid.*, 34.

Galloway at the laboratory of the Royal College of Science and came up with some new findings. They detected lithium in the sulphur spring at Gowlaun, and manganese in the chalybeate spring at Rathbawn. As no spa in the United Kingdom was reported to contain either of these, except for a "trace" of manganese at Harrogate, this was regarded as being most advantageous for those visiting Lisdoonvarna for its curative properties.

The ensuing chapter on the medicinal properties and effects of the Spas of Lisdoonvarna was contributed by D$^r$ William Henry Stacpoole Westropp, who presented it as "the results of five years continued and rather extensive investigation of the effects of Lisdoonvarna Spas upon different classes of diseases" and who wished to lay it before the profession and the public by stating the diseases which had been brought under spa treatment and the results obtained. Dr Westropp was closely related to Captain Stacpoole, landlord of the lands where the Gowlaun spring was situated, and he had built the beautiful gothic-style Maiville House, directly overlooking the wells, in 1875. The advantages of living on the spot obviously enabled him to carry out a sustained analysis of the results of the use of the spa waters.

He categorised the diseases presented as being arthritic, digestive, of the liver, of respiratory organs, nephritic and vesical, cutaneous, scrofulous, and included afflictions of the nervous system. He concluded that use of the sulphur spa had produced good results for people suffering from gout, chronic rheumatism and rheumatoid arthritis, diabetes, acne, jaundice, respiratory infections and hoemorrhoidal afflictions. The iron spa was beneficial in cases of dyspepsia, Bright's disease, neuralgia, lumbago, sciatica, enlargement of the spleen and scrofulous complaints. He saw no benefit from the waters for the incidence of phthisis or asthma and pointed out that while there was a substantial improvement in the health of those convalescing from illnesses such as pneumonia and pleurisy, this was as much due to the healthy environment as it was to the taking of the waters. On the question of dosage, he felt it necessary to stress that it should be regulated according to the age, sex and constitution of the patient, and the nature of the disease, but that it generally varied from one tablespoonful to over half a gallon per diem. He also considered the efficacy of the baths at Lisdoonvarna, which consisted of cold and warm, reclining and shower baths, either of ordinary or sulphur spa water supplied from a spring on the premises. Acid, alkaline or other medicated baths were also available, but Westropp was content to sit on the fence with regard to the medicinal advantages, stating both the popular view that all diseases could be cured by sulphur baths and the medical outlook that the effect would be insignificant. He cited cases of sufferers from chronic rheumatic affections, who had visited Lisdoonvarna to merely drink the water before the baths were opened, but whose condition had improved dramatically when they also used the baths. On the other hand, patients with skin problems often suffered more irritation when bathing in the sulphur water, while it had not proved strong enough for the treatment of acne, in particular.[28]

Westropp concluded his discourse with a practical proposition for the proprietors of hotels and lodging houses in Lisdoonvarna, namely, that they should give serious consideration to the dietary requirements of the invalids who resorted there. He cited the example of Germany and envisaged the possibility of Lisdoonvarna aspiring to the highest standards of patient care:

> In Germany, the very cradle and home of scientific spa treatment, the medical man is really made the King of the Kitchen, and his word is law, as to the general as well as to the particular diet for all under medical treatment, whether their cases be slight or severe … [a place] where invalids may find houses, and systems of management, and a dietary specially prepared for them, and calculated to afford them that quiet and comfort which conduce so largely to their perfect restoration to health.[29]

The work ended with an appeal for funds for a new Church of Ireland church in the town, with both Canon Dwyer and Captain Stacpoole named as members of the fund-raising committee:

> It is necessary to erect another church to afford accommodation to at least two hundred worshippers, and capable of further extension. This necessity was painfully exemplified during the last two years, when numbers had to retire, being unable to obtain either sitting or standing room.[30]

---

[28] *Ibid.*, 50-58.

[29] *Ibid.*, 60.

[30] *Ibid.*, 111.

Canon Dwyer was not wrong, as the visitor figures increased to five thousand in 1878, but it was the coming of the West Clare Railway to Ennistymon in that year that facilitated the movement of significant numbers of visitors, and by 1895 it is claimed that the figure had risen to twenty thousand. Edgar Flinn, an eminent Dublin physician, published a guide to Ireland's health resorts and watering-places in 1888, in which he also lamented the undeveloped state of Irish mineral water springs:

> Here we have one of the many thousands of industrial resources of Ireland, which from some cause or other remain dormant. If even a second rate mineral spring is discovered in Germany, a company is immediately started for its development, sometimes with English and French capital. The Irish springs remain without an attempt being made for their commercial introduction. We have no doubt that at Lisdoonvarna we have a district that will prove as rich and fertile as Harrogate itself ... [but] there seems very little probability of seeing these waters in the hand of the consumer.[31]

However, by the time the second edition of his book appeared in 1895, Dr Flinn seemed to be more sanguine about the prospects for Lisdoonvarna: "Since the foregoing was written, Lisdoonvarna spas in County Clare have been steadily growing in public esteem, each season now sees all its hotels thronged with hosts of visitors."[32] Referring to Lisdoonvarna as "the queen of spas in Ireland," he reported that, during the season from June to the end of October, the place was densely crowded with visitors, and that the four hotels were fully occupied for the whole season. He also expressed the hope that the railway line would be extended to the town, as this would obviously be a great boon to its further development, but he was critical of the slowness of its expansion up to that date:

> The development of the Lisdoonvarna spas would have been vastly more rapid if the place had been formerly more easy of access, and if those interested in its progress and improvement had shown more energy and enterprise: yet it must be freely conceded that it has made rapid strides within a short period, and is most deservedly earning a wide reputation as a health-resort of the first order.[33]

---

[31] D. Edgar Flinn, *Ireland: Its Health Resorts and Watering-places* (Dublin and London, 1888), 8.

[32] *Ibid.*, (1895), 8.

[33] *Ibid.*, 136.

He went on to suggest that certain improvements would enhance the natural advantages of Lisdoonvarna "a hundredfold," leaving it without a rival in the kingdom:

> It would amply repay a speculator to purchase the wells, and make a fixed small charge to consumers, as is done at Buxton, Harrogate and other like places. The erection of a pavilion for shelter and entertainment, a public reading-room and a band during the season, would constitute a great attraction, and the profit receipts to the residents and the district generally would be increased very materially. No selfish motives or presumed vested interests should be allowed to stand in the way of these improvements, and to make Lisdoonvarna as attractive as it is possible should be the persistent aim of each one who has the well-being of this bracing health-resort at heart.[34]

Flinn concluded by asserting that

> Lisdoonvarna requires only to be better known to be appreciated, and there can be no doubt of the efficacy of its waters, as evidenced in the large percentage of cures that annually take place [...] as a mineral water health-resort it has a great future before it, and with a through railway communication and some further improvements it will have few equals in these countries.[35]

Flinn mentions in passing the demise of Lucan spa but hopes to see it soon restored to its former glory. He also mentions other well-known Irish spas at Ballynahinch, in County Down; Swanlinbar in County Cavan; Mallow in County Cork; Tralee in County Kerry and Castleconnell in County Limerick.

But the writing was on the wall for Lisdoonvarna, in common with other Irish spas at this time. Political developments in Ireland from the time of the Land League in the 1880s, the Land War and demands for Home Rule and a consequent de-possession of the lands of the Anglo-Irish gentry who had constituted the main clientele of the spa, had diminished its customer base. The ever-rising popularity of the seaside and the emergence of the bicycle as a means of transportation for the masses had contributed to a decline in the popularity of spas, and some hotels in Lisdoonvarna found themselves in financial

---

[34] *Ibid.*, 137.
[35] *Ibid*, 149.

difficulties. By 1891 the Stacpoole property was in chancery and a co-operative organisation, the Local Improvements Committee, was formed to administer the thriving spa, with a seven-year lease at £15 a year on the Sulphur Well and Grounds. They built a pump-house and new baths, and as the town's reputation for conviviality increased, it became known as the place where "bank clerks pretend to be drunk and parish priests pretend to be sober."[36] H.B. Harris, writing in 1891, was impressed by the number of large and imposing hotels, well-stocked shops and also by the egalitarian approach of the local entrepreneurs:

> Everywhere there are indications of prosperity, and of the large amount of capital invested, and manifest appearances everywhere of a desire to minister to the comfort of those who come to this interesting region [...] While the rich and humbler classes meet here, as in the world at large, the wants of all are provided for according to their rank and station, and their ability to pay for extra comforts.[37]

Fig. 11-2. Musicians at the spa wells in the 1890s.
Lawrence Collection, National Library of Ireland

---

[36] *Merriman Summer School Newsletter*, 2001.
[37] H.B. Harris, *Holiday Haunts on the West Coast of Clare* (Limerick, 1891), 64.

By the time of the publication of Guy's Directory in 1893, it was argued that Lisdoonvarna could fairly be called the "Cheltenham of Ireland:"

> It is environed with perhaps the most singular rock and cliff scenery, and a treeless waste possessing a flora and entomological rarities the most remarkable, for the extent of the district, to be met with in Europe. Its sulphur and iron springs have proved singularly efficacious in gout, rheumatism, hepatitis, consumption, dyspepsia and scorbutic affections; and its invigorating and balmy air cannot be breathed without the most exquisite gratification.[38]

In the 1890s there was more entertainment to be had in the town; a local cricket club had been formed, and one of the first hurling clubs in the country had been established in Lisdoonvarna in 1886. It was a short-lived experiment, being superseded by a Gaelic football club which has remained popular ever since. The Kilfenora Brass Band were regular performers there from the 1870s onwards and dancing was popular. Amateur dramatics also became a common pastime from around 1898.[39]

However, all was not well as regards the administration of the wells. In 1896 the Church Representative Body, being the largest creditor on the estate, bought up all the minor mortgages, thus taking it out of Chancery. The lease of the Improvements Committee was terminated and their improvements confiscated. The Church Representative body at once issued tenders to let the well and the committee offered to rent the ground for £100 a year, but their bid was unsuccessful. Instead, the letting was made to a small syndicate of two leading hoteliers at a rent of £300 a year. A large protest meeting was held in the Square on Sunday 9th May 1897, and people were reminded of the astonishing growth and development of the town: "Thirty years ago, turf was cut on what is now the Square."[40] Soon afterwards the well house was forcibly opened, and a nasty dispute arose between the two hoteliers and members of the Improvements Committee. It was back to the law courts to resolve the issue, with the result that the committee was victorious and once again regained

---

[38] *Guys Directory of Munster* (Cork, 1893), 18.

[39] Fahy, "Origins of Lisdoonvarna."

[40] *Ibid.*

control of the affairs of the spa. By now it was being claimed that over 20,000 people had visited the well in 1895. This was the figure quoted by the local parish priest, the Reverend Edmund Power, when he and a few other influential people from Lisdoonvarna went as a deputation to meet Gerald Balfour, Chief Secretary for Ireland, who was holidaying in Lahinch in 1896.[41] They were hoping to persuade him to extend the railway system in County Clare to Lisdoonvarna, but in this they were unsuccessful.

By the turn of the century there were many more hotels and lodging houses to attest to the spectacular commercial success of the spa town as a tourist attraction. It is arguable that it reached its zenith with the presence of the Lord Lieutenant of Ireland, Lord Aberdeen, the representative of the British crown, in Lisdoonvarna in 1906 to celebrate the re-opening of the Eagle hotel there, thereby putting the royal stamp of approval on the town. The Improvements Committee published a guide to Lisdoonvarna in 1914, which lists the improvements that had been made in the previous five years. The sulphur well had been enlarged, new baths built, large underground tanks installed for the purpose of conserving the sulphur water and ensuring an abundant supply for the baths. At the magnesia and iron wells, a new pump room had been constructed, and realising that it was crucial to move with the times, the committee was launching a new range of treatments and negotiating the installation of electricity. A park of 15 acres had been purchased and was being laid out by a landscape gardener, while a recreation pavilion, capable of seating 1,200 people, had also been built. All in all, it appeared that Lisdoonvarna stood on the brink of a new and heady future, but the outbreak of the Great War in 1914 put paid to the plans for a brave new venture. As with the majority of other tourism ventures in the British Isles, Lisdoonvarna went into a decline that could have proved to be terminal. However, its transformation in the course of the twentieth century has been nothing short of startling.

Lisdoonvarna has become a Mecca for tourists of a different kind, as its matchmaking festival draws thousands of visitors every September, a custom that originated as young and not-so-young farmers came to take the waters after the hard work of the harvest was over and, if

---

[41] *Ibid.*

single, to find a bride. Professional matchmakers were thus drawn to the town and offered their services to the lonely bachelors. Negotiations were carried out in hotels and public houses and the matchmaker who succeeded in his task was handsomely rewarded for his trouble. Today there are just two matchmakers left in Lisdoonvarna, one a horse dealer who runs a riding centre in the area and the other the proprietor of the Imperial Hotel in the town. While some people still resort there to drink the waters and recover their health, the town now attracts many farmers searching for rest and recreation after the arduous work of the harvest; many single men and women hoping to find a partner for life; and also those who merely want to paint the town red on a twenty-four hour basis.

The programme for the 2005 festival, which begins on the 26th August and ends on the 3rd October, includes almost non-stop dancing sessions beginning with a first dance every day in the Spa Wells followed by a glass of spa water, together with horse and sulkie-racing, "mighty music," speed dating, the "Queen of the Burren" and the "Mr Lisdoonvarna" competitions–as the organisers proclaim "it's music, dance and craic all the way!" While this orgy of continuous carousing may seem a far cry from the elevated world of the 19th century spa, it is worth remembering that many of those attending the spa in those days were also the victims of over-indulgence–as an old resident of the spa remarked with venom "they all badly needed the cleansing effects of the sulphur after long winters spent eating too much salt beef and drinking too much bad whiskey."[42] The matchmaking festival has also been the inspiration for a television film entitled "Lisdoonvarna: Lourdes of Love," directed by Dutchman Hans Heijnen, which garnered the Silver Spire in the Culture and Society category at the 1999 San Francisco Film Society annual film festival. In what the blurb describes as a beautiful, touching film, it tells the story of three aging bachelors who are determined to meet the perfect woman at the festival and follows them before, during and after the event.

The spa in Lisdoonvarna remains in action, and the pumping machinery installed in the 1890s still operates in the Victorian pump room where the sulphur water is dispensed. Sulphur baths fed by a

---

[42] P.D., *A Hand book to Lisdoonvarna and Its Vicinity* (1876; Ennis, 1998), v.

3000-gallon storage tank are in daily use, while additional treatments such as massage, wax baths, aromatherapy and reflexology are also available. Drinkers of the sulphur water are presented with a certificate attesting to this feat. It has even featured in a guide "to the great health resorts of the world," published by Pan American Airlines in 1968 under the title *Pleasures of the Spa*, that describes it thus:

> Ireland's one and only spa is at Lisdoonvarna, way over on the western Burren country of County Clare. It is a strange, hilly region, almost lunar-like in parts, with endless intrigue for the botanist, the geologist and the speleologist. But the town is a gay little place in its own quiet way, and it is popular among holidaymakers.[43]

In conclusion, it must be admitted that the survival of Lisdoon-varna Spa town is as astonishing as its origins and growth from a couple of springs in a particularly inaccessible rural location. It stands unique in Ireland as a town that has literally sprung from the development of a natural resource and has generated enough entrepreneurial endeavour to keep it going. Now in its fourth century of use, it stands as a testament to the efforts of those who had the foresight and courage to change with the times, and whose reward is not merely financial, but also one which has enabled a community to hold together against all the odds.

**List of works cited**

Ball, Francis E. *A History of the County Dublin*. Vol. 2. Dublin: Alex Thom, 1902.

*Clare Journal*. Ennis, 1969.

*Dublin Penny Journal* 1 n°14 (1982).

Duguid, John. *Pleasures of the Spa*. New York, 1968.

Dutton, Hely. *Statistical Survey of the County of Clare*. Dublin, 1808.

Dwyer, Philip. *A Hand book to Lisdoonvarna and Its Vicinity*. Dublin, 1876. Ennis: Clasp Press, 1998.

Fahy, Sr. M. de Lourdes. "Origins and Development of Lisdoonvarna 1750-1900." Paper delivered at the Merriman Summer School, 1986.

---

[43] John Duguid, *Pleasures of the Spa* (New York, 1968), 85.

Fleetwood, John. "Lisdoonvarna–Our Last Active Spa." *Ireland's Own* (July 2002).

Flinn, D. Edgar. *Ireland: Its Health Resorts and Watering-Places*. Dublin & London, 1888.

Gerard, Frances. *Picturesque Dublin Old and New*. London, 1898.

*Guys Directory of Munster*. Cork, 1893.

Handcock, William D. *The History and Antiquities of Tallaght*. Dublin, 1899.

Harris, H.B. *Holiday Haunts on the West Coast of Clare*. Limerick, 1891.

Knox, Alexander. *Irish Watering-Places, Their Climate, Scenery and Accommodations*. Dublin, 1845.

Leahy, G. "Ballyspellan Spa." *Old Kilkenny Review* 6 (1953).

*Lucan Newsletter*. 24 January 2004.

Mapother, E.D. *Lisdoonvarna Spas and Sea-side Places of Clare*. Dublin & London, 1871.

*Merriman Summer School Newsletter*. 2001.

Ó Murchadha, Ciarán. *Sable Wings Over the Land*. Ennis: Clasp Press, 1998.

*Porter's Guide and Directory for North County Dublin 1912*. Dublin: Hodges, Foster & Figgis, 1912.

CHAPTER 12

# Writing Letters from Georgian Spas: The Impressions of a Few English Ladies

## Alain KERHERVÉ

The most famous letters by English ladies about baths are undoubtedly the ones written by Lady Mary Wortley Montagu while she travelled in Turkey in 1710. In them were described the Turkish baths with many details about the "marble basins," the "sulphur waters" and the bodies of the two hundred women bathing there.[1] But those letters were not about spas, and Turkey is way beyond the geographical framework of this conference. However, it is usually admitted that English letters–whether part of full-length correspondences or taken from epistolary novels[2]–provide essential material to

---

[1] For instance, see Cynthia Lowenthal, *Lady Mary Wortley Montagu and the Eighteenth-Century Familiar Letter* (London: U of Georgia Press, 1994), 101-05.

[2] See the novels by Jane Austen, Henry Fielding and Tobias Smollett. Also see *The Expedition of Humphry Clinker* (1771; Oxford: Oxford World's Classics, 1998) by Tobias Smollett: "The music and entertainments of Bath are over for this season; and all our gay birds of passage have taken their flight to Bristolwell, Tunbridge, Brighthelmstone, Scarborough, Harrowgate, &c. Not a soul is seen in this place, but a few broken-winded parsons, waddling like so many crows along the North Parade. There is always a great shew of the clergy at Bath: none of your thin, puny, yellow, hectic figures, exhausted with abstinence, and hardy study, labouring under the morbieruditorum, but great overgrown dignitaries and rectors, with rubicund noses and gouty ankles, or broad bloated faces, dragging along great swag bellies; the emblems of sloth and indigestion." (Letter written to Sir Watkin Philipps, Bart. of Jesus college, Oxon.), 68.

the knowledge and study of watering places.[3] The aim of this paper is not to synthesise all the elements to be found in all the English correspondences of the eighteenth century about all the British and continental watering places. This would probably be worth a PhD dissertation. It will try and establish the interest of letters written by some English women from watering places. The sources are numerous. They include more precisely letters by Lady Mary Wortley Montagu (1689-1762), Mary Delany (1700-1788), Elizabeth Carter (1717-1806), Elizabeth Montagu (1720-1800), Hester Lynch-Piozzi (1741-1821), Anna Seward (1747-1809) and Mary Wollstonecraft (1759-1797), to which shall be added occasional remarks to a few epistles by Lady Anna Miller, Sarah Churchill (Duchess of Marlborough), Lady Mary Coke, Lady Luxborough, Lady Suffolk and Fanny Burney.[4] In total, about 100 letters shall be examined and analysed. In order to understand what an eighteenth-century letter-writer included in a letter from a spa, the circumstances of writing will first be examined; then the expression of commonplace and more personal images will be highlighted; finally the question of the specificity of the letters from watering places shall be tackled.

### 1/ Writing letters in watering places

First and foremost, writing letters might have been advised against during stays in watering places. This is what Anne Donnellan suggested, on 11 July 1740, in a letter to Elizabeth Montagu: "I must write to you, though they tell me water-drinkers should not write..." Whether she used "they" for the doctors or public rumour, there seems to have been some advice of that kind. In 1755, Mary Delany explained to her sister that their brother, with whom she had been staying in Bath, would not write to her, quoting his words: "'tis not good with the waters."[5] In the next year, she wrote a "short letter" because she had promised that she would not write much.[6] Fifteen years later, again, she advised her niece against writing to her while

---

[3] See the sources used by Annick Cossic, *Bath au XVIII<sup>e</sup> siècle. Les Fastes d'une cité palladienne* (Rennes: PUR, 2000) and Georges Lamoine, *La Vie littéraire de Bath et Bristol 1750-1800* (Lille: PU Lille, 1978).

[4] See "Select bibliography."

[5] Delany, Llanover, III, 365 (letter dated 12 November 1755).

[6] Delany, Llanover, III, 447 (letter to Mrs Dewes, 4 November 1756).

staying in Bath and Bristol.[7] Writing letters from spas might then have been disapproved of by doctors, and consequently little undertaken by women. This could explain why no examples of letters from watering places can be found in eighteenth-century secretaries.[8] Did not women actually write letters when staying in watering places?

*Watering places*

A great number of watering places are mentioned in the different collections of letters under examination. They include English towns and a few continental spas. To begin with England, if most of the resorts of the main three geographical areas are mentioned–the East which developed as early as the seventeenth century, the West which grew in the early eighteenth century and the North which gained later fame–Bath remains largely superior, as far as the number of occurrences is concerned, in most of the letters of the women under study. For example, Bath is mentioned twenty times in Lady Mary Wortley Montagu's letters–while she only named Scarborough once; Mary Delany wrote about Bath over 140 times, whereas she only talked thrice of Epsom.[9] However, other spas sometimes prevailed over the Somerset resort in some letters. In the correspondence of the Stanhope family, living in Yorkshire, Scarborough, the regional spa, is more often mentioned than any of the Southern resorts.[10] Buxton,

---

[7] Delany, Llanover, IV, 293 (letter to Mary Dewes, 16 August 1770), "I charge you not to write to me, as I am sure that is an improper employment fro you; a line from any hand to tell me how you go on, will satisfy me." And yet, not long after that letter, she thanks her niece for sending her a letter from Bristol; see Delany, Llanover, IV, 295.

[8] Or "letter-writers," small books used to provide youth of both sexes with numerous letters to be used as examples a huge number of circumstances. For additional details, see William Henry Irving, *The Providence of Wit in the English Letter Writers* (Durham: Duke UP, 1955) or Marie-Claire Grassi, "Correspondances intimes (1700-1860). Étude littéraire, stylistique et historique" (Thèse d'État, U de Nice, 1985), vol. 1, 85-88.

[9] Delany, Llanover, I, 98.

[10] Some of the members of the Stanhope family (John Stanhope [1701-1769] whose wife stayed repeatedly in Scarborough) were definitely based in Yorkshire. See Amanda Vickery, *The Gentleman's Daughter* (London: Yale UP, 1998), 374-75.

Tunbridge Wells, Islington and Cheltenham also occasionally stand out with prominent importance in some letters of the period.

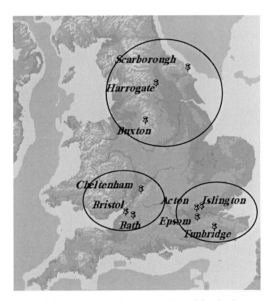

**Main watering places mentioned in the letters**

As far as the number of letters written from watering places is concerned, Bath equally prevails in the selected letters–59 were written there by Mary Delany, Elizabeth Carter, Elizabeth Montagu, Hester Lynch Piozzi and Mary Wollstonecraft who spent most of their watering time in the Somerset spa–, even if some letter writers wrote more from other towns where they spent more time. Thus Anna Seward, for instance, wrote ten epistles from Buxton and six from Scarborough (none from Bath) and the two friends Elizabeth Carter and Elizabeth Montagu, who sojourned on a regular basis in Tunbridge Wells, wrote more from that resort than from any other watering place. The fact that no letter was written from Acton, Islington or Epsom can very probably be accounted for by their lying within reasonable distance from London and by the possibility they provided people with of spending the day there and returning to London at night.

Bristol
Buxton
Cheltenham
Scarborough
Tunbridge Wells
Bath

**Letters written from watering places[11]**

11

| | Bath | Bristol | Buxton | Cheltenham | Scarborough | Tunbridge | Total |
|---|---|---|---|---|---|---|---|
| Frances Boscawen (died 1805) | | | | | | 1 | 1 |
| Elizabeth Carter (1717-1806) | 6 | 4 | | | | | 10 |
| Hester Chapone (1727-1801) | | | | | | | 0 |
| Mary Delany (1700-1788) | 21 | 1 | | 1 | | | 23 |
| Anne Dewes (1707-1761) | 2 | | | | | | 2 |
| Elizabeth Elstob (1683-1753 or 1756) | 1 | | | | | | 1 |
| Countess Mary Gower (1701-1785) | | 1 | | | | | 1 |
| Hester Lynch-Piozzi 1741-1821) | 20 | | 1 | | 1 | | 22 |
| Elizabeth Montagu (1720-1800) | 7 | | | | | 6 | 13 |
| Mrs Ravaud (?) | 1 | | | | | | 1 |
| Anna Seward (1747-1809) | | | 9 | | 6 | | 15 |
| Mary Wollstonecraft (1759-1797) | | 4 | | | | | 4 |
| Lady Mary Wortley Montagu (1689-1762) | | | | | | | 0 |
| | 58 | 10 | 10 | 1 | 7 | 7 | 87 |

So, women did write from watering places. And it can now be wondered if they did not keep particular moments to write letters from spas.

### Watering times

The position of watering places in the letters and the number of times women visited them can largely be accounted for by the evolution of fashion throughout the century; while Bath remained a largely appreciated resort until the end of the eighteenth century, other towns became out of fashion earlier: the craze for London spas was on the wane by the end of the 1750s. The following chart shows the writing periods of the letter writers and the golden years of the various spas.

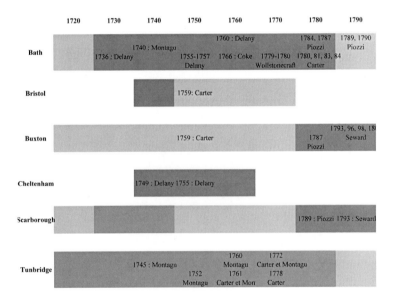

It clearly shows that letter writers mainly went to watering places when the spas were fashionable: the highest proportion of letters from Bath was written between 1730 and 1780, Mary Delany resided in Cheltenham between 1740 and 1760, Elizabeth Carter and Elizabeth

Montagu exchanged letters from and met in Tunbridge Wells between 1745 and 1778. It must however be noted that most women, who lived in the South of England, seem to have discovered Scarborough physically only in the last years of the century (even though they occasionally named the city earlier) and that when Elizabeth Carter went to Bristol Hotwells, it was after its most glorious era. What is more, the watering route of the latter is the most original of all: she was in Buxton in 1759, sojourned regularly in Tunbridge Wells in the 1760s and 1770s, and only stayed in Bath in the 1780s, whereas most of her contemporaries started with the Somerset spa.

The example of the evolution of the use of the names of the different spas in the letters of Mary Delany provides a more detailed vision of the way women mentioned the watering places. It first shows that the latter wrote about spas from the one end of her correspondence to the other, from 1724 until 1788. Moreover, she alluded to most of the famous watering places of her times, with the exception of Harrogate. She did not leave out such lesser resorts as Brighthelmstone which her friend, the Duchess of Portland, and her family visited in 1774.[12] If Tunbridge Wells was mentioned several times in the thirties, outranking Bath twice (in 1732 and 1734), the town of Beau Nash and the Wood brothers remained the most important spa in Mary Delany's letters, with 10, 12, 13 and 17 yearly mentions in the 1750s and an average of six occurrences between 1764 and 1774. It can mainly be explained by her stays in Bath in 1755, 1756, 1757, 1760 and 1768. The other mentions occurred when some of her correspondents, relatives or friends stayed in the spas, when she intended to go to a watering place or when she wanted to compare two resorts. To sum up, she mainly mentioned the spas when she stayed in them: she talked about the place she lived in and from which she wrote.

And yet, some moments of the year seem to have been more favourable to certain spas, as the following excerpt from Tobias Smollett's novel, *Humphry Clinker*, suggests: "The music and entertainments of Bath are over for this season; and all our gay birds of passage have taken their flight to Bristolwell, Tunbridge,

---

[12] Delany, Llanover, IV, 591.

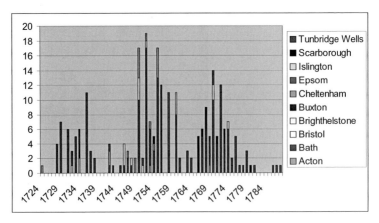

**Chronological evolution of the mentions of spas in Mary Delany's letters.**

Brighthelmstone, Scarborough, Harrowgate, &c. Not a soul is seen in this place [...]."[13] *The Complete Letter-Writer* bluntly put it in a nutshell in 1778: "Bath in the Winter; Scarborough in the Summer."[14] There was a "high season" to be in every spa, which explains why Anna Seward wrote: "this month is always high season at Buxton" (Seward, V, 142). It is commonly admitted that the Bristol waters attracted more visitors from the end of April until September, the Tunbridge waters from May till October, the Scarborough waters in July.[15] It then seems logical that most of the letters were written or received mainly in those periods.[16] The graph below shows that Bath was the only place from which English women wrote every month, even if the number of letters written is much higher at the end of the year–the "high season" until the middle of the century. That phenomenon is all the easier to explain as the letters written in January, February and March were all written after 1780, at a time when it had become fashionable to come to Bath in any season. And

---

[13] *The Expedition of Humphry Clinker*, 68 (To Sir Watkins Phillips, Bart. of Jesus College, Oxon, 17 May).

[14] *The Complete Letter Writer*, 228.

[15] For spa seasons, see Peter Borsay, *The English Urban Renaissance Culture and Society in the Provincial Town 1660-1770* (Oxford: Oxford UP, 1989), 139-42.

[16] In July 1727, for example. Vickery 263.

yet, in 1789, Hester Lynch Piozzi still wrote that she came to Bath every autumn.[17] So women letter writers followed the seasonal fashion and did not look for "low season" periods to take the waters or accompany their relatives to spas, and this probably explains why the Duchess of Portland resented the idea that her friend, Mary Delany,

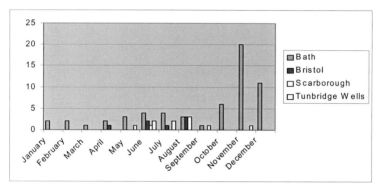

**Months of writing and reception**

might have bought a house in Bath, when she would be much better in London a great part of the year.[18] What was, indeed, the use of having a house in Bath, when it was not "high season"?

Then, if women went to the watering places when the latter were full of visitors, did it have any impact on their epistolary rhythm? The study of Mary Delany's stays in Bath might again prove useful. Firstly, the graph below paradoxically points to the increasing number of letters written: in 1756, she wrote five letters within a month while her monthly average over that same year did not exceed 3.5 epistles; equally, in 1760, she wrote five letters in a month, when her average was inferior to two. Moreover, in both cases, as in a previous stay (in 1755), November largely prevailed over the other months: out of a total of 20 letters from Bath during those three stays, fourteen were

---

[17] Piozzi I, 328 [28 Nov 89]: "I am sure we prove our affection for it [Bath], by coming every Autumn..."

[18] Delany, Llanover, IV, 146 (letter from the Duchess of Portland to Mary Dewes, May 1768).

written in that month alone.[19] When one considers the month of November in 1755 and 1756, one clearly sees that Mary Delany started writing again after a couple of sterile months. In 1760, Mary Delany wrote during the month of October, but only when she reached

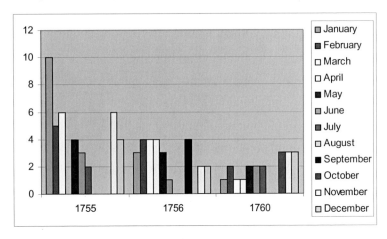

**Number of letters written monthly by Mary Delany in 1755, 1756 and 1760**

Bath. Still more precisely, Mary Delany's letters gathered length twice during her stays in Bath: in November 1756, she was granted a few days' break in her treatment to go to Bristol and the letter that accounts for it is the longest she wrote in that city (955 words); in September 1757, she wrote from Bath before beginning her cure, her letter was then 806 words in length.[20] So monthly writing habits did vary in watering places.

---

[19] The fact that Mary Delany stayed in Bath helps to understand the increasing number of letters she then wrote as has already been demonstrated. See Alain Kerhervé, *Mary Delany: une épistolière anglaise du XVIIIe siècle* (Paris: L'Harmattan, 2004), 101-02.

[20] At that time, Mary Delany's letters were on average 600 words long. See Kerhervé, *Mary Delany (1700-1788), une épistolière anglaise du XVIIIe siècle*, 444-45.

Finally, were weekly habits modified by the residence in a spa? The graph below represents the days of writing chosen by a few women. Their favourite day clearly was Saturday, and they also wrote a lot on Mondays. How can it be explained? In some watering places, it was the rule that ladies should stay at home from Monday till Friday, to make their appearance in public on the walks on Saturday nights, or at church on Sundays. That would explain the number of letters written on Saturdays (before going out) and on Mondays (accounting for the activity of the week-end). However, Saturday was a day when women wrote a lot in the eighteenth century, regardless of the place where they were staying, so that cannot be considered as a specificity of watering places.[21] And yet, a great number of women– Mary Delany and Elizabeth Carter for instance–wrote most of their epistles on Fridays at that time, but it seems that the trend was inverted when they stayed in spas, so much so that two of them did not write at all on that particular day. A possible explanation for Bath could be that balls took place on Fridays in that city:[22] perhaps there was not much time left to write on that day, and that could be compensated for on Saturdays, when it was the right moment to account for the evening.

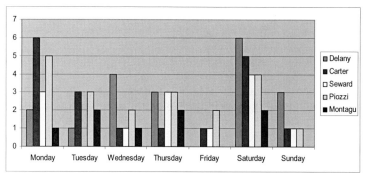

**Weekly rhythm of writing in spas**

[21] See A. Kerhervé, "Rythmes épistolaires: Etudes et représentations élec-troniques à partir de correspondances féminines anglaises du XVIIIe siècle," in *Les Ego-documents à l'heure de l'électronique*, ed. Dominique Taurisson (Montpellier: U de Montpellier, 2002), 469-97.

[22] See Cossic 107-08.

In spite of possible inflections in writing rhythm during stays in spas and/or advice in that sense, women did write when they sojourned in the cities. It was perhaps impossible not to write, because of the number of topics women felt like talking about when they were in watering places.

## 2/ Images of spas

The women's letters echo a number of images which can be found in other eighteenth-century sources (travel narratives, diaries, memoirs, guide books, magazines, novels etc.), more particularly in the fields of health, architecture and social life.[23]

### Health

Long before the eighteenth century, people became interested in watering places mainly for medical reasons. And English letter-writers, with which young people of both sexes were supposed to learn to write letters, mentioned the spas when dealing with questions of health as is exemplified by *The Complete Letter Writer* in 1789, letter 31 ("From a Lady to her Friend Giving an Account of her Brother's Ill-Health"), "the Physician has advised him to go and drink the Waters either of Matlock or Buxton; but I shall give the Preference to the Latter, because my Brother will then be in your Neighbourhood" (197). An earlier edition of the same secretary also read: "your physicians or your Midwife [...] send you to Bath in the Winter, or to Scarborough in the summer;" "My own inclination would make me cease drinking the Waters of Buxton, as you have left off drinking Milk; but as you are of Opinion this Regimen may be of Service to me, I am resolved to take a trip there, because I am sure it can do me no Harm."[24] So, watering places were mentioned, in relation to health, in some letter-writers.

Logically enough, several women also wrote letters about health. And their records often concerned the quality of the waters: Lady

---

[23] The following topics are also to be found in many masculine letters of the period. For instance, see Brigitte Mitchell & Hubert Penrose, *Letters from Bath (1766-1767) by the Reverend John Penrose* (Gloucester: Alan Sutton, 1990), 8-14.

[24] *The Complete Letter Writer* (1778), 228, 110.

Mary Wortley Montagu[25] pointed to the reputation of the Bath waters to cure cholical pains;[26] Elizabeth Montagu enthusiastically said: "I shall proceed with my father and mother to the waters of life and recovery" when accompanying her father, suffering from hip trouble, to Bath.[27] And yet, on arriving there, in 1740, she seems to have resented the number of invalids: "The morning after I arrived, I went to the Ladies' Coffee House, where I heard of nothing but the rheumatism in the shoulder, the sciatica in the hip, and the gout in the toe. I began to fancy myself in the hospital of infirmary, I never saw such an assembly of disorders."[28]

Indeed, most women tried the waters themselves: Barbara Stanhope went to Scarborough in the 1730s and 1740s because she could not manage to become pregnant;[29]Anna Seward was several times in Buxton, for she suffered from rheumatism. She wrote it in 1798: "The increasing power of my rheumatic malady forced me to seek these springs."[30]

And as a consequence of their direct experience, in some letters, ladies were bound to acknowledge the inefficiency of the waters. Lady Mary Wortley Montagu, however enthusiastic in other places, conceded that the Bath waters were no remedy to the diseases of some of her relatives, her sister's for instance.[31] Some of her contemporaries also alluded to the bad experience of some of their friends, like Anne Viney, a friend of Mary Delany's: "Mrs Savage too has had a stroke of the palsey which has depriv'd her of one eye and fear she will lose the other. She is gone to the Bath, but not the better for it"[32] or Elizabeth Carter:

---

[25] Lady Mary Wortley Montagu, II, 347, 471, III, 120, 143.

[26] Lady Mary Wortley Montagu, II, 466 (Oct. 1750), "The Bath has been generally a remedy for them [Cholical Pains], and I hope you will now try it."

[27] Montagu Letters, vol. I, 65 (letter to the Duchess of Portland, 10 October 1739).

[28] Montagu Letters, vol. I, 72 (letter to the Duchess of Portland, 27 December 1740).

[29] Vickery 313.

[30] Seward Letters, V, 142.

[31] Lady Mary Wortley Montagu, II, 95.

[32] Delany, Llanover, IV, 569 (letter from Anne Viney to the Reverend John Dewes, 2/11/1773).

I wish I could contradict the report you have heard of us, but indeed I cannot flatter myself that my patient gains any ground. Her head is I hope better, but the pain in her side is much the same, and upon the whole I do not see much difference.[33]

Occasionally, the women wrote about their own distrust of the course of treatment they were following. In Buxton, Anna Seward said:

Hitherto I may not boast very perceptible benefit in my principal malady [rheumatism], I have been these nine days extremely indisposed in my stomach. People tell me it is the effect of the water and bath, contending with bile, and expelling it. I am, however, by no means sure I have a bilious constitution.[34]

The letter puts the stress on the writer's doubts about the positive evolution in her rheumatism and her sceptical attitude towards the diagnoses that were offered to her. Eventually, she seemed in better health before drinking the Buxton waters than after; Mary Delany experienced the Bath waters in a rather similar way in 1755, when she wrote: "I have drank [sic] the waters long enough. I find them very apt to heat me, and cannot venture on more than two glasses a day."[35]

Lady Miller's approach was slightly different. On her way to Italy, she gave a detailed account of the qualities of the three springs of Aix-en-Provence. She allotted an hour to the visit of the "springs and baths"[36] and reported both what she saw, "The spring flows out of a leaden pipe inserted in the rock, in a stream which measures about two inches and a half diameter: it is so excessively hot that I could not suffer it to fall upon my hand for a quartet of a minute"[37] and the anecdotes repeated by her guide, that, for instance, of the paralysed man who stepped into the spring with the assistance of five persons and came out unaided.[38] In several places, she lamented the absence of any scientific study of the springs: "No doubt it may be endued with

---

[33] Carter letters, vol. IV, 274 (To Anne Vesey, 23rd December 1780).

[34] Seward Letters, V, 283 (To Thomas Park, 12 June 1800).

[35] Delany, Llanover, III, 371 (23 November 1755).

[36] Lady Miller, *Letters from Italy* (1776), vol. 1, 32: "From there we came to Aix, where we employed about an hour in examining its springs and baths."

[37] *Id.*, 33.

[38] *Id.*, 33.

many superior virtues; but its medicinal qualities have never been properly investigated" (34); "It is to be wished that some good natural philosopher of England was to reside here for some time, and to analyse them properly. I am sure the world would benefit by his discoveries." (35). Thus, she added the long established credo in science as a means of promotion of spas to her own convictions. So, letter writers did not just repeat what they learnt from the waters of the different spas, they gave a personal account of their experience.

## Architecture and accommodation

In the eighteenth century, in England, the reasons why people went to watering places gradually moved from the medical virtues of the waters to the accommodation facilities, the convenience and comfort of the spa and the entertainments. The towns often showed a series of buildings of specific architecture in which the lodgings of visitors were located, and women regularly lavished complaints or compliments on that aspect of their stay.

The geographical situation of the spa was taken into account in a few letters only. For instance, in 1793, Anna Seward described Buxton:

> The horizon is inauspicious, I should want exercise extremely, but for the delightful, convenient and beauteous arcade. It is formed by pillars, open on one side; encircles the horns of the Crescent, and curves round its concave. This same Crescent appears to me the last result of architectural skill; while, from the amber hue of the Derbyshire stone, it has a mellowness and glow very superior to the whiteness of the Bath buildings [...] Its apartments have the spaciousness and elegance of the seats of men of fortune. Two large hotels from the terminating projections. The ball room is in one of the, and the most complete for its size I ever beheld [...] I have a charming apartment in the centre house of the crescent, and take my meals at Saint Anne's Hotel, whose board is extremely well supplied.[39]

In 1780, Mary Wollstonecraft said she was not as much impressed by nature around Bath as by nature in Wales, even though she admitted that the architecture was "the most regular and the most elegant she

---

[39] Seward Letters, III, 249.

had ever seen" and pretended she was ready to settle there if she had to stay in a city of reasonable size.[40] On the contrary, when Anna Seward described Scarborough, in 1793, laying the emphasis on the length, narrowness, dirt and smell of the streets, one could easily guess that she did not intend to live there longer than what was required by her course of treatment.[41]

As a rule, women were more frequently concerned with their own comfort and commented upon the conditions in which they were accommodated during the weeks they stayed in the spas. Used to the luxury of her residence in Batheaston, Lady Miller resented the small number of lodging places devoted to the sick in Aix-en-Provence, and lamented that she had to resort to the only inn available in town, even though she admitted it was "acceptable."[42] During her short stay in Cheltenham, in 1755, Mary Delany admitted, as early as in her first letter, that she was well accommodated, within reasonable distance of the spring.[43] A few months later, she was even better lodged in Bath, as can be seen in the following excerpt:

> My brother desires me to drink the waters a fortnight longer: he likes his room up two pairs of stairs, so I have given up your apartment to Mrs. Masters, and have brought the harpsichord up stairs: it stands very well at the end of the room, and I have placed the screen behind the chair for the harpsichord, which does very well.[44]

And yet, other letter writers were not as satisfied as that by their accommodation. The widow of admiral Boscawen, Frances, wrote from Tunbridge Wells in 1770: "I would not have you guess how cold it is upon these hills; I have just left a very good fire to come up and

---

[40] *Letters of Mary Wollstonecraft*, 28 ("[...] yet as to the embellishments of art, they are not to be compared, for I think the buildings here are the most regular and elegant I have ever seen").

[41] See Seward Letters, III, 279. She stayed in Scarborough in July 1793 and wrote six letters (269-88).

[42] Lady Miller, op. cit., p. 35: "there are no lodging-houses; nor any particular conveniences for the sick. The inn is not bad; those who come to Aix for their health are obliged to reside in it..."

[43] Delany, Llanover, III, 360 (To Mr Granville, 9 August 1755).

[44] Delany, Llanover, III, 362 (To Mrs Dewes, 8 November 1755).

write to you in my chamber where there is none..."[45] In September 1787, Hester Lynch Piozzi went to Buxton, but did not intend to stay there long because of the poor quality of her lodgings: "Tho' the buildings are splendid on the outside, compared to what I left fifteen years ago, yet the Rooms seem calculated for Barracks only, or Apartments for Strolling Players. Well! the shorter Time we spend here, the sooner we shall get to Wales."[46] When she arrived at Tunbridge Wells, Fanny Burney went directly to the Hotel of Sussex, in order to see her room and unpack her luggage, but she did not comment upon it.[47]

More generally speaking, the women gave rather positive accounts of their accommodation when they stayed in the luxurious mansions or apartments of relatives, and rather negative ones when obliged to put up in inns or to rent a flat of their own. And the quality of their lodgings might have influenced the insight they gave into the social and cultural life of the spas.

## Social and cultural life

At the beginning, spas being places of treatment, visitors only found very little diversion in them; but observing, criticising and mocking people soon became a fashionable way of spending the day in these microcosms more than anywhere else. This is why Lady Mary Wortley Montagu became interested in the social life of Bath and enquired about it. In 1727, she received a letter from Lord Hervey, who had just arrived in the Somerset city:

> I came to this place but yesterday, from which you may imagine I am not yet sufficiently qualify'd to execute the Commission you gave me, which was to send you a List of the Sojourners and Inmates of this Place; but there is so universal an affinity and resemblance among these individuals that a small Paragraph will serve amply...[48]

---

[45] Delany, Llanover, IV, 264 (To Mary Delany, 27 May 1770).

[46] Piozzi Letters, I, 239 (4 September 1787).

[47] Frances Burney, *Diary and Letters*, vol. I, 149: "Safely, however, we reached the Sussex Hotel, at Tunbridge Wells. Having looked at our rooms, and arranged our affairs, we proceeded to Mount Ephraim, where Miss Streatfield resides. We found her with only her mother, and spent the evening there."

[48] Lady Mary Wortley Montagu, II, 84-85.

She wanted to know the Bath gossip, which she could then repeat in other letters, be it the news of Lady Lechmere's gaming debts[49] or Lady Townshend's having to leave Bath in haste to meet her husband, leaving her lover behind her in Bath.[50] One of the letters written by Anne Granville to Lady Throckmorton, then residing in Scarborough, confirmed the reputation of watering places in terms of marital morality; while she was admiring the harmony of a newly married pair, she felt obliged to note that: "These are not sentiments to carry to Scarborough and Bath! You will draw the ridicule of the whole world upon you for being so particular..."[51] Undoubtedly, letters were the ideal means of transmitting gossip between friends and *gens du monde*.

- ▪ Crowd

As the century went on, the letters laid the emphasis more and more on the number of visitors in watering places. As early as 1727, Barbara Stanhope noted the activity of Scarborough in July.[52] In 1745, Elizabeth Montagu pointed to the great number of foreign visitors in Tunbridge Wells:

> Here are Hungarians, Italians, French, Portuguese, Irish and Scotch. Then we have a great many Jews, with worse countenances than their friend Pontius Pilate, in a bad tapestry hanging [...] I never saw a worse collection of human creatures in all my life.[53]

In 1757, Mary Delany regretted that there were so many Irish natives in Bath.[54] In Bristol, in 1759, Elizabeth Carter feared she could not

---

[49] Lady Mary Wortley Montagu, II, 57(1725), "The discreet and sober Lady Lechmere has lost such Furious sums at the Bath that 'tis question'd whether all the sweetness that the Waters can put into my Lord's blood can make him endure it, particularly £ 700 at one sitting, which is aggravated with many astonishing Circumstances."

[50] Lady Mary Wortley Montagu, II, 125, 131.

[51] Delany, Llanover, II, 62 (26 September 1739).

[52] Vickery 263.

[53] Montagu Letters, III, 8 (To the Duchess of Portland, 27/?/1745).

[54] Delany, Llanover, III, 464.

recognise anybody in the dense crowd around the bath.[55] In Buxton, in 1793, Anna Seward was pleased with the low density of visitors;[56] but, three years later, she resented the "motley throng" (Seward, IV, 239) she found there and wrote: "the crowd is immense, though I never remember so few families of rank..." (Seward, V, 142). Other women seem to have looked more positively at the crowds of people. In 1762, Miss Warde admitted that she liked the balls and the crowd in which she found herself in Tunbridge Wells. (Vickery, 283) In December 1779, Mary Wollstonecraft merely stated: "Bath is remarkably full at present,"[57] which is often confirmed in Elizabeth Carter's letters.[58]

Some of these women's words clearly echo some sort of worry in front of the crowds assembled in watering places. For instance, Lady Vere wrote, in 1751:

> Lord Chesterfield and his son, the Duke and Duchess of Queensberry and Lord Charles, Sir John Cope, Tom Hervey and family, Lady Mary Powis and Lady Fanny Tilson, the Speaker and family, Mr and Mrs Lambe, Sir John Ligonier, Mr Pitt, I really think are all that we know amongst the million.[59]

Lady Vere's fear was that of the nobility who felt lost among strangers. Mary Delany, who was not a Lady, wrote to Jonathan Swift in 1735: "Bath is full of people, such as they are, but none worth giving you any account of."[60] With those words, she regretted the absence from Bath of either clergymen or men of letters who might have been of interest to her correspondent. And Anna Seward longed, in Buxton, in 1800, for the end of her "pilgrimage in this land of

---

[55] Carter Letters, I, 45 (Bristol, 4 June 1759). Also see *Carter Letters*, I, 50 ("The crowd now begins to grow very thick...").

[56] Seward Letters, III, 254: "Buxton is by no means considered as full; and at present chiefly peopled with invalids. It is not the less agreeable to me for not being crowded."

[57] *Letters of Mary Wollstonecraft*, 21.

[58] Carter Letters, III, 139: "Bath grows more populous every day..."

[59] *Letters to and from Henriette, Countess of Suffolk and her Second Husband, the Hon. George Berkeley, from 1712 to 1767*. Ed. J.W. Croker (London: John Murray, 1824), vol. 2, 221 (To Lady Suffolk).

[60] Delany, Llanover, I, 549.

strangers."[61] The reason why Elizabeth Montagu started establishing a real typology of the visitors of Bath might have had the same origin:

> I could have sent you some grotesque figures from this place. We have all characters, the impertinent, the stupid, the absurd, the comical; amongst the women we have some laughing hoydens, simpering dames, who are all good sort of women, and ugly ones, who are all good housewives, and not at all coquet.[62]

The humour of the passage hardly hides the disappointment of the letter writer who found herself lost among so many strangers. Since quantity seemed to prevail over quality, what was, according to these women, the quality of the leisure and cultural life in the watering places?

- ▪ Entertainment and cultural life

While watering places gained recognition, over the eighteenth century, as places of fashion with growing entertainment and cultural life, women rarely accounted for it. A few balls in Bath are mentioned in the letters of Elizabeth Montagu, Mary Delany, Mary Wollstonecraft and Hester Lynch-Piozzi;[63] Elizabeth Montagu occasionally sat down for a game of cards[64] while, in Mary Delany's correspondence, mainly men played games, like her brother, up to four hours a day;[65] Mary Delany went to a few concerts;[66] public lunches and teas occasionally occur in Mary Dewes's epistles[67] and Mary Delany was pleased to see Gainsborough's paintings in Bath in 1760:

---

[61] Seward Letters, vol. V, 283.

[62] Montagu Letters, vol. I, 94.

[63] See Montagu Letters, I, 78; Delany, Llanover, III, 362, 366, 369; *Letters of Mary Wollstonecraft*, 21 ("and nothing is going forward, but Balls and plays without end or number."); Piozzi Letters, I, 326.

[64] Montagu Letters, I, 84.

[65] See Delany, Llanover, III, 362, 365-66.

[66] Delany, Llanover, III, 364 (12 November 1755), "I go to Mr Libnley's concert."

[67] Delany, Llanover, IV, 132: "There are public breakfasts here twice a week..." (To John Dewes, 27 April 1767). Also see Delany, Llanover, III, 366.

> This morning went with Lady Westmoreland to see Mr. Gainsborough's pictures, (the man that painted Mr. Wise and Mr. Lucy,) and they may well be called what Mr, Webb unjustly says of Rubens- they are "splendid impositions." There I saw Miss Ford's picture-a whole length with her guitar, a most extraordinary figure, handsome and bold; but I should be sorry to have any one I loved set forth in such a manner.[68]

But, as a rule, positive views on the cultural life in watering places are scarce in the letters. Those fashionable Ladies, often used to the vicinity of the London Parliament, first regretted the poverty of any interest in political life in those towns which were lying too far from the capital. Thus Elizabeth Carter wrote: "I suppose the present important crisis of public affairs engages the mind of all who think, and the conversation of all who talk, in London. At Bath, nobody thinks or talks of any such matter. The only political intelligence which I have heard, is that Mr Gibbon says there is a general peace." Mary Delany was obliged to admit that, in Bath, when it came to political news, "every day contradicts what was reported the day before"[69] and her *protégé*, Frances Burney, worried, on 9 June 1780, about not knowing what happened in Bath when England was shaken by the Gordon Riots.[70] Also used to literary assemblies, of which some of them were the heads, women also looked down upon the quality of cultural life, with the example of Lady Miller's poetical assembly.[71] Fanny Burney[72] and Mary Delany, for instance, were sceptical both about the assemblies[73] and the quality of Lady Miller's

---

[68] Delany, Llanover, III, 605 (To Mrs Dewes, 23 October 1760).

[69] Delany, Llanover, III, 614 (13 November 1760).

[70] See Frances Burney, *Diary and Letters*, vol. I, 194-95 (Letter from Fanny Burney to her father, Dr. Burney).

[71] On that aspect, see Georges Lamoine, *La Vie littéraire de Bath et Bristol*, vol. I: 351-60.

[72] See *Diary and Letters* I, 357-58 (May 1780), "Do you know that notwithstanding Bath Easton is so much laughed at in London, nothing here is more tonish than to visit Lady Miller..."

[73] Newport III, 74: "Mrs. Riggs at Bath Easton (which now is called Bath-Easton Parnassus) has an assembly of wits where Miss. and Mrs, Miller preside; once a week (I think) or-some settled time, the wits thereto belonging produce their works, judgment passes, and a prize is given to the best. Lady Spencer and Lady G. S. were invited to a breakfast and to partake of the poetical entertainment. Amongst other offerings of the muses, Mr. Miller read

letters: "The Letters of a Lady from Italy to her Friend are Mrs Miller's of Bath Easton; very conceited they say and not worth buying."[74] Finally, ladies regretted the absence of spirit in conversations. In Bath, Elizabeth Montagu wrote to the Duchess of Portland in January 1740:

> I wish your Grace would consider Bath water is not Helicon, and affords no inspiration; and that there is no place one stands in greater need of something to enliven the brain and inspire the imagination. I hear every day of people's pumping their arms and legs for the rheumatism, but the pumping for wit is one of the hardest and most fruitless labours in the world. [...] All the news of the place would be like the bills of mortality, palsy four; gout six; fever, one, &c. &c. [...] the only thing one can do to-day, we did not do the day before, is to die.[75]

About fifty years later, Hester Lynch-Piozzi again laid the emphasis on the weakness of conversation in Bath, in a letter addressed to Henry Barry:

> Excuse more Chat, Bath Chat is a poor thing Heaven knows–a little solid London talk would spread into many Plates of our thin Bread and Butter Conversations. Do send me some dear Sir, and I will make a Figure with it here whilst I stay.[76]

Almost the same words are found, at the end of the eighteenth century, in a letter by Anna Seward written from Buxton: "Literary characters

---

one addressd to Lady Georgina which perhaps you have seen in the publick Advertizer, without wishing to know the author–too gross a flattery not to distress the person chiefly concerned, who blush'd, and look'd down in the utmost confusion. Said Mr. Miller, 'Sure the author of the verses deserves the prize, for having chosen so fine a subject?' It would have been a poor compliment to have disputed that judgment in the presence of the person and accordingly it was agreed to and the author to be declared. 'It was I' (says Mr. Miller,) 'and now I will read them once again,' which he was preparing to do, when Lady Spencer relieved poor L[ad]y G. by making her curtsey an excuse and withdraw. Mr. L'Anglais told me this, and that Mrs Ravaud was hurt by the ridiculous behaviour of these people,–a sentiment of generosity they do not deserve."

[74] Delany, Newport, V, 37.

[75] Montagu Letters, vol. I, 75 (Letter to the Duchess of Portland, 4 January 1740).

[76] Piozzi Letters, I, 325 (19 October 1789).

are as scarce here as nobility. I miss the eloquence of Erskine and Wilberforce more than the titles..."[77] Conversation in watering places was rarely thought to be convenient to the women of letters. And yet, their words often remained moderate–they resided in those towns at the moment when they were criticising their everyday conversation and probably had to find a few positive aspects, be it only to justify their staying there. Then, one can wonder if the letters they wrote from watering places were, or were not, in that sense or in any other, different from the epistles they wrote from other places.

## 3/ Peculiarities of the letters written from watering places

Is it possible to find one or several peculiarities of the letters written by women from watering places? Those letters are, in many ways, ordinary letters, which hardly stand out in the correspondences of women. And yet, a few common points, based on the circumstances of writing and the mode of expression can be put to the fore.

### Ordinary letters

Some of those letters are nothing but ordinary letters. A letter written from a watering place did not always mention either the town itself or its spa activity. It is the case, for instance, with some of Mrs Ravaud (a friend of Mary Delany's)'s writings,[78] some of Mary Wollstonecraft's letters–she stayed in Bath in 1779 and 1780,[79]–or some of Hester Lynch's epistles.[80] The latter resided in Bath before getting married to Piozzi in 1784. From June to August, she wrote ten letters to Samuel Johnson, Fanny Burney and to her sister Hester Maria Thrale. None of them contains the least allusion to the place of writing. Similarly, when Mary Delany answered the letters of condolence that were directed to her in Bath after her husband's death in May 1768, she never mentioned either the town or its activity.

---

[77] Seward Letters, V, 142 (To Miss Ponsonby, 9 August 1798).

[78] Delany, Llanover, V, 386 (Letter from Mrs Ravaud to Mary Delany, 1st october 1778).

[79] See *Letters of Mary Wollstonecraft*, 22-26 (Letter written in early 1780). Although the letter was written in Bath, it does not name the town.

[80] Piozzi Letters, I, 345 (Bath, 11 February 1791).

When a watering place was mentioned, it could be very ordinary
as well. In the *Familiar Letters* which Samuel Richardson wanted to
be used as examples to everybody, one letter is addressed by a young
Lady to her aunt, in which she describes the "remarkable places in and
around London."[81] Among several other places, she visited Islington:

> Sadler's-wells, at Islington, I have been at, and seen there the
> Diversions of Rope-dancing, Volting, Singing, Music, &c. which I
> thought well enough for once. Islington-wells, or the New Tunbridge,
> I have been at; the Walks and Rooms neat enough, and good Decorum
> observ'd in both.

The style lacks passion, it is repetitive and dull ("I have been at"
twice) and the description is in no way different from that of the other
places mentioned in the same letter.

Moreover the watering place could also just be considered as a
place of fashion, like any other, useful to serve as a pretext to a
commentary on epistolary writing, as in this example taken from *The
Complete Letter-Writer* (110, letter 38):

> Besides, the sceptical style pleases me highly; their Doubts discover a
> great deal of Prudence, at least they screen them from reproach.
> Should I be addressed in this manner: 'Are you going to Buxton?' I
> should answer in their Style, 'It is possible' Should they ask again,
> 'Do you take a house near the wells for a year?' I should tell them, 'I
> don't know.'

The style effects here include the mention of the spa, as a fashionable
place, but its specificity is in no way taken into account.

### *Literary letters?*

At a time in which the triumph of the literary letter was witnessed,
and considering the literary talent of some of the women whose letters
are under present examination, one can wonder about the literary
quality of the letters written from watering places. Since no reference
epistles were presented in the letter-writers of the period as perfect

---

[81] Samuel Richardson, *Letters Written to and for Particular Friends, On the
most Important Occasions...* (London: J. Osborn, J. and J. Rivington, J. Leake,
1750), 214-15: "Describing other remarkable Places in and about London and
Westminster, which are generally shewn to Strangers."

examples of letters written from watering places, one can wonder if they were not thought of too little interest by contemporary editors. Were those letters not exemplary enough for the secretaries? It cannot be denied that, as a rule, most of the letters edited to serve as examples for ladies of quality–the letters reserved for the use of servants shall here be left aside–were literary letters. Does that mean that few literary letters, with an "elevated style" were written in watering places?

One is bound to admit that their style rarely becomes elevated. On the contrary, the letters written by Mary Delany in Bath in 1755 (6 letters), 1756 (5 letters) and 1760 (8 letters) are often written in telegraphic style and are shorter than her other epistles. That probably originated in her afore-mentioned desire of writing little when in the watering place. The poetess Anna Seward, who took part in Lady Miller's Batheaston gatherings in 1780 and 1781[82] and wrote Lady Miller's epitaph and a long elegy "To the Memory of Lady Miller," wrote letters in a style which occasionally sounded more poetical, as in one epistle in which she alluded to the new literary life of Bristol: "Bristol seems the soil where poetic plants, of wonderful strength and luxuriance, spring up amidst the weeds and brambles of vulgar life" (*Letters*, I, 121-22). That type of natural metaphor can also be found in some of the letters addressed by the Dowager Duchess Gower, from Bristol Hot Well, to Mary Delany in 1771:

> I wish these waters may wash away all the crudities my disappointments have created, for various medicines I first try'd to no purpose. Nonsense flows here faster than the Severn, without an ebb I believe, but I come in the way of it only while I'm drinking."[83] The water metaphor is here spun out. However, such examples are scarce in the examined corpus.

### Letters of solitude? Familiar letters?

In fact, most ladies were torn between the content–or the absence of content–and the form–should they write at all from the watering place?

---

[82] See Lamoine, I, 366-67, 383.

[83] Delany, Llanover, IV, 354 (July 1771).

Indeed, they sojourned very often in spas for medical reasons, and having a social life might appear paradoxical when one ought to take care of one's health. Between 1759 and 1780, in Bath and in Bristol, Elizabeth Carter put the stress on the absence of logic she perceived in the way her contemporaries handled their thermal courses of treatment:

> they who have been seriously drinking the waters in the morning, at night do all they can to disappoint their effect, by the heat and hurry of the ball; and there seems to be a perpetual conflict between two objects which can never be separated, health and pleasure.[84]

Most ladies also repeatedly alluded to their voluntary isolation,[85] to their not taking part in the social activity of the watering place. In 1738, Elizabeth Elstob regretted that her health did not permit her to visit the Ladies who were residing, as she was, in Bath.[86] Elizabeth Montagu reported that she spent several hours a day reading because of her confinement in Tunbridge Wells in August 1760.[87] In 1780, Elizabeth Carter wrote to Anne Vesey: "I can give you no account of the transactions of Bath, for we live as much out of the crowd, if there is a crowd, as if we were in some retired county village."[88] Hester Lynch Piozzi also said, in 1798: "I promised your Ladyship a pretty letter from Bath, but how shall I keep my word? I see nobody and nothing but the Doctors."[89] What, then, could women write about from spas?

---

[84] Carter Letters, I, 50. Also see III, 126.

[85] It is no just here a question of stating one wishes the addressee was with the writer of the letter as in Elizabeth Montagu's letter dated 1740: "I am sure the waters would be proper for you [...] the only want I have is an agreeable companion." (Montagu Letters, I, 107).

[86] Delany, Llanover, II, 17 (From Elizabeth Elstob to Ann Granulie, 14 December 1738).

[87] Montagu Letters, IV, 269: "I have lived so entirely alone that it has not yet been possible for me to spare my poor eyes; I have made them read many hours every day" (To Lord Lyttleton, 7 August 1760).

[88] Carter Letters, vol. IV, p. 272 (27 November 1780). On that same aspect, also see Carter letters, IV, 277 ("I have but little news to tell you from Bath, as I see but very little company").

[89] Piozzi Letters, II, 539 (18 December 1798).

Mary Wollstonecraft tried to find a personal solution to that seclusion, when she first wrote to Jane Arden, from Bath, in 1779. She clearly exposed that she wished her letter could serve as a "prelude to a correspondence."[90] The main reason clearly stands out in her following letters: her stay in the watering town was assimilated to a kind of detention ("I am detained here only by prudential motives, if I was to follow the bent of my inclination I sho$^d$ haste away") and she repeatedly complained of meeting strangers only. So, she wrote to recreate the "small circle" she felt at ease with, to find the "domestic pleasures" she was so fond of, again. So writing from a watering place, to her, was a means of escaping the solitude of the place and keeping familiar relations with her acquaintance.[91]

And yet, Elizabeth Carter's letters suggest a slightly different approach to that question. Like most of her contemporaries, she also expressed her intentions of withdrawing from the social life in Bath; however, the rest of her letters clearly testify to her perfect knowledge of the social life and activities of the town in which she resided. For example, in 1780, she wrote: "so I certainly do not counteract the effect of the waters by a dissipated life." But that sentence was followed by a detailed account of the balls held in the Somerset town, which lets the reader guess that she attended them in person.[92] During the next month, she ended a letter about international affairs with the following words:

> Talking of excellent people, I am sure you grieve for the terrible wreck of Mr Braithwaite's fortune [...] The Bowdler family, and all your friends here enquire very much after you. Bath, they tell me, is still very crowded, but I know nothing about it; my train de vie, is as quiet as if I was living in a village. [...] We went yesterday to visit you at Mr Hoane's. All agreed that the picture is extremely like [...][93]

Again, her letter is full of contradictions: she "kn[e]w nothing about it" and yet repeated it, and met a number of people, whereas she said

---

[90] *Letters of Mary Wollstonecraft*, 19-20 ("I write it by way of a prelude to a correspondence").

[91] *Letters of Mary Wollstonecraft*, 20-21 ("I would move in a small circle;" "I am fond of domestic pleasures and have not spirit sufficient to bustle round").

[92] Carter Letters, III, 139 (18 December 1780)

[93] Carter Letters, III, 141.

she was secluded from the world. Mary Delany, for one, did not seem to find any contradiction between treatment and leisure: she never wrote about her solitude in any of the watering places she visited.

*Comparative letters*

Finally, the letters written from watering places contain a higher proportion of comparisons than the other letters written by the same women. Many elements are used to compare a spa with other spas: the cost of life was mentioned by Elizabeth Montagu, when she stated, in 1740, that staying in Spa–the Belgium resort–, was less expensive than in Tunbridge or in Bath.[94] The quality of the air also permitted to differentiate two towns, as Anna Seward, noted in Buxton:

> The Bath waters cured my friend Simpson of that disease [rheumatism]–why do not you, who are, comparatively speaking, on their confines, resort to them? The Buxton springs are of resembling, though gentler effects, with the superior advantage of a pure mountainous air, sharp but bracing, free from the noxious city-effluvia and from the no less noxious influence of a too luxuriant vegetation. (*Seward Letters*, V, 287)

The letter writer's words echo Defoe's statement about the Peak District resort, but Anna Seward used Bath as a reference, resorting to comparatives ("gentler," "superior") and stressing the absence of inconvenience with the anaphora "free from the noxious / no less noxious." Music could also be compared. The concert which Elizabeth Montagu attended in Bath in 1740 reminded her of a performance of equally low quality, in Tunbridge Wells, "where the fiddles squeaked, the bass viol grumbled, the trumpet roared, and the basoon did what is not fit to be mentioned."[95] With the comparison, she thus associated two watering places as if to emphasise the poor quality of the entertainment in spas. Money, the quality of the air and music provided elements of comparison with other watering places.

But the ladies also compared the spas with other places. Lady Mary Wortley Montagu seemed to be so aware of the crowd in

---

[94] "the living here is cheaper than either at Tunbridge or Bath" (Montagu Letters, I, 107)

[95] Montagu Letters, vol. I, 97.

watering places that she compared it to the one she saw in Twickenham in 1723.[96] And the first impression expressed by Sarah Churchill, writing to her grand daughter from Scarborough in 1732 was also based on comparison: "[...] the worst [place] I ever saw in England. I have been at the place where they assemble to drink the waters, very different from Tunbridge or the Bath, very dirty and expresses poverty in every part of it."[97] Here, the Duchess of Marlborough did not just compare the town with Bath or Tunbridge Wells; laying the emphasis on the dirt and poverty of the place, she estimated there was no worse place in the whole country.

The reputation of the spas was, as we have just seen, essential: many letters written in the eighteenth century named a watering place, even if there was no proof of the writer's ever staying in the town. The case of Lady Mary Wortley Montagu is quite interesting in that respect, since many critics have long used the elements from her letters to report her experience in Bath. However, there is no proof to be found, in her letters, that she ever was in Bath herself. One must admit that her epistles are full of precise details, which might originate from the fact that her relatives sojourned in Bath regularly. Her mother-in-law, the Duchess of Kingston, was there in 1721, her father in 1725.[98] When she was thirty, she planned to make the Bath journey, but resolved to abandon the idea, because of her "Affairs."[99] Her main correspondents–her friend Lady Oxford, her sister Lady Mar, her husband Wortley–resided in Bath,[100] but also in Scarborough–Wortley in 1746[101]–and Tunbridge Wells–Wortley in 1757 for health reasons.[102] So the information from a watering-place could thus be repeated and serve as a reference to other people.

---

[96] Lady Mary Wortley Montagu, II, 27 (1723), "I am at present at Twict'nam, which is become so fashionable and the Neighbourhood so much enlarg'd that 'tis more like Tunbridge or the Bath than a Country Retreat."

[97] *Letters from a Grand Mother, 1735-1735*, ed. Gladys Scott-Thomson (London: Jonathan Cape, 1943), 45 (11 July 1732).

[98] See Lady Mary Wortley Montagu, II, 8 and II, 27.

[99] Lady Mary Wortley Montagu, II, 8 (1721), I fancy the Bath would be a good Remedy, but my Affairs lye so oddly I cannot easily resolve upon it.

[100] Wortley often stayed there in the 1750s: see Lady Mary Wortley Montagu, III, 120, 143, 200, 227.

[101] Lady Mary Wortley Montagu, II, 374-75.

[102] Lady Mary Wortley Montagu, III, 120 (n. 1).

Since the letters sometimes only contained second-hand information, one must try to find out what was really part of the writer's own experience and what was not. That effect of the comparative mode, together with the sometimes biased expression of solitude, was, to a certain extent, part of the peculiarity of the letters written from watering places.

\*

\*   \*

The letters written by these English ladies from watering places in the eighteenth century enable to draw a map of English spas at the time, allow to establish a few epistolary habits, help to understand the often critical relationship those intellectual women had with the course of treatment in spas as it was then organised, and lead to the conclusion that they only provided a biased version of it. To put it in a nutshell, none of them provided the reader with the succession of precise details given by Madame de Sévigné–whose letters they had all read–in France, when she described, for instance, her day in Vichy to Madame de Grignan, in May 1667:

> J'ai donc pris les eaux ce matin, ma très chère; ah, qu'elles sont méchantes! On va à six heures à la fontaine: tout le monde s'y trouve, on boit, et l'on fait une fort vilaine mine; car imaginez-vous qu'elles sont bouillantes, et d'un goût de salpêtre fort désagréable. On tourne, on va, on vient, on se promène, on entend la messe. Enfin, on dîne; après dîner, on va chez quelqu'un: c'était aujourd'hui chez moi. Mme de Brissac a joué à l'hombre avec Saint-Hérem et Plancy; le chanoine et moi, nous lisons l'Arioste; elle a l'italien dans la tête, elle me trouve bonne. Il est venu des demoiselles du pays avec une flûte, qui ont dansé la bourrée dans la perfection. C'est ici où les bohémiennes poussent leurs agréments: elles font des dégognades, où les curés trouvent un peu à redire; mais enfin, à cinq heures, on va se promener dans des pays délicieux; à sept heures, on soupe légèrement, on se couche à dix. Vous en savez présentement autant que moi. Je me suis assez bien trouvée de mes eaux, j'en ai bu douze verres. Elles m'ont un peu purgée, c'est tout ce qu'on désire. Je prendrai la douche dans quelques jours. Je vous écrirai tous les soirs; ce m'est une consolation et ma lettre partira quand il plaira à un petit messager qui apporte les

lettres, et qui veut partir un quart d'heure après: la mienne sera toujours prête.[103]

To find such precise elements in eighteenth-century England, one should turn to the journals of Lady Mary Coke[104] or Fanny Burney.[105] But they do not belong to the epistolary genre. It can perhaps be explained by the fact that it was no longer necessary, in the eighteenth century, to explain all the stages of the treatment or the activities of the spa, since correspondents were totally aware of those things.

Finally, a few continental spas are mentioned in women's letters: a few of them went to Spa in Belgium, for instance, since it was not far from England and sometimes also part of the Grand Tour[106] which also took some of them to the waters of Aix-la-Chapelle or Padua.[107] However most of the letters from continental Europe do not contradict the general conclusions of the present study.

**Select bibliography**

**Primary sources**

Carter, Elizabeth. *A Series of Letters between Mrs Elizabeth Carter and Miss Catherine Talbot. 1741-1770. And to Which is Added Letters from Mrs Carter Mrs Vesey between 1763 and 1787*. Ed. Rev. Pennington. 2 vols. London: F.C. & J. Rivington, 1808.

---

[103] A Madame de Grignan. Wednesday 20 May 1667.

[104] See *Journal of Lady Mary Coke*, p. 83-94 (written in Bath in 1766).

[105] Burney, Frances, *The Diary and Letters of Madame d'Arblay (Frances Burney)*, ed. W.C. Ward, 3 vols., vol. 1, Section 3 (1780) "A Season at Bath," 165-201; also see vol. 3, 179-180 (The Royal Party); vol. 1, 112, 149-54 (Tunbridge Wells and Brighthelmstone).

[106] On that aspect, see Brian Dolan, *Ladies of the Grand Tour* (London: HarperCollins Publihers, 2001), 147-48, 154-55. Elizabeth Montagu was in Spa in July 1740 (*Montagu Letters*, I, 107); Elizabeth Carter stayed there with Elizabeth Montagu in July 1763 (*Carter Letters*, III, 223).

[107] Lady Mary Wortley Montagu, III, 156 (July 1758), "I am very glad you have receiv'd so much Benefit from the Bath Waters, and hope you will continue the use of them. There are some here [Padua?] which I take to be of the same Nature. They are much esteem'd, but having no occasion I have never tasted them."

Chapone, Hester. *The Posthumous Works of Mrs Chapone, Containing her Correspondence with Mr Richardson; A Series of Letters to Mrs Elizabeth Carter ... Together with an Account of Her Life and Character Drawn up by Her Own Family.* 2 Vols. London: J. Murray, 1807.

Churchill, Sarah. *Letters from a Grand-Mother 1732-1735. Being the Correspondence of Sarah; Duchess of Marlborough, with her Grand-Daughter, Diana, Duchess of Bedford.* Ed. Gladys Scott-Thomson. London: Jonathan Cape, 1943.

Coke, Lady Mary. *The Letters and Journals of Lady Mary Coke; 1756-1774.* Ed. J. A. Home. 4 vols. Edinburgh: David Douglas, 189-1896.

*The Complete Letter-Writer; or, Polite English Secretary.* London: Stanley Crowder, 1756, 1772, 1778.

Delany, Mary. *The Autobiography and Correspondence of Mary Granville Mrs Delany, with Interesting Reminiscences of King George III and Queen Charlotte.* Ed. Lady Llanover. 6 vols. London: R. Bentley, 1861-62.

—————. Newport Reference Library 2M416.6; 012 DEL. *Mrs Delany's Letters.* 10 vols.

Luxborough, Lady. *Letters Written by the Late Right Honourable Lady Luxborough to William Shenstone* Esq. Ed. John Hodgetts. London: J. Dodsley, 1775.

Piozzi, Hestery Lynch. *The Piozzi Letters.* Ed. Edward A. Bloom and Lillian Bloom. 5 vols. Newark: U of Delaware P, 1998.

Montagu, Elizabeth. *The Letters of Elizabeth Montagu with Some of the Letters of Her Correspondents.* Ed. M. Montagu. 4 vols. London: W. Bulmer, 1809-13.

Montagu, Lady Mary Wortley. *The Complete Letters of Lady Mary Wortley Montagu.* Ed. Robert Halsband. 3 vols. Oxford: Clarendon Press, 1965.

Richardson, Samuel. *Letters Written to and for Particular Friends, On the Most Important Occasions...* London: J. Osborn, J. and J. Rivington, J. Leake, 1750.

Sévigné, Marie de Rabutin-Chantal, marquise de. *Correspondance.* Éd. Roger Duchêne. 3 vols. Paris: Gallimard, "Bibliothèque de La Pléiade," 1972.

Seward, Anna. *The Letters of Anna Seward, 1784-1807.* Ed. Archibald Constable. 6 vols. Edinburgh: A. Constable, 1811.

Smollett, Tobias. *The Expedition of Humphry Clinker*, 1771. Oxford: Oxford World's Classics, 1998.

Wollstonecraft, Mary. *Letters Written During a Short Residence in Sweden* (1796). London: Cassell, 1889.

## Secondary sources

Borsay, Peter. *The English Urban Renaissance Culture and Society in the Provincial Town 1660-1770*. Oxford: Oxford UP, 1989.

Clarke, Norma. *The Rise and Fall of the Woman of Letters*. London: Pimlico, 2004.

Cossic, Annick. *Bath au XVIII^e siècle. Les Fastes d'une cité palladienne*. Rennes: PUR, 2000.

Dolan, Brian. *Ladies of the Grand Tour*. London: HarperCollins Publihers, 2001.

De Soye-Mitchell, Brigitte. "Les Villes d'eaux anglaises." Thèse d'Etat, Paris III, 1982.

De Soye-Mitchell, Brigitte and Hubert Penrose. *Letters from Bath (1766-1767) by the Reverend John Penrose*. Gloucester: Alan Sutton, 1990.

Grassi, Marie-Claire. "Correspondances intimes (1700-1860). Étude littéraire, stylistique et historique." Thèse d'État, Université de Nice, 1985.

Irving, William Henry. *The Providence of Wit in the English Letter Writers*. Durham: Duke University Press, 1955.

Kerhervé, Alain. *Mary Delany (1700-1788), une épistolière anglaise du XVIIIe siècle*. Paris: L'Harmattan, 2004.

—————. "Rythmes épistolaires: Etudes et représentations électroniques à partir de correspondances féminines anglaises du XVIII^e siècle." In *Les Ego-documents à l'heure de l'électronique*, ed. Dominique Taurisson, 469-97. Montpellier: U de Montpellier, 2002.

Lamoine, Georges. *La Vie littéraire de Bath et Bristol 1750-1800*. Lille: PU Lille, 1978.

Lowenthal, Cynthia. *Lady Mary Wortley Montagu and the Eighteenth-Century Familiar Letter*. London: U of Georgia Press, 1994.

Sambrook, James. *The Eighteenth Century: The Intellectual and Cultural Context, 1700-1789*. London: Longman, 1986.

Vickery, Amanda. *The Gentleman's Daughter*. London: Yale UP, 1998.

# CHAPTER 13

# Thermalisme, tourisme et folklore dans les Pyrénées vers 1860. La famille de la Villemarqué aux Eaux-Bonnes

Fañch POSTIC

En 1846, Théodore Hersart de la Villemarqué, membre de l'Institut, né à Quimperlé dans le Finistère en 1815, épouse Clémence Tarbé des Sablons, fille d'un conseiller à la cour de cassation. Vers 1860, elle connaît de sérieux problèmes de santé—une affection de la gorge— qui la conduisent, sur les conseils de son médecin parisien, le docteur Pidoux, à se rendre une partie de l'année dans les Pyrénées pour profiter des bienfaits du climat et des eaux. Médecin des hôpitaux de la capitale, Herman Pidoux (1808-1882) est alors une personnalité du monde médical. Auteur, avec Armand Trousseau, d'un *Traité de thérapeutique et de matière médicale* qui, publié en 1836, a été régulièrement réédité tout au long du 19$^e$ siècle, il connaît la consécration en entrant à l'Académie de médecine en 1864.

Rien de surprenant à ce que le docteur Pidoux engage sa patiente à séjourner aux Eaux-Bonnes, station thermale réputée pour les affections des voies respiratoires dont il est également médecin inspecteur.[1] Il y vient d'ailleurs lui-même en famille: "Il est ici avec Mme Pidoux et leurs trois filles, deux à sa femme et une à lui, écrit Clémence à son mari en 1863. Nous les avons vus hier à la promenade."

Le nom des Eaux-Bonnes n'est pas inconnu pour les de la Ville-marqué. En août 1852, c'est en effet de la station pyrénéenne que leur écrit leur ami Frédéric Ozanam, qui regrette fort de ne pouvoir

---

[1] Il est l'auteur en 1879 de *Les Eaux-Bonnes comparées dans le traitement de la phtisie primitivement locale et de la phtisie primitivement générale parallèle avec les eaux minérales arséniquées*, publié chez de Kerangal à Quimper.

répondre à leur invitation pour venir pendre la crémaillère de leur nouveau manoir de Keransker à Quimperlé: "vous me voyez entre deux montagnes épuisant à grands verres la source sulfureuse: franchement, j'aimerais mieux votre cidre. Puis je grimpe à la suite des chèvres sur les rochers d'alentour pour digérer ce breuvage qui indigne mes entrailles."[2]

De 1863 à 1865, Clémence de la Villemarqué vient donc passer l'été aux Eaux-Bonnes, prenant pension à la "nouvelle maison Pommé :" "Notre chambre te plairait beaucoup, écrit-elle à son mari: des rideaux blancs, un papier avec des guirlandes de roses, deux belles fenêtres, le tout neuf. C'est une charmante maison qui n'a que huit ans d'existence. Les lits sont très bons, on les refait tous les ans." Le voyage se fait en train de Quimperlé jusqu'à Pau—la ligne de chemin de fer ayant été ouverte jusqu'à Quimperlé l'année précédente. En 1864, Clémence est accompagnée par ses deux filles Ursule et Marie, qui profitent également des eaux. Elles sont bientôt rejointes par Théodore Hersart de la Villemarqué. Ce dernier, qui connaît quelques soucis de santé pendant son séjour, va, sur les conseils du docteur Pidoux, boire à la source froide, puis se rend tous les deux jours prendre des bains aux Eaux-Chaudes, autre station réputée proche des Eaux-Bonnes. Le traitement se révèle efficace puisque l'auteur du *Barzaz-Breiz* est bientôt sur pied.

Pendant l'été de 1865, tous quatre séjournent à nouveau aux Eaux-Bonnes. Ce sera la dernière fois car, à partir de 1866, c'est à Pau que la famille de la Villemarqué passera désormais la mauvaise saison, de novembre à Pâques. Toujours suivie à Paris par le docteur Pidoux, Clémence de La Villemarqué voit sa santé se dégrader inexorablement, imposant un traitement de plus en plus sévère, dont témoignent les lettres à ses enfants: "On va me mettre sur la gorge une huile qui me brûlera; le médecin croit que cela me fera du bien." "Mr Pidoux est venu me cautériser la gorge, c'est-à-dire qu'il m'a barbouillé le fond du gosier avec un gros pinceau trempé dans de la pierre infernale réduite en liqueur. Cela fait un effet horriblement désagréable, une brûlure et un goût détestable. [...] On espère que cette opération me rendra la voix." Elle doit boire de "l'eau de goudron," supporter régulièrement vésications et traitement à base d'arsenic... ou d'huile de foie de morue. Et, à plusieurs reprises, pendant de longues

---

[2] *Lettres de Frédéric Ozanam*, t. 2, 5ᵉ édition (Paris, 1881), 426-27. Eaux-Bonnes, 13 août 1852.

semaines, elle se cantonne à un complet silence, se servant de crayon et de papier, voire d'une simple ardoise, pour communiquer avec ses proches. Clémence de la Villemarqué ne se remettra jamais et c'est d'ailleurs pendant un séjour à Pau qu'elle décèdera, le 23 mars 1870.

## Les Eaux-Bonnes, villégiature à la mode

Connue au moins depuis le XVI$^e$ siècle, c'est surtout à la fin du 18$^e$ siècle et au début du 19$^e$ que la station des Eaux-Bonnes connaît un développement rapide, notamment sous l'influence d'Antoine de Bordeu (1695-1777), médecin à Pau, qui exerce l'été aux Eaux-Bonnes, et surtout de son fils Théophile (1722-1776) que l'on considère comme le père du thermalisme pyrénéen. Tandis que les établissements thermaux sont reconstruits vers 1830, que d'importants aménagements interviennent au début des années 1840, les Eaux-Bonnes connaissent un afflux de curistes dont témoigne à l'époque le peintre Eugène Delacroix:

> J'ai eu toutes les difficultés du monde à me loger; on vous offre à votre arrivée des trous à ne pas mettre des animaux [...] Je me suis vu d'abord ici dans un véritable guêpier. On trouve aux eaux une foule de gens qu'on ne voit jamais à Paris; et moi qui fuis les conversations, surtout les conversations oiseuses, je me voyais d'avance assassiné. Il faut donc une certaine adresse pour éluder les rencontres, et c'est fort difficile dans un endroit qui est fait comme un entonnoir et où on est par conséquent les uns sur les autres. [3]

Cet engouement se trouve encore conforté quand, en 1852, Eugénie de Montijo vient y prendre les eaux. Devenue impératrice l'année suivante après son mariage avec Napoléon III, elle y revient régulièrement et laisse son empreinte sur l'aménagement de la station. Celle-ci connaît un afflux estival de "baigneurs" qui surprend la plupart des visiteurs. Il provoque notamment l'étonnement de l'écrivain Hyppolite Taine qui y séjourne à plusieurs reprises entre 1854 et 1858:

> Je comptais trouver ici la campagne, écrit-il dans son *Voyage aux Pyrénées*. [...] Je rencontre une rue de Paris et les promenades du bois

---

[3] *Lettres de Eugène Delacroix*, recueillies et publiées par Philippe Burty (Paris, 1878), 182-83: lettre à M. Pierret, Eaux-Bonnes, 26 juillet 1845.

de Boulogne. Jamais campagne fut moins champêtre; on longe une file de maisons alignées comme des soldats au port d'armes, toutes percées régulièrement de fenêtres régulières, parées d'enseignes et d'affiches, bordées d'un trottoir, ayant l'aspect désagréable et décent des hôtels garnis. Ces bâtisses uniformes, ces lignes mathématiques, cette architecture disciplinée et compassée, font un contraste risible avec les croupes vertes qui les flanquent. On trouve grotesque qu'un peu d'eau chaude ait transporté dans ces fondrières la cuisine et la civilisation. Ce singulier village essaye tous les ans de s'étendre, et à grand'peine, tant il est resserré et étouffé dans son ravin; on casse le roc, on ouvre des tranchées sur le versant, on suspend des maisons au-dessus du torrent, on en colle d'autres à la montagne, on fait monter leurs cheminées jusque dans les racines des hêtres; on fabrique ainsi derrière la rue principale une triste ruelle qui se creuse et se relève comme elle peut, boueuse, à pente précipitée, demi-peuplée d'échoppes provisoires et de cabarets en bois, où couchent des artisans et des guides; enfin, elle descend jusqu'au Gave, dans un recoin tout pavoisé du linge qui sèche, et qu'on lave au même endroit que les cochons.[4]

Si Clémence de la Villemarqué ne se plaint pas des conditions de son séjour, elle témoigne toutefois indirectement de cette agitation quand elle se montre particulièrement heureuse d'y échapper le temps d'une excursion:

J'ai fait une petite course à Aas, écrit-elle à son mari le 24 juillet 1863. J'y ai trouvé un grand charme. J'avais une ânesse grise dans le genre de la mienne et une ânière qui a comme moi deux filles et deux garçons. Cela a établi une grande sympathie entre nous, et nous avons causé fort amicalement le long de la petite route solitaire d'Aas. J'éprouvais un charme inexprimable à être sorti de ce brouhaha des Eaux-Bonnes et à me trouver en pleine campagne au milieu des champs de maïs et de blé. Cette montagne est surnommée la montagne verte parce qu'elle est cultivée. Aas est situé à mi-côte dans une charmante position. L'église est neuve, une petite église grecque ornée de beaucoup de peintures qui doivent plaire singulièrement aux paysans. J'y étais absolument seule, et ce calme et ce silence m'étaient très doux. […] Le village était presque désert; [...] Je suis revenue toute contente de la bonne odeur de campagne que j'avais respirée.

---

[4] *Voyage aux Pyrénées*, 3e édition illustrée par Gustave Doré (Paris: Hachette, 1860), 128.

## La journée d'un curiste

Mais le séjour dans une ville d'eau, si fréquentée soit-elle, demeure généralement quelque peu monotone, rythmé par les inévitables passages à la buvette: "J'ai acheté mon sirop de gomme et mon verre, et je suis allée à la buvette", écrit Clémence de la Villemarqué à son arrivée à la mi-juin 1864.

> Il n'y a pas encore grand monde [...] Deux hommes sont là entre la fontaine et une espèce de comptoir et vous servent, suivant l'ordonnance. Après cela on met sa fiole de sirop dans son verre et on le place sur une étagère. On voit là les fioles de tous les buveurs, rangées en bataille. On pourrait s'amuser ainsi à lire tous les noms, car il y a une étiquette sur chaque fiole. On paie dix francs de carte d'eau pour toute la saison (pour boire). Après avoir pris mes deux cuillerées, je suis rentrée[...] Nous sommes retournées à 9h ½ à la buvette prendre ma seconde dose, puis un moment à la chapelle qui est à côté, afin d'attendre l'heure du déjeuner.

Mais nous sommes seulement au mois de juin et, un mois plus tard, la situation n'est plus du tout la même:

> Il arrive toujours beaucoup de monde, et à la Buvette (la source où l'on va boire les eaux) il y a une queue qui n'en finit pas."[5] "Il y avait aujourd'hui une queue formidable, commençant sur les marches du perron en dehors [...] une demoiselle a cassé sa bouteille de sirop sur le perron, et tout le monde pataugeait en passant dans le sirop de gomme qui vaut mieux pour la poitrine que pour les pieds. Heureusement j'avais des caoutchoucs. [...] Il y avait aujourd'hui des quêteurs aux portes; de sorte que du côté de l'entrée on n'avait ouvert que la porte du milieu. Cela faisait un peu de confusion. Il fallait aller chercher son verre sur les étagères et ressortir pour se mettre sur les degrés du perron à son tour.[6]

Taine donne également une idée de ce qu'est alors la rude journée d'un curiste aux Eaux-Bonnes:

---

[5] Lettre du 22 juillet 1863. Je remercie sincèrement Madame de La Villemarqué de m'avoir autorisé à utiliser et reproduire les lettres et documents conservées dans les archives familiales de Théodore Hersart de la Villemarqué.

[6] Lettre du 18 juillet 1864.

Chacun va prendre son flacon de sirop, à l'endroit numéroté, sur une sorte d'étagère, et la masse compacte des buveurs fait la queue autour du robinet [...] Le premier verre bu, on attend une heure avant d'en prendre un autre; cependant on marche en long et en large, coudoyé par les groupes pressés qui se traînent péniblement entre les colonnes [...] on regarde pour la vingtième fois les colifichets de marbre, la boutique de rasoir et de ciseaux, une carte de géographie pendue au mur. De quoi n'est-on pas capable un jour de pluie, obligé de tourner une heure entre quatre murs, parmi les bourdonnements de deux cents personnes? On étudie les affiches, on contemple avec assiduité des images qui prétendent représenter les mœurs du pays: ce sont d'élégants bergers roses, qui conduisent à la danse des bergères souriantes encore plus roses. On allonge le cou à la porte pour voir un couloir sombre où les malades trempent leurs pieds dans un baquet d'eau chaude, rangés en file comme des écoliers le jour de propreté et de sortie. Après ces distractions, on rentre chez soi, et l'on se retrouve en tête à tête et en conversation intime avec sa commode et sa table de nuit.[7]

Pour Clémence de la Villemarqué, la vie aux Eaux-Bonnes est également rythmée par les offices religieux, auxquels elle assiste assidûment. Et ceux-ci ne manquent pas, car, écrit-elle en juillet 1864, "il y a bien une quarantaine de prêtres ici."

Nous revenons de la messe ou plutôt de plusieurs messes. Je crois qu'il y en a eu six ou sept dans l'espace de temps que j'ai passé à l'église. [...] Le curé d'Aas dit la messe d'11h ½ pour les malades et les paresseux. Le pauvre homme n'épargne pas ses peines car il va auparavant chanter la grand'messe dans sa paroisse qui me paraît beaucoup plus éloignée d'ici que Luz St Sauveur. Les prêtres qui boivent les eaux disent leurs messes avant neuf heures pour boire à temps: la plupart même avant 8h qui est l'heure de la première buvette. Souvent je reste à la chapelle entre 8 et 9 pour ne pas revenir ici entre mes deux boissons.

Toujours aussi ironique, Taine évoque également cette affluence estivale aux offices dominicaux:

Le dimanche, une procession de riches toilettes monte vers l'église. Cette église est une boîte ronde, en pierres et en plâtre, faite pour cinquante personnes, où l'on met deux cents. Chaque demi-heure

---

[7] Taine, *op. cit*, 130-31.

entre et sort un flot de fidèles. Les prêtres malades abondent et disent des messes autant qu'il en faut: tout souffre aux Eaux-Bonnes du défaut d'espace; on fait queue pour prier comme pour boire, et l'on s'entasse à la chapelle comme au robinet.[8]

A sa description quelque peu caricaturale, l'écrivain, pour qui seul un bon repas "fait supporter l'ennui, la pluie et la musique des Eaux-Bonnes," aurait encore pu ajouter la queue, parfois interminable, qu'il faut faire chez le médecin. Clémence de la Villemarqué est bien contente d'y échapper:

> Le traitement ici n'est pas cher, écrit-elle à son mari: 10 fr la carte d'eau, et 5 fr au garçon de la buvette. Seulement je crois qu'il faudra que je donne 60 frcs à Mr Pidoux qui vient me voir deux fois la semaine, tandis que le commun des fidèles va chez lui. Mr de Thomassin avait hier le n°17, il a été obligé d'y retourner après dîner pour avoir son tour. Tu juges que je suis une privilégiée.

"N'en veux pas à Mr Pidoux, écrit-elle une autre fois, il est accablé d'occupations; sa consultation n'est interrompue que par le dîner. On y retourne à sept heures avec des numéros d'ordre."[9]

### Vie mondaine, tourisme…

Les Eaux-Bonnes sont le rendez-vous de la bonne société: têtes couronnées, personnalités politiques, religieuses, artistiques s'y retrouvent à la belle saison.

> Hier soir je suis allée me promener un peu avec Mr et Mme de la Barthe; nous avions grande envie de rencontrer Mme de Persigny qui est ici depuis trois jours, et qui a, dit-on, des toilettes de brigand calabrais; mais nous n'avons pas eu cette chance. On dit que Mr de Persigny est avec sa femme, et que Mr de Gramont-Caderousse est également ici, et n'a que fort peu de temps à vivre. Mr Texier, rédacteur du *Siècle*, est aussi fort malade, et il a des filles qui portent des chemises rouges surnommées Garibaldi (les chemises, pas les filles).

> On dit que le comte de Flandres a passé ici, mais nous ne l'avons pas vu."[10]

---

[8] Taine, *op. cit.*, 143.
[9] Lettre du 12 juillet 1863.

On vient certes aux Eaux-Bonnes pour la vertu des eaux, mais aussi pour se montrer et pour assister aux réceptions mondaines, aux bals: "On ne voit qu'élégants, beaux dès le matin dans des cravates resplendissantes, écrivait déjà Eugène Delacroix en 1845."[11]

> Je n'ai jamais compris, ajoutait-t-il, la fureur de venir s'amuser dans des endroits où on rencontre à chaque pas les plus tristes tableaux de malades, de gens qui toussent et se traînent pour chercher la santé. Ils font ici des bals, des soirées, comme à Paris, et font tout ce tapage à l'oreille de ces moribonds qui sont porte à porte avec eux.[12]...

Le peintre avait même dû se résoudre à quitter l'hôtel où il s'était installé pour fuir le tapage des pianos qui faisaient danser les dames jusqu'à onze heures du soir!

Chacun multiplie les visites ou reçoit: "C'est ainsi que le temps finit par passer," confirme Clémence de la Villemarqué.[13] Au moment du repas, on fait la connaissance d'autres pensionnaires de l'hôtel qui partagent votre table. Les de la Villemarqué y retrouvent même des membres de leurs familles respectives, et plusieurs Bretons. Cela permet de s'échanger les journaux et de se tenir informé des nouvelles du pays. Ils y rencontrent également des personnalités qu'ils fréquentent habituellement à Paris. En 1863 et 1864, ils reçoivent ainsi la visite amicale de l'abbé Henri Perreyve, venu lui aussi prendre les eaux: proche d'Ozanam et de Lacordaire, c'est un ami de la famille de la Villemarqué, à laquelle il a d'ailleurs rendu visite quelques temps plus tôt à Quimperlé. En 1865, c'est l'évêque de Poitiers, monseigneur Pie, qui vient les saluer. Il est accompagné de toute une "caravane" qui ne passe pas inaperçue. Tout ce monde se retrouvera également sur le chemin de Gabas, le temps d'une excursion.

Il faut dire que, brillamment élu à l'Académie des Inscriptions et Belles-Lettres en 1858, Théodore Hersart de la Villemarqué est alors une personnalité du monde littéraire et scientifique. En 1864, aux Eaux-Bonnes, il retrouve d'ailleurs un confrère de l'Institut, en la

---

[10] Lettre du 23 juin 1864.
[11] C'est aux Eaux-Bonnes que Delacroix fait la connaissance des peintres Paul Huet et Eugène Devéria.
[12] *Lettres de Eugène Delacroix*, op. cit., 182: lettre à L. Riesener, Eaux-Bonnes, 25 juillet 1845.
[13] Lettre du 21 juillet 63 ?

personne de Ludwik Volowski, de l'Académie des Sciences morales et politiques. Ce dernier lui présente le jeune prince polonais Czartorisky et ainsi de suite… Une rencontre en induit une autre et c'est tout un tissu de relations qui se crée, d'autant plus que l'on se retrouve là d'une année sur l'autre. Et l'auteur du *Barzaz-Breiz* semble finalement apprécier cette vie mondaine: "Ton père, écrit Clémence à son fils Pierre le 13 juillet 1864, commence à prendre goût aux Eaux-Bonnes où il s'ennuyait les premiers jours."

L'été aux Eaux-Bonnes offre par ailleurs quelques distractions. Ce sont d'abord les promenades aménagées: "Après le déjeuner nous sommes allées presqu'au bout de la Promenade Horizontale qui a une demi-lieue. Nous avons porté notre ouvrage et nous sommes reposées assez longtemps."[14] Largement sollicités sont également la promenade Gramont, le jardin Darralde, qui porte le nom du médecin qui soigna l'impératrice Eugénie… et bien d'autres. Mais, au bout de plusieurs semaines, on en a quelque peu fait le tour: "A la vérité nous finissons par trouver le temps un peu long dans ce trou de rocher," écrivait Frédéric Ozanam en août 1852. "Nous avons épuisé le charme de la promenade horizontale, nous savons par cœur le chemin d'Aas et la vallée de Laruns s'est montrée à nous sous tous ses points de vue."[15]

Destination prisée de la bonne société, les Eaux-Bonnes offrent, au milieu du 19e siècle, un bel exemple du développement d'un tourisme moderne. En 1834, paraît la première édition du guide Richard, tandis que la maison Hachette confie à Hippolyte Taine le soin d'un *Voyage aux eaux des Pyrénées*, publié en 1855, illustré par des dessins et gravures de Gustave Doré. On vient aux Eaux-Bonnes pour le pittoresque des paysages et les excursions constituent une distraction particulièrement appréciée: à pied, en voiture, à dos de cheval ou d'âne, on se fait accompagner de guides. Des routes ont peu à peu été aménagées et chacun suit, semble-t-il, les mêmes itinéraires qui, là encore, finissent par être très—trop— fréquentés: "Il y a une foule de gens qui font des excursions à cheval et en voiture."[16] "Ce que c'est la *vogue* partout" ne peut s'empêcher de s'exclamer Clémence, en juillet 64, qui, se rendant à Aas, est toute surprise de ne rencontrer sur son chemin qu'un seul promeneur. Evoquant le site de Gavarnie,

---

[14] Lettre du 23 juin 1864.

[15] Lettre à Mme Soulacroix. Avant le 10 août 1852. *Lettres de F. Ozanam* (Paris: Klincksieck, 1992).

[16] 23 juin 64.

Taine témoigne, avec humour, de la naissance de ce "tourisme de masse:" "Il est enjoint à tout être vivant et pouvant monter à cheval, un mulet, un quadrupède quelconque, de visiter Gavarnie. Sinon, pensez quelle figure vous ferez au retour:

**Vous venez des Pyrénées, vous avez vu Gavarnie?**

- Non
- Pourquoi donc allez-vous aux Pyrénées?"
Vous baissez la tête, et votre ami triomphe, surtout s'il s'est ennuyé à Gavarnie. Vous subissez une description de Gavarnie d'après la dernière édition du guide-manuel.
L'une des destinations les plus courantes des excursionnistes est la station voisine des Eaux-Chaudes, d'autant plus que bien des curistes doivent s'y rendre: "Hier nous sommes allées trois fois aux Eaux-Chaudes qui sont à deux lieues d'ici et où je prends des bains pour mes maux de dents et de tête,

écrit Ursule de la Villemarqué à son frère Pierre;

hier nous y avons été à pied car en omnibus on ne juge guère de la route qui est superbe et très sauvage. Il y a près des Eaux-Chaudes une grotte très curieuse que nous avons visitée samedi. [...] Nous avons pris un âne pour celle de nous qui serait fatiguée mais nous ne nous en sommes presque pas servi, ce n'est pas commode dans ces montagnes car l'on glisse sur la croupe de l'âne.[17]

Si l'ascension du Gourzy, la cascade du Gros-Hêtre restent des courses recherchées, l'une des destinations préférées des curistes est Gabas, à la frontière espagnole. La famille de la Villemarqué s'y rend au cours de l'été 1864: Clémence monte à dos d'âne jusqu'à Rions, puis poursuit à pied jusqu'à Gabas, avec Théodore, Ursule et Marie.

Accompagnés de guides, certains s'aventurent dans des courses plus longues: "... six messieurs [...] revenaient du Pic du Gers; il y avait treize heures qu'ils étaient partis. [...] Deux de ces messieurs marchaient à cheval en avant, tenant au bout d'un bâton un bouquet de fleurs de la montagne." La vie aux Eaux-Bonnes est d'ailleurs rythmée par le spectacle très prisé des guides qui, rentrant d'une course, sont maîtres dans l'art de faire claquer leur fouet.[18] "Les

---

[17] Taine, *op. cit.*, 339-40.
[18] Lettre du 7 juillet 1864.

guides ici ont de charmantes vestes rouges, des culottes courtes noires, et des guêtres blanches."[19]

## …et folklore

Dans les montagnes pyrénéennes, les "baigneurs" recherchent, dans les mœurs des habitants de la montagne, un certain exotisme: les costumes, les danses, la musique… et les chants. Certains autochtones savent d'ailleurs tirer profit de cette manne financière que représente cet afflux estival: "Les petits garçons dansent des espèces de danses espagnoles pour avoir un sou: ils ont l'air si gai qu'on n'est pas très attendri sur leur sort, mais on les trouve gentils et on leur donne."[20]

Tandis que se développe en France, comme dans l'ensemble de l'Europe, un intérêt pour ce que le pasteur anglais Williams Thoms a nommé, en 1846, "Folk-lore," apparaissent un certain nombre de figures emblématiques de ce mouvement, à l'image de Mistral et du Félibrige en Provence. Dans les montagnes béarnaises, il est une personnalité incontournable à laquelle il est de bon ton de rendre visite: Pierrine Sacaze-Gaston. Né en 1797 à Bagès dans une famille où l'on vit du pastoralisme, il devient berger à son tour. D'une grande curiosité, il s'intéresse à la zoologie, à la botanique, à la géologie, à la météorologie… à la musique (il joue de la flûte et du violon) et à la poésie. Ses inventaires de plantes et de minéraux le font entrer en relation avec des personnalités scientifiques et valent à cet autodidacte, resté fidèle au costume montagnard traditionnel, une notoriété internationale. On raconte même que la route menant des Eaux-Bonnes à Bagès a été spécialement aménagée pour faciliter les visites.

Séjournant aux Eaux-Bonnes, Théodore Hersart de la Villemarqué, auteur en 1839 du *Barzaz-Breiz*, premier recueil de chants populaires en France, ne pouvait donc ignorer cette personnalité originale, "pasteur, cultivateur habitant une cabane, féru de botanique, de météorologie et de poésie," comme il se définit lui-même dans un document qu'il remet à son hôte. Quand eut lieu la rencontre entre le berger de la vallée d'Ossau et l'auteur du *Barzaz-Breiz*? Rien ne nous l'indique. Les quelques pages manuscrites conservées dans les archives La Villemarqué ne sont en effet pas datées.

---

[19] Lettre du 21 juin 1864.
[20] Lettre du 21 juin 1864.

Monsieur le vicomte, bis,
Pourquoi chercher l'autographe
De l'homme qui écrit au paraphe
Qu'ignore tout bon son païs

Qui sçait qu'au rocher du trésor
Jaillit une eau nauséabonde
Dont la misère de ce monde
Est avide à l'égal de l'or

Et qui connaît le col de torte
Par le botaniste assiégé
Et qu'il ne quitte que chargé
Du riche buttin qu'il emporte

Du Valentin et du discau
Il voit les ondes mutinées
En cascades eschelonnées
Rouler du marbre au val d'ossau

Aux promenades ravissantes
De jacqueminot, de gramon
Il voit l'élégant escadron
En cavalcades bondissantes

Ce ravissant ensemble impose
A celui qui sait voir de haut
C'est le prestige du tableau
D'une nature grandiose.

Le document, qui contient trois chansons manuscrites, dont une accompagnée de sa musique, semble avoir été rédigé et adressé à La Villemarqué à la demande d'un "ami" qui désire en savoir plus sur Sacaze-Gaston. Il s'agit probablement du comte Henri de Puymaigre, auteur en 1865 des *Chants populaires recueillis dans le pays messin*, que La Villemarqué rencontre à Pau au cours des hivers 1867 et 1868. La Villemarqué lui parle-t-il de Sacaze-Gaston? C'est fort probable. Toujours est-il que, amené à séjourner régulièrement aux Eaux-Bonnes, où il accompagne sa femme, le comte de Puymaigre cherche à rencontrer le berger autodidacte. Il se rend même jusqu'à Bagès, mais le berger venant de perdre son frère, la rencontre n'aura pas lieu. Le collecteur devra se contenter d'un cahier manuscrit de chansons que Sacaze-Gaston a remis à M. Lanusse, guide bien connu, notamment pour avoir été celui de l'impératrice Eugénie. Ce dernier lui présente un voisin, Simon Lassousse, paysan d'Aouste, auprès de qui il recueille, trois heures durant, toute une série de chants populaires. En 1874, le comte de Puymaigre publiera une partie de sa moisson dans le tome III de la revue *Romania*. On y retrouve sept chants extraits du cahier manuscrit de Sacaze-Gaston, parmi lesquels figurent les trois adressés à La Villemarqué, ainsi que des chants recueillis auprès du père Lanusse (3) et de Simon Lassousse (5).

Tandis qu'il séjourne désormais à Pau à partir de 1866, Théodore Hersart de la Villemarqué fait encore quelques excursions jusqu'aux Eaux-Bonnes ou jusqu'aux Eaux-Chaudes. A Pau, il profite d'une vie intellectuelle plus riche: il fréquente les archives, la bibliothèque... Il fait même, dans le cadre des Conférences de Pau, une intervention sur "La femme dans la poésie celto-bretonne" dont l'*Indépendant des Basses-Pyrénées* du 2 mars 1868 donne le compte-rendu. C'est encore la visite de sites mégalithiques pyrénéens avec un archéologue britannique:

> Ton père doit aller demain avec un lord Talbot visiter des monuments celtiques, dans les montagnes. Cela ne l'amuse pas beaucoup, il connaît déjà ces pierres druidiques, et il n'a pas beaucoup de sympathie pour lord Talbot qui est protestant et n'aime pas les Irlandais. Il est Irlandais lui-même et trouve que l'Angleterre se conduit bien vis-à-vis des Irlandais. Il prétend qu'en France on nous fait croire toutes sortes de rêveries.[21]

S'il effectue quelques voyages à Paris pour assister à des séances de l'Institut, ou s'il revient brièvement en Bretagne, La Villemarqué passe donc, entre 1866 et 1870, une bonne partie de l'année à Pau, de novembre jusqu'aux environs de Pâques. Tandis que la santé de sa femme se dégrade et le préoccupe chaque jour un peu plus, il est par conséquent largement absent de Bretagne au moment où éclate et se développe la vive controverse autour du *Barzaz-Breiz*. C'est par exemple à Pau—et seulement en novembre 1867 !—qu'il apprend, par Paul Raymond, l'archiviste de la ville, la parution dans le numéro de mai-juin de la *Bibliothèque de l'Ecole des Chartes* d'un article très

---

[21] Lettre du 15 mars 1868.

critique de Henri d'Arbois de Jubainville, archiviste de l'Aube, sur le chant de la Peste d'Elliant. Paul Raymond prend la défense de La Villemarqué et fait intervenir son ami Gustave Servois auprès de son collègue archiviste: il obtient qu'un "rectificatif" soit inséré dans le numéro de septembre-décembre de la revue.

Dans les Pyrénées, où il trouve en Paul Raymond, Henri de Puymaigre... de précieux soutiens, La Villemarqué se trouve quelque peu protégé du tumulte qui, à Paris comme en Bretagne, entoure alors son travail, ce dont témoigne sa femme:

> Cela a distrait mon pauvre mari de tous les ennuis qu'il a depuis q.q. mois pour sa bretonnerie, ennuis au-dessus desquels je le trouvai placé après trente ans de travaux si consciencieux! Il a aussi trouvé ici un Mr de Puymaigre, collecteur des chants lorrains, qui est indigné de la petite guerre qu'on lui fait dans la Revue Critique; mais tu n'es pas au courant de tout cela.—Pour moi qui suis si sensible à tout ce qui touche l'honneur de mon mari, je ne trouve pas que cela puisse l'atteindre, aussi je n'en suis pas émue.[22]

Sans doute La Villemarqué se complaît-il d'être ainsi quelque peu à l'écart de tous ces débats et cet éloignement explique sans doute, pour une part, un silence que certains ont interprété comme une simple marque de mépris ou d'orgueil:

> Vous vous retirez sous votre tente cher ami, lui écrit alors le docteur breton Eugène Halléguen—je regrette cette détermination que je comprends cependant. Puisse-t-elle n'être pas nuisible et regrettable pour votre santé! Je peux d'autant moins insister que la santé de Mme paraît y être pour beaucoup et qu'elle nous priverait peut-être de votre coopération cette année si j'ai bien compris les derniers mots de votre lettre[23]

Pendant les longues semaines passées loin de Bretagne ou de Paris, La Villemarqué recherche dans les excursions ou les rencontres un dérivatif pour éviter l'ennui qui guette tout curiste. Il trouve finale-ment parmi les personnalités locales ou les autres "baigneurs" de quoi assouvir son propre intérêt pour la culture populaire. Chacun a du temps, est plus disponible qu'en temps ordinaire et de vrais liens d'amitié se tissent pendant ce temps de vacances, qui trouveront à

---

[22] Lettre à Marie de la Villemarqué, Pau 19 février 1867.
[23] Lettre du 18 février 1868.

s'exprimer par la suite. Ainsi, après leur rencontre pyrénéenne, le Lorrain de Puymaigre et le Breton de la Villemarqué continueront quelque temps de s'écrire. Et, en 1870, c'est le premier qui mettra le second en contact avec un autre grand spécialiste du chant populaire, le Sicilien Giuseppe Pitrè. En définitive, c'est donc du côté des Eaux-Bonnes qu'il convient d'aller chercher la clef d'une partie de l'histoire des collectes de littérature orale en Europe, tandis que, en retour, les collecteurs apportent, par leur correspondance, leur petite contribution à l'histoire de la station thermale pyrénéenne.

**Source :**

Lettres non publiées des archives de famille de Théodore Hersart de la Villemarqué.

# Part V

# Representing spas

CHAPTER 14

# Seeking Health: The City of Bath in the Novels of Jane Austen

## Anita G. GORMAN

The city of Bath commands both respect and affection. Tourists will here find many delights—the Pump Room, the Roman Baths, Pulteney Bridge, the Royal Crescent, the swiftly-flowing Bristol Avon—and reminders throughout the city, in the form of signs and plaques, that Jane Austen once lived here. Austen used Bath as the partial setting of two of her novels, *Northanger Abbey* and *Persuasion*. Bath figures as a place where people go to—and arrive from—in other Austen novels, as well as in her juvenile writings, and it was no accident that this lovely city served as an appropriate setting for Austen's irony and as a way to suggest what Austen believed about both physical and mental health (though she would not have used the latter term).

*<br>*   *

### Bath as a Place of Healing

Bath's fame originated in its hot springs, which Paleolithic hunters used seven thousand years ago. Centuries later, the Celts dedicated the springs to their goddess Sulis. Circa 800 B.C., according to legend, a Celtic prince named Blaudad (sometimes referred to as Bladud) contracted leprosy and was therefore banished from his father's kingdom. For years he wandered, then became a swineherd whose pigs also contracted leprosy. One day he watched his pigs run down a hill to bathe in hot springs. When the pigs recovered, Blaudad concluded that their cure was due to the springs, and so he himself bathed in the hot waters. Soon cured of his leprosy, Blaudad claimed his kingdom, and around the hot springs he constructed its capital city. When the Romans arrived in 76 A.D., they discovered the Celtic shrine to Sulis, which they renamed Aquae Sulis. "Conflating Sulis with Minerva, the Romans built their own shrine on the site, which they called the temple of Sulis Minerva." This temple, the spa, and a theatre built for both religious observances and secular performances "formed the nucleus of a great social and spiritual center that dominated the town for four centuries" (Croutier 1992, 116). On this site, one hundred miles from London on the Bristol Avon, Saxon invaders constructed a city on the Roman ruins, followed by the Normans, who built a large church that was destroyed by fire before the construction of Bath Abbey in the fifteenth century; the Abbey, situated quite close to the now restored Roman baths, still stands. During the Middle Ages, Bath's hot springs continued to attract those desiring healing; after the Norman Conquest, William Rufus (the son of William the Conqueror) appointed as Bishop of Bath his personal chaplain and physician, John de Villula, and under a 1088 royal charter assigned him the task "of replacing the little abbey with a vast cathedral, of enlarging the city and restoring the baths." As a result, according to the author of the *Acts of Stephen*, "sick persons from all England resorted thither to bathe in these healing waters and the strong also, to see those wonderful burstings out of warm water and bathe in them" (Wright 1973, 3). Pilgrims came to Bath and to the hospitals built there by the Benedictines, including St. John's, a hospital founded by Bishop Reginald circa 1180 and still in existence today. By the sixteenth century, the sick were not the only pilgrims to enter the city; many middle and upper class tourists came to Bath "to enjoy the curative waters the benefits of which were now beginning to be widely marketed by an increasingly aware corporation and a clutch of physicians, of varying degrees of respectability, prepared to offer their services and advice to those seeking the cure" (Cunliffe 1987, 101).

Royalty frequented Bath with varying reactions. When Elizabeth I visited in 1574, the smell of the baths caused her to leave. In the early seventeenth century, Anne of Denmark, the wife of James I, visited the women's bath in an effort to find relief from gout and dropsy. Her passion for the bath was so keen that the place was soon called the Queen's Bath; this bath lasted until Victorian times, when it was destroyed to allow for further excavations of the Roman ruins (Croutier 1992, 120).

Bath's fame increased greatly during the eighteenth century as it was transformed from a medieval town to a grand city resplendent with Georgian architecture, an elegant social environment, and a place where one could combine seeking pleasure, health, relaxation, and marriage partners. Thanks to royal patronage, the leadership of Richard "Beau" Nash, and the architectural expertise of a father and son named John Wood, Bath became a fashionable resort during the eighteenth century. The buildings of the Messrs. Wood were designed in the Palladian style (named for Andrea Palladio of Vicenza), which transformed the Roman architectural style into an English mode. The Woods' magnificent buildings, crescents, and circuses were the setting for Nash's personal transformation from professional gambler to "legislator of manners and guardian of public decorum" (Gadd 1972, 53). Different classes mixed in Bath, and all did not practice the same rules of etiquette. Nash personally scolded offenders against what he considered good taste and also published a code of manners that was posted in public places as well as in the annual *Bath Guide*. Among other caveats, Nash told gentlemen not to wear boots in public assembly rooms and warned women that "Ladies dressing and behaving like Handmaids must not be surprised if they are treated as Handmaids" (Gadd 1972, 54). The city of Bath presented the public with a mixture of sound medical advice, misguided nostrums, and a measure of charlatanism. Without its springs, it would not have been the site of Roman baths centuries earlier, or the King's Bath, the Cross Bath, and the Hot Bath in the Renaissance. By 1708, Beau Nash had created "a comprehensive fitness program" (Croutier 1992, 121) that drew many visitors to the city. Between 6:00 and 9:00 a.m., visitors bathed in the hot springs, then drank the waters in the elegant Pump Room while listening to music. Breakfast followed, and perhaps a service at Bath Abbey. "After that, everyone was free to do as they pleased—nap, shop, write letters—until 3:00 P.M., when dinner was served. A postprandial stroll culminated in a return to the pump room and more water. In the evenings, tea was followed by some sort of entertainment, often gambling" (Croutier 1992, 121).

Bath to this day remains a wonder; the hills rise above the river, the side streets delight, the impressive circuses and the many elegant residences with their classical lines suggest an ordered and cultivated way of life. Yet those same buildings, those same circuses, the Upper Rooms where balls would be held, the Pump Room where it is still possible to purchase an expensive morning coffee or afternoon tea, all suggest social hierarchy, the marriage market, the idleness of the rich, the pettiness of social climbers, and the hurts inflicted on the innocent and the good. These are the things Jane Austen saw and exposed through the complex irony of her work.

## Eighteenth-Century Medicine

Bath Spa, as the railroad station still names it, flourished when attitudes about medicine were in flux. In the eighteenth century, medicine could not do much to cure illness or alleviate suffering, and the ill were "fortunate if they escaped much of the therapeutics of the day, with its drastic debilitating maneuvers of bleeding, purging, and vomiting and some of its more silly nostrums" (Smithers 1986, 304). Although by the end of the century, many doctors, skeptical of age-old theories, began to rely on practical knowledge, it could still be said that medicine had not changed dramatically since the days of Hippocrates (Gorman 1993, 2). Many physicians continued to put their faith in the theory of humors, believing that "those humours could best be treated by such traditional methods as blistering, cauterizing, purging, the administration of powerful emetics, and the drawing off of blood" (Williams 1981, 1). In the eighteenth century, the "urge to draw blood became almost a frenzy" (Williams 1986, 13). The only positive result, it seems, of such a practice was the docility that the weakened patient showed after blood loss. Jane Austen reports in one of her letters to Cassandra that their brother Henry, "an excellent patient, lies quietly in bed"; in fact, "the loss of twenty ounces of his blood may have made him a more manageable convalescent" (Gorman 1993, 2).

Some of the remedies advocated in the eighteenth century were useful—castor oil, opium, digitalis—but exotic ingredients such as syrup of pale roses, crabs' eyes, pearls, and a nostrum called the "sacred elixir" would have had little salutary effect (Gorman 1993, 3). This was a period when life was relatively short, when writers such as Tobias Smollett and Henry Fielding satirized physicians, with "good justification:" "In London, Bath, Tunbridge, Bristol, York, Harrogate, Scarborough and other fashionable places they cheated the rich and milked the poor." Most of these medical practitioners, whether surgeons, barbers, physicians or apothecaries, "were incompetents without a valid medical certificate" (Rousseau 1978, 176-77).

Yet, at the same time, the eighteenth century fostered medical progress. Thomas Sydenham, one of Britain's finest medical professionals, proposed that doctors employ observation, experience, and the healing powers of Nature. Although he did not eschew the practices of bleeding and purging, Sydenham also promoted exercise and strengthening the blood with iron filings (Veith 1965, 143). This "English Hippocrates" also considered "pure air, pure water and good food" to be more efficacious than drugs and termed these prescriptions "three great physicians" (Turner 1967, 88).

Jane Austen lived in both the eighteenth and nineteenth centuries, yet she was essentially an eighteenth-century person; formed and educated in the eighteenth century, she lived more years in that century than in the following one. Her comedy and satire seem more at home in the eighteenth century, and though her last completed novel, *Persuasion*, may contain a touch of Romanticism, Austen for the most part avoided the excesses of emotion, as her novels, especially *Sense and Sensibility*, amply demonstrate. Austen's own views about eighteenth-century medicine lack illusion. In a letter to her sister Cassandra dated 2 June 1799, she writes from Bath about her brother's regimen:

> What must I tell you of Edward?—Truth or Falsehood?—I will try the former, & you may chuse [sic] for yourself another time.—He was better yesterday than he had been for two or three days before, about as well as while he was at Steventon—He drinks at the Hetling Pump, is to bathe tomorrow, & try Electricity on Tuesday; he proposed the latter himself to D$^r$ Fellowes, who made no objection to it, but I fancy we are all unanimous in expecting no advantage from it (LeFaye 1995, 42).

## Hypochondria and Hysteria

While eighteenth-century citizens pondered the causes and cures of physical illness, they also were fascinated by the more complex interweaving of body and mind they called vapors, fits, hysteria, melancholy, and hypochondriasis. These related terms define illnesses quite different from physical diseases. Fascinated by the puzzling persistence in society of hysteria and what we now call hypochondria, eighteenth-century writers, like their predecessors, recorded the details of both physical and psychogenic ailments, questioned their origins, and suggested remedies. This focus on hysteria/hypochondria demonstrates the period's fascination with the mind/body relationship, and its suspicion that illness often conveyed meaning beyond the literal and the apparent. Jane Austen shared that fascination.

Both hysteria and its related syndrome, hypochondria, were prominent features of eighteenth-century life and literature; indeed, hypochondria was often called the "English malady" (Kenyon 1978, 7). By the time Austen was born, centuries of discussion of hypochondria and hysteria had already taken place. For a very long time, medicine had been aware of the persistence of a constellation of symptoms that differ from ordinary illness. The symptoms are varied, changing, and, of course, physical; even if the disease is imagined and feared, as in what has more recently come to be called hypochondria, the worries are manifested in physical terms such as headache, fatigue, upset stomach, fainting, screaming, or loss of appetite; how does a human being react, if not through the body? A centuries-old term, hysteria remains difficult to define; "except for the fact that it is a 'functional' disorder, without concomitant organic pathological change, it defies definition and any attempt to portray it concretely. Like a globule of mercury, it escapes the grasp" (Veith 1965, 1).

Like hysteria, hypochondria also lacks "organic pathological change." The eighteenth century considered hysteria and hypochondria members of the same puzzling constellation. From a twenty-first-century vantage point, the connections between the two, as well as their differences, have become apparent. Both find their origin in emotional causes, but one is more dynamic than the other. In Austen's writings, for example, hypochondria or valetudinarianism remains a static phenomenon, something that defines certain (mostly comic) characters, both male and female, a personality trait that finds expression in action every now and then, but more often in speech which records worries and advice. By comparison, hysteria in Austen (as well as in scientific and imaginative literature in general) contains dynamic properties; even though we may speak of hysterical personalities (Mrs. Bennet of *Pride and Prejudice*, for example), most instances of hysteria in Austen occur in a pattern of increased emotion and debility and reach a climax in outward behavior (Marianne Dashwood's fever in *Sense and Sensibility* or Jane Fairfax's distracted wanderings in *Emma*) before subsiding into some sort of resolution connected with the working out of the plot.

The general view of "hysterical" outbursts changes according to the culture in which it appears. Over the centuries, medical writers have usually ascribed hysteria only to females, based partly on the etymology of the term from the Greek word for uterus (*hyster-*), coupled with conventional notions of "irrational" femininity. The standard explanation for hysteria in women, the theory of the wandering uterus, demanded revision when physicians were able to document similar symptoms in men. Thomas Sydenham named the male version of hysteria hypochondriasis (Veith 1965, 143), after the hypochondrium, the abdominal region said to be the locus of masculine hysteria; the spleen, the "seat" of melancholy, is located in the hypochondrium.

The word hysteria continues until the present day, carrying with it a lingering connection with the female, even though male hysterics were also studied by Freud. Eventually, the term for male hysteria, hypochondriasis, metamorphosed into hypochondria, replacing the now infrequently used valetudinarianism (a word popular in Austen's lifetime) to denote "imaginary" illness; hypochondria seems epidemic in the general population to this day. Probably not until the publication of William Cullen's *First Lines of the Practice of Physick* in 1777 do we find a description of hypochondria as we now know it: "As it is the nature of men to indulge every present emotion, so the hypochondriac cherishes his fears, and, attentive to every feeling, finds in trifles, light as air, a strong confirmation of his apprehensions." Cullen recommends that the physician try "diverting the attention of the person being treated "to other objects than his own feelings," using a placebo if necessary (Mullan 1988, 215-16), a prescription with which Austen would no doubt concur, and a prescription she turns inside out for her readers. Watching fictional hypochondriacs focus on themselves may expedite the reader's own cure. Observing the silliness, the self-absorption, the ineptitude of fictional characters evokes the gentle shock of recognition, turning the reader away from this pathology in an attempt to "re-form the self into another, more potent form of being" (Alcorn and Bracher 1985, 352).

Hypochondria admits of at least three explanations: biochemical, sociological, and psychological (Baur 1988, 5). Most fruitful as a way of analyzing the role of hypochondria in literature, the psychological explanation views hypochondria as a strategy for being helpless while still insuring that one will be taken care of. Fear of death lies in the shadow of hypochondria; worry over death may lead to worry over sicknesses before they are contracted and to amateur diagnosis of sundry aches and pains. When each twinge portends a heart attack, each pain a tumor, the hypochondriac employs metonyms for his/her own fear of extinction. Fears need an environment in which to grow. One of Austen's favorite writers, Samuel Johnson, shared with many eighteenth-century medical practitioners the belief that idleness constituted a potent breeding ground for hypochondria, thereby paralleling the linking of idleness and hysteria cited by Robert Burton and Celia Fiennes. In his *Idler* essays, Johnson often examines "the manifold miseries of total leisure," agreeing with the earlier tradition of Pope and Swift that a connection existed between leisure and "the whole range of psychosomatic ailments denominated spleen or the vapours" (Nardin 1981, 131). Leisure itself may prepare the groundwork for self-preoccupation. If that is so, then a society such as Austen's, dominated by a leisure class, provides receptive ground for the growth of both hysteria and hypochondria. Leisure also provided fertile soil for the writing and reading of novels of sensibility, where illness took on further meaning. Sensibility, the focus on one's feelings and emotional reactions, bears some relationship to hypochondria. Austen read those novels, e.g. Ann Radcliffe's *The Mysteries of Udolpho*, and satirized them throughout her writing life.

Austen shows herself to be essentially unsympathetic toward adults who fantasize about their illnesses; in a letter to her sister Cassandra dated 9 February 1813, she writes that "Lady W. has taken to her old tricks of ill-health again, & is sent for a couple of months among her friends. Perhaps she may make them sick." Critics have long debated the extent of Austen's mother's hypochondria, and to what degree it vexed her daughter. One scholar calls Mrs. Austen a "gentle hypochondriac" who "chatted of bile, it seems, as others do of the weather" (Honan 1987, 387).

Jane Austen clearly had multiple reasons for viewing hypochondria and hysteria with a skeptical eye. The evidence of Austen's Juvenilia, her letters, and her mature works clearly shows a woman who knew that people indulged themselves, and convinced themselves and others that they were suffering from various ailments. Such people—Lady W. in life, *Emma*'s Mr. Woodhouse and Mrs. Churchill in her fiction—used the benevolence of others in order to manipulate their own plots, privilege their status, and control those who cared about and for them. Held up to the light of reason and the laughter of comedy, such hypochondriacs and hysterics serve as models of undesirable behavior, and their lives as cautionary tales for the astute reader.

On the other hand, Austen recognized that life held plenty of real illness: Jane and Cassandra survived a "putrid fever" contracted while at school in Oxford, although the fever killed her aunt, Jane Cooper, who had gone to Oxford to reclaim her ill daughter from the same school. The wife of Jane's eldest brother died soon after marriage; Cassandra's fiancé, Thomas Fowle, died of yellow fever while in the West Indies. Where real illness was concerned, Austen recognized the frailty of human life, and fought against that frailty by creating characters that learned from illness—whether physical or mental—as they recovered or fended it off by confronting life, not primarily by visiting a spa and taking its waters. Perhaps Austen learned a thing or two from Mrs. Latournelle, "a stout motherly woman with an artificial leg made of cork," who ran a school in Reading that Jane and Cassandra attended for a time. "Unimpeded by her cork leg, she busied herself" with taking care of meals, laundry, and mending (Cecil 1980, 43). Like Mrs. Latournelle, Austen's fictional characters do best when they do not succumb to physical or mental debility.

## Jane Austen and Bath

Jane Austen's parents were married in the city of Bath, and Austen would have been aware of the city and its fame from her childhood. Jane's first recorded visit to Bath took place in November 1797, just before her twenty-second birthday, though she probably had visited the city earlier, since her uncle and aunt, Mr. and Mrs. Leigh Perrot, spent each winter there (Lane 1996, 13). Another extended visit lasted from 17 May to 27 June 1799. Because her sister Cassandra was not present, Jane wrote to her frequently, thereby providing posterity with some information—some of it interesting, some trivial—about Jane's reactions to the city. Cassandra destroyed a number of Jane's letters after her sister's death, letters that were too private or too satiric (perhaps) for public consumption, so the letters remain incomplete. The 1799 letters from Bath include data about places and people and shopping and chronicles of daily activities, including data about their brother Edward's ailments.

In December 1800, Austen's parents informed her that her father, a clergyman of the Church of England, would retire to Bath. Legend has it that Jane Austen fainted from the shock of the news and the sudden awareness that she would soon be uprooted from the rectory at Steventon, where she had lived all her life. Her extant letters written during the first weeks of their move to Bath "suggest a mind struggling against low spirits;" Austen's "ejection from Steventon made severe practical difficulties for her; it also depressed her deeply enough to disable her as a writer." Though she "would not allow herself to indulge anything she might label self-pity," the "great burst of writing of the late nineties"—her juvenilia, the novella *Lady Susan*, and early versions of *Sense and Sensibility, Pride and Prejudice*, and *Northanger Abbey*—simply came to a halt" (Tomalin 1997, 171-74).

For three years, the family—mother, father, sister Cassandra, and Jane—lived at Sydney Place, then moved to Green Park Buildings, probably for financial reasons. Three months later, in January 1805, Jane's father, the Rev. George Austen, died. From 1806 to 1809, the two Cassandras (mother and daughter) and Jane lived in Southampton, until moving to a charming house owned by Edward Austen in the Hampshire village of Chawton, not far from the cathedral city of Winchester. Chawton proved to be as productive as Bath was sterile, and at Chawton Austen revised her first three novels and composed the last three.

Jane Austen had a few reasons to dislike Bath. She preferred the countryside to town life; her father died in Bath; her aunt, Mrs. Leigh-Perrot, was falsely accused of stealing lace from a Bath shop, tried for grand larceny, and unsuccessfully approached by blackmailers. Though eventually found not guilty, Mrs. Leigh-Perrot, her husband, and her extended family, including Jane Austen, endured a good deal of suffering and discomfort as a result of the incident (Le Faye 2000, 55-57). Further, it is possible that Austen "must have suspected, and resented, that her out-of-date country parents considered Bath to be good husband-hunting territory" (Shields 2001, 89-90).

If her parents deemed Bath a place to find husbands for their two unmarried daughters, they were a few years too late. The depression of 1793 and war with France made it more difficult "to sell leases to local builders. Building programmes staggered to a halt and the Grand

Pump Room opened its doors to the public in an atmosphere of gloom" (Cunliffe 1987, 145). In addition, by the time the Austens arrived, the social structure of earlier years had begun to come apart. While Nash was Bath's Master of Ceremonies, he attempted "to break down the rigid barriers of rank and degree and force the different social classes to mix, whether they liked it or not," (Gadd 1972, 169) and for a time Bath society operated with greater fluidity and egalitarianism. However, this "fragile structure which he had built was not strong enough to withstand the pressure of the snobs and vulgarians" (Gadd 1972, 169). Even in the best of times, Austen would have hated active husband hunting on the part of her parents, or anyone else. And this was not the best of times. It has been suggested that perhaps Jane reacted to Bath in ways similar to the heroines of *Northanger Abbey* and *Persuasion*. As a young woman Austen seemed, like Catherine Morland, to relish Bath's prospects, "whereas Anne Elliot's distaste for the town may be an echo of Jane's more mature judgment when, after making Bath her home for some years, she left it with such feelings of escape" (Austen-Leigh 1939, 1).

The first reference to Bath—"Mr. Clifford lived at Bath"—in Austen's writings occurs in "Memoirs of Mr Clifford: An Unfinished Tale," written sometime between 1787, when Jane was twelve, and 1790, when she was fifteen. In "Love and Freindship"[sic], written in Austen's fifteenth year, Laura writes to her sister Marianne, "Beware of the unmeaning Luxuries of Bath & of the Stinking fish of Southampton" (*Minor Works* 79). Austen seems already to have formed a vision of Bath's capacity for meretriciousness. *Lady Susan*, a novella in epistolary form composed, without its conclusion, in 1794 or 1795, shows Mrs. Johnson hoping that her husband, en route to Bath for his health, "will be laid up with the gout many weeks" (295-6). However, it is *Northanger Abbey*, originally composed in 1798-1799 but not published until shortly after Austen's death, that provides the earliest focus on the city in Austen's work. The novel begins and ends in the village of Fullerton, Catherine Morland's home; the two middle sections take place in Bath and at Northanger Abbey, home of the Tilneys. Catherine is "all eager delight" as she and her mentor, Mrs. Allen, near the city's "fine and striking environs" (19). Yet, the city remains cold and anonymous to the two women, who know no one: "Every morning now brought its regular duties; shops were to be visited; some new part of the town to be looked at; and the Pump-room to be attended, where they paraded up and down for an hour, looking at every body and speaking to no one" (25). Only when the master of ceremonies introduces the seventeen-year-old Catherine to a prospective dancing partner, Henry Tilney, does the atmosphere change. Yet, Catherine remains for a while alone and lonely—Tilney fails to reappear the following day—until Mrs. Allen makes the acquaintance of an old school friend, Mrs. Thorpe, whose daughter, Isabella, engages in flirtation in order to win herself attention, and in deception in order to further the cause of her oafish brother John's interest in Catherine.

Mrs. Allen takes lodgings in Pulteney Street; the Tilneys in Milsom Street, a fashionable address; and the Thorpes in Edgar's Buildings at the top of Milsom Street. The city of Bath is a felt presence in *Northanger Abbey* in part because Austen names specific streets and nearby locations such as Clifton and Beechen Cliff, but her description is deliberately sparse. A word or phrase here and there suffices to create a sense of place. When I first read *Northanger Abbey* years ago, I had no mental image of Bath; now, having visited the city twice, I fill in Austen's references with my own memories. Such would also have been the case for those of Austen's contemporary readers familiar with the city.

Austen's sparse descriptions contrast sharply with the novels of such late-eighteenth-century writers as Regina Maria Roche, whose *Children of the Abbey* (1798), required reading for the simple Harriet Smith of Austen's *Emma*, includes lengthy and tedious descriptive passages; Roche's description of a cottage and its yard takes the better part of a page. For Austen, painting a scene involves, not describing buildings, but establishing a place in few words, then creating a felt reality via (minimal) physical description of characters, via dialogue, free indirect discourse, and the revelation of ideas through the narra- tive voice, e.g., the discourse on the novel as a genre worthy of praise in Chapter V of *Northanger Abbey*.

Austen's reluctance to belabor description derives no doubt from her artistic sense but also from her adherence to the principles of Samuel Johnson, writing earlier in the eighteenth century, who famously had Imlac state in *Rasselas* that the "business of a poet," and, by extension, of other writers, "is to examine, not the individual, but the species; to remark general properties and large appearances:"

> he does not number the streaks of the tulip, or describe the different
> shades in the verdure of the forest. He is to exhibit in his portraits of
> nature such prominent and striking features, as recall the original to
> every mind; and must neglect the minuter discriminations, which one
> may have remarked, and another have neglected, for those character-
> istics which are alike obvious to vigilance and carelessness. (237)

Of course, a rather mundane motivation for the lack of description may derive from the fact that Bath is all of a piece; it was designed as an architectural whole, and the buildings resemble each other. Austen would have found it difficult to give individuality to her description, since the places themselves lack individuality; supplying the street or the name of the building provides enough specificity for Austen's purposes and gives the reader who has visited Bath a clear idea of where Catherine Morland is hurrying or where she catches a glimpse of Eleanor Tilney. The reader who has not been to Bath, when presented with the name of the city, incorporates within the imagination a sense of the place, a conviction that it is real from having been named.

If one were to rank the three settings of *Northanger Abbey*—Fullerton, Bath, and the Abbey itself—according to the degree of meretriciousness, one would certainly rank Fullerton as the most honest place, and fitting, therefore, as the final setting of the novel and the site of the resolution, i.e., Catherine's reunion with Henry Tilney. The Abbey represents misprision, not only Catherine's misperception of its reality (inspired by Gothic fiction, she imagines that the General has murdered his wife) but the General's incorrect perception of Catherine's wealth (a perception gained in Bath). Both the Abbey and Bath represent social climbing, but it is Bath that most clearly illustrates the marriage "market," as when Isabella Thorpe parades in the Pump Room as though she were displaying merchandise to the potential buyer. And so she is.

*Northanger Abbey*, though partially set in a spa town, contains, ironically, fewer depictions of physical or mental illness than the other Austen novels. Perhaps because it was written in her youth, the focus is on youth, on the young Catherine's rather ordinary life versus her extraordinary imagination. Austen presents Bath as a marriage market, as a vacation spot, as a place where youthful goodness eventually triumphs over materialism. Isabella and John Thorpe are comic characters, one a conniving flirt, the other a boorish dunce. General

Tilney, who at first believes Catherine to be wealthy, does turn out to have some of the qualities of Gothic villains: he banishes Catherine from Northanger Abbey when he realizes she is not an heiress, but his bad behavior occurs at the abbey, not in Bath. That Bath provides the setting for Catherine's presentation as an heiress, nonetheless, fits with the false values that Austen saw consistently in this spa town.

Bath is referred to in other completed novels by Austen, and usually in a pejorative way. In *Emma*, Bath is where the Rev. Mr. Elton hurriedly seeks a wife, a woman who turns out to be annoying, showy, vulgar and elitist, without having much to be elitist about. Bath is where *Pride and Prejudice's* George Wickham, an unscrupulous sort, vacations alone after his marriage to Lydia Bennet. Bath is where *Mansfield Park's* deceitful Henry Crawford visits his uncle, and where *Sense and Sensibility's* unprincipled John Willoughby seduced Eliza Williams. One of Austen's favorite poets, William Cowper, wrote in *The Task* that "God made the country, and man made the town;" in Austen's work, though Bath can be the scene of reconciliation and of happiness, it is more often a place, in Anne Elliot's words, of "white glare," and in a recent biographer's view, a "showcase city" where "everyone, and everything, was up for display. Display was why people went to Bath: to see and be seen, to judge and be judged" (Shields 2001, 100).

*Persuasion*, Austen's last completed work, written from August 1815 to August 1816 and published soon after her death in 1817, includes crucial scenes in the city of Bath. Like Austen herself, protagonist Anne Elliot must leave her girlhood home and live for a time in Bath. Austen's move derived from her father's retirement and her mother's health, Anne's from her family's financial straits: they must find a tenant for Kellynch Hall and affordable lodgings in Bath. We learn early on that Anne "disliked Bath, and did not think it agreed with her—and Bath was to be her home;" in contrast, Lady Russell, the friend whose advice years before led to Anne's estrangement from Frederick Wentworth, "was fond of Bath in short, and disposed to think it must suit them all [. . .]" (14). Yet, before the removal to Bath in Volume IV, the final portion of the novel, much happens: Frederick Wentworth's brother rents the Elliots' estate; Frederick visits his brother, becoming part of the social fabric that includes the Musgroves, the Elliots, Mrs. Clay, and Lady Russell; Frederick, apparently looking for a wife, flirts with Louisa Musgrove who is injured by foolishly jumping from the Cobb at Lyme Regis. Anne meets William Elliot, her cousin and a possible suitor, but her love for Wentworth (a symbolic name), never extinguished, now revives. By the time Anne arrives in Bath, she believes Frederick to be inextricably connected to the recuperating Louisa, since, in part, he considers himself responsible for her fall.

The most engaging reference to the city occurs when Lady Russell arrives in the city:

> When Lady Russell, not long afterwards, was entering Bath on a wet afternoon, and driving through the long course of streets from the Old Bridge to Camden-place, amidst the dash of other carriages, the heavy rumble of carts and drays, the bawling of newsmen, muffin-men and milk-men, and the ceaseless clink of pattens, she made no complaint. No, these were noises which belonged to the winter pleasures; her spirits rose under their influence; and, like Mrs. Musgrove, she was feeling, though not saying, that, after being long in the country, nothing could be so good for her as a little quiet cheerfulness. (135)

A contrasting sentiment follows:

> Anne did not share these feelings. She persisted in a very determined, though very silent, disinclination for Bath; caught the first dim view of the extensive buildings, smoking in rain, without any wish of seeing them better; felt their progress through the streets to be, however disagreeable, yet too rapid; for who would be glad to see her when she arrived? (135)

Austen delineates the city's social structure in part by where people live. Anne's father, Sir Walter, "had taken a very good house in Camden-place, a lofty, dignified situation, such as becomes a man of consequence" (137). Convinced that their dwelling is the "best" on their fashionable street, all in the Elliot party, except for Anne, believe they are courted by the most desirable of Bath's citizens. One seeker is their relative, William Elliot. Now that his wife has died, William returns to the Elliots' good graces; that he is the heir to Sir Walter's baronetcy may play a part in the reconciliation.

When the Bath newspaper announces the arrival of the "Dowager Viscountess Dalrymple, and her daughter, the Honourable Lady Carteret," Sir Walter thrives in the knowledge that the two women have rented a house in Laura-Place and would therefore be "living in style." Anne finds the cousins, no matter how rich, lacking in "superiority of manner, accomplishment, or understanding" (150). William Elliot understands how Bath society works, telling Anne that her cousins move in the highest levels, that it will be to Anne's advantage to use her rich cousins to move in the first rank of Bath society. Anne prefers, instead, to move in the lower ranks of that society, i.e., to visit her invalid school friend, the former Miss Hamilton, now Mrs. Smith. A poor widow tended to by a nurse, Mrs. Smith lives in Bath for the primary reasons the town was founded centuries earlier: that she is ill and has no recourse other than trying the waters and the baths. Financially depressed because of the machinations of William Elliot (Anne's would-be suitor), Mrs. Smith lives in the déclassé Westgate Buildings. Anne's father, Sir Walter, derides his daughter for visiting such a place:

> "Westgate-buildings!" said he; "and who is Miss Anne Elliot to be visiting in Westgate-buildings?—A Mrs. Smith. A widow Mrs. Smith, and who was her husband? One of the five thousand Mr. Smiths whose names are to be met with every where. And what is her attraction? That she is old and sickly.—Upon my word, Miss Anne Elliot, you have the most extraordinary taste! Every thing that revolts other people, low company, paltry rooms, foul air, disgusting associations are inviting to you." (157)

Mrs. Smith tells Anne Elliot that when she first arrived in Bath, her health was worse, and she lived among strangers, improving gradually through her landlady and the landlady's sister, a nurse, who gave her "employment:" now she knits and makes thread-cases, pin-cushions, and card-racks, which she sells to those who can afford her wares. In turn, Mrs. Smith uses some of her profits to help poor families, and she believes that suffering has value, that it transforms human beings into more benevolent creatures. Hearts are "open," she avows, when men and women have recently overcome pain.

When Louisa Musgrove becomes engaged to Captain Benwick, Admiral Croft suggests that Frederick Wentworth, supposedly the spurned suitor, must hie himself to Bath, presumably the place one goes to look for a wife. Ironically, he does go, but he goes to pursue Anne. Seeking shelter from the rain in Molland's shop, Anne spies Captain Frederick Wentworh as he walks down Milsom Street. When he later enters the shop, both show signs of confusion and embarrass-ment. The city is a concrete reality here and in other meetings between Frederick and Anne. At a concert, Frederick worries that Anne has suffered much from the shock of Louisa's fall at Lyme Regis. "One does not love a place the less for having suffered in it, unless it has been all suffering," Anne says, speaking of Lyme, though she might just as well have been discussing Bath. The climactic scene at the White Hart Inn focuses on dialogue, on sensation, on perception, but little on place, yet certain concrete items define the scene: the table where Frederick composes his letter to Anne; the window where Anne defends women's fidelity to Captain Harville; the sound of Frederick's pen falling, signaling that he is listening to Anne; the sound of Wentworth's footsteps as he returns supposedly to retrieve his gloves but really to alert Anne to his letter. The place is real, though these events could be happening anywhere; only the name of the inn situates it in a particular geographical location. This strategy is, I think, part of Jane Austen's genius. She writes enough detail to make a place real, and it is a place we can all imagine, drawing on our own environments and experiences, no matter in which century we happen to live.

To what degree does Jane Austen portray Bath as a place where health may be achieved? In *Northanger Abbey*, no one in Bath, a city Tobias Smollett called "the great hospital of the nation" (Turner 1967, 64), has the wherewithal to cure the sick. Mr. Allen's gout undergoes no amelioration. In *Persuasion*, Mrs. Smith fails to recover from her debility. Austen's father had died in Bath, and she saw no reason to portray Bath as a curative locale. The only solution to those who are physically ill, in Austen's work, is to endure and to make the best of their difficulties. Beyond that, Austen suggests that the mind can overcome both physical debility as well as the psychosomatic illnesses of hypochondria and hysteria. This message is stated and implied throughout Austen's novels.

*

\* \*

Human beings create places because of necessity, ideology, and taste (or the lack thereof); places, in turn, affect and reinforce ideology and behavior, yet we are not completely bound, as Jane Austen demonstrates, by the constraints of our physical space. Bath was—and is—a charming city that also specialized in hierarchy, social climbing, the marriage market, and materialism. Catherine Morland and Henry Tilney retain their integrity in the face of Bath's falseness; Anne Elliot shows her independence from Bath's values by visiting unfashionable lodgings and caring for and about her friend. Anne and Frederick make Bath, for a short time, a more honest and loving place, but they will not linger there. They reclaim their long-dormant love for each other on the charming streets of Bath, but we know—though Austen does not tell us—that they will not remain. They are too good for the place. Perhaps, as well, their buoyant health—physical, mental, and emotional—has made unnecessary a prolonged stay in a city built on illness.

## References

Alcorn, Marshall W. Jr., and Mark Bracher. 1985. "Literature, Psychoanalysis, and the Re-Formation of the Self: A New Direction for reader-Response Theory." *PMLA* 100 (May): 342-54.

Austen, Jane. 1965. *Minor Works. The Complete Works of Jane Austen.* Ed. R.W. Chapman. 3rd ed. Oxford: Oxford University Press.

Austen, Jane. 1965. *Northanger Abbey and Persuasion. The Complete Works of Jane Austen.* Ed. R.W. Chapman. 3rd ed. Oxford: Oxford University Press.

Austen-Leigh, Emma. 1939. *Jane Austen and Bath.* London: Ballantyne Press.

Baur, Susan. 1988. *Hypochondria: Woeful Imaginings.* Berkeley: University of California Press.

Cecil, David. 1980. *A Portrait of Jane Austen.* New York: Penguin.

Croutier, Alev Lytle. 1992. *Taking the Waters: Spirit Art Sensuality.* New York: Abbeville Press.

Cunliffe, Barry. 1987. *The City of Bath.* New Haven: Yale University Press.

Gadd, David. 1972. *Georgian Summer: Bath in the Eighteenth Century.* Park Ridge, NJ: Noyes Press.

Gorman, Anita G. 1993. *The Body in Illness and Health: Themes and Images in Jane Austen.* New York: Peter Lang.

Honan, Park. 1987. *Jane Austen: Her Life.* New York: Fawcett.

Johnson, Samuel. 1965. *The History of Rasselas, Prince of Abissinia. A Johnson Reader*. Ed. E.L. McAdam, Jr. and George Milne. New York: Modern Library.

Kenyon, F.E. 1978. *Hypochondria*. London: Sheldon.

Le Faye, Deirdre. 2000. *Jane Austen*. The British Library Writers' Lives. New York: Oxford University Press.

Le Faye, Deirdre, ed. 1995. *Jane Austen's Letters*. 3$^{rd}$ ed. Oxford: Oxford University Press.

Lane, Maggie. 1996. *A Charming Place: Bath in the Life and Novels of Jane Austen*. Bath: Millstream.

Mullan, John. 1988. *Sentiment and Sociability: The Language of Feeling in the Eighteenth Century*. Oxford: Clarendon Press.

Nardin, Jane. 1981. "Jane Austen and the Problem of Leisure." *Jane Austen in a Social Context*. Ed. David Monaghan. Totowa, NJ: Barnes & Noble.

Rousseau, G.S. 1978. "Science." *The Eighteenth Century*. Ed. Pat Rogers. New York: Holmes & Meier. Shields, Carol. 2001. *Jane Austen: A Penguin Life*. New York: Viking Penguin.

Smithers, David Waldron. 1986. "Medicine." *The Jane Austen Companion*. Ed. J. David Grey. New York: Macmillan.

Tomalin, Claire. 1997. *Jane Austen: A Life*. New York: Knopf.

Turner, E.S. 1967. *Taking the Cure*. London: Michael Joseph.

Veith, Ilza. 1965. *Hysteria: The History of a Disease*. Chicago: University of Chicago Press.

Williams, Guy. 1986. *The Age of Agony: the Art of Healing* c. 1700-1806. Chicago: Academy Chicago.

Williams, Guy. 1981. *The Age of Miracles: Medicine and Surgery in the Nineteenth Century*. Chicago: Academy Chicago.

Wright, R.W.M. 1973. *The City of Bath: The Roman City of Aquae Sulis*. London: Pitkin Pictorials.

# CHAPTER 15

# Architecture et littérature: à propos de *Mont-Oriol*, de Guy de Maupassant

## Juan CALATRAVA

Pour les historiens de l'architecture, la présence des questions de l'architecture et de l'urbanisme dans d'autres champs de la culture contemporaine (littérature, arts visuels, philosophie, etc.) commence à devenir, heureusement, un sujet d'étude de plus en plus important et plein d'intérêt. On reconnaît maintenant la pertinence et l'autonomie des réflexions des écrivains, des artistes ou des philosophes en matière d'architecture et d'urbanisme, et également le fait que ces réflexions peuvent non seulement nous fournir des renseignements très concrets (qui cependant, il y a encore quelques années, étaient considérés toujours comme étant secondaires par rapport au "vrai" discours des architectes), mais aussi nous offrir un terrain privilégié pour l'observation des rapports entre l'architecture et la société où celle-ci se développe.

On dispose déjà de beaucoup d'études sur le rôle de l'architecture et de l'urbanisme dans l'œuvre de quelques-uns des grands écrivains du 19$^e$ siècle: le Paris de Balzac, le Londres de Dickens, le rapport entre ville historique et modernité chez Victor Hugo, les grandes évocations du Paris de Haussmann dans la poésie de Baudelaire, la lucide analyse des hauts lieux de la modernité dans le cycle des Rougon-Macquart d'Emile Zola, etc. Cependant, la très riche contribution de Guy de Maupassant a été, selon moi, quelque peu délaissée, et cela est peut-être dû, au moins partiellement, à la persistance du préjugé dont sont victimes les auteurs de contes, jugés inférieurs aux grands romanciers. Il ne s'agit pas ici, toutefois, de traiter des aspects strictement littéraires de Maupassant, mais il faut souligner tout de suite que sa contribution à la réflexion sur les chefs-d'œuvre de la modernité du point de vue de l'architecture et de l'urbanisme est véritablement fondamentale.

Ce colloque sur les villes d'eaux nous donne l'occasion d'en montrer un exemple en présentant une analyse monographique, surtout du point de vue de l'architecture et de la vision du territoire et du paysage, de *Mont-Oriol*,[1] roman, publié en 1886-1887, dans lequel Maupassant, qui connaissait très bien en qualité de client et de patient l'essor du thermalisme et des villes d'eaux dans le dernier tiers du XIX$^e$ siècle,[2] a choisi comme sujet romanesque, plutôt qu'une histoire personnelle (bien qu'il y en ait beaucoup, bien sûr, dans l'œuvre), l'histoire de la création d'une ville d'eaux fondée sur les nouveaux mécanismes de l'argent et de la spéculation.

Les villes d'eaux sont présentes aussi dans d'autres œuvres de Maupassant: on se souviendra, par exemple, des contes *Aux eaux. Journal du marquis de Roseveyre*[3] ou *Le Tic*.[4] Mais c'est dans *Mont-Oriol* que Maupassant, dans son récit de la lutte entre l'économie rurale traditionnelle et la nouvelle économie monétaire du capitalisme naissant, dans sa peinture des rapports très complexes (pas de "paradis" ou de "bons sauvages") entre la campagne et la ville, et des profondes transformations des lieux, des personnes et du territoire même pendant le processus de création de cette ville d'eaux, arrive, finalement, à composer une grande fresque de cette France *fin-de-siècle* qui voit l'avènement des loisirs modernes.[5] De la construction du Casino "mauresque" aux chalets modèles de la Société Bernoise des Chalets Mobiles, Maupassant nous montre, d'une manière magistrale, que l'architecture de la fin du XIX$^e$ siècle n'est pas seulement une question de style, mais une série de faits qui sont profondément imbriqués dans le changement économique et les mutations sociales.

---

[1] L'édition utilisée est celle préparée par Marie-Claire Bancquart, Paris: Folio, 2002; toutes les pages citées dans le présent article renvoient à cette édition.

[2] Voir Wallon, A., *La vie quotidienne dans les villes d'eaux: 1850-1914* (Paris: Hachette, 1981); J. Penez, *Histoire du thermalisme en France au XIX$^e$ siècle. Eau, médécine et loisirs* (Paris: Economica, 2005).

[3] Publié dans *Le Gaulois* le 24 juillet 1883, et puis inclus dans le recueil *Au soleil*.

[4] *Le Gaulois* (14 juillet 1884).

[5] Voir Alain Corbin, *L'avènement des loisirs, 1850-1960* (Paris, Flammarion, 1995).

Le rapport personnel de Maupassant avec le nouveau phénomène médico-social du thermalisme moderne est bien connu. On sait que, dès 1883, l'écrivain fréquentait la station thermale de Châtelguyon, la ville réelle qui se trouve à l'origine de l'Enval de *Mont-Oriol*. Maupassant commença à écrire son roman pendant un séjour au lac de Tazenat. Fini en automne 1886 à Antibes, ce dernier fut d'abord publié dans *Gil Blas*, entre le 23 décembre 1886 et le 6 février 1887, et ensuite, toujours en 1887, sous forme de livre chez l'éditeur Havard.

Comme il a déjà été dit, au cœur même du roman se trouve l'ana-lyse de la métamorphose d'une première ville d'eaux très tradition-nelle provoquée par l'avènement d'une économie capitaliste fin de siècle et de nouvelles pratiques d'affaires et de tourisme liées au nouvel essor du thermalisme. Une lutte sans merci oppose les faibles et maigres capitaux locaux, attachés à une manière timide d'exploita-tion locale des eaux thermales, et l'agressif capital parisien qui, surtout à partir de l'après-guerre de 1870, se lance dans la fondation d'établissements thermaux.

Le roman de Maupassant peut donc être lu tout d'abord comme l'histoire d'une double transformation causée par les forces aussi puis-santes qu'aveugles de la nouvelle économie: c'est une transformation du cadre urbain, paysager et territorial (c'est à dire, de l'environne-ment, naturel et bâti), mais aussi du "paysage humain" même, c'est-à-dire des groupes sociaux et des personnes individuelles qui, soit en qualité de moteurs actifs de cette transformation soit en la subissant, en aucun cas n'y demeurent indifférents et sont toujours soumis à des changements radicaux dans leur vie et dans leur âme même.

Dans ce contexte instable et en pleine transformation, le seul élément de permanence est celui représenté par le cadre géographique naturel, le spectaculaire paysage volcanique de l'Auvergne, avec ses cratères, ses lacs et l'héritage géologique de ses eaux thermales. En effet, la beauté inquiétante de ce territoire, dominé par la présence de ces "cônes étranges," de ces "lourds tronçons de montagnes en cime plate,"[6] où se détache, d'une manière spéciale, la silhouette du Puy-de-Dôme, est décrite par Maupassant à plusieurs occasions en termes directement empruntés à l'esthétique pittoresque du paysage, codifiée à la fin du siècle précédent.

Le point de départ de la narration n'est pas, toutefois, un monde rural encore vierge. Dès le début du roman, la ville d'Enval nous est

---

[6] *Mont-Oriol*, 277.

décrite comme le résultat d'une première phase d'exploitation commerciale des eaux. Il ne s'agit donc pas, d'un lieu champêtre, idyllique et "naturel," mais d'un paysage déjà transformé par la main de l'homme, non seulement sur le plan agraire mais aussi déjà sur le plan commercial. Sur le palimpseste formé par le cadre originel du paysage géologique de l'Auvergne et le paysage cultivé de la société rurale traditionnelle, à Enval s'est déjà produite une première transformation économique proto-capitaliste qui, même très timide par rapport à ce qui se produira par la suite, a commencé déjà à exploiter les ressources naturelles de la région pour la production d'un *nouveau genre moderne de richesse*, celle liée au tourisme thérapeutique thermal.

En matière d'architecture, cette première ville d'eaux trouve son expression dans son établissement thermal d'origine: un bâtiment modeste où le rez-de-chaussée abrite toutes les pièces nécessaires à l'hydrothérapie et l'étage noble, le casino, le café et la salle de billard.[7] Il s'agit, donc, d'un seul édifice indifférencié, aux fonctions multiples, orienté vers la cure et le plaisir, une construction qui est le propre des "spéculateurs timides," tels qu'ils sont définis par Maupassant, ces propriétaires dont la clientèle se limite au nombre ridicule d'à peu près cinquante personnes. Trois hôtels complètent le cadre architectural de ce premier Enval, et sont le résumé des trois situations possibles: un de ceux-ci (le Splendid) est tout à fait nouveau, un autre (l'Hôtel des Thermes) est une ancienne auberge traditionnelle, qui a été tout simplement "replâtrée," tandis que le troisième (l'Hôtel Vidaillet) n'est pas un véritable hôtel, mais la simple réunion de trois maisons. Il y a aussi une imitation de parc, où les baigneurs semblent "[...] engourdis, paralysés par l'ennui des stations thermales."[8] On se trouve, donc, au début du récit, en présence d'une station thermale primitive et provinciale, à l'allure architecturale très modeste, d'un profit économique maigre et qui génère une sensation générale d'ennui et de somnolence.

Les personnages que l'auteur nous présente dans les premiers chapitres s'adaptent avec une très grande cohérence à ce cadre, devenant presque des prototypes. Le médecin de l'établissement, le docteur Bonnefille, est l'auteur d'une brochure sur les propriétés thérapeutiques des eaux d'Enval, brochure qui, d'ailleurs, se trouve à

---

[7] *Mont-Oriol*, 35.
[8] *Ibid.*, 49.

l'origine de cette première ville d'eaux dont lui-même est l'inspecteur. A coté du docteur Bonnefille, d'autres personnages secondaires complètent le personnel de l'établissement balnéaire et finissent de définir son aspect "préindustriel:" c'est le cas, par exemple, du "père Printemps," le gardien et "presque directeur" de l'établissement, qui fait des traitements des patients de véritables séances de torture.[9]

Quant à l'autre pôle, celui des clients-patients, il est représenté surtout par les Ravenel, une famille aristocratique en pleine décadence économique et sociale, prête à laisser sa place, la succession des générations s'étant à peine produite, à la nouvelle race des hommes d'affaires modernes. On nous présente le marquis de Ravenel comme un digne héritier d'une noblesse *fainéante* qui n'a plus aucun rôle à jouer dans la nouvelle société moderne. Homme de goût, affable et au demeurant très sympathique, il n'a pas, cependant, d'opinions personnelles ou de convictions bien établies ("il croyait à tout selon les heures") et est incapable d'éprouver autre chose que des enthousiasmes variables et éphémères.[10] Il ne poursuit pas dans la vie d'autre objectif que celui de continuer à végéter, et son indolence l'a conduit, au début du récit, au bord même de la ruine.

Les deux fils du marquis de Ravenel représentent les deux possibilités qui s'offrent à cette noblesse anachronique: le salut (toujours personnel, pas en tant que membre d'une classe sociale) à travers l'insertion par le mariage dans le nouveau segment des élites financières, ou bien la dégénérescence définitive. La première possibilité s'incarne en Christiane, la fille que Ravenel a mariée à un riche homme d'affaires, William Andermatt, qui est de plus—comble des renonciations forcées de cette classe autrefois pleine d'orgueil—juif. La deuxième est représentée par Gontran Ravenel, le frère de Christiane, toujours endetté et contraint de demander constamment à son beau-frère Andermatt de lui prêter de l'argent.

Il s'agit, en un mot, d'une petite société fermée, qui, jusqu'alors, a été capable d'intérioriser les modestes changements suscités par la première phase d'exploitation des eaux thermales, sans que ces changements aient entraîné une transformation traumatisante du rythme, du mode de vie et des formes urbaines et architecturales de la ville, mais d'une société au sein de laquelle se trouvent déjà les germes (surtout

---

[9] *Ibid.*, 53.
[10] *Ibid.*, 51.

en la personne d'Andermatt) d'une transformation imminente, beaucoup plus radicale.

En effet, ce panorama va être profondément bouleversé par l'irruption subite, non seulement de nouvelles idées économiques mais, d'une façon beaucoup plus globale, d'une nouvelle attitude face à la vie tout entière, celle du capitalisme conquérant. Sa voracité inouïe et son aptitude à transformer la réalité environnante s'accompagnent d'une accélération du rythme de la vie en très claire opposition au rythme lent du vieil Enval. Le protagoniste principal, vrai *deus ex machina* de ces transformations, est William Andermatt, auquel il a été fait précédemment allusion, le banquier juif et mari de Christiane Ravenel. Andermatt, on nous le précise, est beaucoup plus riche que le marquis de Ravenel, mais il s'est marié à la fille de ce dernier surtout pour élargir ses spéculations financières à un monde qui n'est pas le sien et qui, sans ce mariage, lui serait resté fermé. Contrastant avec la bonhomie insouciante de son beau-père, le personnage d'Andermatt se montre déjà complètement dominé par la nouvelle fièvre spéculative; il semble "[...] une étrange machine humaine construite uniquement pour calculer, agiter, manipuler mentalement de l'argent,"[11] et il se vante de pouvoir calculer dès le premier regard la valeur de n'importe quel objet (même les monuments). Aussi, alors que le marquis est un homme de goût, il est, en matière d'art, un collectionneur de *bibelots*.

Cependant, la présence d'Andermatt dans la station thermale d'Enval n'a rien à voir, tout d'abord, avec les affaires, et elle est due à une question personnelle et familiale: le couple des Andermatt ne peut pas avoir de descendance et ils ont fait le voyage à Enval en quête d'une solution médicale, poussés surtout par la confiance du vieux marquis en la capacité des eaux thermales de mettre fin à la stérilité de sa fille. En ce sens, la figure d'Andermatt se distingue—même si le rapprochement entre les deux personnages est très marqué par d'autres traits essentiels—de celle de l'autre grand spéculateur de la littérature française de ces années-là, dont il se rapproche tant par une presque stricte contemporanéité que par l'étroit rapport personnel de Maupassant avec son créateur: à savoir le personnage d'Aristide Saccard dans *La Curée* d'Emile Zola. Si Saccard nous est décrit par Zola comme un véritable oiseau de proie qui, dès le début même de l'intrigue, plane sur Paris, prêt à s'insérer dans la gigantesque machine

---

[11] *Ibid.*, 86.

spéculatrice des grands travaux d'Haussmann, le rapport d'Andermatt avec la ville d'Enval est, dans un premier temps, le fruit du hasard, mais, à peine a-t-il compris les immenses possibilités de profit qui s'offrent à lui que son manque d'intérêt initial se change en ferme détermination, et, à partir de ce moment-là, Andermatt est aussi implacable dans la poursuite de ses objectifs que les "chiens" ou les oiseaux de proie de *La Curée* de Zola.

Le pendant collectif de ce personnage qui apporte de l'extérieur les nouveaux rythmes frénétiques du monde marchand est la famille des Oriol, paysans aisés et propriétaires de vignobles. Les Oriol sont si enracinés dans l'ambiance et la tradition locales que leur différence s'établit même au niveau linguistique: face au français correct du reste des personnages, ils s'expriment avec les particularités très marquées de la prononciation auvergnate, et spécialement avec ce changement des "s" en "ch" qui est devenu presque caricatural. Le père Oriol, défini par Maupassant comme "un original,"[12] est bien représentatif de la situation de transition du monde rural français à la fin du 19ᵉ siècle, monde où prolifèrent désormais les situations hybrides dans lesquelles la pénétration du capitalisme et la persistance d'un archaïsme ancestral se combinent de façon très différente. Oriol est, dans ce contexte, un mélange de vision commerciale (liée, bien sûr, au stéréotype très ancien du paysan astucieux, mais capable également d'assimiler tout de suite, avec une facilité surprenante, de nouvelles réalités économiques) et d'attachement ancestral à la terre. Cet attachement, lorsqu'il s'agit de vignobles, se manifeste d'ailleurs d'une manière très particulière, à tel point que les Oriol produisent un vin qui n'est jamais vendu et est consommé uniquement dans le cadre du cercle intime de la famille et de quelques invités privilégiés (il faudrait évoquer à ce sujet le rôle en même temps poétique et de véritable allégorie moderne que joue le vin des chiffonniers chez Baudelaire), ce qui conduit à une situation parfaitement absurde—mais, après tout, non dénuée de logique—qui implique l'obligation, pour la famille, d'avaler ce vin mythique en grandes quantités, alors même que la vendange suivante approche et que le vin de la récolte antérieure n'a pas encore été épuisé.

Les trois enfants du père Oriol jouent des rôles très différents. Le fils, Colosse, est tout simplement une brute, mais les filles, Louise et Charlotte, deviennent tout de suite l'objet des attentions de Christiane

---

[12] *Ibid.*, 66.

Ravenel et de la séduction intéressée de Gontran. Elles représentent le rêve de la promotion sociale, de l'entrée dans les rangs de la bourgeoisie, et à cet égard, un des passages les plus intéressants du roman est le moment où Charlotte se sent toute honteuse quand elle se réveille dans sa maison traditionnelle de vignerons et contemple sa chambre et ses meubles rustiques.[13]

Si la description du paysage évoque, on l'a déjà dit, quelques traits de l'esthétique du pittoresque, c'est une variété du sublime moderne que laisse entrevoir l'épisode décisif qui déclenche la grande transformation d'Enval: le dynamitage du grand rocher, dont l'ombre nuisait aux vignobles des Oriol. L'explosion acquiert toute la valeur d'un spectacle qui oblige les Ravenel à quitter leur hôtel pour profiter de sa contemplation et qui rassemble une grande foule très clairement divisée "[...] par hôtels, par classes, par castes"[14] et dans laquelle il y a aussi beaucoup de personnes arrivées des villages des alentours (et aussi de Châtelguyon, qui est explicitement mentionné). Si, à ce moment-là, la rue d'en haut de la butte amène Maupassant à utiliser la traditionnelle métaphore poétique de l'océan, c'est surtout le sentiment de la dureté sauvage et minérale du paysage qui prédomine. La transformation brutale du paysage grâce à la poudre de l'explosion est, en réalité, le relais artificiel, humain, de la brutalité même d'une nature qui n'a rien d'arcadien. L'épisode de la mort du chien, lors du dynamitage, fait écho à celui de l'âne mort découvert lors d'une excursion dont on parlera plus loin, et marque, avec insistance, la brutalité de l'agression humaine dont est victime une nature qui, toutefois, n'était auparavant pas "pacifique."

Le dynamitage du rocher a deux effets inattendus qui sous-tendent la double trame du roman: il fait jaillir une source d'eau minérale, qui est à l'origine de l'alliance commerciale d'Andermatt et d'Oriol, mais il marque aussi le moment exact où Christiane Ravenel fait la connaissance de son futur amant Paul Brétigny. La découverte de la source est, en même temps, celle de la possibilité de réaliser de bonnes affaires et déclenche le lent processus, semblable aux manœuvres du chasseur à l'affût, de la séduction des Oriol par Andermatt. Dans cet affrontement entre deux logiques économiques et sociales, le banquier juif ne peut pas s'abandonner d'une manière exclusive à la logique des affaires et se voit obligé d'avoir recours à des techniques extra-

---

[13] *Ibid.*, 247-48.
[14] *Ibid.*, 63.

économiques: à Christiane incombera la conquête des deux filles Oriol, tandis que Gontran se servira (même après la constitution de la société entre Andermatt et Oriol, en convoitant les terres que ce dernier s'est réservé pour la dot de ses filles) de la promesse de mariage qu'il faite à l'une ou l'autre de ces héritières, à tour de rôle, comme d'un appât.

Le dur paysage géologique est le cadre de cette entreprise de séduction, menée surtout lors d'une série d'excursions où naît aussi—comme un renouveau de l'activité volcanique de l'Auvergne—la passion amoureuse de Christiane, dont on parlera par la suite. Dans ce paysage règne le calme trompeur d'une nature qui, ayant été autrefois conquise par la force, peut devenir encore la toile de fond du mouvement et de la passion, soit la passion amoureuse soit la nouvelle et inépuisable soif d'argent des hommes d'affaires capitalistes.

La pratique sociale et touristique où se développe, principalement, le mirage du brassage des classes sociales est, donc, les excursions. Il est tout à fait significatif que Louise Oriol devienne un vrai cicérone des promenades entre les grandes formations géologiques.[15] Mais l'épisode de l'âne mort qui entrave le chemin[16] ou la rencontre embarrassante des élégants excursionnistes et des Oriol en plein travail des champs[17] sont là pour signaler les difficultés de ce processus.

Les excursions, les parcours touristiques dans le pays, sont aussi le cadre de la passion adultérine de Christiane Ravenel et d'un ami de son frère, Paul Brétigny. C'est un amour spécial, très différent des adultères parisiens éphémères, et Maupassant parvient presque à esquisser toute une théorie de la différence entre les amours urbains et champêtres.[18] Brétigny représente, face au calculateur Andermatt, la capacité de sentir, le monde des sensations et des passions: "A quoi servirait de vivre si on ne sentait pas vivement? Je n'envie pas les

---

[15] *Ibid.*, 275.

[16] *Ibid.*, 282.

[17] *Ibid.*, 284.

[18] "S'ils s'étaient aimés dans une ville, leur passion, sans doute, aurait été différente, plus prudente, plus sensuelle, moins aérienne et moins romanesque. Mais là, dans ce pays vert dont l'horizon élargissait les élans de l'âme, seuls, sans rien pour se distraire, pour atténuer leur instinct d'amour éveillé, ils s'étaient élancés soudain dans une tendresse éperdument poétique, faite d'extase et de folie" (181).

gens qui ont sur le cœur une carapace de tortue ou un cuir d'hippopotame."[19] Il a fait des voyages en Suisse, Italie, en Sicile, et il raconte à Christiane l'émotion ressentie "[...] au bord du cratère monstrueux de l'Etna."[20] Il aime "[...] la campagne avec ses instincts ardents, où transperçait toujours de l'animalité" et il "boit" l'air de la campagne.[21]. C'est Brétigny, en effet, qui se livre à une véritable réflexion esthétique sur les raisons de la beauté d'un paysage, en récitant à Christiane deux poèmes de Baudelaire sur le sujet.[22] Pour lui, la région n'est pas une source de profits futurs, mais tout simplement "le pays de l'âge d'or."[23]

Ces excursions sont aussi riches en rêveries bucoliques. Un endroit isolé, "un petit vallon sauvage auprès de Châtel-Guyon, conduisant à l'ermitage de Sans-Souci,"[24] est un des décors favoris de l'itinéraire de ces promenades en groupe (au cours desquelles Christiane trouve, cependant, toujours l'occasion de rester seule avec Paul). Mais c'est le cas, surtout, de l'endroit connu comme "La Fin du Monde," un endroit rocailleux dans lequel une espèce de jardin sauvage s'est constitué: "On eût dit une de ces introuvables retraites où les poètes latins cachaient les nymphes antiques."[25] Là, il y a même la dernière version de la poétique des ruines, parce que, au détour d'un chemin, les excursionnistes découvrent tout de suite les ruines du château de Tournöel: "L'antique château, debout sur son pic, dominé par sa tour haute et mince, percée à jour et démantelée par le temps et par les guerres anciennes, dessinait, sur un ciel d'apparitions, sa grande silhouette de manoir fantastique." Pour le marquis de Ravenel, "[...] on dirait un rêve de Gustave Doré réalisé."[26] Mais, après cette évocation des nymphes de l'Antiquité et des ruines du Moyen-Age, revient toujours la réalité contemporaine prosaïque de l'excursion bourgeoise: lors d'un déjeuner dans ce lieu, le bruit du bouchon d'une

---

[19] *Ibid.*, 17.
[20] *Ibid.*, 150.
[21] *Ibid.*, 111.
[22] *Ibid.*, 121-22.
[23] *Ibid.*, 113.
[24] *Ibid.*, 128.
[25] *Ibid.*, 136.
[26] *Ibid.*, 150-51.

bouteille de champagne met immédiatement fin aux enchantements de ce lieu idyllique.[27]

Après la séduction des Oriol et la constitution d'une société pour l'exploitation commerciale des eaux et la construction d'un établissement balnéaire, le rêve d'Andermatt est de faire de ce pauvre village "[...] une ville blanche, pleine de grands hôtels, qui seront pleins de monde, avec des ascenseurs, des domestiques, des voitures, une foule de riches servie par une foule de pauvres."[28] Pour la réalisation de ce rêve est fondamental le rôle, au service du banquier, de deux figures-clés de la modernité: l'ingénieur et le médecin. L'ingénieur Aubry-Pasteur, jusqu'au moment même de sa mort, causée par une apoplexie à l'Hôtel Splendide, découvre toujours et sans cesse de nouvelles sources, grâce à la mise en application de ses grandes connaissances scientifiques, qui font l'admiration de tout Enval[29] et, d'une manière très particulière, d'Andermatt même.[30]

Mais, outre la figure de l'ingénieur, symbole de progrès et modernité, la transformation d'Enval en une vraie ville d'eaux, au sens économique moderne, exige aussi l'apparition d'un nouveau type de médecin: le médecin mondain, chic et parisien, en l'occurrence le docteur Latonne, qui est le favori de William Andermatt alors que le marquis de Ravenel demeure fidèlement attaché à son vieil ami, le docteur Bonnefille. Il est très significatif que, avant que soient mentionnées les théories médicales, le docteur Latonne nous soit décrit par Maupassant justement par ses manières et son habillement, et surtout son chapeau en soie. Ce n'est qu'après cette contraposition "mondaine" que sont exposées les idées médicales de Latonne, qui sont l'objet de l'approbation d'Andermatt, qui les juge "très modernes."

Dorénavant, les médecins ne se limitent pas à jouer leur rôle strict de professionnels de la santé. Ils ont, au contraire, une fonction commerciale active qui est rémunérée à part. En effet, après la constitution de la société, la première décision prise par le conseil d'administration est d'offrir à chacun des six médecins choisis à partir du type représenté par le docteur Latonne un terrain de mille mètres carrés, où sera bâti un chalet selon le système des "constructions-

---

[27] *Ibid.*, 141-42.

[28] *Ibid.*, 85.

[29] *Ibid.*, 177.

[30] "Ce que c'est! Quand on ouvre les coulisses, tout le mystère s'évanouit. Vous êtes un homme précieux, monsieur Aubry-Pasteur," (80).

modèles" de la Société Bernoise des Chalets Mobiles. Terrain et chalet seront mis gratuitement à la disposition de ces médecins, qui "[…] payeront en malades."[31] Le résultat est prévisible: les médecins se précipitent, parmi lesquels, par exemple, un certain docteur Black, animé d'une telle ferveur dévotionnelle que le docteur Latonne (qui a conçu une haine mortelle envers lui à cause de son succès) le surnomme "le médecin du Saint Bain de Siège."[32]

Mais on devrait aussi faire allusion à un autre personnage qui est une sorte de médiateur entre l'ancien et le nouveau monde des villes d'eaux. C'est le "père Clovis," un faux paralytique, un gueux "pareil à un pauvre de Callot."[33] Clovis est un héritier du bon vieux type du mendiant trompeur qui simule ses maladies, mais Andermatt voit tout de suite les avantages qu'une fausse guérison de ce personnage pittoresque pourrait apporter à la renommée des eaux de Mont-Oriol dans une région rurale où les vieilles superstitions sont encore très vivaces. Le père Clovis sera, donc, tout de suite engagé et ses bains dans les sources de Mont-Oriol sont toujours suivis d'améliorations spectaculaires de sa paralysie. Le vieux gueux est déjà, de la sorte, au service de la publicité moderne.

La deuxième partie du roman nous montre les premiers résultats de ces transformations. Elle commence, en effet, avec une nouvelle vision d'Enval le jour de l'inauguration de l'établissement thermal, avec une grande fête qu'on a fait coïncider avec le 1er juillet pour attirer une grande foule. A peine peut-on reconnaître l'endroit un an après la création de Mont-Oriol. Cette métamorphose est due au rôle fondamental de l'architecture. En effet, les bâtiments modernes sont les traits les plus marquants des grands changements économiques en cours. On peut voir, maintenant, tout d'abord, un Casino "d'architecture mauresque," construction typique du parfait mariage, que l'on observe dans la plupart des villes d'eaux du dernier tiers du XIXe siècle, entre les besoins fonctionnels et représentatifs des nouveaux loisirs d'élite et les développements stylistiques de l'éclectisme et des divers "néo" de l'architecture académique. La vue panoramique nous montre aussi "[…] une immense bâtisse toute blanche" qui frappe de loin les voyageurs: c'est le Grand Hôtel de Mont-Oriol, la nouvelle structure d'hébergement moderne qui prend le relais des anciennes

---

[31] *Ibid.*, 190.
[32] *Ibid.*, 238.
[33] *Ibid.*, 96.

auberges et qui s'impose dans le paysage avec toute sa force d'attraction. Le lecteur apprend que ce Grand Hôtel est déjà rempli de malades, attirés par la renommée des médecins qui ont accepté de s'installer dans les chalets de la Société Bernaise, ces médecins qui, en peu de temps, "[…] s'étaient brusquement emparés du pays, de toute l'attention, de toute la passion des habitants."[34] Les chalets apportent, eux-mêmes, leur contribution au nouveau paysage avec leur façade de bois verni. Le panorama général du site se complète par la présence d'un parc, aménagé sur une grande terrasse artificielle soutenue par un mur "orné d'un bout à l'autre par de grands vases en simili marbre," d'où l'on peut apercevoir, au loin, le pays tout entier.[35]

Mais, au-delà des bâtiments individuels et du décor, encore plus important est l'aspect global de ce nouvel ensemble bâti, parce que là tout respire la nouveauté et tout semble uni et poli (face à l'irrégularité et au caractère hétéroclite du vieil Enval), symbolisé par une blancheur dominante et uniforme. Cet ensemble, d'ailleurs, montre partout le spectacle fourmillant du travail de construction, encore inachevé: "Tout cela était blanc, d'une blancheur neuve, luisante et crue. Des ouvriers travaillaient encore, des peintres, des plombiers, des terrassiers, bien que l'établissement fût ouvert depuis un mois déjà."[36]

Le fait que l'édification de l'établissement thermal soit mentionnée seulement après celle du Casino et de l'hôtel, est à cet égard significatif et nous révèle, d'une manière évidente, les priorités financières de Mont-Oriol. Le bâtiment qui offre aux malades la "guérison miraculeuse" est, en effet, une maison "carrée, plus simple, mais vaste, entourée d'un jardin."[37] Là, "[…] dans une large pièce d'aspect sérieux, pleine de livres et de bustes d'hommes de science"[38] se tient la première réunion du conseil d'administration de la société. La visite des bâtiments de l'établissement par les membres du conseil nous permet de découvrir des nouveautés, comme la salle de gymnastique,[39] avec d'étranges appareils qui servent à la pratique simulée, en salle, de la "marche," de "l'équitation" ou de la "natation sèche." C'est partout

---

[34] *Ibid.*, 235.
[35] *Ibid.*, 199-200.
[36] *Ibid.*, 200.
[37] *Ibid.*, 199.
[38] *Ibid.*, 201-02.
[39] *Ibid.*, 204.

l'exhibition de la technique moderne au service (et pour la torture) des patients.

Le succès de Mont-Oriol a été possible aussi grâce à l'exécution d'importants travaux de voirie. Tout est question de routes, nous dit-on. Mais ces routes ne sont plus seulement un moyen permettant d'arriver sur les lieux, mais une partie de plus en plus importante de l'agrément du site: "Il faut que les chemins conduisant à un lieu de plaisir soient eux-mêmes un plaisir, le commencement de l'agrément qu'on aura tout à l'heure." [40]

Les transformations matérielles vont de pair, d'ailleurs, avec d'autres changements plus subtils mais non moins radicaux. L'exemple le plus clair est, peut-être, l'introduction du bulletin météorologique. Pour les visiteurs de Mont-Oriol le beau temps est aussi nécessaire que l'eau des sources, et le bulletin marque une coupure très nette entre le temps archaïque de la succession des saisons et des travaux des champs et le temps atmosphérique du tourisme thermal, qu'on souhaite pouvoir prédire avec l'aide de la science.

Pour conclure, et en laissant de côté les détails du dénouement des histoires personnelles du roman, ce qui nous intéresse est surtout la sensation d'accélération de la vie quotidienne que Maupassant réussit à nous transmettre dans ce nouveau Mont-Oriol. Il semble que même les rapports entre les personnes soient contaminés par la vitesse de circulation de l'argent et du nouveau rythme frénétique de la vie quotidienne. C'est Gontran de Ravenel, le personnage le plus anodin de l'histoire, qui nous décrit en peu de mots la nouvelle situation et le plein succès des intentions d'Andermatt: "C'est incroyable, ces villes d'eaux. Ce sont les seuls pays de féerie qui subsistent sur la terre! En deux mois il s'y passe plus de choses que dans le reste de l'univers durant le reste de l'année. On dirait vraiment que les sources ne sont pas minéralisées, mais ensorcelées."[41]

## Bibliographie

Actes du 117e Congrès des Sociétés Savantes: *Villes d'eaux, histoire du thermalisme*. Paris: Editions du Comité des Travaux Historiques et Scientifiques, 1994.

---

[40] *Ibid.*, 290.
[41] *Ibid.*, 339.

Authier, A. et P. Duvernois. *Patrimoine et traditions du thermalisme.* Paris, 1997.

Bachelard, G. *L'Eau et les rêves.* Paris: José Corti, 1942.

Bancquart, M.-C. *Maupassant conteur fantastique.* Paris: Lettres Modernes, 1976.

————— (sous la dir. de). *Guy de Maupassant.* Numéro spécial de la revue *Europe* (août-septembre 1993).

Bury, M. *Maupassant.* Paris: Nathan, 1992.

Corbin, A. *L'avènement des loisirs, 1850-1960.* Paris: Flammarion, 1995.

Giacchetti, C. *Maupassant, espaces du roman.* Genève: Droz, 1993.

Grenier, L. (sous la dir. de). *Villes d'eaux en France.* Paris: Hazan, 1985.

Jean, A. *Villes d'eaux et thermalisme.* Paris: Hachette, 1982.

Lanoux, A. *Maupassant le Bel-Ami.* Paris: Grasset, 1979.

Maupassant, G. de. *Mont-Oriol.* 1887. Ed. Marie-Claire Bancquart, ed. Paris: Folio, 2002.

————— *Contes et nouvelles.* 2 vols. Paris: Gallimard, Bibliothèque de la Pléiade, 1996.

————— *Romans.* Paris: Gallimard, Bibliothèque de la Pléiade, 1994.

J. Penez. *Histoire du thermalisme en France au XIX$^e$ siècle. Eau, médecine et loisirs.* Paris: Economica, 2005.

Pierrot, J. "Espace et mouvement dans les récits de Maupassant," dans *Flaubert et Maupassant écrivains normands.* Rouen: Publications de l'Université de Rouen, 1981.

Saurat, C. *Villes d'eaux en Europe.* Paris: Hachette, 1999.

Savinio, A. *Maupassant et l' "Autre."* Paris: Gallimard, 1977.

Schmidt, A.-M. *Maupassant.* Paris: Seuil, 1976.

Troyat, H., *Maupassant.* Paris: Flammarion, 1989.

Vigarello, G. *Histoire des pratiques de santé. Le sain et le malsain depuis le Moyen Âge.* Paris: Seuil, 1999.

Vigarello, G. *Le propre et le sale. L'hygiène du corps depuis le Moyen Age.* Paris: Seuil, 1985.

Wallon, A. *La Vie quotidienne dans les villes d'eaux.* Paris: Hachette, 1981.

# CHAPTER 16

# L'image de Vichy sous le Second Empire: la ville d'eaux et son expérience thermale

Cécile MORILLON

Le beau cadre architectural de Vichy en 1900 et la foule nombreuse des baigneurs qui l'anime sont, au début du XX$^e$ siècle, bien diffusés par l'affiche, la photographie, la carte postale et le dessin. Mais il est intéressant d'analyser, pour la période précédente où règnent la gravure, la lithographie, le bois gravé et la caricature, les images et les descriptions consacrées à cette localité où s'élabore le concept de la ville d'eaux autour des sources, des bains, du casino-théâtre et des parcs. Si cette période est un peu moins connue, elle est brillante, car la petite station qui n'est encore qu'un simple village en 1850 suscite l'intérêt de l'Etat. Ce dernier, en effet, concède en 1853 son domaine à la société Lebobe et Callou, chargée d'entretenir et de développer les structures balnéaires et les sources, en échange d'un bail et d'une série de travaux, définis dans le texte de la convention. Lorsque la concession est renouvelée en 1863, elle s'accompagne d'un nouveau programme de travaux, parmi lesquels la construction d'un casino doté d'un théâtre est le point essentiel.[1] Les séjours répétés de Napoléon III à Vichy entre 1861 et 1866 démontrent son vif intérêt et son attirance pour cette cité, pour laquelle on fait élever rapidement la gare en 1862. Sa volonté de voir le village se transformer en une ville d'eaux importante se manifeste dans le décret impérial du 27 juin 1861. Ce texte ordonne le tracé de grands boulevards, la création d'un vaste parc le long de la digue, la construction d'une nouvelle église avec presbytère et d'un hôtel de ville. En outre, l'Empereur fait

---

[1] Cécile Morillon, "L'architecture thermale à Vichy entre 1853 et 1914" (Thèse d'Histoire de l'art, Université de Clermont II, 1999), à paraître aux Editions Blaise Pascal, Université de Clermont-Ferrand.

construire, dans le nouveau parc, entre 1862 et 1864, des "chalets" qui constituent les premières villégiatures de Vichy.

Constructions neuves et nouveaux espaces génèrent ainsi des images dont la diffusion est indispensable à la promotion de la station. Il convient d'observer la place que les représentations de l'époque accordent aux édifices de la gare, du casino, des chalets et aux espaces de promenade et de circulation que sont les parcs et les boulevards. Perçoit-on, dans ces documents, le caractère urbain et balnéaire de la cité qui doit conforter Vichy dans sa vocation de ville d'eaux?

Enfin comment le baigneur vichyssois, le médecin, l'hôtelier—personnages clefs de la vie thermale—sont-ils représentés dans les caricatures de Théophile Villard, fondateur de *L'Hebdomadaire de Cusset*, gazette illustrée, diffusée entre 1849 et 1860? Autant de questions auxquelles il importe de répondre après avoir dressé un panorama de Vichy avant les grands travaux qui se déroulent entre 1860 et 1865.

## 1- Les représentations de Vichy au milieu du XIX$^e$ siècle

### a) Un village séparé du bourg thermal

Le village médiéval de Vichy et le bourg thermal forment à l'origine deux agglomérations distantes de quelques mètres et séparées l'une de l'autre par une zone de marécages et par les derniers vestiges des fortifications médiévales. Le vieux Vichy est constitué de grandes demeures, tels l'hôtel de Madame de Sévigné ou la maison Gravier, et par la vieille Tour de l'horloge, vestige du château de Louis II de Bourbon. Le quartier thermal est dominé par les arbres du "parc des sources" décrété en 1812 par Napoléon I$^{er}$. A son extrémité nord s'élève l'établissement thermal néoclassique, bâti entre 1825 et 1839 par l'architecte Hugues Rose-Beauvais. Hyacinthe Audiffred, dans son *Guide pittoresque et médical* édité en 1849, souligne cette dualité propre à la station:[2]

> Vichy est une charmante petite ville sur l'Allier, dont l'aspect général depuis l'immense pont suspendu, a pour l'étranger deux caractères bien marqués qui lui donnent quelque chose de bizarre et de singulier. En effet, tandis qu'à droite de grandes maisons, dominées par une vieille tour de l'âge féodal, étalent en amphithéâtre leurs toits sombres

---

[2] Hyacinthe Audiffred, *Un mois à Vichy: Guide pittoresque et médical aux touristes et aux gens du Monde* (Paris: Dawin et Fontaine, 1849), 4.

et allongés, la vue se repose agréablement à gauche, sur des constructions plus modernes surmontées par le dôme de verdure des beaux arbres du parc qui s'étendent sur le second plan.

Le quartier thermal, composé des bains, du parc et de quelques habitations, ne retient guère l'attention des artistes, qui préfèrent représenter le vieux Vichy, plus pittoresque et plus animé avec ses fortifications moyenâgeuses.[3] Ils donnent à voir l'image avenante et paisible d'un bourg, établi le long d'une rivière tranquille et bordé par une berge harmonieuse, en dépit des crues qui le ravagent. Des embarcations animent le cours paisible de l'Allier, dont le port se situe sur la place Fatitôt.[4] Le trafic fluvial fait encore vivre, au milieu du siècle, beaucoup de mariniers qui transportent les eaux minérales, des fruits, de la poterie ou débarquent à Vichy de la houille en provenance de Brassac. Le guide d'Audiffred est illustré par plusieurs lithographies en noir et blanc consacrées à la station et à ses environs: l'une représente le vieux Vichy conformément à la description pittoresque qu'en fait son auteur; une autre figure la Fontaine Rosalie, ainsi nommée en l'honneur de la duchesse Rosalie de Mouchy, qui fit arranger, assainir et dégager la source en 1819. La source, située à la jonction du vieux Vichy et du bourg thermal, émerge au centre d'une place en demi-lune, à proximité de l'hôpital—datant de 1753—qui finira par lui donner son nom. Le dessinateur a représenté le bassin de cette source sous un petit pavillon métallique entouré de baigneurs. Sur les marches irrégulières qui permettent d'accéder au griffon, il a reproduit un personnage assis. Cet édicule conserve, au fil du temps, dans les représentations et les descriptions, ce caractère inconfortable jusqu'aux grandes transformations de la fin du siècle. La place et la source de l'Hôpital sont bien visibles sur le plan de Vichy que contiennent déjà quelques guides au milieu du siècle, tel celui rédigé par le docteur François Barthez.[5] La troisième édition de 1851 comporte un plan à l'échelle 1/5000, montrant que le quartier thermal

---

[3] Voir Jacques Corrocher, *Renaissance et illustration du passé monumental de Vichy* (Moulins: Les Marmousets, 1983), et Maurice Gontard, *Vichy, l'irrésistible ascension 1800-1870* (Nonette: Editions Créer, 1998).

[4] Nous ne connaissons ni la signification, ni l'origine du mot "Fatitôt," orthographié parfois "fatiteaux" désignant cette grande place sur le plan cadastral de Vichy au milieu du XIXe siècle.

[5] François Barthez, *Guide Pratique des Malades au Eaux de Vichy*, 2e éd. (Paris: J.-P. Baillère, 1849).

est peu développé. Les rues qui s'amorcent autour du parc et des thermes desservent quelques hôtels et "garnis." La ville compte, en 1851, 22 hôtels et 93 meublés pour 6.954 visiteurs et, au recensement de 1852, on dénombre 1.601 habitants.[6] A l'est, le parc est borné par la rue Cunin-Gridaine, ancien chemin des bains à la ville de Vichy. A l'ouest, il est limité par la rue du Parc, autrefois nouveau chemin des bains à la rivière de l'Allier. Le plan indique qu'il y a de la place mais pas encore de véritable organisation. Le parc s'étend, en 1853, sur une surface de 46 680,16 m² et comporte, presque au centre, un bassin circulaire en lave de Volvic, animé par un jet d'eau. Depuis la place demi-circulaire qui précède l'établissement thermal rayonnent cinq allées bordées de tilleuls et de platanes, dont la plantation remonte à 1812. Le parc, longé par des fossés, est cerné de haies vives et de barrières de bois à l'est, à l'ouest et au nord. Des passages ou des portes permettent l'accès aux hôtels, à la source de l'hôpital et à l'établissement thermal. Ces clôtures naturelles et artificielles paraissent se maintenir jusqu'à la construction, en 1900, des galeries couvertes le long du parc.

Si le vieux Vichy est bien représenté avec ses berges bordées de maisons anciennes, ses ruelles tortueuses, ses petites places animées de fontaines pittoresques, son église et les vestiges de son château, l'ensemble du quartier thermal, dominé par la végétation du parc, n'est pas, au milieu du siècle, un sujet d'inspiration. Les descriptions des bains, du parc et des quelques habitations qui l'entourent suppléent à la représentation figurée. Le dessin de la façade des thermes de 1ère et de 2e classe et celui des structures d'exploitation de la société fermière représentent le bourg thermal.

*b) Le quartier thermal: des établissements de bains prédominants*

L'image du quartier thermal se fixe sur le colossal établissement thermal, dont la façade monumentale, animée par dix-sept arcades, donne sur le parc. La représentation de cette façade, diffusée dans les ouvrages tel le *Guide du baigneur* de Louis Piesse, résume encore à elle seule la station dans le *Guide pratique des eaux minérales de la France et de l'Etranger* rédigé par Constantin James.[7]

---

[6] Jacques Corrocher, *op. cit.*, 1983.
[7] Constantin James, *Guide pratique des médecins et des malades aux eaux minérales de France et de l'étranger et aux bains de mer* (4e éd., 1857).

L'établissement thermal de 1$^{\text{ère}}$ classe est, en effet, le seul édifice représentatif de la cure avant l'apparition ultérieure du casino, des kiosques à musique et des édicules de commerce. Il concentre de la sorte pendant de longues années presque toute l'activité balnéaire et thermale, ainsi que l'animation culturelle. Il réunit, de 1846 à 1865, les bains et les sources au rez-de-chaussée, les salons au premier étage et la rotonde de spectacle, élevée en 1846 au cœur du bâtiment par l'architecte du gouvernement Charles-Edouard Isabelle.[8] Le promenoir de l'établissement, qui abrite au nord les sources Grande-Grille, Chomel et le puits Lucas, constitue un lieu de distraction et d'information. Sous ses voûtes, se déroulent des danses au son de la vielle et de la cornemuse, manifestations populaires qui se transporteront peu à peu à proximité des thermes, avant de gagner la place du marché ou celle du village de Cusset à la fin du XIX$^{\text{e}}$ siècle.[9] Les baigneurs y trouvent également des annonces publicitaires et divers règlements, et parfois quelques œuvres exposées.

Quant à la place Madame, devançant les thermes sur le parc, elle tient lieu de "place de village." L'album de l'artiste Louis Moullin, intitulé *Souvenirs de Vichy* et réédité plusieurs fois à partir de 1850, est illustré de nombreuses scènes pittoresques, au détour desquelles apparaît souvent l'établissement thermal. L'une d'entre elles représente, rassemblée devant les thermes, la population locale et celle des baigneurs lors de la fête du 15 août. Les redingotes des baigneurs et les crinolines des baigneuses contrastent avec les casquettes, les tabliers, les fichus, et les bonnets ronds des Vichyssois. La fête du 15 août revêt, en effet, une triple signification à cette époque: elle représente à la fois la fête patronale de Vichy depuis 1772, la fête de l'Assomption et la fête de l'Empereur, ce qui en fait une grande fête nationale. Ces diverses animations montrent que le quartier des sources n'a pas encore une spécificité thermale puisque "thermalisme" et vie villageoise y sont étroitement mêlés.

L'établissement de deuxième classe, construit entre 1857 et 1858, génère un autre type d'image, confortant davantage la station dans sa vocation balnéaire et médicale. Il associe les bains de deuxième classe et les ateliers de la société aux thermes de Rose-Beauvais. Le nouvel établissement affecte la forme d'un quadrilatère, divisé par une galerie

---

[8] Cécile Morillon, *op. cit.*, t. 1, 355.
[9] Voir Pascal Chambriard, "Bals populaires à Vichy et dans sa région au cours du XIX$^{\text{e}}$ siècle," *B.S.B* 63 (4$^{\text{e}}$ trim. 1987): 607-30.

médiane en deux cours, sur lesquelles donnent les baies des cabines. Ses galeries, élevées de plain-pied, s'inscrivent à peu près dans l'axe de celles des thermes primitifs. Par leur plan rectangulaire et leur proximité, les deux édifices offrent une concentration de cabines de bains d'une rare densité, au nord du parc, formant un pôle balnéaire important. Ces bâtiments figurent ainsi sur une image publicitaire émanant de la société ferroviaire, qui annonce "le trajet de Paris à Vichy en huit heures." Les deux bâtiments associés aux ateliers de la société fermière sont figurés selon une vue aérienne et selon une perspective linéaire qui dynamisent et étendent les constructions. La perspective linéaire, conjuguée à la vue aérienne des bains et des structures industrielles, donne de l'importance et du crédit au domaine de la société fermière. Il s'agit d'une vue factice puisque ces bâti-ments, au plan très régulier et figurés de dessus, sont forcément imaginés par le dessinateur, qui amplifie sensiblement leurs dimen-sions. On retrouve par la suite dans les guides, dans les journaux, cette vue stéréotypée et simplifiée, traitée selon une perspective cavalière. Selon l'échelle définie, tout ne peut être représenté. Le dessin des deux établissements thermaux associés à celui des ateliers nécessite donc un certain dépouillement au profit de la clarté d'information. Cette représentation un peu schématisée des bâtiments est employée par la suite dans des guides et pour illustrer les étiquettes des bouteilles d'eaux minérales commercialisées par la société fermière.[10] L'étiquette, support publicitaire, véhicule ainsi l'image fortement médicalisée de Vichy, au moyen de la vue stéréotypée des établis-sements thermaux et des ateliers. Les transformations du paysage de Vichy mobilisent un peu plus tard les photographes et les peintres lithographes, qui rendent compte, chacun à leur manière, des embellis-sements.

## 2- Les nouvelles images de Vichy: du village à la ville d'eaux 1860-1865

*a) Les travaux en cours d'exécution: les albums à valeur documentaire*

---

[10] Pascal Chambriard, *Aux sources de Vichy: naissance et développement d'un bassin thermal (XIXᵉ-XXᵉ siècles)* (Saint-Pourçain-sur-Sioule: Editions Bleu Autour, 1999), 153.

Le quartier des bains, ses installations balnéaires et techniques inspirent moins les peintres que les photographes. Paul Coutem, le "Photographe de la maison de l'Empereur à Vichy," fixe les édifices en cours de construction, ce qu'aucun autre artiste ne semble faire à outrance. Le photographe consacre ainsi un important album aux travaux ordonnés par l'Empereur. On y voit en chantier l'église Saint-Louis, le casino et sa salle de spectacle, le Nouveau parc, etc.

Il convient de signaler également l'existence de l'album photographique intitulé *Etablissement thermal de Vichy*, commandé par la Compagnie fermière aux frères Neurdein.[11] Il offre 45 clichés légendés de toutes les installations représentant le domaine: on peut y voir l'établissement thermal, le casino et l'intérieur de son théâtre, avec son décor de cariatides dorées. On y voit également les sources, les parcs, les salles de douches ainsi que les bâtiments d'exploitation et la gare d'expédition, dernières vues représentées en double photo tenant deux pages.

Paul Coutem propose ses clichés aux périodiques nationaux, qui reproduisent les épreuves sous forme de gravures sur bois, comme *Le Monde illustré*.[12] La gravure est un relais, car la photographie sert de modèle au dessinateur et au graveur. Ces derniers transforment le cliché, gommant ce qu'il offre de trop réaliste et de trop peu conventionnel et pittoresque. Le dessinateur Louis Moullin rend ainsi compte de l'avancement des travaux de l'endiguement de l'Allier—entrepris en 1861—dans un dessin panoramique publié et commenté dans *L'Illustration* le 16 août 1862:

> L'endiguement a eu pour résultats non seulement de protéger contre les débordements de la rivière la première ville thermale de France; il a pris aussi, au lit de l'Allier, un terrain d'une contenance de onze hectares environ, retiré sur la rive droite, et qui vient d'être transformé en un fort joli parc (décret du 27 juillet 1861). Ce parc déjà tracé et planté, se rattachera par de nouveaux boulevards à l'ancien, devenu trop étroit pour l'affluence sans cesse croissante des baigneurs et des buveurs d'eau, dont le nombre dépasse, cette année, vingt mille.

---

[11] Voir les nombreuses photographies des frères Neurdein relatives aux stations thermales extraites du fonds Neurdein racheté par Roger Viollet au XXᵉ siècle et publiées dans l'ouvrage *Villes d'eaux en France* (Institut Français d'Architecture, Paris: Hazan, 1984).

[12] Voir Sophie Rochard, "La photographie et la presse illustrée sous le Second Empire", *Histoire de l'art* n°13/14 (1991): 47-54.

Les journaux, la *Gazette des eaux* et la *Revue des eaux* renseignent régulièrement sur l'avancement des travaux et témoignent que les différents chantiers sont menés de front. Le 17 novembre 1863, on donne ainsi le premier coup de pioche pour les fondations du casino. La *Revue des eaux* apprend que les chalets sont élevés d'un premier étage en novembre 1863. L'église Saint-Louis est élevée entre 1862 et 1865.

Les photographies de chantier sont des documents utiles à la société fermière pour la vérification des constructions, mais ne sont pas destinées au commerce à l'origine. L'ouvrage des frères Neurdein n'est pas un album destiné à la vente, en raison de sa monumentalité, mais les grandes photographies collées sur carton qu'il contient sont sans doute tirées en plusieurs exemplaires et vendues à l'unité dans les kiosques de la Compagnie. La photographie est ainsi, pour les concessionnaires, un moyen sûr et rapide d'archiver leur patrimoine thermal et industriel.

Les clichés sous-tendent également les dessins de Louis Moullin, qui exécute ainsi des scènes vichyssoises très réalistes. Les édifices en construction ou les espaces en cours d'aménagement ne sont pas retenus dans les albums lithographiques consacrés aux transformations de la station.

*b) Les embellissements de Vichy en brèves et en images: les nouvelles publications illustrées et la presse nationale*
Les transformations de la ville de Vichy entraînent la rediffusion des guides et la publication de nouveaux ouvrages. Le chroniqueur de la *Gazette des eaux*, le 9 juillet 1863, voit ainsi dans la publication du *Guide de Vichy et de ses environs* par Louis Piesse et dans le nouvel *Itinéraire Joanne* pour Vichy, "la conséquence obligée des transformations rapides que la ville et ses thermes ont subies, en deux ou trois ans, sous une haute impulsion." L'édition du guide de François Barthez , "revue et augmentée," à partir de 1859, est détrônée par la publication de deux albums monumentaux, illustrés par le peintre Hubert Clerget. Le premier, publié en 1862 et intitulé *Vichy-Sévigné, Vichy Napoléon*, est rédigé par Albéric Second, auteur de vaudevilles et de nouvelles et chroniqueur au *Figaro*. Il est diffusé à la gloire de la station, liée à celle de l'Empereur. L'artiste réalise pour cet ouvrage vingt dessins gravés par Dumont et Gusmand. L'album diffuse les perspectives dégagées du nouveau quartier thermal, celle de l'ancien

parc et celles des boulevards, dont le tracé rectiligne contraste avec celui des ruelles médiévales du vieux bourg, auquel la publication consacre aussi quelques vues. Le peintre accorde, dans la représentation des routes thermales, une place importante au ciel, auquel répondent les belles perspectives des nouvelles voies. On peut y observer le grand boulevard Napoléon, situé à quelque distance de l'établissement de deuxième classe à gauche et longé par le nouveau parc à droite (Fig. 16-1). Il est figuré en perspective frontale et il est parcouru par l'Empereur et son entourage, sur le passage desquels s'arrêtent des baigneurs et des visiteurs.

Fig. 16-1 – Boulevard Napoléon.

Clerget fournit également quinze lithographies en couleurs pour l'ouvrage intitulé *Vichy sous Napoléon III* publié en 1863 et rédigé par Charles Brainne en collaboration avec le docteur François Barthez, médecin de l'établissement thermal militaire de Vichy. Le célèbre reporter et chroniqueur des villes d'eaux évoque ainsi dans l'album comment l'artiste a pu quelquefois travailler dans le parc sur le motif et sous les yeux de l'Empereur et de son entourage:

Pendant son séjour à Vichy, l'Empereur, qui s'intéresse aux publications artistiques ayant pour objet la cité thermale, a daigné s'arrêter, dans le parc, devant les aquarelles que M. Hubert Clerget exécutait pour Sa Majesté, qui en a agréé l'hommage. Le comte Waleski et la comtesse Waleska, le comte et la comtesse Labédoyère, ont aussi félicité l'artiste sur son travail, et le colonel Lepic et le comte de Clermont-Tonnerre ont remis à M. Hubert-Clerget, de la part de l'Empereur, une médaille d'or. La partie artistique de cet ouvrage prouve que cette récompense était bien méritée. [13]

Hubert Clerget y représente les principaux monuments de Vichy: les chalets pittoresques élevés par Jean Le Faure sur le Nouveau parc, premières villégiatures de la station, la gare, animée par de nombreux voyageurs, l'hôpital militaire, l'établissement thermal, la villa d'Isaac Strauss, l'ancien parc avec le jet d'eau et le nouveau parc au soleil couchant, qui fait songer aux aménagements du Bois de Boulogne. Il fait ressortir la polychromie de la façade de la gare, élevée par Denis Darcy, et représente l'arc surbaissé qui indique de manière singulière l'entrée du pavillon central. Cet arc peu conventionnel, avec les briques rouges et blanches qui animent la façade et la crête métallique des couvertures, contribue à renforcer l'originalité de l'édifice et son appartenance à une ville d'eaux.

Les sources et les autres vues de la station font l'objet de dessins en noir et blanc représentant l'église Saint-Louis ou le faubourg de Cusset, introduisant certains chapitres de l'ouvrage. L'ouvrage est réédité par la suite et complété par quelques lithographies, dont l'une est consacrée au casino, qui ouvre ses portes en 1865. Elevé par Charles Badger, l'édifice arbore une couverture polychrome en ardoises violettes et vertes mélangées.

De nombreuses autres représentations de Vichy figurant l'Empereur sont fournies par le dessinateur Louis Moullin, qui propose ses dessins au journal *L'Illustration*. D'autres vues, empruntées à l'ouvrage d'Albéric Second et diffusées dans le *Journal illustré* en juillet 1863, inspirent au chroniqueur du journal des comparaisons avec les transformations de la capitale:

Le voyageur qui est venu à Vichy il y a quelques années ne le reconnaît plus. Il se croit à Paris, en admirant tous ces boulevards

---

[13] Charles Brainne et Dr. François Barthez, *Vichy sous Napoléon III* (Vichy: Bougarel, 1863), 93.

grandioses dont on peut voir de beaux et fidèles dessins dans *l'Album de Vichy*, merveille typographique à la perfection de laquelle l'habile éditeur Henri Plon a consacré tous ses soins. On bâtit à Vichy aussi vite et avec autant de goût que dans la capitale.[14]

Les beaux ouvrages de Albéric Second et de Charles Brainne véhiculent l'image d'une station élégante, dont le caractère balnéaire de l'architecture se manifeste dans les édifices du casino, de la gare et des chalets impériaux. Si les parcs et le tracé des grands boulevards transforment le village en une ville, il est intéressant de se reporter à quelques photographies, descriptions et à un plan de l'époque, qui montrent que Vichy conserve un aspect rustique et inconfortable.

*c) Vichy dans quelques textes et photographies et dans le plan Emile Rondepierre*

Dans les scènes photographiées, il n'y a guère de place pour l'imaginaire ou pour l'anecdote, car ces vues objectives et précises ne passent pas par l'étape subjective et intermédiaire de la gravure ou de la lithographie. Les photographes reprennent les points de vue adoptés précédemment par les dessinateurs et lithographes.[15] On peut ainsi mesurer l'écart qui sépare parfois les édifices représentés par les artistes et les monuments photographiés. Collard montre une gare, en pleine campagne,[16] qui perd le caractère pittoresque que lui donne le peintre Hubert Clerget dans sa lithographie en couleur, animée par les allées et venues des voyageurs. Une autre photographie représente le vestibule très sobre de l'édifice, avec le guichet et le froid plafond à caissons, tandis que les autres vues se rapportent au fameux Salon d'été.

Le pavillon de la source de l'Hôpital, dont la silhouette familière est également diffusée dans les guides et les ouvrages, conserve un caractère rustique dont témoignent les descriptions et les photographies. Le rédacteur de la *Gazette des eaux* s'exclame, le 14 mai 1863:

---

[14] *Le Journal Illustré*, 17 juillet 1864.

[15] Voir P. Albert, G. Feyel, "Photographie et médias. Les mutation de la presse illustrée," in *Nouvelle Histoire de la Photographie*, sous la direction de Michel Fizot (Paris : Bordas, 1994), 359-68.

[16] Ph. Collard, *Gare de Vichy, album photographique* (Imp. Michel Carré, [s.d.]).

Qui ne connaît, même en peinture, la source de l'hôpital? Une gloriette en fer coiffée d'un toit conique, une espèce de volière entourée
d'un grillage à mailles serrées; un bassin dont la margelle est à hauteur
d'appui et dans lequel on puise à pleines mains en passant les bras par
les intervalles du grillage; quelques degrés pour atteindre la gloriette,
toujours arrosés par les buveurs, humides, glissants et d'une sûreté
problématique pour les visiteurs podagres.

Une photographie montre encore le pavillon de la source, qui se
détache sur l'ancien hôpital et dont les buveurs, assis sur les marches,
sont accablés par la chaleur. Aux alentours, aucun banc pour s'asseoir
et aucun abri pour se protéger du soleil ardent pendant la saison. Selon
le chroniqueur de la *Vie Parisienne*, il en va de même pour les principales sources de Vichy, dont il juge, en 1865, l'aménagement "déjà
ancien […] simple, voire même un peu rustique."

Quant à l'ancien hospice civil, il reste près du casino et de la
source, en dépit de la volonté de l'Empereur qui souhaite, en 1864,
son transfert hors les murs de la ville. En effet, si la municipalité
parvient à déplacer l'ancien cimetière à l'extérieur de la cité, elle ne
peut déplacer son hôpital. Le manque de subsides de la Commission
administrative, rappelé presque à chaque séance et conjugué à la
désunion qui règne au sein du Conseil municipal, freine considéra-
blement cette opération, qui se fera tardivement, sous la Troisième
République. L'hôpital, au cœur de la cité, ne favorise pas l'épanouis-
sement de la ville d'eaux, dont les transformations sont visibles sur le
"plan officiel par Emile Rondepierre, architecte." [17] Ce plan, dressé en
1865, révèle que, si de grands et beaux axes urbains sont tracés entre
la gare et le parc, ces derniers délimitent des terrains qui sont encore
largement occupés par des jardins et des potagers. On peut préciser,
par ailleurs, que toutes les chaussées ne sont pas systématiquement
pourvues de trottoirs et les habitations et les maisons, de hauteur
inégale sur les photographies, indiquent qu'il n'y a pas de règlement
d'urbanisme et d'alignement comme à la capitale. Par ailleurs, la
question des égouts est loin d'être réglée. Elle nécessitera l'intervention du professeur Paul Brouardel, président du Comité consultatif
d'hygiène publique auprès du maire pour activer, avant 1900,
l'instauration d'un système de voirie et d'un tout-à-l'égout pour la
ville.

---

[17] *Villes d'eaux en France, op. cit.,* 1984, 28.

Les clichés livrent un compte-rendu objectif, précieux pour un état des lieux de Vichy. Ils révèlent, mieux que les lithographies et les gravures, que la ville, dont le caractère thermal s'affirme, manque encore, au terme des embellissements, d'un certain confort. Le caractère un peu rural de la cité, de ses sources, de ses hôtels et garnis, est encore perceptible dans les caricatures de Théophile Villard, qui brosse, avec beaucoup d'humour, un tableau de la vie thermale vichyssoise, animée par les baigneurs, les médecins et les hôteliers.

### 3- La représentation de l'expérience thermale vichyssoise: les baigneurs, la cure, et la vie à Vichy dans la caricature et dans les guides

*a) Les buveurs d'eaux: des grenouilles, des canards et des podagres au teint vert*

Les "coureurs de fontaines" sont appelés par les Vichyssois "grenouilles" et "canards" et Villard les représente ainsi sous cette apparence dans un dessin intitulé "Différentes espèces de buveurs d'eaux," publié dans *L'hebdomadaire de Vichy* le 10 juillet 1854. On y observe un couple de baigneurs, dont la femme, coiffée d'un bonnet, exhibe des pattes et un museau de grenouille. Un troisième baigneur s'éloigne, en tenant dans son dos le verre qui lui permet de boire l'eau des sources. Au détour des hôtels et des garnis qui servent de décor à ses personnages, Villard multiplie parfois les enseignes intitulées "hôtel des grenouille [*sic*] garni", "au randé vous des vrai buveur [*sic*]", tandis qu'il prénomme les propriétaires de ces établissements "papa crapaudin" et "madame Grenouillet."[18]

Plus colorées sont les descriptions des buveurs podagres qui portent sur leur visage et dans leur physionomie la couleur et les signes distinctifs de ce mal. Les malades viennent soigner en effet et principalement des troubles, qui sont pour la plupart d'entre eux, les conséquences d'une alimentation trop abondante et trop riche. Les syndromes de l'obésité, de la goutte ou encore du diabète, longtemps une des indications principales de la station, sont mis en évidence par les médecins qui avaient parfaitement remarqué que le cas des personnes de forte corpulence avait des chances d'être amélioré en buvant l'eau des sources de Vichy.

---

[18] *L'hebdomadaire de Cusset*, (25 août 1850).

Les effets de la goutte soumise à l'action des eaux sont donc ceux les plus décrits et les plus représentés. Appelée *podagre* par les grecs, la goutte provient d'un excès d'acide urique dans le sang que les eaux alcalines de Vichy, lorsqu'elles sont suffisamment absorbées par le patient, ont la particularité de dissoudre progressivement. C'est une affection qui touche plus fréquemment les hommes que les femmes et qui se manifeste, durant les crises, par des accès d'inflammation articulaire très douloureux atteignant principalement les pieds, parfois les genoux, en provoquant le gonflement des articulations. A une phase avancée de la maladie, l'inflammation peut gagner les doigts, le poignet, le coude si bien que le caricaturiste, accusant les symptômes de la goutte pour l'efficacité de son dessin, représente presque systématiquement les malheureux buveurs avec des jambes et des bras si énormes, que les manches de leur habit et le bas des jambes de leur pantalon sont découpés afin de soulager les articulations malades.

Maigreur et obésité sont aussi des traits facilement outrés par les dessinateurs. Dans des croquis de qualité inférieure à ceux de Villard, Arthur, un autre caricaturiste, réduit presque à un fil la silhouette d'une cachectique, tandis qu'il traduit l'état pléthorique d'un baigneur par la corpulence.[19] L'humour se dégage naturellement de ces scènes, par le contraste provoqué entre les deux types de malades qui se croisent dans le parc.

Les indications des eaux de Vichy drainent une population de malades, dont les observateurs dressent un portrait différent selon qu'ils sont médecins ou hommes de lettres. Tous relèvent, auprès de la source Grande-Grille, les couleurs jaune et verte des visages, l'attitude et les caractéristiques de ces buveurs dyspeptiques découragés et aigris par une santé déficiente. Le tableau, forcément un peu sombre et morose au début, est éclairci au terme de la cure par la description des bienfaits et des soulagements qu'elle procure.

Pour le créateur de la paléontologie humaine, Boucher de Perthes,[20] venu en cure à Vichy en août 1857, les habitants de la station ont tous l'air malade et c'est d'ailleurs la règle dans les lieux où on vient précisément chercher la santé. Les Goncourt, toujours très

---

[19] Arthur, *Un peu partout ou huit jours à Vichy*. Par l'auteur des *Ridicules de la Vie des Albums d'Angers* (Tours, Le Mans…, Vichy, Wallon imp; [s.d.]), (mention de l'auteur Mr. 19 octobre 1866).

[20] Boucher de Perthes, *Trois semaines à Vichy en août 1857* (Paris: Jung Treutel, 1866).

distants avec ceux qui n'appartiennent pas au monde de la littérature, déclinent, le 22 juillet 1867, en observateurs méprisants:[21]

> [...] toute la palette des teints de la jaunisse et de la bile dans le sang, depuis la pâleur hépatique jusqu'au bronze vert, depuis le bronze vert jusqu'à la jaunisse nègre; et des têtes de femmes où la maladie de foie semble développer une répugnante pilosité. Là-dedans, une jeune chlorotique à marier, assidue aux sources ferrugineuses de Mesdames, un bubon en deuil, dont la mère, dans sa grossesse, semble avoir eu un regard d'une caricature idiote de Grandville.

Le docteur Casimir Daumas esquisse, en 1860, la démarche incertaine de ces valétudinaires qui, auprès de la source Grande Grille, portent sur leur figure les symptômes de la maladie:[22]

> Une foule de malades de tous rangs, depuis l'âge adulte jusqu'à la vieillesse, au teint pâle, jauni, marqué par l'ictère à tous les degrés. Les uns portent assez bien, à la faveur d'un embonpoint réel, de légers engorgements du foie ou des viscères abdominaux. Les autres, affaiblis et détériorés par des affections profondes de ce même organe, et courbés par de longues souffrances, se traînent péniblement, et tendent en tremblant vers la donneuse d'eau, leurs doigts amaigris. Chez un grand nombre la cachexie paludéenne se traduit par la couleur sèche et verdâtre du visage. On les voit circuler dans les galeries des sources, corps sans confiance, abattus et pensifs.

Dans un guide-roman destiné à vanter les attraits de Vichy, l'auteur, plus optimiste que les précédents observateurs, s'attache à décrire l'heureuse métamorphose qui s'opère dans les corps des malades venus en masse des quatre continents, par mer et par terre, pour se soigner dans la station:[23]

> Quarante mille patients, d'après les listes des étrangers, viennent annuellement demander la santé à ces sources fameuses. Il en arrive de tous les pays du monde. Il en vient de par-delà les déserts, de par-delà les océans; les uns pleins d'espoirs, les autres ayant cessé

---

[21] Edmond et Jules de Goncourt, *Journal: Mémoires de la vie littéraire 1851-1996*, 2ème éd., 22 vols. (Monaco: Imp. Nat., 1956-1958).

[22] Casimir Daumas, *Les eaux de Vichy. Etude biographique et médicale des sources de Vichy* (Paris: H. Plon, 1860), 18-19.

[23] Anonyme, *Scènes de la vie thermale à Vichy: vingt et un jours à Vichy* (Cusset: Imp. J. Arloing et M. Bouchet [s.d.]), 108-09.

d'espérer, venus aux sources par obéissance, pour donner satisfaction à leurs familles. On voit s'approcher de la Grande-Grille des figures qu'on ne reconnaît plus quinze jours après, tant le changement, pour ainsi dire, à vue, qui s'est produit est extraordinaire. Des masques jaunes, tirés, flétris, d'une maigreur effrayante, reprennent des couleurs avec une rapidité qui tient du prodige. De pauvres dyspeptiques, dont le visage portait la marque d'un découragement profond et d'une langueur en apparence incurable, s'étonnent de voir leur estomac reprendre ses fonctions, de sentir de nouveau le sang circuler dans leurs veines, de renaître, en un mot, à la vie. Ce que Vichy, chaque année, guérit ou soulage de créatures souffrantes n'est pas croyable [...].

*b) Médecine et médecins de Vichy: les contradictions de la cure*

De nombreuses querelles médicales opposent les médecins. S'affrontent les partisans des fortes doses d'eaux minérales (25 à 35 verres d'eaux par jour), tels les docteurs Charles Petit et Maxime Durand-Fardel et les partisans des petites doses homéopathiques, tel Casimir Daumas, instigateur des verres gradués pour mesurer très précisément le liquide. Aussi il affirmait qu'aux Célestins, de nombreux "[...] buveurs, désespérant de pouvoir calculer de mémoire la quantité d'eau qu'ils ingéraient dans la journée, avaient l'habitude de mettre dans leurs poches, après chaque verre, un petit caillou commémoratif [...]."[24]

Théophile Villard met en évidence ces contradictions médicales dans des caricatures de qualité, dont certaines paraissent influencées par celles de Honoré Daumier. Dans un beau dessin exécuté au crayon et publié dans *L'Hebdomadaire de Cusset*, le 22 juillet 1849, intitulé "Aux grands maux les grands remèdes," il figure le médecin hydropathe ou son proche collaborateur, bien vêtu et coiffé d'un chapeau orné d'une boucle, emplissant d'eau un patient de façon tout à fait efficace puisqu'il utilise à cette fin un entonnoir. Le malade est assis dans un fauteuil de style, il est vêtu d'un long manteau et sa tête est enveloppée dans un turban, comme pour le préserver du froid. Il est intéressant de confronter ce dessin avec une caricature de Honoré

---

[24] Casimir Daumas, *Les eaux minérales de Vichy*, 4ᵉ éd. (Paris: Hachette, 1866), 81-82.

Daumier publiée dans *La Caricature* le 30 octobre 1842.[25] Daumier
représente un pauvre malade amaigri, assis dans un fauteuil et les
pieds dans l'eau, vêtu d'une robe de chambre et la tête enturbannée
dans un linge, et que le médecin hydropathe et ses acolytes emplissent
de même au moyen d'un entonnoir et de plusieurs seaux. On trouve
dans ces deux scènes burlesques la même inclinaison de l'arrosoir, du
tonneau et de l'entonnoir et la même application du médecin admi-
nistrant ce traitement au patient. Ces similitudes dans les attitudes
indiquent, avec la qualité du dessin, que Villard était un familier des
caricatures d'artistes de renom.

L'artiste figure également des buveurs dociles, s'efforçant d'exécuter leur traitement avec zèle. Il représente un malade, stupéfait par
les doses phénoménales indiquées sur son ordonnance et qui
s'exclame: "Grand dieu! Quelle étrange ordonnance! Il faut en avaler
des seaux [...]".[26] Un autre dessin montre ainsi comment un buveur est
en train de boire goulûment à même une borne-fontaine, tandis qu'une
donneuse d'eau actionne la pompe de toutes ses forces. Les doses
massives prescrites par les médecins incitent ainsi les patients à voir
une relation proportionnelle entre l'eau ingurgitée et leur guérison.

Enfin il met aussi en scène la résurrection de ces malades,
acheminés vers la guérison grâce aux eaux de Vichy, au moyen d'une
scène humoristique en trois tableaux, intitulés successivement *Avant*,
*Pendant*, *Après* la cure. Le dessinateur représente d'abord le baigneur
*podagre* se déplaçant péniblement avec des cannes jusqu'à la buvette
pour absorber dans un second temps, directement à la pompe, une
grande quantité d'eau. Il y est représenté assis, en raison de son
handicap. Enfin au terme du traitement et au tableau final, ce dernier,
ayant retrouvé le parfait usage de ses jambes, s'adonne avec le sourire,
au jeu de la corde à sauter que deux enfants font tourner.

Cette dernière description des effets positifs et véloces de l'eau
minérale sur les buveurs qui l'absorbent, rédigée dans un but
promotionnel, forme indéniablement, avec le dessin de Villard qui

---

[25] Jean Adhémar, *Catalogue raisonné de l'œuvre de Honoré Daumier, Les
gens de médecine* n° 26 (Paris: Imprimerie Nationale, André Sauret éditeur,
1960).
[26] *Vichy comique, Album pour rire* (Imprimerie Villard, [s.d.], [vers 1870]).
L'album est composé de 20 lithographies de Théophile Villard sur les textes
de Simonide Villard.

vante le miracle opéré par la cure de boisson, une efficace publicité médicale pour la station thermale.

Vichy est aussi une aubaine pour les médecins débutants, venus soigner de riches clients. La station est donc un excellent pôle d'étude et d'expériences pour les praticiens étrangers venus étudier l'eau minérale, comme les jeunes médecins débutant ou les "gros docteurs allemands" évoqués par Champfleury dans *Les Demoiselles Touran-geau*:[27]

> Quelques spécialistes, ceux surtout qui prétendent guérir la goutte, viennent à Vichy autant par passe-temps que pour soigner leurs riches clients. De jeunes médecins élégants recrutent quelques malades en dansant. Comment ne pas se laisser traiter par d'aimables docteurs qui tiennent le haut bout à la table de l'hôtel Montaret, content des histoires piquantes, organisent des parties de campagne, accompagnent les femmes à cheval, jouent au besoin avec les grands parents et sont remplis de qualités si précieuses dans une ville d'eaux? A la Grande-Grille, dans le jardin couvert de roses qui donne sur l'Allier, sont attablés de gros docteurs allemands venus pour étudier la propriété des différentes sources, et qui fument tout le jour d'interminables pipes de porcelaine en méditant sur les eaux thermales.

En 1860, *L'Illustration* dresse un inventaire ironique de tous ces médecins vichyssois ou étrangers, à l'affût de leurs victimes: [28]

> Il y en a de jeunes et de vieux, de sédentaires et de pérégrinants, de maigres et d'obèses, docteurs *Tant-Pis* et docteurs *Tant-Mieux*, docteurs de la veille et docteurs d'autrefois, docteurs formalistes et docteurs révolutionnaires. Celui-ci vous adresse aux Célestins avec un sourire sardonique, bien certain qu'au quatrième verre avalé par vous avec l'intempérance d'un buveur nouvellement débarqué, une bonne petite fièvre vous forcera de l'envoyer chercher pour vous prodiguer des soins attentifs. Cet autre vous défend de boire plus d'un quart de verre en arrivant, persuadé qu'un doigt d'eau de plus va vous mettre aux portes du tombeau.

*c) Une population industrieuse*

---

[27] Champfleury, *Les Demoiselles Tourangeau* (Paris: Michel Lévy frères, 1864), 73-74.

[28] *L'Illustration* (1er septembre 1860).

Une grande partie de la population vichyssoise, y compris les élus tels Antoine Guilliermen, maire de la ville entre 1857 et 1860, ou encore l'avocat Joseph Bousquet, propriétaire de l'hôtel du Parc, maire de 1865 à 1870, se convertissent dans l'hôtellerie pendant la saison. Ce mode de vie des habitants est bien observé par le chef d'orchestre Isaac Strauss, gérant des salons de l'établissement thermal, lorsque le préfet lui reproche de ne pas s'acquitter des concerts qu'il doit assurer pour les Vichyssois. Ce dernier, plus attentif aux spectacles payants qu'il donne à la rotonde des bains, prétexte que les Vichyssois sont trop accaparés par leur travail pour se rendre au théâtre, même quand celui-ci est gratuit:

> [...] En effet, il faut considérer comment se comporte la population de cette ville. Pendant la saison, tout le monde, sans même excepter M. le maire, y est maître d'hôtel ou logeur, c'est l'industrie du pays; il faut que les deux ou trois mois de saison produisent le revenu de l'année dernière. Mais si les habitants de Vichy ont l'avantage de gagner beaucoup en peu de temps, combien, par contre, est pénible et assujettissant leur labeur. Tout entier au soin de leur clientèle, astreints à une surveillance de tous les instants, ils n'ont ni le désir ni le pouvoir de dépenser au théâtre un temps aussi précieux [...].[29]

Ces observations, qui témoignent de l'existence de ce monde soucieux de rentabilité, sont reprises un peu plus tard par François de Castanié:[30]

> Quant aux Vichyssois, leur véritable industrie consiste à l'exploitation d'hôtels et de maisons meublées; la saison pour eux est une véritable moisson; et l'année, en attendant que la saison d'hiver soit établie, ne se compose que de cinq mois pendant lesquels leur travail doit suffire et pourvoir sagement aux besoins de la morte saison.

Théodore Villard rend ainsi compte des activités de cette population avec la finesse et l'habileté d'un Daumier. Il met ainsi en scène l'hôtelier ou les logeurs plus modestes qu'il surnomme le "père Ladouche" ou le "père Loiseau." Ces derniers sont occupés à dresser

---

[29] Isaac Strauss au ministère d'Etat de la maison de l'Empereur, 16 janvier 1857, Réserve du préfet de l'Allier (1860-1862); théâtre sédentaire de Vichy: direction, Archives Nationales, F$^{21}$1270.

[30] François de Castanié, *Nouveau guide complet aux eaux de Vichy* (Paris, 1864), 27.

leurs batteries de cuisine, le dessinateur leur souhaitant "que la saison des eaux soit aussi brillante que leurs casseroles."[31] Le personnage de l'hôtelier, qu'on identifie dans les caricatures à son bonnet, fait l'objet d'une série de dessins, montrant tour à tour ce qui le rend heureux ou ce qui le tourmente. Villard le représente ainsi dans son lit, rêvant à la prospérité de son établissement et réjoui par l'importante clientèle qui se presse à l'entrée de son hôtel. Une scène à peu près semblable le représente, cette fois grimaçant en train de faire un cauchemar à l'idée que les baigneurs délaissent Vichy pendant la saison de 1855 pour se rendre à l'Exposition Universelle.

La fin de la saison est également vécue comme une tragédie par les hôteliers et les logeurs. C'est une période critique, que Villard transforme en scène allégorique dans un curieux dessin qu'il publie en 1854 (Fig. 16-2).

La fin de la saison est assimilée à l'ange de la mort, portant une faux et un sablier, qui tire un rideau noir sur Vichy, petit théâtre dont la représentation est finie. Le rideau se ferme sur les logeurs éplorés et sur le pavillon monumental de la source de l'hôpital, source de profit des Vichyssois. Villard complète son dessin avec quelques vers nostalgiques évoquant le départ des baigneurs:

Adieu Vichy, son beau parc et ses roses.
Adieu les buveurs d'eaux.
Le temps, hélas! comme sur toutes choses.
A tiré son rideau.

La vente de sels minéraux est une autre activité fort lucrative, qu'évoque habilement Villard dans l'une de ses caricatures. La production et le moyen de fabrication des sels sont, à l'époque courants et simples; il suffit aux particuliers de se procurer un peu d'eau

---

[31] *L'Hebdomadaire de Cusset* (17 juin 1855).

Fig. 16-2. Allégorie.

minérale.[32] L'appellation "Sel essentiel" est précisément la marque du bicarbonate de soude extrait par le pharmacien François Bru, concessionnaire de la source Lardy.[33] Le nom de sa marque, déposée en 1850,

---

[32] Voir Cécile Morillon, "Les sources thermales et leur parc à Vichy et dans ses environs, sous le Second Empire et à la Belle Epoque," *Bulletin Scientifique et Historique de l'Auvergne*, Tome CI, n° 745 (avril-juin 2000): 91-107.

[33] Voir Cécile Morillon, Contribution à "L'histoire de la source et du parc Lardy de Vichy au XIXe et au XXe siècles," Exposition co-réalisée par la Médiathèque et le District de Vichy dans le cadre de la quinzaine de l'étudiant du 3 au 21 novembre 2000, organisée au Pôle Universitaire et Technologique Lardy de Vichy.

devait ainsi aider son produit à se démarquer des autres et l'aider à faire fortune. Une représentation habile désigne ainsi, sans le nommer, le pharmacien en train d'entasser fébrilement des écus dans un secrétaire, Villard scellant la signification de la scène par un mot d'esprit: "Pour lui l'or, c'est le véritable sel essentiel." Le dessin, précise Gilbert Décoret, "préparé pour le numéro du 19 septembre 1853 [*L'Hebdomadaire de Cusset*], fut soumis à l'agrément du sous-préfet de Lapalisse, quelques jours auparavant, et approuvé des deux mains non sans exciter le fin sourire du plus sérieux des fonctionnaires que nous ayons connu." [34]

Ainsi est dépeinte par Villard la population vichyssoise au service des baigneurs, dont il convient encore de préciser que les enfants sont voituriers, âniers, grooms, vendeurs de journaux et d'articles, comme en témoignent encore plusieurs dessins d'Arthur.

Les nouvelles publications consacrées à Vichy génèrent l'image d'une belle station thermale, dont les transformations suscitent des comparaisons avec celles de la capitale. Le tracé des avenues et la création d'un grand parc le long de l'Allier légitiment ces comparaisons jusqu'à un certain point. Les représentations s'attachent à montrer les nouveaux édifices, dont le caractère balnéaire naissant est perceptible dans l'architecture pittoresque et polychrome de la gare, des chalets et du casino. Les lithographies de grand format, en noir et blanc ou en couleur, des nouveaux établissements viennent compléter l'image primitive des bains, proposant ainsi aux baigneurs et aux visiteurs une promenade dans une ville bien équipée.

Ces publications accordent toutefois moins d'importance à la représentation du vieux Vichy, à celle de ses anciens édifices, tel l'hospice et les buvettes, dont l'aspect demeure un peu rural. Les descriptions et les photographies rendent compte de l'inconfort de la station, au même titre que certaines descriptions. La période du Second Empire ne possède en effet pas encore les matériaux susceptibles de valoriser les buvettes, comme le fer et le verre.

Les caricatures de Villard témoignent du manque d'appropriation des sources et de la simplicité des hôtels, dont l'architecture est encore peu représentative. Presque aucune vue n'est consacrée à ces établissements, exceptés l'hôtel du Parc et l'hôtel des Ambassadeurs,

---

[34] Gilbert Décoret, *Une page sur Vichy et ses environs, les hospices et leurs fondateurs*, vol. 2 (Vichy: Imprimerie Wallon, 1898), 372.

bâtis sous le Second Empire et qui font, dans les guides, l'objet de quelques vignettes. Villard brosse également avec vigueur le portrait, haut en couleurs, des buveurs d'eaux goutteux ou podagres, des médecins et des hôteliers de la ville, dont l'expérience thermale ancienne est indispensable à l'économie de la cité.

Ces nouvelles représentations et publications témoignent des efforts pour diffuser, dès le Second Empire, l'image d'une grande ville d'eaux fondée autour des bains, du parc des sources, des buvettes et du casino, et dont les deux agglomérations, jadis séparées, sont désormais réunies par la promenade du nouveau parc et le boulevard périphérique. Il faut cependant attendre le début de la Troisième République pour assister aux perfectionnements architecturaux et urbains de la station.

## Bibliographie

Chambriard, Pascal. *Aux sources de Vichy: naissance et développement d'un bassin thermal (XIX^e-XX^e siècles)*. Saint-Pourçain-sur-Sioule: Editions Bleu Autour, 1999.

——————. *Théophile Villard (1799-1872), Imprimeur, lithographe et gérant de L'hebdomadaire de Cusset*. Gannat: Esvan, 1985.

Corrocher, Jacques. *Renaissance et illustration du passé monumental de Vichy*. Moulins: Les Marmousets, 1983.

Gontard, Maurice. *Vichy, l'irrésistible ascension 1800-1870*. Nonette: Editions Créer, 1998.

Morillon, Cécile. "L'architecture thermale à Vichy entre 1853 et 1914." Thèse d'Histoire de l'art, Université de Clermont II, 1999. Thèse à paraître aux Editions Blaise Pascal, Université de Clermont-Ferrand.

Second, Albéric. *Vichy-Sévigné, Vichy-Napoléon*.1862. J. Laffitte: Genève, 1981.

*Villes d'eaux en France*. Institut Français d'Architecture. Paris: Hazan, 1984.

Walter, Henri. "Iconographie vichyssoise ancienne." *Société d'Histoire et d'Archéologie de Vichy et de ses Environs*, n°69 (1966): 177-185; n°73 (1968): 334-36; n°70 (1967): 230-38; n°72 (1972): 309-78.

CHAPTER 17

# Representations of Spa Culture in the Nineteenth–Century British Media: Publicity, the Press and the *Villes d'Eaux* (1800-1914)

## Jill STEWARD

"It was the opening of the season of eighteen hundred and thirty-two, at the Baths of Wildbad (1866),"[1] is the opening line of Wilkie Collins's novel *Armadale* [1866], set at time when it was common practice for those, like himself, who suffered from gout to be recommended to visit a spa.[2] There would however, have been relatively few British visitors to the particular type of small watering place described in the novel, although they might well have been seen in Spa, Baden Baden or Aix-les-Bains. All this changed in the following decades as it became increasingly fashionable for the British upper and middle classes to take the waters abroad, seeking not just therapy, but also rest and recuperation of a kind that often involved serious attention to pleasure.

This essay is concerned with the process that led nineteenth-century British travellers to visit spas like Wildbad or Dax. There were three aspects of this: the first is the development of spa culture across continental Europe, leading to a considerable expansion in the number of towns and settlements economically dependent, in some measure, on the spa trade and health tourism and the emergence of overlapping regional and national networks of spas which constituted

---

[1] Wilkie Collins, *Armadale* (London: Penguin Books, 1995), 9.
[2] Roy Porter and G.S. Rouseau, *Gout: the Patrician Malady* (New Haven/London: Yale University, 1998), 172.

a form of "system," manifested in the choices of destination apparent to customers from within particular social and geographical spaces they inhabited. (Fig.1)[3] For British travellers the range of possibilities, apart from their own spas and hydros, included the spas and health resorts of Germany (including the Bohemian spas), Switzerland, France and at the end of century, the south Tyrol and north Africa. The second is the actual means by which places became visible and attractive to their customers, a process that was itself largely dependent upon the emergence of new mechanisms for the dissemination of publicity. And finally, underlying both, was the development of complex modern societies in which patterns of travel became a feature of the lifestyles through which the upper and middle classes expressed and maintained distinctive social and cultural identities. To members of the nineteenth-century British elites, participation in continental spa culture represented, not just the search for health, but also a way of distancing themselves from the effects of widened participation in seaside tourism that was reconfiguring the spaces of their favourite resorts at home. [4]

A consequence of this was that in Britain spa culture developed along rather different lines from other European countries.[5] Whereas, across much of the continent, it was the development of spa towns and colonies that paved the way for the development of modern forms of

---

[3] See Andreas Mai, "Breaking New Ground: Assimilating the Periphery into a Recreational Landscape of Germany and France," *Proceedings of the International Society for the Study of European Ideas (ISSEI)* (Bergen, August, 2000), on the subject of a "system" utilising space-concepts originating in the work of Henri Lefebvre. See also Rob Shields, "Places on the Margin," *In Places on the Margin, Alternative Geographies of Modernity* (London /New York: Routledge, 1991), 83-101 for a discussion of place-images and systems. Here I have concentrated primarily on watering places associated with mineral waters.

[4] John K. Walton, *The English Seaside Resort: A Social History 1750-1914* (Leicester: Leicester University Press, 1983).

[5] See for example, H. Lachmeyer, S. Mattl-Wurm and C. Gargerle, eds., *Das Bad, eine Geschichte der Badkultur in 19. und 20. Jahrhundert* (Salzburg, Residenz, 1991); Jill Steward, "The Spa Towns of the Austro-Hungarian Empire," in *New Directions in Urban History: Aspects of European Art, Health, Tourism and Aspects of Leisure since the Enlightenment*, ed. byPeter Borsay, Gunter Hirshfelder, Ruth-E. Mohrmann (Waxmann: Münster/New York, 1998), 87-125.

recreational and health tourism, in England the spa towns that had catered for the eighteenth-century elites were largely abandoned by their former patrons in favour of watering places abroad. Foreign travel was inherently exclusive, remaining relatively time-consuming and expensive until the next century so that initially the majority of travellers to the Continent were drawn from the aristocracy. These were soon joined by the wealthy middle classes, influenced by the desire for social distinction, medical advice and the fashion for the new institution of the summer holiday. The great majority of those who travelled abroad did so primarily in search of amusement, although many were also concerned with the maintenance of health and the prevention of disease. Even those who visited a spa solely for pleasure often travelled in parties that included people who were taking a cure.[6]

A major factor encouraging the fashion to go abroad was the growth of print culture. The rapid expansion of the printing and publishing industries produced a flood of books and articles that contributed to the widespread dissemination of information about the health-giving properties of foreign waters and climates and promoted a new appreciation of the natural beauties that were regarded as one of the most attractive features of continental watering places. Promotional guides to individual spas gave them a distinctive identity and influenced the way they were seen and experienced by visitors while spas settings were often used as the mise-en-scene for many nineteenth-century novels. Books and articles extolling the efficacy of continental regimes actively encouraged their readers to travel abroad, particularly to Germany, where forms of natural healing, a subject of controversy within the medical profession at home although popular within high society, were more widely practised.[7]

---

[6] To some extent this explains the frequent discrepancy between the numbers registered as curists and the much higher numbers registered as visitors that appears in spa statistics.

[7] See Robert Jütte, *Geschichte der Alternativen Medizin: von der Volksmedizin zu den unkonventionellen Therapien von Heute* (Munich: C.H. Beck, 1996), especially 145-78. For upper-class interest in homeopathy see Glynis Rankin, "Professional Organisation and the Development of Medical Knowledge: Two Interpretations of Homeopathy," in *Studies in the History of Alternative Medicine,* ed. Roger Cooter (Basingstoke: Macmillans and St Antony's College, Oxford, 1988), 146-62. Jill Steward, "The Culture of the Water Cure in Nineteenth-Century Austria, 1800-1914," in Susan

Doctors were increasingly inclined to recommend their wealthier patients to try foreign waters and climates, particularly those suffering from consumptive and pulmonary disorders, with the result that growing numbers travelled abroad to take the waters and find more salubrious climates. The popularity of hydrotherapy with the general public did not extend to widespread support of hydropathic establishments, such as those at Malvern and Matlock, which, although attractive to some of the middle classes, were unable to counter the lure of the Continent or the growing reputation of the Continental spas, especially those of Germany.[8] German establishments were generally regarded as offering a wider range of waters, more specialised treatments and better social amenities than their English equivalents. Importantly for the middle classes, they were also substantially cheaper. [9] In the early twentieth century Britons were to be found in a number of French spas, although France was most popular as a place in which to spend the winter. This was one of the principal reasons why not even the revival of spas like Harrogate could staunch the flow of Britons seeking health abroad, so that, by 1911, while one patient in every thirty at a European watering place was British, only one in a thousand at a British spa was European.

Where did the British go? In the absence of a serious comparative study of spa statistics,[10] press reports and evidence for individual

---

B. Anderson and Bruce Tabb, *Water, Leisure and Culture* (Oxford and New York: Berg, 2002), 23-35.

[8] Kelvin Rees, "Water as commodity: Hydropathy in Matlock" in Cooter, *Studies in the History of Alternative Medicine,* 45-61. See also J. Bradley, M..D. Dupree and A.J. Durie, "Taking the Water-cure: the Hydropathic Movement in Scotland, c. 1840-1940," *Business and Economic History* 26 (1998): 426-37.

[9] Dr A.B. Granville attributes the decline of the English spas to misrepresentation, poor management, poor medical practice, high prices and lack of amenities, all of which encouraged families of the middle class to go elsewhere, *The Spas of England, and Principal Sea-Bathing Places*, 2 vols. (London: Henry Colburn, 1841),1: xxxviii-ix. See also William Bacon, "The Rise of the German and the Demise of the English Spa Industry: a Critical Analysis of Business Success and Failure," *Leisure Studies* 16 (1997): 173-87.

[10] See for example: John Soane, *Fashionable Resort Regions: Their Evolution and Transformation with Particular Reference to Bournemouth, Nice, Los Angeles and Wiesbaden* (Wallingford: CAB International, 1993), 204;

resorts suggest that the aristocratic elites favoured the more fashionable international resorts such as Spa (in the early period), Wiesbaden, Baden Baden and Aix; in the second-half of the century Homberg acquired a reputation as the premier English spa while Vichy, Royat and the Bohemian spas of Carlsbad and Marienbad also had supporters.[11] Most French *villes d'eaux*, apart from Aix, remained relatively invisible to the majority of middle–class British tourists until the last years of the century, when the spas of the Central Massif became better known and those of the Pyrenees acquired a reputation as winter stations. Many of the German spas were, by contrast, popular throughout the century, including a number of the smaller, more specialist ones, where the British often undertook "serious cures." This pattern persisted until the twentieth century, when better publicity for the French spas attracted more British while bad relations with Germany and an improvement in the domestic spas also encouraged people to stay at home.[12]

This account points to some of the factors influencing general trends, but leaves open the question of why, as many more spas became accessible to British visitors, particularly in France, the British chose to visit the ones they did. Why choose Homberg rather

Burkhard Fuhs, *Mondäne Orte einer vornehmen Gesellschaft: Kultur und Geschichte der Kurstädte* 1700-1900 (Hildesheim: Georg Olms, 1992), 355; the latter figures show that the English represented a quarter of the foreigners present in the spa during the period 1858-1862 (1,889 out of a total of 7,577 foreigners against 11,769 Germans). In the smaller but highly anglicised spas like Nauheim the numbers were much less, for example, in 1892 there were 142 British out of a total of 10,272 and in 1901 1,055 out of a total of 19,883, *The Visitor's Guide to Bad-Nauheim* (Society for Attracting Visitors to Bad-Nauheim, Wagner, c. 1902), 44.

[11] John McPherson M.D. claims Homberg was the most popular bath in Europe but more with the English, Americans and French than with the Germans, although the French presence went into rapid decline after the Franco-Prussian War, *The Baths and Wells of Europe*, 2nd ed. (London: Macmillan, 1873), 202-3. See Douglas Mackaman, "Competing Visions of Urban Grandeur: Planning and Developing Nineteenth-Century Spa Towns in France," in Borsay *et al.*, *New Directions in Urban History*, 60-61, on the rise of "thermal nationalism."

[12] See for example, the novelist Louise Moulton, "Brides-les-Bains," *Lazy Tours in Spain and Elsewhere* (London: Ward Lock, 1896), 254-63. The author visits only as a tourist, although she takes cures in Aix, Marienbad, Carlsbad, Schlangenbad and Wiesbaden.

than Vichy, for example? Or Wiesbaden, rather than Aix? Why did Royat suddenly become fashionable? As David Blackbourn points out, the elite visitors to the most fashionable watering places often spread their favours around, not just from one season to another but within the same summer.[13] And while, as he observes, the international lifestyles of the very rich and politically active and competition between the spas were clearly important reasons for their behaviour, this does not entirely explain the ups and downs of fashion, why some places were "in" or "coming" and in others the season unexpectedly, less than "brilliant." Nor does it explain choices made by members of the upper classes who did not identify with the international set or who were middle class, many of whom also habitually patronised foreign watering places, but not necessarily the most fashionable.

It is therefore worth asking the question of what kind of information was available to travellers, which might influence their choice of spa and where was it obtained? What were the reasons that led someone to spend time and money in a particular resort? In the early days of thermal tourism, information about particular spas often came from the physicians associated with the local waters and who were concerned to promote their use. An estimate of medical publications on British waters between 1660- and 1800, counted c. 414 publications.[14] Information about the continent was most likely to be obtained through word of mouth or from published letters and diaries, such as Tobias Smollett's *Travels through France and Italy*.[15] References to medical topography were standard features of travel writing from the late seventeenth century to the end of the nineteenth

---

[13] David Blackbourn, "'Taking the Waters': Meeting Places of the Fashionable World," in *The Mechanics of Internationalism*, ed. Martin Geyer and Johannes Paulmann (Cambridge: Cambridge University Press, 2000), 453. See also "Fashionable Spa Towns in Nineteenth-century Europe," in Anderson and Tabb, *Water, Leisure and Culture*, 19-35.

[14] Cited, Digby, 1994, 213.

[15] Tobias Smollett, *Travels through France and Italy* (Oxford: Oxford University Press, 1981), 321. See also Henry Matthews, *The Diary of an Invalid: Being the Journal of a Tour in Pursuit of Health in Portugal, Italy, Switzerland and France in the Years 1817, 1818 and 1819* (London: John Murray, 1820).

century.[16] Places were often discussed in terms of their salubrious qualities, since invalids were frequently recommended to take the waters for particular ailments or try a change of air, standard advice for consumptives. Montpellier, Lisbon and Livorno were all examples of resorts noted for their climates and often recommended to wealthy invalids as suitable environments for winter residence.[17] Smollett was both a physician and a consumptive and took a personal and scientific interest in mineral waters, being particularly impressed with those of Aix, and his detailed notes on the climate of Nice contributed greatly to the area's reputation with readers, some of whom even felt encouraged to join the local *villégiature* community.

In the post-Napoleonic era, when the British first began to travel abroad in significant numbers, personal testimony remained one of the most useful sources of information available to doctors and patients and increasingly available in the letters and journals of the many nineteenth-century travellers who made their experiences public. Included among these were reports from British practitioners with a particular interest in mineral waters and their therapeutic properties who made expeditions abroad, one of the most adventurous being Richard Bright, who visited the spas of Budapest.[18] Doctors were increasingly inclined to support wealthy patients in their wish to travel abroad to the extent that one observer commented that: "Spa and some

---

[16] See Richard Wrigley and George Revill, eds., *Pathologies of Travel*, Wellcome Institute Series in the History of Medicine, Clio Medica 56, (Amsterdam: Rodolphi, 2000). See, for example, James Johnson, *The Pursuit of Health: an Autumnal Excursion through France, Italy, Switzerland, and Italy in the Year 1829, with Observations and Reflections on the Moral, Physical, and Medicinal Influence of Travelling-Exercise, Change of Scene, Foreign Skies and Voluntary Expatriation* (London: Highley, 1831).

[17] Clark Lawlor and Akihito Suzuki have argued that the aestheticization of consumption in the eighteenth-century as part of its construction as a desirable disease, generated a culture of narcissistic dramatization around the disease in which physicians played their part by advising travel and a change of air, *Bulletin of the History of Medicine* 174 (2000): 458-94. See also Roy Porter, "Consumption: disease of the Consumer Society?," in *Consumption and the World of Goods*, ed. John Brewer and Roy Porter (London: Routledge, 1993), 471.

[18] Dr Richard Bright, *Travels from Vienna through Lower Hungary with Some Remarks on the State of Vienna during the Congress of the Year 1814* (Edinburgh: A. Constable, 1818).

other continental watering places, have been much deserted by foreigners, on account of the number of British who have thronged here."[19] In this, doctors, acknowledging the growing importance of the Continent in the lives of their patients and confronted with an increasingly competitive "medical market place," were orientating their behaviour towards the needs and expectations of the individuals on whom they depended for a living.[20] They were therefore likely to agree with the author of an article in *Blackwood's* [1861] that to avoid the unpleasantness of "the overcrowded and inefficacious Scottish spas" or the "nauseous and unpalatable English waters… for healing waters the invalid must pass beyond the seas that encompass Great Britain." [21] But, where to send the patient?

Initially the British looked for a "change of air" only in large and well-known spas like Aix, Wiesbaden or Baden Baden where they gambled and mixed with the continental aristocracy who habitually spent their summers there.[22] Nor did middle-class participation in foreign travel immediately lead to a better appreciation of foreign mineral waters. Francis Head visited the spas of Nassau in 1834 and commented on the hundreds of thousands of English who "mournfully" travelled up and down the Rhine "with their mouths, eyes and purses wide open," oblivious to the attractions of the adjacent spas; "and yet" he mused, "there is no one country on Earth that could turn out annually more consumptive, rheumatic and dyspeptic patients than Old England."[23] Head's own memoir, *Bubbles from the Brunnens of Nassau* (1834), showed how a successful book could generate public interest and new custom. Mary Shelley's journal, written while taking a cure at Kissingen, notes that it was the *Bubbles* that had "brought the baths of Nassau into fashion with us" along with August Granville's *Spas of Germany* (1837),which

---

[19] Sir Francis Head, *Bubbles from the Brunnens of Nassau: by an Old Man* (London: J. Murray, 1834), 26-28.
[20] Ian Waddington, *The Medical Profession in the Industrial Revolution* (Dublin: Gill and Macmillan, Humanities Press, 1984), 193.
[21] "Meditations on Dyspepsia II: The Cure," *Blackwood's Edinburgh* 90 (October, 1861)1: 413-15.
[22] Frances Trollope, *Belgium and Western Germany in 1833: Including Visits to Baden-Baden, Wiesbaden, Cassel, Hanover, the Hartz Mountains* (London: J. Murray, 1834), 68-70. She described Cheltenham as more depressing than Wiesbaden, but with opera, 98.
[23] Head, 1834, 26-8, gives a lively account of the scene.

"extended our acquaintance with the spas of Germany: and in particular gave reputation to those situated in Bavaria."[24]

Unlike French doctors, German spa physicians were quick to recognise the financial benefits of the new English visitors. While Mary Shelley was taking her cure, Granville left his fashionable London practice at the invitation of the King of Bavaria to practice in nearby Bruckenau. According to Shelley, the King was so anxious for his baths to emulate the financial success of other Germa spas that he "decorated Dr Granville's button-hole with a bit of ribbon, much to the despair of the native physicians" who resented seeing "the social current of English guineas turned away from themselves." But, she reflected: "as he is the cause of many coming here, he has certainly a right to profit by their visits." Granville himself continued to practice there for a number of years.[25] The success of his book was indicative of the new interest in the curative effects of water among the upper and middle classes. Doctors, whose patients were determined to give foreign mineral waters "a trial in their own complaints" after reading a book such as the *Bubbles,* found themselves having to seek further advice on a subject on which they admitted to having little specific knowledge.[26]

From 1836, they were assisted by a growing number of memoirs, travelogues, guides and articles in newspapers and periodicals, aimed at an increasingly diverse readership as the reduction in newspaper

---

[24] Mary Shelley, *Rambles in Germany and Italy, in 1840, 1842 and 1843,* 2 vols. (London: Edward Moxon, 1844),1: 170; Dr A. B. Granville, *The Spas of Germany*, 2 vols. (London: Baudry's European Library, 1837). See Bacon, 184. Dr Granville was clearly familiar with material published by German spa physicians when he embarked on his visit. Other examples of travellers who explicitly mention Granville are Anne, Lady Vavasour, *My Last Tour and First Work: or, A Visit to the Baths of Wildbad and Rippoldsau* (London: H.Cunningham, 1842), and M. Quin, *Steam Voyages on the Seine, the Moselle & the Rhine: with Railroad Visits to the Principal Cities of Belgium* (London: H. Colburn, 1843). Quin records seeing "Several persons of rather gentlemanly appearance were walking as rapidly as they could along the footpath… dressed in cloaks saturated with water…[we], were informed these disciples of Undine were so many patients undergoing the new treatments…"(120-21).
[25] A.B. Granville, *Kissingen, Its Sources and Resources* (London: G.W. Nickisson, 1846).
[26] Shelley, 1844, 1:198.

duties took effect. The publishing industry became an important vehicle for the communication of information and the airing of debates on every topic likely to sell publications, including matters of health and travel. Expansion created a context for the emergence of a specialised medical press, of which the *Lancet* (1823- ),was a notable example, cutting across local networks and facilitating discussion and the sharing of information across the profession, as in the case of articles in the *Lancet* (1836), on the topic of the German waters.[27]

A subject widely covered in the general and medical press was the controversial cold water-cure as practised in Gräfenberg in Austria.[28] Attitudes to "alternative" forms of medicine were divided.[29] Works such as John Smedley's *Practical Hydropathy* [1858] made information easily available to the lay public,[30] but many British doctors strongly disapproved of the popular enthusiasm, an attitude exemplified by a letter in the *Lancet* which took issue with the status accorded to "cold-water quackery" against those labelled as "drug-doctors." Hydropathy and homeopathy (also practised in German

---

[27] J.I. Ikin, "Observations on the Medicinal Properties and Uses of Some of the Principal Mineral Springs of Germany," *The Lancet* (August 20 and 27, 1836): 697-706, 758-9.

[28] For a convert see Richard Claridge, *Hydropathy or the Cold Water Cure, as Practised by Vincent Priessnitz at Graefenberg, Silesia, Austria* (London: James Madden, 1842). See also Steward, *The Culture of the Water Cure*, 28. In Austria, hydrotherapy and balneology were both formally recognised within academic medicine in the 1860s. Natural healing traditions also continued to feed into "alternative medicine." For the relationship with academic medicine see E. Lesky, *The Vienna Medical School of the Nineteenth Century* trans. L. Williams and I. S. Levi (London/Baltimore: John Hopkins, 1976), 301-2.

[29] For a convert, see Richard Claridge, *Hydropathy or the Cold Water Cure, as Practised by Vincent Priessnitz at Graefenberg, Silesia, Austria* (see note 28).

[30] John Smedley, *Practical Hydrotherapy*, 1858. There were heated discussions in the *Lancet* on the topic, see for example, "Hydropathy in Germany, Graefenberg and Priessnitz," *The Lancet* (May 20, 1843): 274-6, John Hall, "Hydropathy, or the Cold Water Cure. (Death)," *The Lancet* 48 (November 7, 1846): 512-4. The subject came in for much ironic comment in the middle-class press, see for example, "The Pleasures and Advantages of Hydrotherapy," *Queen* (October 5, 1861): 73.

spas)[31] had supporters in the highest social circles.[32] Thomas Mayo, the president of the Royal College of Physicians, gave a lecture (1860),"on the relations of the public to the science and practice of medicine" and problems in the relationship between patient and practitioner. He identified the need for the public to be well informed if it was to make sensible decisions between "conflicting schools of medicine."[33] Pointing to the wilfulness of a "poorly informed public" in the face of medical scepticism, he cited the success of the Priessnitz' "cold water cure," the product of an "untutored Silesian peasant," arguing for the "expediency of an increased amount of medical and physiological knowledge of the public who select for themselves both medical systems and medical advisers."[34]

Doctors not infrequently advised foreign cures because, as one doctor wearily commented, it was difficult to control patients at home, and combat "long contracted habits, and to induce proper attention to health-laws, while the patient is exposed to temptation; and we all know also how readily many individual who have been quite unmanageable at home, become submissive under fresh influences."[35] Granville was not the only doctor who practiced abroad. Some with wealthy patients often practised abroad for part of the year, a service to their customers that was much appreciated, since the British preferred to be treated by an English doctor, or, at worst, one that spoke English. Edwin Lee was a doctor with an interest in "alternative medicine."[36] In the 1830s he practiced at Wiesbaden, where he and a colleague (the medical advisor to the Landgravine of Hesse), treated friends and other English invalids. Local doctors, who spoke no

---

[31] Austrian doctors sometimes used homeopathic medicines since these did not require a license from the state authorities, see Granville, 1837, 2: 308.

[32] John Forbes, physician to Queen Victoria, was supporter of both hydrotherapy and homeopathy, *British and Foreign Medical Review* 22 (October1846): 428-58.

[33] Quoted in W.H. Brock, Medicine and the Victorian Scientific Press. In W. G. Bynum, S. Lock and R. Porter, *Medical Journals and Medical Knowledge* (London: New York, 1992), 80-1.

[34] *Ibid*.

[35] Stephen H. Ward "On Carlsbad and its Mineral Springs in Relation to Affections of the Liver," *The Lancet* (5 July 1873): 76.

[36] See Edwin Lee, *Animal Magnetism and Homeopathy, Being the Appendix to the Principal Medical Institutions and Practice in Italy, France and Germany* (London: John Churchill, 1835).

English, noticed that the rise in the number of patients was failing to keep pace with increase in the number of visitors and lodged a complaint under an ancient and hitherto disregarded law. Forbidden by the Nassau authorities to prescribe any of the drugs that were an important source of their income, the English practitioners continued their visits and resorted to the medicine chests of friends, at which point they were ordered to leave the town within 48 hours.[37] Subsequently, a number of German doctors learnt English, while Lee himself exploited his knowledge in numerous publications, in which he promoted the therapeutic benefits of the waters and climates of France, Germany and Switzerland.[38]

Granville and other medical authors frequently issued stern warnings about the importance of seeking and heeding professional advice before embarking on a cure, driven in part, by medical politics and the desire to assert the authority of their professional knowledge against that of lay opinion. In the German and Austrian spas, the process of regulating the use of the waters was more advanced than in Britain or France. There were strict procedures for licensing and controlling spa physicians, who imposed strict regimes on their patients, generated an aura of medical efficiency that was reinforced by the refusal of doctors to treat patients for whom they considered their waters unsuitable.[39] Some of the more austere spas strictly policed the kind of amusements that visitors were allowed, so that peace and tranquillity was one of their most distinctive features. As Mary Shelley's account of the quiet life at Kissingen made clear, a

---

[37] *The Times* (August 12, 1839): 4.

[38] Edwin Lee, *An Account of the Most Frequented Watering Places on the Continent, and of the Medicinal Application of their Mineral Springs: with Tables of Analysis and an Appendix on English Mineral Waters* (London: Longman, Rees, Orme, Brown, Green and Longman; Paris: Galignani, 1836), was one of Lee's first guides to foreign waters, and was subject to severe criticism by Granville, 1837, 1: xxi. However, Lee was a highly successful writer of spa guides including Bradshaw's *Guide to the Continent* (London: W.J. Adams/ Manchester: Bradshaw and Blacklock, 1851). Lee eventually established a practice in the south of France specialising in the treatment of consumption.

[39] In France important groups within the French medical elites were committed to thermalism as a medical and scientific enterprise, see Weisz, *The Medical Mandarins,* 152-3.

small German spa was no place for anyone who wanted some serious gaiety.[40]

Over the next three decades the increase in the flow of British tourists abroad was matched by the expansion of the press.[41] Reports on the doings of well-known figures indicate that spa visits were an obligatory part of the annual routine for the obese, gouty or dyspeptic, for whom any regime based on moderation and exercise was likely to be beneficial. Included in the ranks of the new middle-class patients who consulted their doctors about foreign trips were the professional journalists who came to prominence in the mid-century and shared their readers' regard for foreign holidays.[42] George Augustus Sala was one of the many drawn to the "sinful" pleasures of Monte Carlo where he regularly took his holidays.[43] In 1873, Dr. John McPherson noted that the "stream of English to continental baths is increasing every year[...] the English find it not more expensive to visit a foreign spa, than to go to the seaside at home [...] and since the imagination is pleased to dwell on their hidden virtues, visits to spas will always be

---

[40] See Beth Dolan Kautz, "Spas and Salutary Landscapes: the Geography of Health. Mary Shelley's *Rambles in Germany and Italy*," in *Romantic Geographies, Discourses of Travel 1775-1844*, ed. Amanda Gilroy (Manchester: Manchester University Press, 2000).

[41] For a discussion of the press, see Mark Hampton, *Visions of the Press in Britain: 1850-1950*, (Urbana/Chicago: University of Illinois Press, 2004); for its role in the promotion of travel, Jill Steward, "Where and How to Go: the Role of Travel Journalism in Britain and the Evolution of Foreign Tourism, 1840-1914," in *Tourisms, Histories and Identities: Nations, Destinations and Representations in Europe and Beyond*, ed. John. K. Walton (Clevedon: Channel View, 2005).

[42] Frank C. Burnand, "Some Account of a Visit to Royat," in *Very Much Abroad* (London: Bradbury Agnew, 1890),171.

[43] George Augustus Sala, *Life and Adventures* 2 (London: Cassell, 1895), 280. For non-participants, gambling was the subject of prurient interest exemplified by Mrs Trollope's shocked excitement at the sight of "the worst and vilest in the hope of pillage at the gaming tables," *Belgium and Western Germany* 2 vols. (London: John Murray, 1834),1: 68-70. On the association see "Watering–places and Gambling," *The Lancet* (December 20, 1902, 1710-1711). The author argues that statistics show that prohibition of gambling had little effect on custom and that in the case of Nauheim, which was accustomed to use the proceeds for development the amenities, it had been positively beneficial.

popular.[44] The problem of choice remained whoever for he commented that even the "best home practitioners, though frequently recommending their patients to try the efficacy of the springs of Germany, rarely indicate the spot, referring them to some foreign authority."[45]

British authorities, with few exceptions, had until this point seldom referred patients to the French inland spas.[46] But, as improvements to communications and redevelopment got under way in the 1870s, there were signs of new interest from within the medical profession, although most doctors remained loyal to the German baths, considering them the "best managed, and best suited to the taste of English visitors."[47] Homberg remained popular because of its location and the patronage of the royal family, even after Prussian annexation in 1866 led to the closure of the casino.[48] All was not lost for the French in McPherson's view, for "many of the French ones leave nothing to be desired, and the recent war with Germany has created in France a spirit of rivalry with the German baths, which though it has been carried to a foolish extent, is at least tending to the improvement of French establishments."[49]

---

[44] John McPherson M.D., *The Baths and Wells of Europe*, 2nd ed. (London: Macmillan, 1873), 9-10.

[45] "Meditations on Dyspepsia II," 414.

[46] A.B. Granville, *The Mineral Springs of Vichy; a Sketch of Their Chemical and Physical Characters, and of Their Efficacy in the Treatment of Various Diseases. Written after a Rapid Excursion from Kissingen, in the Summer of 1858, as a Guide to English Invalids Suffering from Gout, Indigestion, Acidity of the Stomach and Grave* (London: Churchill, 1859). "Vichy; a discussion," *The Lancet* (September 22 1877): 446-6. *The Lancet* carried an article on Vichy as it began to equal Aix in its attractiveness and a number of the more accessible smaller spas such as Enghien attracted notice in the press.

[47] McPherson, 1873, 9-10. He also notes that French medicine, while still based on faith in "the mystical powers of waters," was becoming emancipated, 5.

[48] An article on "Watering–places and Gambling," in *The Lancet* (December 20 1902), 1710-1711, came up with statistics to demonstrate that the prohibitions of gambling had little effect on their custom and that in the case of Nauheim that had previously used the proceeds to fund the development of its amenities, it had been positively beneficial.

[49] McPherson, 1873, 9-10.

He was proved to be correct as the social elites began to take advantage of the new amenities of the French *villes d'eaux* as they expanded under the Second Empire.[50] Aix-les-Bains had always been popular with the British because of its location in Savoy and its casino. The journalist Frank Burnand recalled a pleasure trip to the town as one of the few real holidays he had experienced and thoroughly enjoyed.[51] In the 1880s, its profile was greatly raised among the British after its discovery by the royal family, confirming its place in British esteem.[52] Medical interest helped to make it fashionable to visit a French rather than a German spa, particularly after Dr. John Burney Yeo wrote a series of articles in 1879 for a number of influential publications, including one on Vichy and another on the spas of the Auvergne of which only Mont Dore, he noted, was then known to the English, but implying that their time was coming.[53] In his opinion Vichy's waters were actually superior to those of Homberg, or even Carlsbad, for certain complaints, but despite its excellent hotels, amenities and competitive prices, it lacked the beautiful natural settings of its German competitor.[54] Moreover Homberg was nearer to "the regular Swiss round... closer to the somewhat cocknified Rhine, and, moreover, it is the custom with German physicians when a serious course of waters has been advised

---

[50] See Douglas Mackaman, *Leisure Setttings Bourgeois Culture and the Spa in Modern France* (Chicago: University of Chicago Press, 1998), 121-54; Lise Grenier, *Villes d'eaux en France* (Paris: Hazan, 1985), and for comparison Rolf Bothe, ed., *Kurstädte in Deutschland sur Geschichte einer Baugattung* (Berlin: Frölich and Kaufmann, 1984).

[51] Sir Frank Burnand *Records and Reminiscences: Personal and General* 2 (London: McLure 1904), 249.

[52] Aix-les-Bains, *Illustrated London News* (October 4 1887): 4.

[53] Dr. I. Burney Yeo, *Health Resorts and their Uses: Being Vacation Studies in Various Health Resorts* (London: Chapman and Hall, 1882), 159.

[54] J. Burney Yeo, "Some French Health Resorts: Vichy," *The Times* (August 25 1873): 4. McPherson claims Homberg was more popular (c. 1869),with the English, Americans and French than with the Germans, where presumably the French presence went into rapid decline after the Franco-Prussian War. See Douglas Mackamam, "Competing Visions of Urban Grandeur: Planning and Developing Nineteenth-Century Spa Towns in France," in Borsay *et al.*, *New Directions in Urban History*, 60-61, on the rise of "thermal nationalism."See note 11.

to prescribe an "after-cure" in the Swiss mountains or in the Black Forest," something that French doctors did not do.[55]

Burney Yeo's essays clearly had some effect, since *Punch* abandoned its usual preoccupation with the French seaside for the inland spa. *Punch* was always keen on topics familiar to the public, such as dubious medical practices and strange remedies.[56] It was in this ironic vein that Frank Burnand depicted cures taken at La Bourboule and Royat, the most easily accessible from Britain (Fig. 17-1).

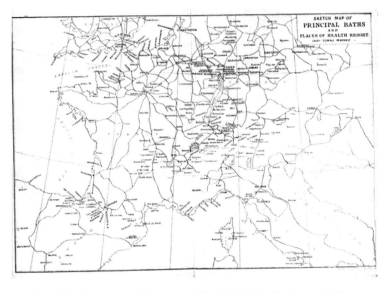

Fig. 17-1. From John McPherson. M.D. (1873).*The Baths and Wells of Europe*. 2nd ed. London: Macmillan, 1873, 189. Courtesy of the Literary and Philosophical Society, Newcastle upon Tyne.

---

[55] Burney Yeo, 1882, 160.

[56] Frank Burnard, *Very Much Abroad* (London; Bradbury, Agnew, 1890), 172; see Richard Noakes, *Punch* and comic journalism in mid-Victorian Britain. In Geoffrey Cantor, Gowan Gawson, Graeme Godday, Richard Noakes, Sally Shuttleworth and Jonathan R. Topham, *Science in the Nineteenth-Century Periodical: Reading the Magazine of Nature* (Cambridge: Cambridge University Press), 107.

Recommended to the latter by his doctor, who was intent on going there himself, the author claimed to be greatly put out when: "EVERYBODY—that is everybody to whose friendly judgement I submit my intention of going to Royat-les-Bains—says 'What on earth are you going to Royat for? Why not Vichy, Aix-les-Bains, La Bourboule, Mont-Dore, Homberg or Luchon?'" [57]

France was not the only country where health tourism was undergoing rapid expansion. The founding and redevelopment of many more spas and health resorts across the continent increased competition nationally and regionally, as resort authorities invested heavily in new facilities and tried to attract new and wealthy customers to pay for them. Physicians, patients and tourists were presented with the problem of choosing from an increasingly diverse and expanding market. Few doctors had very much experience of foreign watering places and often turned, as in the past, to one of the many guides and handbooks to the watering places of Europe now increasingly available and published in many different languages. These listed particular waters, airs and climates and indicated the ailments for which they might be beneficial. In these guides it is possible to discern a form of "system" constructed out of previous works, particularly the scientific treatises classifying the waters, textbooks written for the medical profession, works by spa physicians and travelogues written by visitors to the spas. [58] As with any system, the way it was represented depended upon the particular medical and cultural context. Scientific typologies of waters, airs and climates were structured by enlightenment discourse while the range and focus of medical guides to the spas were limited by the particular expertise and cultural set of the authors, [59] although they frequently borrowed

---

[57] From our roving correspondent, "Aix–les–Bains: Discussion," *The Lancet* (July 29 1882): 165; M. Austin Boyd, "Some Notes on the Mineral Springs of Auvergne," *The Lancet* (October 22 1887): 804-6.

[58] Herman Klenze, *Taschenbuch für Badereiesende und Kurgäste: Aertzlicher, Rathgeber und Führer durch die namhaftesten Kurplatze Deutschlands, Oesterreichs, der Schweiz, Frankreichs, Englandes, Italians und anderer europäischer und aussereuropäischer Länder* (Leipzig; Eduard Rummer, 1875).

[59] On national cultures revealed in medicine, see Lynn Payer, *Medicine and Culture: Notions of Health and Sickness in Britain, the US, France and West Germany* (London: Gollanz, 1989). On complaints of "borrowing," see, A.B. Granville's criticisms of rival spa guides, 1841, 1:xxi.

from each other. Out of the hundreds of smaller spas relatively few were listed in the standard British handbooks published for the lay public, apart from those of Germany, Savoy and the Pyrenees (See Fig. 17-2). In the last two decades of the century, handbooks aimed at the medical profession became progressively thicker and more comprehensive, while those aimed at a lay public, which though not sick was still concerned with its health, became slimmer and overtly commercial.[60] Not surprisingly therefore many travellers could relate to the sentiments expressed by a correspondent to the *Queen 'Newspaper'*: "the moment always arrives when the doctor suggests a change, the question arises 'Where to go?'"[61]

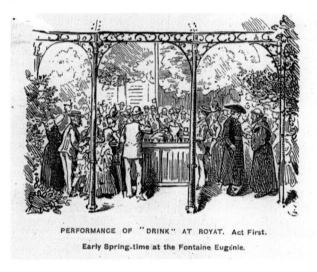

PERFORMANCE OF "DRINK" AT ROYAT. Act First.
Early Spring-time at the Fontaine Eugénie.

Fig. 17-2. From Frank Burnard (1890), *Very Much Abroad*. London: Bradbury. Agnew, 1890. Author's own.

---

[60] For example, Thomas Linn M.D., *The Health Resorts of Europe*, 10th ed. (London: H. Kimpton, 1893). This went through many editions; *Cook's Handbook to the Health Resorts of the South of France, Riviera and Pyrenees* (London: Thom. Cook/Simpkin, Marshall, Hamilton, Kent, 1900). *Bradshaw's Dictionary of Mineral Waters, Climatic Health Resorts, Sea-baths, and Hydropathic Establishments of the World* (London: Kegan Paul, Trench, Trübner & Co, 1882-1904).

[61] See "'Home versus foreign spas': a correspondent writes," in *Queen* (January 26 1906): 118.

An enduring danger of all popular guides was the recycling of information from previous publications and the failure to provide accurate or useful information about the non-medical features of a place of the kind most important to patients. The reviewer of a guide to the French spas found much of it so "strictly technical as to be scarcely intelligible to the lay reader," although he conceded that it provided useful and practical information, including details of social and scenic attractions of the kind that would enable practitioners and patients to make comparisons.[62] Lack of helpful information was a problem for both doctors and patients, particularly since medical textbooks repeatedly emphasised the psychological dimension of spa medicine, an aspect of treatment that could not be generated by waters or climate alone, but was dependent upon other features of a place. Burney Yeo, for example, noted that "the choice of a particular climate for a particular case will frequently have to be determined by individual and personal rather than by general and pathological considerations."[63] Apart from the settings and scenery, people wished to know about such items as medical fees and the cost of living, living and eating arrangements and the quality of recreational and social life. And even in the most recent guides, relevant and up-to-date information about travel arrangements, accommodation, prices and treatments often lacked information or were incorrect.

It was here that the press could perform a useful service by providing a forum for the dissemination of the kind of information that went beyond the generalities of a handbook and for the discussion of issues that could directly influence choice. Moreover, increased speed of production made papers responsive to events. Up-to-date information about fashionable hotspots could be gleaned from press coverage of high society in papers like the *Illustrated London News*, while articles about the advantages and disadvantages of places

---

[62] "Review of Achille Vintras, *Medical Guide to the Mineral Waters of France and its Wintering Stations*," *The Times* (September 12 1883): 2.

[63] J. Burney Yeo, "Doctors are often blamed for moving patients with advanced phthisis but the "sadness and misery of the last few months of life as are left to our patients as cheerful and bright as possible […] are often mitigated by removal from habitual surroundings, which have become distasteful or wearisome, or from dull cheerless city dwellings, and the contemplation of a landscape which presents all that is bright and beautiful in nature," *A Manual of Medical Treatment* (1913), 754-55.

actually visited by the author in influential up-market papers, such as the *Pall Mall Gazette* or *Belgravia,* also had an effect on readers.[64] Press publicity helped to make Davos and St Moritz, for example, fashionable first as resorts for consumptives and then as places for winter sports. The relationship between Victorian journals and their readers was a fairly intimate one, assiduously cultivated by editors as competition between rival publications made life in the marketplace more demanding. Readers were addressed as members of a community which recognised itself in shared lifestyles, patterns of consumption and attitudes to health and recreation. British newspapers, such as *The Times*, were relatively easily obtained in the hotels and reading rooms of resorts across the Continent, even in the smallest of watering places.[65]

One example of such a "community" was the readership served by the society magazine, *Queen*. From the 1860s to the First World War, *Queen; the Ladies Magazine* (f. 1861), provided its readers with travel information that was both useful and practical and of a kind not always to be found in guidebooks. *Queen*, founded for an educated middle-class readership, failed to thrive and was sold to Edward. W. Cox, who turned the paper into a "class journal" modelled on the lines of the *Field,* which he also owned and controlled until his death.[66] Cox organised his papers into departments run by sub-editors. His policy was to focus on matters closely related to the interests, aspirations and lifestyles of his readers. This trend was accentuated in the 1890s, when Cox's grandson Percy became editor.

One of Edward Cox's strategies was to initiate an interactive relationship between his publications and their readers, giving them guidance on etiquette, fashion, interior decor and other lifestyle matters. He was quick to appreciate the importance of travel in the

---

[64] See for example Jill Steward, "Grant Allen and the Business of Travel," in *Grant Allen and Cultural Politics at the Fin de Siècle*, ed. William Greenslade and Terence Rodgers (Ashgate: Basingstoke, 2005).

[65] See Louise Moulton, "Brides-les-Bains," in *Lazy Tours in Spain and Elsewhere* (London: Ward Lock, 1896), 261.

[66] Charlotte C. Watkins, "Editing a 'Class Journal': Four Decades of the Queen," in *Innovators and Preachers: the Role of the Editor in Victorian England*, ed. Joel H. Wiener (Westport, Conn.: Greenwood, 1983),185-99; see also "Edward William Cox and Rise of 'Class Journalism'," *Victorian Periodicals Review* 17 (1984): 887-93.

lives of his readers, offering them a service that filled a gap in the market, the core activity of which was a questions and answers service. In the 1890s the readership began to decline under the impact of competition from other journals and became less well defined as the social elites fragmented into more discrete, but overlapping circles, distinguished from each other by wealth and choice of lifestyle. Percy Cox responded to the situation by moving the paper up-market and focusing on the doings of the "upper 10,000" with the result that the paper rather lost direction.[67] It continued to make a feature of its travel pages however, under the travel editor Marcus Hornsby, providing a service that actively supported its readers' efforts to obtain value for money by choosing destinations appropriate to their individual needs, tastes and pockets. From 1904, much of the information published in paper was laid out for a wider public in book format, as *The Queen Book of Travel,* updated annually.

The travel columns consisted of three elements: feature articles, the editorial columns and a letters section. The anonymous editor prided himself on the accuracy and up-to-date nature of the information in his columns and the high standards of professionalism maintained.[68] Information in articles was carefully checked and over-enthusiastic or unbalanced articles were balanced by judicious editorial comment or by letters from correspondents sharing their personal knowledge of the place in question. A number of well-known figures were commissioned to write feature articles for the paper such as Mrs Aubrey le Blond and Douglas Sladen. Often features dealt with places identified as "coming" resorts, but the editor clearly tried to strike a balance by also including items on places well-known and loved by the British. Over the decades there were articles on the largest spas, on the seaside resorts of northern and south west France, the winter stations of the Alps, the Riviera and the Pyrenees and, in later decades, on Madeira, North Africa and the West Indies, as well as articles on lesser known places in regions of interest such as Brittany and Normandy.

The editorial provided a miscellany of news items and a running commentary on the state of the travel industry, controversial issues of

---

[67] Watkins, 1983, 198.

[68] The editor took a dim view of the majority of amateur articles submitted to the paper or published elsewhere, particularly those he described as "botanising from the carriage window," *Queen* (November 9 1985): 882.

the day affecting travellers, gossip about the season's hotspots and letters from correspondents. It also noted changes to transport and travel schedules and other relevant items of news such as spa redevelopment for example, or news of innovatory health treatments. There was an extensive listing of all new publications relating to travel, many of which were reviewed by the editor. Most important of all was the question and answer service that kept the editor directly apprised of readers' concerns and which helped to give the latter a sense of ownership. Letters from readers resident abroad indicate that the paper was widely read in expatriate communities across the Continent. Published replies to unspecified queries (private replies could be had), under captions such as "Buxton 'La Châtelaine'," suggest a wider readership than that implied by the reports on the fashionable to be found elsewhere in the paper. Many readers were concerned with economy and some even inquired about opening boarding houses abroad.[69] The majority of "queriests" can be assumed to be female, but many correspondents were clearly writing with family members of both sexes in mind.

As the success of the letters indicates, the major problem for readers was how to obtain up-to-date information. Even the established guides (to which he often referred readers), could not be wholly relied on. In reviews, the editor finds Eugene Weber's magisterial work on spa and health resorts and the handbooks of Burney Yeo Linn and Bradshaw all found wanting in some respect or another. Weber's work is comprehensive but lacks detail when needed and the section on "Daily Life" omits to give information on key issues such as doctors' fees, how often they should be consulted and on living expenses. Nor is it sufficiently critical of the accommodation found in many places: "yet we know that much of the accommodation of the spas at home or away, is often both dear and indifferent."[70] Indeed, in many cases, there is no mention of accommodation at all or if there are English-speaking doctors. It was these kinds of deficiencies that *Queen* set out to remedy. Over the years the travel columns provided readers with the kind of information they needed and dealt with their anxieties, concerns and preferences. People wrote to the paper because they wanted specific information of a practical sort. Where the travel department at *Queen* was able to make a

---

[69] *Queen* (April 28 1900): 698.
[70] *Queen* (July 18 1896): 91.

positive contribution was in the expertise and the network of correspondents that facilitated the collation and communication of up-to-date practical information of the kind that could influence choice. Responses to "queriests" was therefore highly detailed, giving very specific information about travel, accommodation, travel arrangements, suitable dress, etiquette, prices, amenities and climate—all based on the most up-to-date information available from the transport agencies and the experiences of readers and correspondents recently travelled or resident abroad

How much influence did *Queen* exert over the behaviour of its readers as it responded to the "where shall we go? ...What place will suit us best?"[71] This is not easy to establish but an editorial in 1896 noted that it was through "the advocacy of the *Queen* newspaper that hundreds, if not thousands of visitors have gone to Montreux who would not have visited it otherwise."[72] Of those who could best afford to stay in the smartest hotels in the most elegant resorts it seems unlikely that it was *Queen's* recommendation that persuaded them to visit Aix-les-Bains, Vichy or Baden Baden, since such places constituted their natural milieu, particularly if connected to the diplomatic and consular services.[73] But the society reports noting the movements of celebrities who flitted to and fro across the continent identified the "hot spots" of the day to readers: and the presence of the Prince of Wales invariably increased the numbers of British present in a resort. Editorial "Echoes" from the south and "from sands and spas" recorded the success or failure of the season in particular resorts in conformity with the seasonal imperatives that ruled the lives of many readers.[74] Lists of visitors gracing the particular resorts assumed insider knowledge of their social standing.

In the early decades, the paper addressed a broader and more middle class readership than in its later days and one still relatively unaccustomed to foreign travel. *Queen* was particularly helpful to these readers by presenting going abroad as a relatively straight-forward activity. In the later decades the number of columns devoted

---

[71] *Queen* (April 28 1912): 616.

[72] *Queen* (February 8 1896): 254.

[73] The presence of royalty certainly entailed such an entourage. See also Blackbourn, 2002, 9-21.

[74] Leonora Davidoff, *The Best Circles, Society, Etiquette and the Season* (London: Croom Helm, 1974).

to queries was massively increased in the summer months as readers sought advice on winter quarters. An indication of the influence that recommendations and publicity in *Queen* could have is shown by the speed with which officials or residents of a place responded to criticism and wrote in to put the record straight. Equally suggestive is the vehemence with which the travel editor insists on the impartiality of his advice and the importance of maintaining professional standards.[75] Clearly, if *Queen*'s advice was to going to be acted upon then, it had to be reliable. Correspondents were quick to take up the matter if they thought they had been wrongly advised. Inevitably however, the travel editor's recommendations were based on his own view of his readers, based on long experience of their concerns. It was therefore his practice to refer them, wherever possible, to places with a nucleus of English residents, some kind of English club, an English-speaking doctor and an English church.[76]

In the editor's opinion "the majority of English only use the Continent of Europe as a means of diversion."[77] However this did not exclude an interest in health, even though he made it a policy not to advise correspondents on their health.[78] When someone accused him of treating Davos as a resort for consumptives he replied "My correspondents are, as a rule, sound in wind and limb and go to Davos and other winter mountain resorts for the skiing, tobogganing..." Yet a great number of correspondents or their family members were clearly suffering from phthisis or some kind of pulmonary disorder and were looking for affordable place with a suitable climate or facilities. Others were concerned with health in a more general sense. In an article on the "sun and air cure" at Veldes, a correspondent wrote about "the atmosphere of thought today, when thoughtful men and women are beginning to realise the evils, the losses to health and life, which are involved in the present conditions of ordinary

---

[75] *Queen* (January 13 1900): 85

[76] *Queen* (September 14 1895): 502.

[77] *Queen* (February 9 1895): 257.

[78] It was in this kind of situation that the editor himself turned to medical guides such as Burney Yeo or Linn for help. For example, *Queen* (July 22 1893): 195. "St Moritz, Engadine ('Mater'),–our questions are so closely verging on the purely medical, that I hesitate to answer them. Perhaps I had better quote a first authority, Dr Burney Yeo on the climate."

[78] *Queen* (February 9 1895): 97, 257.

conventional existence–a result of servile obedience to the tyranny of a social law, which under the name of custom crushes body and soul under its iron rule."[79] Similar sentiments were expressed in Max Nordau's book *Degeneration* (published in England in 1895),[80] in which he commented on the deleterious effects of urban living and ill disciplined life-styles on the upper classes and the fashionable diseases, such as neurasthenia and sexual pathology, to which it gave rise. Such sentiments helped to maintain the popularity of spas as popular places in which to recuperate from the rigours of modern life: those most popular with the English had sporting facilities such as golf and tennis courts.

Spa culture was clearly a topic considered of interest to many readers, even if the majority were more interested in leisure facilities than medical regimes. In the early decades, most attention was given to the German spas, especially Wiesbaden, Homberg and Baden Baden, but in the 1870s-80s this was extended to the more fashionable French spas, notably, Aix and the spas of the Auvergne. In the 1890s the use of places like Royat as backgrounds for the new seasons' fashions confirmed their reputation as places in which to be seen.[81] In the 1890s, the growing volume of the British staying in foreign health resorts, led to attacks on the editor for "lack of patriotism."[82] In reply, the editor defended the amount of coverage given to foreign resorts, arguing that people were supposed to know their own country, or could easily find the information they needed, much of it in the provincial newspapers that devoted long articles, throughout the season, to this or that resort but: "here, we endeavour all year round to follow the tide of travel."[83] In any case information about foreign resorts could be obtained nowhere "except in these columns, and those of *Field* (devoted especially to the colonies and more distant parts of

---

[79] *Queen* (August 28 1890): 282.

[80] Max Nordau, *Degeneration* (London: Heineman, 1895), 35, 7.

[81] "Costume for Royat les Bains," *Queen* (August 12 1899): 277.

[82] *Queen* (April 27 1895): 731. "The amount of abuse which is showered on my head for simply answering correspondents who wish to know something of our Continental travel–construed as want of patriotism–is far more than my readers are generally aware of; more information on Continental travel is needed."

[83] *Queen* (April 15 1899): 257.

the world), and few opportunities exist in newspapers for the mutual exchange of information on purely *"sujets de voyage."*[84]

The issue of publicity was a vexed one. Of resorts which wanted the prestige of foreign visitors the editor remarked: "If a new resort can acquire British patronage it knows that its reputation is made...."[85] Such an attachment, in the view of the editor, was unaffected by fashion, but, he observed, a place once lost to the British could not expect their return.[86] In the eyes of the editor "lost" sometimes meant the absence of fashionable society. As he remarked apropos of the proposed redevelopment of Pau "Every dog has its day and every fashionable spa too. At the end of the last century it was Montpellier, whoever has heard of Montpellier now? ...its name lingers on, but in the name of some terrace and thoroughfare in an English watering place..."[87] The competition for customers led to a number of strategies. One journal referred to the "thinly veiled system of touting for patients which is carried on at many health resorts."[88] This was still an issue when *Queen's* editor referred to the unscrupulous tactics used by some spa doctors to recruit patients; elsewhere he referred to the "many German medical men who frequently visit England in order to introduce themselves and their waters to the profession." Editorial comment over a sustained period makes it clear that the Rhenish spas were very anxious to maintain their British customers in the face of growing competition from other European spas and were well aware of the need for publicity. Even small German spas unknown in Britain could be relied upon to supply an elaborate prospectus.[89] By contrast, the French "object to *faire la réclame,*" explaining perhaps, the editor thought, the scant use that English doctors made of the spas in the Pyrenees. Moreover German spa physicians certainly provided the

---

[84] *Ibid.*

[85] *Queen* (January 6 1906): 41

[86] *Ibid.*

[87] *Queen* (March 3 1894): 347.

[88] *Journal of Balneology and Climatology* 1 (1877): 248, describes the "practice of calling upon medical men in London and other large towns with a view to inducing them to send patients to be under the care of the callers residing in certain resorts, used to be a curse–peculiar to a few continental physicians, English medical touts and large resorts on the southern coast."

[89] *Queen* (May 18 1895): 893.

paper with a steady stream of information, so that the editor took care to remind readers every so often of the paper's policy of impartiality.[90]

At the end of the century there was greater coverage of the domestic scene, with an occasional feature on English or Scottish establishments.[91] The state of the domestic tourist industry was a vexed question. The editor was not a supporter of British hydropathic establishments. He frequently railed against widespread overpricing and poor climate, poor food and poor service, problems that he and many of his correspondents regarded as characteristic; they were also unhappy about the social tone. The fact that "many British hydros are more fashionable *pensions* than general sanatoriums, is more the fault of the visitors than of the management."[92] According to the editor, the problems of the hydro began when the hydros started to offer "luxury and amusement" as inducements instead of relying on the attraction that "health regained by spare diet and vigorous bath applications had alone been sufficient to maintain [...] Many now [...] are nothing more than huge boarding houses, indisputable rivals not only of each other, but of the neighbouring hotels, completely losing sight of their prime objects, viz. the reception of patients in need of health restoration."[93] Even at Matlock, which retained something of the true spirit of its founder John Smedley, only half of the guests were there because of the medical care, while the rest came only for the kind of pleasure and recreation "possible in the billiard room" where "smoking was allowed."[94] Different problems arose in Wales. As one article in *Queen* dolefully asked of a Welsh spa, "What, if on the one hand the waters will cure you, but on the other the dullness will kill you?"[95]

Not that everything on the Continent was superior. Although France was highly popular with the British, both editor and correspondents frequently complained about the inadequacies of French-

---

[90] *Queen* (October 3 1898): 616. "Not a week passes but little books are sent me, wonderfully illustrated in which some new and old watering place is extolled…"

[91] "Strathpepper spa," *Queen* (July 18 1896): 136; "Gilsland," *Queen* (September 17):189, 453.

[92] *Queen* (May 18 1895): 893.

[93] *Queen* (March 10 1906): 434.

[94] *Queen* (June 22 1895): 143.

[95] *Queen* (July 28 1912): 41.

managed hotels and the uncivilised sanitary arrangements. The colonies of *hivernants* were concerned about anti-British feeling on the Riviera and threats from the "France for the French movement."[96] Outrage was expressed about plans to impose taxes on foreign residents and proposed changes to the medical regulations that would prohibit doctors without French qualifications from practising in France. This was particularly resented by the resident colonies, since few correspondents seem to have found French doctors willing or able to speak English, unlike German spa physicians, who clearly agreed with *Queen* that if a resort had loyal British customers "[…] it has something to fall back on for the rainy day."[97]

At the beginning of the twentieth century the question "why go abroad?" began to be taken seriously. By 1906 the great majority of replies to correspondents related to English resorts, partly as a response to more aggressive marketing by the domestic tourist industry.[98] There was also less need for those requiring new kinds of treatment to seek them abroad, as the English spa trade became increasingly competitive in terms of their prices and the range of treatments they offered.[99] *Queen* reported that, in the opinion of the English press, the domestic resorts of Harrogate, Matlock (the "Carlsbad of England"),[100] Buxton and Strathpeffer now stood a

---

[96] *Queen* (January 5 1895): 38.

[97] *Queen* (January 6 1906): 41.

[98] For a discussion of British attitudes to publicity see the Introduction to *Imperial International Exhibition Catalogue* (London: Bemrose and Son, 1909), XX. British municipal authorities were not allowed to use their funds for advertising their spas, unlike their continental competitors; see John Beckerson, "Marketing British Tourism: Government Approaches to the Stimulation of a Service Sector, 1880-1950," in Harmut Berghoff, Barbara Korte, Ralf Schneider and Christopher Harvie, eds., *The Making of Modern Tourism: the Cultural History of the British Experience, 1600-2000* (Basingstoke: Palgrave, 2002), 134-37.

[99] The *Lancet* carried reports on trips made by parties of British doctors to French and German spas in order to study their facilities treatments. This activity seems to have been initiated by the French (c.1898), who were becoming much more interested in British customers, see "Medical Excursions to French Mineral Water Resorts," *The Lancet* (June 11 1904): 1674. "British Medical Men and German Watering Places," *The Lancet* (August 10 and 17 1901): 489, 417-18.

[100] *Queen* (May 13 1905): 264.

"chance of recapturing "that large class which has for years patronised Homberg and Baden Baden."[101] The British who patronised foreign spas were more likely to be members of the international elites than members of the middle classes, apart from those who found that the resorts of the Pyrenees and the south of Tyrol created excellent places to spend the winter. Growing competition on a regional and national level not only expanded the range of destinations, but also led to growing uniformity in the nature of what they had to offer. *Queen* observed that, in spite of the seriousness of foreign amusements "all foreign resorts are alike in the matter; they all aim at attracting the same clientele by the same amusements, and neglect in some cases their own unique natural attractions and their local characteristics in favour of monotonous cosmopolitanism."[102] Such sentiments were shared by many of those who began to seek novelty and difference further afield, for as the editor reflected: "The wires of the telegraph and telephone, even the routes of the locomotives are slowly becoming international ties..."[103]

In conclusion: the nineteenth century publishing industry, particularly the press, played an important part in promoting the patterns of travel that became one of the distinguishing features of the distinctive lifestyles through which the social and cultural identities of the upper and middle classes were expressed and maintained. Medical guides and handbooks and articles in the British press generated public interest in and publicity for places, that tended to reinforce patterns of behaviour already evident among particular social groups, as well as encouraging new ones. However, in considering where and why people travelled in the nineteenth century it is necessary not only to look at general trends, but also to consider the particular choices made by individuals and to ask why they went to the places they did.

This essay has suggested that, in the second half of the century, the expansion of the British press created an influential forum for the dissemination of useful information about continental spa culture and its reception by interested parties. The press functioned as a mediating

---

[101] *Ibid.*

[102] *Queen* (March 10 1906): 434. See also the *Journal of British and Foreign Health Resorts: A Monthly Record of Baths, Climate, Spa News and Spa Gossip, 1889-94*. I am indebted to Dr Alastair Durie for this information.

[103] *Queen* (June 26 1897): 1094.

presence between the free and expanding market of the spa trade on the one hand, and the needs and preferences of individual customers on the other, constituting a space in which personal testimony and impartial recommendation could be matched against the information available in standard handbooks and promotional publicity. While *Queen* was perhaps the best example of the way that publicity and the sharing of information within a particular reading community could influence the travel choices made by individuals, it was not alone, for many of the publications targeting middle- and upper-class audiences published pieces on health and leisure which might have been useful to someone. In a period when up-to date factual information was sometimes difficult to come by and experience inclined patients and physicians to be sceptical about claims made about the effectiveness of any particular waters, reliable personal and professional testimony and assistance in solving personal dilemmas were valuable commodities which helped to sell papers as well as spas.

## Bibliography

### Periodicals and Newspapers cited

*Illustrated London News.* 1887.
*Journal of Balneology and Climatology.* 1877.
*Journal of British and Foreign Health Resorts: a Monthly Record of Baths. Climate. Spa News and Spa Gossip.* 1889-94.
*Queen Newspaper.* London: S. O. Beeton and others. 1861-1912.
*The Lancet.* London: J. Onwyn. 1843-1904.
*Times.* London. 1836-1883.

### Works cited

Bacon. William. "The Rise of the German and the Demise of the English Spa Industry: a Critical Analysis of Business Success and Failure." *Leisure Studies* 16 (1997): 173-87.
Beckerson, John. "Marketing British Tourism: Government Approaches to the Stimulation of a Service Sector. 1880-1950." In *The Making of Modern Tourism: The Cultural History of the British Experience. 1600-2000*, edited by Harmut Berghoff *et al.* 134-37. Basingstoke: Palgrave, 2002.

Blackbourn, David. "Taking the Waters": Meeting Places of the Fashionable World." In *The Mechanics of Internationalism*, edited by Martin Geyer and Johannes Paulmann, 435-97. Cambridge: Cambridge University Press, 2000.

——————— "Fashionable Spa Towns in Nineteenth-century Europe." In *Water, Leisure and Culture: European Historical Perspectives,* edited by Susan B. Anderson and Bruce H. Tabb, 19-35. Oxford: Berg, 2002.

Bothe, Rolf, ed. *Kurstädte in Deutschland zur Geschichte einer Baugattung*. Berlin: Frölich and Kaufmann, 1984.

Bradley, J., M.D. Dupree, and A.J. Durie. "Taking the Water-cure: the Hydropathic Movement in Scotland. c. 1840-1940." *Business and Economic History* 26 (1998): 426-37.

Bradshaw, B. *Bradshaw's Dictionary of Mineral Waters. Climatic Health Resorts. Sea-baths. and Hydropathic Establishments of the World*. London: Kegan Paul. Trench. Trübner, 1882-1904.

Bright, Richard. *Travels from Vienna through Lower Hungary with Some Remarks on the State of Vienna during the Congress of the Year 1814*. Edinburgh: A Constable, 1818.

Brock, William H. "Medicine and the Victorian Scientific Press." In *Medical Journals and Medical Knowledge: Historical Essays*, edited by W.G. Bynum, S. W.G. Lock, and Roy Porter, 70-89. The Wellcome Institute Series in the History of Medicine. London: Wellcome Institute, 1992.

Burnand, Frank. *Records and Reminiscences: Personal and General*. 2 vols. London: McLure, 1904.

Burnard, Frank. *Very Much Abroad.* London: Bradbury. Agnew, 1890.

Burney Yeo, J. *A Manual of Medical Treatment.* 5th ed. London: Cassell, 1913.

Burney Yeo. I. *Health Resorts and their Uses: Being Vacation Studies in Various Health Resorts*. London: Chapman and Hall, 1882.

Claridge, Richard. *Hydropathy or the Cold Water Cure. as Practised by Vincent Priessnitz at Graefenberg. Silesia. Austria*. London: James Madden, 1842.

Collins, Wilkie. *Armadale.* London: Penguin, 1995.

*Cook's Handbook to the Health Resorts of the South of France. Riviera and Pyrenees*. London: Thom. Cook / Simpkin.et al., 1900.

Davidoff, Leonora. *The Best Circles. Society. Etiquette and the Season*. London: Croom Helm, 1974.

Forbes, John. *British and Foreign Medical Review* (1846): 428-58.

Fuhs, Burkhard. *Mondäne Orte einer vornehmen Gesellschaft: Kultur und Geschichte der Kurstädte 1700-1900.* Hildesheim: Georg Olms,1992.

Granville, A. B. *The Spas of England and Principal Sea-Bathing Places.* 2 vols. London: Henry Colburn, 1841.

Granville, A. B. *The Spas of Germany.* 2 vols. London: Baudry, 1837.

Granville, A.B. *Kissingen. Its Sources and Resources.* London: G.W. Nickisson, 1846.

Granville, A.B. *The Mineral Springs of Vichy; a Sketch of their Chemical and Physical Characters. and of Their Efficacy in the Treatment of Various Diseases Written after a Rapid Excursion from Kissingen. in the Summer of 1858 as a Guide to English Invalids Suffering from Gout, Indigestion, Acidity of the Stomach and Grave.* London: Churchill, 1859.

Greenslade, William and Terence Rodgers, eds. *Grant Allen Cultural Politics at the Fin de Siècle.* Ashgate: Basingstoke, 2005.

Grenier, Lise. *Villes d'eaux en France.* Paris: Edition. L'Institut,1985.

Hampton, Mark. *Visions of the Press in Britain: 1850-1950.* Urbana: University of Illinois Press, 2004.

Head, Francis. *Bubbles from the Brunnens of Nassau: By an Old Man.* London: J. Murray, 1834.

*Imperial International Exhibition.* Catalogue. London: Bemrose, 1909.

Johnson, James. *The Pursuit of Health: an Autumnal Excursion through France, Italy, Switzerland and Italy in the Year 1829. With Observations and Reflections on the Moral, Physical and Medicinal Influence of Travelling-Exercise. Change of Scene. Foreign Skies and Voluntary Expatriation.* London: Highley, 1831.

Jütte, Robert. *Geschichte der Alternativen Medizin: von der Volksmedizin zu den unkonventioanllen Therapien von Heute.* Munich: C.H. Beck, 1996.

Kautz, Beth Dolan. "Spas and Salutary Landscapes: the Geography of Health. Mary Shelley's Rambles in Germany and Italy." In *Romantic Geographies. Discourses of Travel 1775-1844*, edited by Amanda Gilroy. Manchester: Manchester University Press, 2000.

Klenze, Herman. *Taschenbuch für Badereiesende und Kurgäste: Aertzlicher. Rathgeber und Führer durch die namhafteften*

*Kurplatze Deutschlands. Oesterreichs. der Schweiz. Frankreichs. Englandes. Italians und anderer europäischer und aussereuropäischer Länder*. Leipzig: Eduard Rummer, 1875.

Lachmeyer, H., S. Mattl-Wurm, and C. Gargerle, eds. *Das Bad. eine Geschichte der Badkultur in 19. und 20. Jahrhundert*. Salzburg: Residenz,1991.

Lawlor, Clark and Akihito Suzuki. "The Disease of the Self: Representing Consumption, 1700-1830". *Bulletin of the History of Medicine* 174 (2000): 458-494.

Lee, Edwin. *An Account of the Most Frequented Watering Places on the Continent and of the Medicinal Application of their Mineral Springs: With Tables of Analysis and an Appendix on English Mineral Waters*. London: Longman.et al., 1836.

————— *Animal Magnetism and Homeopathy. Being the Appendix to the Principal Medical Institutions and Practice in Italy, France and Germany*. London: John Churchill, 1835.

————— *Bradshaw's Companion to the Continent: A Descriptive Hand-Book to the Chief Places of Resort: Their Characteristic Features, Climates, Scenery, and Remedial Resources, with Observations on the Influence of Climate and Travelling*. London: W. J. Adams, 1851.

Lesky, Erna. *The Vienna Medical School of the Nineteenth Century*. Trans. L. Williams and I. S. Levi. London: John Hopkins, 1976.

Linn, Thomas. M.D. *The Health Resorts of Europe*. 10th ed. London: H. Kimpton, 1893.

Mackamam, Douglas. "Competing Visions of Urban Grandeur: Planning and Developing Nineteenth-Century Spa Towns in France." In *New Directions in Urban History: Aspects of European Art. Health. Tourism and Aspects of Leisure since the Enlightenment,* ed. Peter Borsay, Gunter Hirshfelder, and Ruth-E. Mohrmann, 41-64. Waxmann: Münster. 1998.

————— *Leisure Settings Bourgeois Culture and the Spa in Modern France*. Chicago: University of Chicago Press, 1998.

Mai, Andreas. "Breaking New Ground: Assimilating the Periphery into a Recreational Landscape of Germany and France." CD-ROM. Proceedings of the International Society for the Study of European Ideas (University of Bergen, Norway, 14-18 Aug. 2000). Sect. IV. Bergen: ISSEI. 2000.

Matthews, Henry. *The Diary of an Invalid: Being the Journal of a Tour in Pursuit of Health in Portugal, Italy, Switzerland and France in the Years 1817, 1818 and 1819.* London: John Murray, 1820.

McPherson, John. M.D. *The Baths and Wells of Europe.* 2nd ed. London: Macmillan, 1873.

"Meditations on Dyspepsia II: The Cure." *Blackwood's Edinburgh Magazine* 90 Oct (1861): 413-15.

Moulton, Louise. *Lazy Tours in Spain and Elsewhere.* London: Ward Lock, 1896.

Noakes, Richard. "*Punch* and Comic Journalism in Mid-Victorian Britain." In *Science in the Nineteenth-Century Periodical: Reading the Magazine of Nature*, edited by Geoffrey Cantor, Gowan Gawson, Graeme Godday, Richard Noakes, Sally Shuttleworth and Jonathan R. Yopham, 107-27. Cambridge: Cambridge University Press, 2004.

Nordau, Max. *Degeneration.* London: Heineman, 1895.

Payer, Lynn. *Medicine and Culture: Notions of Health and Sickness in Britain, the US, France and West Germany.* London: Gollanz, 1989.

Porter, Roy. "Consumption: Disease of the Consumer Society?" In *Consumption and the World of Goods*, edited by John Brewer and Roy Porter, 58-84. London: Routledge, 1993.

Quin, M. *Steam Voyages on the Seine, the Moselle & the Rhine with Railroad Visits to the Principal Cities of Belgium.* London: H. Colburn, 1843.

Rankin, Glynis. "Professional Organisation and the Development of Medical Knowledge: Two Interpretations of Homeopathy." *Studies in the History of Alternative Medicine*, edited by Roger Cooter, 146-62. Basingstoke: Oxford: Macmillans and St Antony's College, 1988.

Sala, George Augustus. *Life and Adventures.* 2 vols. London: Cassell, 1895.

Shelley, Mary. *Rambles in Germany and Italy in 1840, 1842 and 1843.* 2 vols. London: Edward Moxon, 1844.

Shields, Rob. *Places on the Margin. Alternative Geographies of Modernity.* London: Routledge, 1991.

Smedley, John. Practical *Hydrotherapy, Including Plans of Baths and Remarks on Diet, Clothing, and Habits of Life*. 3rd ed. London: Partridge, 1858

Smollett, Tobias. *Travels through France and Italy*. Oxford: Oxford University Press, 1981.

Soane, John. *Fashionable Resort Regions: Their Evolution and Transformation with Particular Reference to Bournemouth, Nice, Los Angeles and Wiesbaden*. Wallingford: CAB International, 1993.

Steward, Jill. "The Culture of the Water Cure in Nineteenth-Century Austria, 1800-1914." In *Water. Leisure and Culture; European Historical Perspectives*, edited by Susan B. Anderson and Bruce H. Tabb, 23-35. Oxford: Berg, 2002.

Steward, Jill. "Grant Allen and the Business of Travel." In *Grant Allen and Cultural Politics at the Fin de Siècle*, edited by William Greenslade and Terence Rodgers, 155-70. Ashgate: Basingstoke. 2005.

───────── "The Spa Towns of the Austro-Hungarian Empire." *New Directions in Urban History: Aspects of European Art, Health, Tourism and Aspects of Leisure since the Enlightenment*, edited by Peter Borsay, Gunter Hirshfelder, and Ruth-E. Mohrmann, 87-125.Waxmann: Münster, 1998.

───────── "Where and How to Go: The Role of Travel Journalism in Britain and the Evolution of Foreign Tourism: 1840-1914." In *Tourisms, Histories and Identities: Nations, Destinations and Representations in Europe and Beyond*, edited by John. K. Walton. Clevedon: Channel View, 2005.

*The Visitor's Guide to Bad-Nauheim*. Bad Nauheim: Society for Attracting Visitors to Bad-Nauheim, c. 1902.

Trollope, Frances. *Belgium and Western Germany in 1833: Including Visits to Baden-Baden, Wiesbaden, Cassel, Hanover, the Hartz Mountains*. London: J. Murray, 1834.

Vavasour, Anne. *My Last Tour and First Work or a Visit to the Baths of Wildbad and Rippoldsau*. London: H. Cunningham, 1842.

Waddington, Ian. *The Medical Profession in the Industrial Revolution*. Dublin: Gill and Macmillan Humanities Press, 1984.

Walton, John K. *The English Seaside Resort: A Social History 1750-1914*. Leicester: Leicester University Press, 1983.

Watkins, Charlotte C. "Editing a 'Class Journal': Four Decades of the Queen." In *Innovators and Preachers: the Role of the Editor in Victorian England*, edited by Joel H. Wiener, 185-99. Westport Conn.: Greenwood. 1983.

————-"Edward William Cox and the Rise of 'Class Jour-nalism'." *Victorian Periodicals Review* 17 (1984): 887-93.

Wrigley, Richard and Revill, George, eds. *Pathologies of Travel.* Wellcome Institute Series in the History of Medicine. *Clio Medica* 56. Amsterdam: Rodolphi, 2000.

CHAPTER 18

# Hypermedia Navigation in an Eighteenth-Century English Spa: Bath

Liliane GALLET-BLANCHARD
(in cooperation with Marie-Madeleine MARTINET)

How can we reconstruct multi-faceted historical phenomena such as spas, where medical science and social practices coalesce, entailing new forms of town-planning as well? How far is the diversity of this historical phenomenon reflected in the approaches of the various disciplines which study it, and is a multidisciplinary point of view possible? Urban studies have recently developed as part of the "cultural turn" in social sciences, combining cartographic models and visual modes with textual ones to reconstruct urban culture, dealing not only with facts but also with perceptions of cities. And this is an endless mirror-effect since the images of cities in the past are themselves studied through new images constructed by our own study of them, with present-day forms of representation, among others those created by the new media. What new modes of reconstruction of the past do the new media afford, and what fresh insights do they provide? It has long been noticed that the urban vision is well expressed by the modern media of the past century such as the cinema, because of its collage techniques;[1] can we pursue this type of investigation for present-day multimedia? Besides, spas were a place of leisure, a place for the imagination, away from daily life, as well as one belonging to the solid world of medicine. How should we approach such role-playing cities? Our research centre CATI (Cultures Anglophones et Technologies de l'Information) has authored a CD-

---

[1] James Donald, "The City, the Cinema: Modern Spaces," in *Visual Culture,* ed. Chris Jenks (London: Routledge, 1995), 77-95.

ROM which aims at highlighting such interrelated features, taking advantage of the capabilities offered by this new medium: it can combine documents belonging to different fields–maps and plans, paintings, texts, music, video extracts. Its novelty lies in the structure, in addition to the content, since it has a complex arrangement where the pages are associated by hyperlinks corresponding to their mutual relations: maps open onto photographs of buildings, clicking on buttons leads to editorial comments …. The multimodal medium is suited to the multifaceted object of study; but this is not only a simple question of having a medium with mimetic capacities; above all, from the observers' viewpoint, it entails a multidisciplinary approach and construction of the topic, a fluid topic if any.

## An Encyclopaedic approach to spas

Because of its integrative possibilities, this CD-ROM is used in our graduate seminars to introduce research students to the potentialities of this medium for the exploration of social and intellectual history. An assessment of its impact on teaching was conducted in 2004 by our graduates Séverine Letalleur and Dr Denis Lagae-Devoldère with the help of some of their colleagues, and it was presented by Séverine Letalleur at the DRH conference (Digital Resources in the Humanities) at Newcastle in September 2004; the summary is available on the web. The title of the presentation, "Uncovering Knowledge Acquisition behind Digital Contextualization," focuses on the features of the medium which are emphasised in the paper: the encyclopaedic approach with hyperlinks between the sections, which is based on team-work by specialists of the different fields covered. The purpose is to signpost new avenues of research to the users.

It belongs to the history of "visual culture"–the image of spas from the 18th century to the present day, since it correlates the vision of baths given by the *Encyclopédie* and our interdisciplinary interpretation given by the CD-ROM. We can compare these two views of spas, and emphasize the impact of their two multidisciplinary structures on the interpretation of the subject obtained from them.

Starting from the article "Bains" in Diderot's *Encyclopédie*, we see cross-references to "eaux minérales," "bains en medicine," "baignoire," and italics for the technical terms appearing in the text, which usually belong to the field of architecture ("hypocauste," "balnearia").

Similarly, it was for us a team project, establishing cross-references between the contributions of each of the members bringing their own specialist approach to the topic: the history of spas, architecture, literature, music. We might subscribe to the declarations of the *Encyclopédistes*, put forward by D'Alembert in his "Preliminary Discourse:"

> L'*Encyclopédie* que nous présentons au public, est, comme son titre l'annonce, l'ouvrage d'une société de gens de lettres. Nous croirions pouvoir assurer, si nous n'étions pas du nombre, qu'ils sont tous avantageusement connus ou dignes de l'être. Mais sans vouloir prévenir un jugement qu'il n'appartient qu'aux savants de porter, il est au moins de notre devoir d'écarter avant toute chose l'objection la plus capable de nuire au succès d'une si grande entreprise. Nous déclarons donc que nous n'avons point eu la témérité de nous charger seuls d'un poids si supérieur à nos forces, et que notre fonction d'éditeurs consiste principalement à mettre en ordre des matériaux dont la partie la plus considérable nous a été entièrement fournie.[2]

The cooperation between the various contributors is not only an institutional fact; it endows the book with a multiplicity of approaches; it is synthetic, showing "the order of human knowledge," and it is as well a series of separate studies on each subject. These two approaches are in fact complementary, and they reveal the existence of a "chain" uniting the several sciences:

> L'ouvrage que nous commençons (et que nous désirons de finir) a deux objets: comme *Encyclopédie*, il doit exposer autant qu'il est possible, l'ordre et l'enchaînement des connaissances humaines; comme *Dictionnaire raisonné des sciences, des arts et des métiers*, il doit contenir sur chaque science et sur chaque art, soit libéral soit mécanique, des principes généraux qui en sont la base, et les détails qui en font le corps et la substance. [...]
> Pour peu qu'on ait réfléchi sur la liaison que les découvertes ont entre elles, il est facile de s'apercevoir que les sciences et les arts se prêtent mutuellement des secours, et qu'il y a par conséquent une chaîne qui les unit.[3]

---

[2] D'Alembert, *Discours préliminaire de l'Encyclopédie* (Paris, 1751), 83.
[3] *Ibid.*, 84.

Our CD-ROM had a similar intellectual purpose, that of showing the "chains" between the various branches of knowledge, nowadays represented by the "hyperlinks" between the pages of an electronic document. On the institutional plane, it is equally the result of cooperation between specialists in different fields.

A member of the team, Brigitte Mitchell, was our reference on spas, on account of her thesis, her publications, first and foremost her edition of the letters of the Reverend Penrose narrating his visit to Bath in 1766. And above all she introduced us to the museum of Number One Royal Crescent, at a moment outside opening hours, which allowed us to look carefully at the exhibits in a hushed atmosphere in subdued light, and she gave us copies of the annotated lists of exhibits, many of them compiled by herself.

In the CD-ROM, we may go through the circuit authored as a result: from the Bath homepage, we go to the "Architecture" section and select "Royal Crescent," and then take the pages on "Number One," the first house from the right in the Royal Crescent, which is now a museum of daily life in the 18th century. In the list of rooms, let us first visit the kitchen in the basement, where we find a "turnspit dog"—the spit is activated by a wheel kept in motion by a dog running continuously in it, and, as Brigitte Mitchell explained, the dog cannot help running because a burning charcoal has been placed between its legs, and the dog tries to avoid burning its paws by jumping constantly—a practice prevailing until the mid-eighteenth century. We used the "animation" option of our software (a sequence of frames tracing the phases of a movement) to "animate" the dog: when you click on the charcoal, the dog starts jumping, the wheel and its pulleys move, and the roast beef turns with glowing colours coming from the lambent flames. We may also use the "animation" process to demonstrate the successive steps of a recipe–here, how to cook "anchovies with Parmesan" (a rare delicacy in those days); you may also find more about the "syllabub," with hyperlinks to other historical places: Williamsburg in Virginia, where such kitchens are also to be seen.

If we move to the ground floor, we visit the study, where each piece of furniture and each object of the decoration is annotated thanks to the information sheets given by Brigitte Mitchell: mahogany card-table 1760, mahogany bookcase 1780, armchair with cabriole legs 1760, Wedgwood black basalt figures of Apollo and Bacchus, goosequill, admission ticket to the Bath Theatre Royal, table globe….

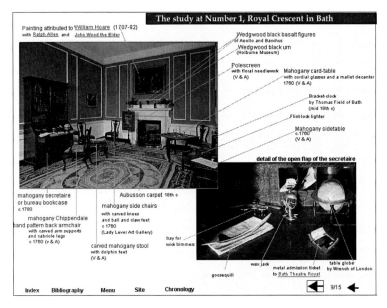

Fig. 18-1. The Study: Number 1, Royal Crescent in Bath.

If we move to the first floor, we find the drawing room, with a cut-glass chandelier, a fortepiano, Sheraton cabinets and Hepplewhite chairs, a Wilton carpet, and a tea-set on a table, which opens out, if we click on it, on passages about the social practice of drinking tea, with comparative links to pages on tea-drinking in other places–Edinburgh, London; there are also pages on coffee-drinking and coffee-houses as a social practice, which again links objects and intellectual life; Addison associated the two when he wrote that he had called philosophy away from secluded places to the coffee-houses, a sentence which is the opening sentence of the section of the CD-ROM on "clubs and societies."[4] And if we continue the tour of Number 1 to

---

[4] "It was said of Socrates, that he brought Philosophy down from Heaven, to inhabit among Men; and I shall be ambitious, to have it said of me, that I have

the bedroom, we find details on fans–our emblematic fan, which serves as the opening animation for the CD-ROM.

Brigitte Mitchell also contributed to the CD-ROM with extracts from her edition of the *Letters of the Reverend Penrose*, who in 1766 wrote letters narrating his stay in Bath and describing the various places and activities. Each passage appears on a new screen, and we made use of the transition effects to give a visual equivalent of the rambling structure of the letters, with digressions and returns to the description of a previously mentioned building; the "fading" effects alternate with the vertical or superimposition of two successive frames, in accordance with the gradual or abrupt transition in the text. The section ends on the focal point of Bath, the Pump Room.

Marie-Madeleine Martinet's contribution was in the field of painting and architecture, together with the interactive effects which help us to understand the process of building; thus we have a section with photographs of Queen Square and the Royal Crescent where you may click on an architectural element to have the corresponding technical term appear in a box: pediment, attached columns…. Also on an aerial view of the Royal Crescent, you may click on the button "Construction of the Royal Crescent" to see the geometrical construction of the semi-ellipse—actually an oval made with three equilateral triangles serving to establish arcs of circles. She also selected the animation effects available in the software in accordance with the content—the visual transition effects to accompany the textual transitions in the letters of Penrose, the superimpositions of diagrams for architecture, the animations reproducing the measuring methods of the mapmakers of the time.

Françoise Deconinck-Brossard contributed the sections devoted to religion and music: sections about the religious revival in Bath, which we can compare with religious life in other cities, views of churches, extracts from sermons, texts about the music of the time and the instruments, with musical illustrations and scores; we can thus hear a tune alternately on the harpsichord and on the spinet, and listen to the fashionable dance tunes of Bath named after places or people in the city—"Orange Grove" and "Miss Pulteney's Fancy." In addition, she arranged for her friends—singers and harpsichord players—to record

---

brought Philosophy out of Closets and Libraries, Schools and Colleges, to dwell in Clubs and Assemblies, at Tea-Tables, and in Coffee-Houses" (*The Spectator*, n°10, Monday 12 March 1711).

18<sup>th</sup> century musical pieces to be included in the CD-ROM; she herself plays the recorder. There are sections on religious music, and on the practices of church singing, such as "lining out," which means that a member of the congregation first read and sang an extract which the congregation then imitated; she herself recorded an example. We also arranged for a friend in the USA who directs a choir to record hymns (Linda Pain), and one of our colleagues at the Sorbonne, who is also an organ-player (Pierre Dubois), to record an organ piece by Stanley on the historic Souvigny organ, and also a colleague in Grenoble (François Boquet) to record Handel.

Marie-Hélène Thévenot-Totems, who is a specialist in Scottish social history, prepared the section on Edinburgh which is cross-referenced with Bath; after studying the section on medicinal Bath water and medical practice in Bath, you may use a hypertext link to move to the section on medicine in Edinburgh, its hospital and its medical faculty.

Jacques Carré, a specialist in urban social history, wrote the general sections on hospitals and poor relief, so that you may also move to his sections, starting from the monographs on Bath and Edinburgh, to have an overview. He also wrote the sections on the history of architecture and town-planning or gardening, together with biographies of the architects—when studying Bath, you may move from a monograph on the Circus to the biography of its architect John Wood. Our colleague Tim Hitkcock, of the University of Hertfordshire, allowed us to use several screens from his CD-ROM *Economic Growth and Social Changes in 18th Century Britain.*

I, as project director, established the overall structure and the interaction between the various sections–the several cities, and the chapters studied: architecture, social life, literature, the arts. I also contributed to the section on literature: the views of Bath given in the texts of the period, such as the poem of Christopher Anstey, and the novels of the period, especially those of Smollett and Jane Austen. I selected for inclusion the famous passage where Matthew Bramble, the hypochondriac traveller, gives a jaundiced view of the Pump Room, and suggests that the waters drunk by the visitors might be the remnants of the repulsive waters of the baths with floating scrofulae, combining the diseases coming from all the bathers' skins through the dilated pores to rush on to their next victims.

The circuit that we can follow in the CD-ROM might start from Smollett's text–the letter by Matthew Bramble dated "April 28," with a hyperlink on the words "by the advice of our friend Ch-"[5] to an advertisement for the medicinal waters celebrating:

> The Most Sovereign Restorative Bath Waters Wonderful and Most Excellent against all diseases of the body proceeding of a moist cause as Rhumes, Agues, Lethargies, Apoplexies, The Scratch, Inflammation of the Fits, hectic flushes, Pockes, deafness, forgetfulness, shakings and Weakness of any Member–Approved by authorities, confirmed by Reason and daily tried by experience

this combination of authorities, reason and experience being a typical synthesis of the times. One page contains the reproduction of the advertisement, from which a hyperlink takes us to the Pump Room, with Georgian engravings and present-day photographs, and a reference to the novels of Jane Austen which describe the Pump Room and the films based on them. We can click on a video extract which I selected from the film *Northanger Abbey*, showing the ladies with their full headgears and long bathing dresses, walking into the waters and cackling to each other.

Hyperlinks take us to texts where these polluted waters are opposed by Matthew Bramble to the pure waters of Scotland and the countryside: *rus versus urbem*. The CD-ROM is thus arranged for the film and the texts to give complementary and partly opposed views of "taking the waters," though both are ironical.

### Hypermedia, hyperlinks: the cartography of spas

Specific approaches apply to non-textual electronic media, such as images and maps, or to combinations of these various options. We may use a cartographic metaphor to describe the structure of a CD-ROM, speaking of a "site map." In each page of our CD-ROM, the user can click on a button which opens a table of contents with the current chapter highlighted (the section in which the user is at the moment appearing in a different colour), thus combining the overall view with the individual position of the user. A metaphorical map of the whole thus accompanies the user at each stage, with both uses of a map: an aerial image of a land from an objective viewpoint and a help

---

[5] Dr Charleton, the author of *A Chemical Analysis of Bath Waters* (1750).

for the traveller in selecting paths on the ground from an individual subjective vantage point. Moreover, maps are not only metaphorical in electronic media; conversely, maps included in CD-ROMs are given a structural use and significance. A review of our CD-ROM pointed out that:

> les cartes... sont agrémentées ici de légendes sonores et visuelles si bien qu'elles deviennent de véritables outils de connaissance... En cliquant sur ces documents [images], on peut passer de l'extérieur à l'intérieur des bâtiments, mettre les tableaux en mouvement, obtenir la biographie des artistes ou avoir accès à des outils très précieux d'analyse iconographique.... Les extrais musicaux... donnent accès à des informations sur les divers modes d'expression musicale... les instruments de l'époque et leurs registres respectifs.[6]

In our CD-ROM, texts are related to maps, since we can project words referring to places on to a plan of the city, in a static manner. We can also dynamically follow the circuit of a character in the streets of Bath, for instance in the animation where we see Catherine Morland of *Northanger Abbey* walk from her home on the far side of Pulteney Bridge towards the Pump Room, and the buildings she sees on her way appear in turn. This is part of the present-day questioning in cultural geography and visual culture on the relations between texts and maps as informational structures, or between different conceptions of space—the evocation of urban space and movement given by words, and its image in pictures or maps.

The temporal dimension is also present in the animations which record the development of Bath: we were allowed to include in the CD-ROM an extract from the computer model made by Professors Robert Tavernor and Alan Day, of the Department of Architecture of the University of Bath (CASA: Centre for Advanced Studies in Architecture), showing the evolution of Bath from the early to the late 18th century with newly built areas gradually appearing as the dates unfold. This development appears first as a map, and then as photographs of the buildings in a fly-over starting from the earliest classical part, Queen Square, and moving up Gay Street over the Circus and above Brock Street to reach the final achievement of the Crescent.

---

[6] Isabelle Baudino, "Review of the CD-Rom *Georgian Cities*" *Etudes Anglaises* 56 (3/2003): 354-56.

This temporal dimension may also be, not the objective one of the development of the city, but the subjective one of a visit by a character or by the video-maker: we included our own videos of architectural landmarks, to allow for a broad angle of view thanks to panning.

Hypermedia makes it possible to present a spa both according to the geographical and the chronological dimensions, and also thematically. Bath is related to London and Edinburgh by hypertext links. Thus the Bath waters were sold in other cities, like London, and the screen showing the medicinal waters, with an advertisement in praise of them, has a comment: "Bath water was also sold in London;" the user may click on the link, which lands on the page in the London section describing trade and shops such as those of tea merchants, in which Bath waters were also sold, with an advertisement from a 1737 tea-wrapper (now in the Twining Museum in the Strand): "Thomas and Daniel Twining, at the Golden Lyon in Devereux Court, near the Temple, sell all sorts of fine Teas, Coffee, Chocolate, Cocoa-nuts, Saggo, and Snuff: Also true German Spaw, Pyrmont, Bath and Bristol Waters, Arrack, Brandy, &c'" and photos of the present-day state of the shop retaining its Georgian Chinese statues above the entrance; in turn, this screen may be contextualised, either topographically, by expanding on the London section from other points of view— economic life, intellectual life…—, or thematically by following the links on "tea-drinking" in daily life, or again thematically by expanding on the commercial activities.

Similarly, the passage on medicine in Bath is linked to a section on medicine in Edinburgh, which allows for a comparative approach. Moreover, from the latter section, one may navigate in the sections on Edinburgh society. It is thus possible, from any given city, to move directly to a chapter on a related subject in another city, without going back to the main menu to go through the home page of the second city. The thematic logic "spas and medicine" may be preferred by the user to the topographical navigation through the Bath section. It is actually a generalising process, since, from the specific topic of "cure through water," we move to the more general topic of "medicine" as a whole, from which we can again move to other specialised chapters.

Within Bath, the visitors may take the sections on medicine, social life, architecture, sciences, music, literature, painting, according to the circuits they create by their successive selections of paths available at each stage. What comes out is several possible viewpoints on the topic of spas. A visitor whose primary interest is medicine will start with the pages on that topic, then will see how the spas created a focus of social life for the fashionable society, and how a new urban setting was designed to host it. Conversely, a visitor who has come to the CD-ROM first and foremost because of its sections on architecture will go directly to the pages on the urban setting, and discover that the Roman architectural models were selected as a recreation of the vanished ancient watering place, thus moving on to a discussion of spas and medicinal treatment. There may thus be an inversion of the main focus and the contextual background according to the users' interest.

Places with multiple social functions, such as the Pump room in Bath, are presented in different ways thanks to the options of visual presentation allowed by the electronic medium: close-ups of the Pump, numerous hyperlinks towards all the surrounding texts.

These interrelations between several fields of experience were themselves a concern of 18th-century thinkers; they attempted to establish correspondences between the various senses, or synaesthesia: according to Fielding, if you attempt to make a blind man experience the idea of colours, you may use an auditory comparison and tell him that red is evoked by the sound of the trumpet. The *Encyclopédie* is organised according to this cross-referencing structure.

## Hypertext: "taking the waters" in context

The hyperlink presentation aims at giving an overall view of a century when Mozart was Mesmer's contemporary,—and when they were perhaps subtly united by a Magic Flute. We did not write a book, which favours a single approach, but created a complex whole with an overall architecture allowing multiple circuits at the users' discretion according to their interests.

This is the definition of the "hypertext" structure:

A special type of database system, invented by Ted Nelson in the 1960s, in which objects (text, pictures, music, programs, and so on) can be creatively linked to each other. When you select an object, you can see all the other objects that are linked to it. You can move from one object to another even though they might have very different forms. For example, while reading a document about Mozart, you might click on the phrase *Violin Concerto in A Major,* which could display the written score or perhaps even invoke a recording of the concerto. Clicking on the name *Mozart* might cause various illustrations of Mozart to appear on the <u>screen</u>. The <u>icons</u> that you select to view associated objects are called *Hypertext <u>links</u> or <u>buttons</u>.*[7]

This kind of structuring can be used in various ways. For literary scholars, linguists or social historians, computer-aided research offers different tools and approaches. A CD-ROM on spas may be a starting point for further explorations on electronic media. We can follow up this study of an extract from *Humphry Clinker* in the CD-ROM by moving to a separate electronic medium, a full-text database like LION (Literature On Line). In the CD-ROM, the purpose of the electronic presentation is to present an extract from the novel relevant to our topic, Bath as a spa, and to add hyperlinks contextualising the extract by sending the reader to photographs of the places mentioned in the text such as the Pump Room. The other type of electronic presentation, the full-text data-base, is very different: it contains the whole text of *Humphry Clinker*, in searchable form, and no external links: it is meant for the close study of the text rather than its contextualisation. After reading the extracts from *Humphry Clinker* in the CD-ROM with the hyperlinks to the places mentioned in the text, which gives the passage a social-historical context, we may turn to a form of contextualisation internal to the textual material, replacing the extract in the whole work, with the appropriate search strategies: the full-text query for key-words in LION. Formulating the query entails a new approach to spas. Full-text databases with search facilities may be used to search Georgian literary texts for occurrences of words on these topics. In humanities computing classes, students can be set such exercises, and thus learn to distinguish the various ways of structuring the medium: hypermedia, text databases.

The "searchable form" of the database means that the user may use the internal search engine to search for the occurrences of key-words anywhere in the text: you may search for "water," and the database will retrieve a list all the occurrences of this word in the novel with the context of the sentences in which they occur; for each of the sentences which the users find relevant to their current research, they may obtain the whole chapter. The user may make a "simple search:" that of a word, for instance "water" as in this example, but there are more

---

[7] See *Wikipedia*.

advanced search facilities: the "combined search," the "proximity search," options for limiting searches.

The cross-searching or combined search searches for two terms used simultaneously in the text, and for instance retrieves all the texts which contain both "water" and "Bath;" for this, the user should link them with the operator "AND." You may also search for the passages which contain either one word or the other but not necessarily both, with the operator 'OR' ("water OR Bath"), or also those which contain only one of the words without the other with the operator NOT or AND NOT ("water NOT Bath").

These search options reflect the intellectual approach of the researcher, since the very formulation of the query corresponds to a theoretical issue. Searching successively for "water AND Bath" then "water NOT Bath" allows us to show the differences between the texts on the theme of water which concern Bath and those which concern other places connected with water, bringing out the differences by comparison.

To define a search strategy, the researcher must clearly consider the relationship between the overall meaning of a passage and the significant words: this type of query bears on the form of words, and we must analyse the semantic networks around them. First, the choice of the words used for the query: the researchers' knowledge of the 18th-century vocabulary will prompt them to select a particular term as being the most likely to be used in certain texts, and will suggest synonyms used at the time (to be linked with OR). In addition to this list of keywords established in advance by the researchers from previous knowledge, the results of the first queries allow them to refine and extend their search: around the occurrences found for the word "water," the context will bring out other words belonging to the same semantic register, which may in turn be used as search terms. We thus move from words to meanings, and from meanings to words, both with a list of chosen keywords fixed in advance and through contextualisation. In the same way, an unexpectedly small number of occurrences of a word which might be expected will probably reveal authorial strategies of indirect references to a sensitive subject through periphrases.

Contextualisation is thus again important, and even more so if we take into account another search option: the proximity or adjacency criteria. In LION we may formulate a query of "word *a* placed within

... $x$ words of word $b$" ($x$ being a number, e.g. 4, or 8). Clusters of words and ideas thus appear; and it may be fruitful to carry out several proximity searches, one with a small arithmetic figure as the proximity factor (within 3 words), another one with a higher figure (up to ten: e.g. within 9 words), and to compare the results. When do authors choose to place significant words close together, so as to produce an obvious rhetorical effect of reduplication or contrast?–in which case there will be numerous hits for the query "$a$ within 3 words of $b$". And in which case do they prefer more submerged effects where related words are spread over the sentence?–in which case there will be hits for "$a$ within 9 words of $b$" but none for "within 3."

This is an example of "concordance programmes:" searches for keywords. Presentations on these have been made by our colleagues who are specialists in this field, Françoise Deconinck-Brossard and Pierre Labrosse. We might set this as an exercise for students: limit searches on a topic in Bath, such as "taking the waters" —this would involve "truncation"—searching for the various forms of a word with different endings or derived words with the same radical (the joker for the ending being marked with a sign such as an asterisk): "water*" will retrieve "water," "waters" and "watering place." In such cases, the electronic medium raises linguistic questions, such as lemmatisation (classifying the various forms of one word under one head-word). A search strategy does not simply consist in defining one search; it also means defining a sequence of comparative searches: AND compared with AND NOT, several proximity searches with different proximity figures, truncation to find a group of related words. It thus enables the construction of a whole conceptual and logical structure round the theme of "water."

## The hypermedia exploration of spas in teaching and research

We can see the strategies presented above as examples of teaching and research approaches.

In addition to the full-text search, LION offers searches on secondary material, so that a researcher can expand on the topic by finding references to books and articles, some articles being full-text. Expanding on the topic can go further: the researchers may carry on searches on the whole web, and learn the appropriate strategies for the use of a search engine. Examples of the exercises we set to our undergraduates are to be found on the website of our research centre CATI: tracing the significant websites on Bath, and such skills as interpreting the URL, at an elementary level: a URL such as http://www.bath.ac.uk shows that it is the website of a university because of the domain name -.ac.- (academic), and that it is in Britain because of the ending in -.uk. It can therefore be relied upon to offer scholarly material.

These exercises implement, in a simplified form, the search strategies which we use for our own research work. Class assignments thus become closer to research papers and introduce students to search strategies.

Or it may constitute an actual domain of research. I published an article on such topics in the periodical *BSEAA XVII-XVIII*; it showed the interaction between search strategies in electronic media and approaches in literary and cultural history. Exploring the theme of "water" in *Humphry Clinker*, according to the search strategies explained above, it contained screenshots of search screens in LION showing SGML coding, and comments on such search concepts as "truncation" or "Boolean search." The results were topics belonging to literary analysis, starting with a descriptive approach ("l'opulence des villes d'eaux") and concluding on the symbolic interpretation of water ("a mere sink of profligacy"). As an intermediary between these two levels is a search on key places which are literal as well as symbolic: "the King's bath" for instance.

Together with Marie-Madeleine Martinet, I made a presentation at the DRH *"Digital Resources in the Humanities"* conference, (Glasgow, 1998), on hypermedia as a metaphor for an approach to cultural history. It used the opening screen for the section of the CD-ROM on Bath: an animated fan gradually folding and disclosing a view of Bath. In a review of the CD-ROM in *BSEAA XVII-XVIII*, the emblematic value of the fan was commented upon: "alliant l'hypermédia et le raffinement féminin du XVIII<sup>e</sup> siècle," and later "l'éventail liminaire, qui se plie et se déplie, reproduction d'un plan de Bath et de deux ensembles de façades, n'est pas simple élégance, il est aussi métaphore."[8] We studied the sequence of approaches favoured by the CD-ROM presentation: cartographic approach, or choice in a menu of options. The fan itself was a bearer of symbolic

---

[8] Guyonne Leduc, "Review of the CD-Rom *Georgian Cities*," *BSEAA XVII-XVIII* 53 (2001): 257-1.

interpretations in the 18$^{th}$ century: there was a courting code making use of the different positions of the fan to convey messages such as "I love you" or "do not forget me." In the CD-ROM, a screen shows a lady with a fan, together with a list of such sentences, and each time the user clicks on one of them, the lady moves her fan to assume the corresponding position. Technically, this is an effect substituting images when the user clicks on buttons, and it is used here to illustrate a study of social codes and their range of significant gestures. As usual, the multimedia structure is used to present a multiplicity of paradigmatic options.

Fig. 18-2. Fashion in Bath.

Again, visual effects were used to structure our presentation of a significant social phenomenon, that of coffee-houses. It combines a late 17$^{th}$ century picture and a text by Addison describing the scene at various hours of the day, which introduces time and motion; we edited the image so as to follow it, with different lighting effects as the text progresses, and the shift from one paragraph to the next—with the corresponding change in the picture—being caused by the user clicking on the hands of a clock to move to the next moment of the day. This image, which we thus adapted to electronic animation techniques, was also related to present-day media in an issue of the *Economist* (20 December 2003), where it appeared at the top of an article called "The internet in a cup: coffee fuelled the information exchanges of the 17$^{th}$ and 18$^{th}$ centuries," presenting coffee houses as playing the same role in the circulation of information as the Internet today.

This renewal of research approaches is reflected in teaching. Among the exercise questions that we set our students, on which we ask them to make a presentation which they put up on our course management system, you may find that of "the language of the fan." They may also be asked to research topics such as 'coffee-houses' and gather documents together with their own interpretation of them, and to find references on them: further websites dedicated to coffee-houses.

**Try to find out websites dedicated to coffee-houses in the eighteenth century**

> **(extract from student's answer, which is followed by comments on the websites and evaluation:)**
> **http://www.fordham.edu/halsall/mod/1670coffee.html**
> **http://waeshael.home.att.net/coffee.htm**
> **http://www.building-history.pwp.blueyonder.co.uk/**
> **Primary/Coffee1.htm**

**What were the different types of coffee-houses in London?**

**What was the role of coffee-houses in London and/or Paris in the eighteenth century?**

**Have you seen the illustration chosen by *The Economist* on the title page of the article before? Would you be able to find it on the internet? How do you look for images on the web?**

So that a study of spas is followed by a continuation with other approaches.

The guiding thread is the circulation of information; we use hyperlinks to emphasise the interconnectedness between social phenomena. Motion is the main characteristic of our medium, which makes water emblematic of urban life. It focuses on processes, changes, time sequence, as well as a construction of space–or of the spaces of the spa. It relates social reality and its images: its images in art, in literature, in the public imagination of the time; at the same time it offers itself a new vision of Bath as can be produced by the new media, taking its turn in a long line of representations of the city. Cities where water is a significant structural element have been particularly successful in electronic media: Venice, where the Grand Canal can serve as a guiding thread for instance. In Bath, the theme of water is not only a means of structuring cartography, but also of relating a multitude of approaches to social life and of giving an all-round view of urban culture; it is thus a contribution to present-day trends in humanities.

## Bibliography

### Primary sources

D'Alembert. *Discours préliminaire de l'Encyclopédie*. 1751. Paris: Redon, 2000.
Penrose, Reverend John. *Letters from Bath 1766-67*. Ed. Brigitte Mitchell and Hubert Penrose. Gloucester: Sutton, 1983.
Smollett, Tobias. *Humphry Clinker*. 1771. Ed. Angus Ross. Harmondsworth: Penguin, 1967.

### Secondary sources

Baudino, Isabelle. "Review of the CD-ROM *Georgian Cities*." *Etudes Anglaises* 56(3/2003): 354-56.
Donald, James. "The City, the Cinema: Modern Spaces." In *Visual Culture*. Ed. Chris Jenks. London: Routledge, 1995: 77-95
Gallet-Blanchard, Liliane. "Les Romans du XVIII$^e$ siècle sur CD-ROM et en ligne–un exemple: 'Water in *Humphry Clinker*.'" *BSEAA XVIII-XVIII* 45 (Novembre 1997): 245-62.
———— ed. *Villes en visite virtuelle*. Paris: PUPS, 2000.
———— and Marie-Madeleine Martinet. "The Hyperspace of the Enlightenment: Design Issues of Structure, Interface and Navigation in the Creation of a Hypermedia CD ROM on Georgian Cities." *DRH 98*, 95-115. London: Office for Humanities Communication, King's College, London, 2000.

Leduc, Guyonne. Review of the CD-ROM *Georgian Cities. BSEAA XVII-XVIII* 53 (Novembre 2001): 457-61.
Waller, Philip, ed. *The English Urban Landscape* Oxford: OUP, 2000.

**Electronic resources**

*Georgian Cities.* CD-ROM. Ed. Liliane Gallet-Blanchard. Paris: CATI, 2000.
Letalleur, Séverine. "Uncovering Knowledge Acquisition Behind Digital Contextualization." Digital Resources in the Humanities 2004 (Newcastle).
    *www.digicult.info/downloads/digicult_info_9.pdf.* (consulted 3 July 2005).
    *http://lion.chadwyck.co.uk* (by subscription, consulted 3 July 2005).
    *http://www.bath.ac.uk/casa/* (consulted 3 July 2005).
    *http://www.bath-preservation-trust.org.uk/* (consulted 3 July 2005).
    *http://www.museumofcostume.co.uk/* (consulted 3 July 2005).
    *http://www.romanbaths.co.uk/* (consulted 3 July 2005).
    *http://en.wikipedia.org/wiki/Hypertext* (consulted 3 July 2005).

# Part VI

# The shift from spa culture to seaside culture

# CHAPTER 19

# Unfulfilled Promise. The Spas of Scotland in the Later Nineteenth Century

## Alastair DURIE

As elsewhere in Europe, Scotland did have a long established spa tradition that went back at places like Moffat into the 17th century, although most moneyed Scottish preferred to travel for treatment outside their own country. With an eye to the success of English and Continental spas, there were attempts by landowners and others, during the eighteenth and nineteenth centuries, using chemists and publicists, to develop spa centres in many parts of Scotland, Highland and Lowland, rural and urban. But what was achieved was very limited. Most lasted a relatively short time and then faded from sight, while others enjoyed a longer but only modest regional popularity. Indeed, by c.1900, only one Scottish spa, Strathpeffer, had any claim to wider recognition.[360] Why was there this failure? Did the lack of success reflect failings in the waters, or in their promotion, or want of endorsement by the medical establishment? Were Scottish spas undermined by a weakness in the amenities on offer and the facilities provided, and further held back by the drabness of the culture on offer (with critics particularly hard on Scottish Sunday)? Or was the basic problem that of climate and distance? This study reviews the

---

[360] Scottish spas have received little or no attention, either in the nineteenth century or since. For example A.B. Granville's *The Spas of England* (London: Henry Cockburn, 1841) did not venture north of the Border. There is a chapter on Scottish, Welsh and Irish spas in P. Hembry, *British Spas from 1815 to the Present: A Social History* (London: Athlone, 1997), 207-25. Informed accounts of Strathpeffer, Bridge of Allan and Moffat are, however, to be found in T. D. Luke, *Spas and Health Resorts of the British Isles* (London: A & C Black, 1919).

experience of a minor player in the European business of "taking the waters" from an historical perspective.

The loss of custom to spas in Scotland from about 1800 onwards saw several spas, once well established, fade out of existence. Amongst the casualties were such once popular resorts as Pannanich, Peterhead and Candren. The process of abandonment seems to have been most complete amongst the lower classes or "country folk" who had once patronised the waters on an occasional basis. The journalist William Alexander, in his renowned novel of life in the north-east of Scotland,[361] published in 1871, describes an old pattern of summer migration to the seabathing and saltwater drinking at Macduff, and then to the "Wells," a mineral spring which was actually at Tarlair about a mile inland. According to Alexander, they believed in the Wells, young and old, for a range of complaints such as rheumatics, sore eyes and bad skin ("scabbit faces"). But things had changed: "such was the repute of the Wells at MacDuff in my day, but that is long ago; and to me the modern Macduff is a place all but totally unknown." The lower orders took themselves to the seaside and elsewhere rather than to local spas; the middle and upper classes to spas outside Scotland. And while foreign visitors came to Scotland for sport or Scott, they did not come for the spas. By the later 19th century only three commercial spas, defined as places where people still took the waters, (plus another two sites at Pitkethly and Innerleithan for bottled water) were left, as against at least fifteen earlier in the century. It was not just a question of mortality amongst established spas, which was not unique to Scotland: some English spas also faded, as did nearly all of the Irish. It was the absence of any new developments to replenish the ranks; no new resorts came on stream in Scotland after 1840, other than the expansion of Bridge of Allan. England might have lost Beulah, but did gain Woodhall in the later nineteenth century. In Scotland there was only loss. And what was left, with the possible exception of Strathpeffer, was distinctly minor in terms of reputation and standing.

---

[361] This has recently been reprinted. William Alexander, *Johnny Gibb of Gushetneuk in the Parish of Pyketillim*, with an introduction by William Donaldson (East Linton: Tuckwell Press, 1995), 2.

There is the question of course of how to rank the many hundreds or even thousands of European spas in terms of their importance. There certainly was a perceived premier division, including Vichy, Baden and Marienburg,[362] but how does one assess whether a spa belonged in the top rank, or the lower leagues? A number of considerations, mostly quantitative, it can be suggested, are of value in determining the relative importance of a resort, of which four in particular stand out. There is firstly the number of visitors in the season, then the catchment area from which visitors were drawn, (local, regional or national), thirdly the calibre and mix of accommodation (and other amenities) and finally the reputation as reflected (and shaped) by both general and specialist medical writing, of which there is an extraordinary range. Other criteria which might be added could include the numbers of resident doctors.

The numbers of visitors clearly is one important yardstick of importance, to which this study will pay particular attention. Contemporary statistics do exist for some health resorts, and were freely cited as were these which one authoritative and much consulted guidebook in 1908 quoted for Continental spas. At Carlsberg in the previous year, it reported, from start of the season on the 1st of May 1907 there had been 140,000 visitors and tourists and 60,000 patients: Marienberg had received 32,000 patients and over 100,000 visitors: Vichy had had 100,000 visitors a year, Aix-les Bains 45,000 and Bagneres 25,000.[363] There are some series which illustrate both fluctuations in the annual totals and longer term growth. One such exists for Davos, a rising Swiss alpine treatment centre for consumption, for the period 1865-66 to 1887-88, confirming a rise over that period in the number of patients resident, along with their friends from just 2 to 1300.[364] These figures exclude what the

---

[362] On European Spas, see S. C. Anderson and B.H. Tabb, eds., *Water, Leisure and Culture: European Historical Perspectives* (Oxford: Berg. 2002). See in particular the essays by David Blackbourn, "Fashionable Spa Towns in Nineteenth Century Europe" and Jill Steward, "The Culture of the Water Cure in Nineteenth Century Europe."

[363] *A Handbook for Travellers on the Continent. Continental Health resorts. Spas, Hydropathics, Sanatoria, Climactic resorts and Seaside Places* (London, 1908).

[364] "Davos Platz,*" Journal of British and Foreign Health Resorts* (1889): 7.

commentary allowed to be the much larger number of visitors who were not there either for cure or treatment. But figures are not available for some resorts, or when they are, do not always distinguish between different categories of visitor—patients, friends and holidaymakers—or give duration of stay. It is not always clear whether they are totals for the season, based perhaps on the numbers who paid the visitors' tax, or a census taken at some stage during the season, or at some point of the year.

For some resorts, it is possible using the list of addresses for visitors (usually provided by the hoteliers and others to the compilers of the visitors' lists) to make some assessment as to how wide a resort's catchment area was. One can also gain some sense of the nationalities and social class of the clientele. By the later nineteenth century the litmus test as to the class of a resort was not just the presence of titled arrivals but whether the visitors included Russians and Americans, the latter invariably very wealthy, with a sizeable contingent of millionaires. What the premier spas were interested in, and what made their reputation was not just how many visitors they had, but how important in terms of income and status–therefore spend–they were, that is to say to what extent they were drawn from the upper drawer and moneyed sections of society. British resorts could only look with envy at the reports from the top Continental spas, such as in June 1903 from a special correspondent at Baden Baden, that they had been much favoured during the spring by distinguished visitors, including

> the Prince and Princess of Turn and Taxis, with their four little sons and a suite of over thirty people, several motors and a collection of toy bulls arrived here and remained about three weeks. The Grand Duke Michael of Russia has been staying at Hotel Stephanie with a numerous suite; and Prince Carl of Baden, has also patronised the same establishment while Princess William of Baden stayed at the Hotel de Russie. The German ambassador in London, Prince Metternich, arrived recently on a bicycle tour. Baden is fairly full of the health and pleasure-seeking people.[365]

---

[365] "News from the Foreign Health Resorts," *The Health Resort and Journal of Spas and Sanatoria* (June 1903): 34.

A third indicator of a resort's standing lies in the extent and calibre of hotels and other amenities: the more large hotels, or private villas, the more important was a resort. Also what should to be taken into account are the range and nature of facilities—theatres, casinos, promenades, parks, churches and sporting arenas (racetracks, golf courses, tennis lawns). Where the English went, there were Anglican chaplains and churches. Finally, there is the level of attention and coverage which a spa resort received in the medical and the specialist literature. The more local a spa was, the less attention it tended to attract, other than promotional pamphlets written by a local physician. The top spas were known, and reviewed regularly, the lesser on an occasional basis. Spa authorities, of course, did all they could to encourage favourable coverage.

As indicated already, there was a steady decline in the number of commercial spas in Scotland. Amongst the more significant of those that had some reputation in the eighteenth century was the northerly Peterhead, which, like Scarborough, was both a sea bathing and spa resort (if only it were in England, it would be the most sought after spa in Europe, was one claim in 1773!). By the later nineteenth century there were only three resorts which could seriously claim still to cater for those wishing to "take the waters" with drinking facilities on offer. These were Bridge of Allan, Moffat and Strathpeffer,[366] and of these only the last had any pretensions as a spa of European significance. It was, or so it has been claimed, one of Europe's most popular health resorts between 1870 and 1939.[367] All three resorts had lists of visitors published on a weekly basis in a local newspaper during the season. Though Strathpeffer spa is to be considered in more depth, it may be useful just to summarise the position with respect to the other two. Both of these had rather larger resident populations than Strathpeffer, and, unlike Strathpeffer, were both to acquire a

---

[366] Cf "Meditations on Dyslepsia," *Blackwood's Edinburgh Magazine* 90 (October 1861): 415. "In Scotland there are but few watering places and none of remarkable efficacy. Strathpeffer, Moffat and Bridge of Allan are nevertheless much resorted to, and in their respective seasons crowds repair to the wells and guzzle water without stint or measure. None of the Scottish spas has more than a local reputation."

[367] C. Drakes, *A Brief History of the Highland Hotel and Strathpeffer* (Strathpeffer, 2002), 1.

hydropathic establishment, Bridge of Allan in 1865 and Moffat in 1878.

Moffat had a long tradition as a spa resort[368] and, in the nineteenth century, continued to enjoy modest growth. By the later nineteenth century there was a big hydropathic establishment and six hotels, — none very large—the Annandale, Buccleuch, Star, Beattock Bridge, Harthope and the Temperance. There were also a considerable number of villas and summer lodging residences in and around the burgh. Indeed, during the height of the season, every other house in Moffat seems to have taken in lodgers. Its growth was aided by the Caledonian Railway Company opening a branch line from Beattock in April 1883. There was an extensive medical literature that promoted Moffat. Amongst these was Dr D'Oyly Grange's *Moffat and its Mineral Waters*, which appeared in 1881 and was prompted by what he called "a growing inclination on the part of the public to hesitate before flying to the Continent in search of mineral waters."[369] A census taken locally in August each year between 1866 and 1877 of visitors staying in the town (when the resident population was in the order of 1800) showed a rise from about 1,000 to 1,700, a total further boosted by the opening of the hydro in 1878. These were significant numbers, given that the town's resident population was under 2000. Moreover to these figures should be added an unknown number of day excursionists from places like Glasgow, which, thanks to the railway, was in range. Analysis of the visitors' lists, and these are not as complete as elsewhere,[370] shows modest growth in numbers thereafter. But if the addresses are indicative, most of its clientele was either Scottish, of which a fair proportion was artisan, or from the north of England, with a sprinkling of colonial visitors.[371] What appears also to

---

[368] On Moffat see W. A. J. Prevost, "Moffat Spa in the Seventeenth and Eighteenth Centuries," *Transactions of the Dumfriesshire and Galloway Natural History and Antiquarian Society* 42 (1966): 139-46.

[369] Wm. D'Oyly Grange, *Moffat and its Mineral Waters* (Moffat: Robert Knight, 1881), Preface, 3.

[370] The hotels consistently failed to supply lists, and even the hydro's list of visitors becomes available on a regular basis only after 1893. The reliability of that list would have been compromised to an unknown extent by the growing numbers before the First World War of upper class people touring by car, who tended to stay nights rather than weeks, and were not included.

[371] The local newspaper, *The Moffat Register* (July 16 1859), commented in an editorial on the clientele in Moffat. "We have had visitors from almost

be clear is that many were holidaying in Moffat for pleasure rather than a cure.

**Table 1 Visitors at Moffat, 1866-1878** [372]

| 1866 | 1177 | 1873 | 1575 |
|------|------|------|------|
| 1867 | 1072 | 1874 | 1539 |
| 1868 | 1078 | 1875 | 1632 |
| 1869 | 1159 | 1876 | 1689 |
| **** | **** | 1877 | 1722 |
| 1872 | 1535 | 1878 | 2149 |

Bridge of Allan, which had long had mineral springs, was a spa resort developed in the 1830s, as recent work has shown[373] by a local landowner, Major Henderson, who had ambitious schemes for a planned upper class resort based on the springs, whose existence was already known. When land was advertised for building in June 1836, it referred to the great and increasing resort to Bridge of Allan by "persons of all ranks anxious to avail themselves of the benefit of these celebrated waters [...] and the great want of suitable accommodation."[374] Development was slow but gathered momentum when Henderson put in some money of his own in 1839 to lay out walks to the river, and through the woods to the baths, with seats and vistas. A new well house and inn were built and the Royal Hotel opened in 1843. Enthusiastically promoted as the "Queen of Scottish spas" by a resident clergyman, Charles Rogers, Bridge of Allan gained a modest reputation as a health resort. It possessed several large hotels

---

every large town in England with which the Caledonian Railway places us in relation, from the Sister island of Hibernia, the isle of Man, a few from the Continent. But a very large proportion of our visitors belong to the wealthier classes of the city of Glasgow, and we have always been favoured by visits from a great many families of the upper circles of Edinburgh."

[372] "Extent and Variety of the Moffat Accommodation," *Fairfoul's Guide to Moffat* (Moffat, 1879),12.

[373] G. A. Dixon, G.A. "The Founding Decade of Bridge of Allan, 1836-1845," *Forth Naturalist and Historian* 27 (2004) 101-09, and also A. J. Durie, "Bridge of Allan, Queen of Scottish Spas," *Ibid,* 16 (1993): 91-103.

[374] Dixon, 102: citing the *Stirling Journal and Advertiser* (June 24 1836).

and from 1865 a hydropathic (complete with Turkish Baths) at the mineral wells.

As has already been noted, lists of visitors were printed in the local newspapers of many leading upper-class resorts in Britain. Bridge of Allan was one of the earliest in Scotland to follow suit, with its first register appearing in May 1853, something that underlines both the nature of its existing clientele and its aspirations. The lists were collected systematically and published almost every week for the next sixty years. They demonstrate, by way of the addresses given, where people were coming from; most were from either Glasgow or Edinburgh, although some were from further afield. But the overall monthly figures show interesting changes each month during the year, and from one year to the next. The overall trend, as shown in table 2, is of growth till the 1870s or thereabouts. At the resort's highpoint in the mid 1870s, at the end of May, perhaps 900 visitors were in residence. There was then, it appears, a steady fall; numbers at Bridge of Allan and by the early 20th century were about one-third what they had been twenty five years earlier. The population of the burgh had grown modestly from 3,055 in 1871 to 3207 in 1891, but while there were still those who came for the waters, it increasingly was catering for residents in retirement.

**Table 2 Visitors in Residence at Bridge of Allan
at the end of each month, 1865-1905 [375]**

|      | Jan | Feb | Mar | Apr | May | June | July | Aug | Sept | Oct | Nov | Dec |
|------|-----|-----|-----|-----|-----|------|------|-----|------|-----|-----|-----|
| **1865** | 150 | 150 | 200 | 500 | 800 | 650 | 500 | 500 | 650 | 550 | 250 | 250 |
| **1875** | 350 | 450 | 550 | 800 | 900 | 600 | 550 | 600 | 680 | 660 | 450 | 350 |
| **1885** | 250 | 400 | 300 | 700 | 800 | 550 | 400 | 700 | 600 | 450 | 330 | 300 |
| **1895** | 250 | 350 | 300 | 680 | 550 | 380 | 350 | 380 | 370 | 350 | 200 | 190 |
| **1905** | 275 | 150 | 230 | 300 | 310 | 250 | 250 | 200 | 250 | 250 | 200 | 190 |

In short, Bridge of Allan stagnated from the 1870s, a situation marked by the absence of any new guide to the vicinity other than a

---

[375] This table is taken from Durie, A.J., *Scotland for the Holidays, Tourism in Scotland c. 1780-1939* (East Linton: Tuckwell, 2003), 95.

short pamphlet written by the town clerk, until the late 1920s, when an attempt was made to revive the spa.

Strathpeffer in Ross-shire (to the north of Inverness) was the most successful Scottish spa, despite its northerly location which might seem to be a disadvantage, although the benefits of the spa cure could be complemented nearby by sea air on the Moray coast. But it did grow, and attracted visitors from a considerable distance. It enjoyed, however, the significant patronage of the Sutherlands, one of the wealthiest landowning families in Britain, and who took a distinct interest in the spa. In the 1860s the 3$^{rd}$ Duke of Sutherland put money into its development. His agent commented that "A sum of about £2,500 is to be laid out on the pump room, and in building a well keeper's house, and a set of shops and a post office and postmaster's dwelling house. Building is rather a hobby of the young Duke's as it was of his Father. It is less foolish than gambling or racing."[376] The Duke was also a substantial shareholder in the Ben Wyvis Hotel, opened in 1879, which catered for "the best class of customers."[377] Another substantial interest was that of the Highland Railway, which opened a branch line in June 1885 and later built a grand hotel, unimaginatively called the Highland Hotel. While Strathpeffer was for most people an attractive resort, with spectacular Highland scenery and a mild climate, not everyone enjoyed their visit. Robert Louis Stevenson did not, if his poem "On some Ghastly Companions at a Spa" (1879) reflects his experience.

That was an evil day when I
To Strathpeffer drew anigh
For there I found no human soul,
But ogres occupied the whole
They had at first a human air
In coats and flannel underwear
They rose and walked upon their feet
And filled their bellies full of meat

---

[376] Eric Richards and Monica Clough, *Cromartie, Highland Life, 1650-1914* (Aberdeen: Aberdeen University Press, 1989), chapter 20, "Strathpeffer Spa," 269.
[377] *Illustrated Manual of Strathpeffer Spa, by a Practising Physician at the Spa* (Strathpeffer: The Ross-shire Printing and Publishing Company, 1894), 29.

They wiped their lips when they had done–
But they were ogres every one;
Each issuing from his secret bower
I marked them in the morning hour.
By limp and totter, list and droop,
I singled each one from the group
I knew them all as they went by
I knew them by their blasted eye![378]

But his was not a standard response. By August 1911 there were
eight hotels, of which the largest was the Ben Wyvis, with 140 rooms,
the next, (and the most recently opened) was the Highland Hotel with
137, and there were another 43 villas, lodging houses and cottages,
which catered for summer visitors.[379] The resort was well promoted by
the Highland Railway Company, and there was ample specialist
literature written by medical experts to endorse the value of the
waters.[380] Fortescue Fox, the well-known advocate of British spas,
was a particular supporter, and his son, later editor of *The Lancet*,
married a local minister's daughter.

**Table 3 Visitors at Strathpeffer, August 1911[381]**

| Type of Accommodation | From Scotland | From England | Other | Total |
|---|---|---|---|---|
| **Hotels** | 133 [32%] | 254 [61%] | 21 [7%] | 418 |
| **Other** | 267 [63%] | 140 [33%] | 16 [4%] | 423 |

[378] *R.. L. Stevenson's Letters to Charles Baxter*, ed. Delancey Ferguson and
Marshall Waingrow (Port Washington & London: Kennikat, 1973), 7 9.

[379] This section is based on an analysis of the Ross-shire Journal held in
Inverness Public Library and other papers relating to Strathpeffer.

[380] See, for example, D. Manson, *On the Sulphur Springs of Strathpeffer in the
Highlands of Ross*-shire (London: J & A Churchill, 1877) and Fortescue Fox,
*Strathpeffer Spa, Its Climate and Waters* (London: H. K. Lewis, 1889).

[381] This has been compiled by an examination of the Ross-shire Journal's list
of visitors for Friday 4 August 1911. The lists were published on a weekly
basis from the beginning of June through to the end of September. The
numbers were at their highest in August, thanks to the end of the
parliamentary session at Westminster, and the summer vacations of the
English schools, but also due to the start of the grouse season on August 12th.

Yet when one examines the figures in the light of the criteria set out above, the reality is that Strathpeffer was a small-scale spa, at best no more than second division and probably less than that. In August 1911 the Visitors' list (Table 1) shows that there were 841 visitors staying in the village, of whom half were Scottish, and half not. There were a few colonial visitors, a missionary family or two, and one solitary Continental tourist, a Mr Louis Cassak from Paris. Not a single American can be found, though there was a villa called "New York."

It should be noted, that while the list of visitors would not, and indeed could not take any account of day trippers, which was a significant element in the clientele at other resorts, Strathpeffer's location makes their presence unlikely. The summer numbers were certainly large in relation to the resident population of the village–a mere 425 in 1911–and the dependence of the community on the summer trade must have been nearly total.[382] It did draw a clientele from a distance,–many of the English addresses were "London" which might reflect both the opening of the Highland Hotel and the new Spa Express from London. But the summer numbers were small in scale, relative to the kind of Continental resort with which Strathpeffer tried to compare itself.

We move now to consider why the spas movement fared so poorly in Scotland during the later nineteenth century. The overall picture, as one observer in September 1862 argued, was not encouraging. "Somehow," he said, "the Scottish spas have failed in attracting that class of visitors who, in the summer season, congregate so thickly at the famous baths of Germany."[383] He levelled his sharpest criticism at what he termed the "utter vileness" of Scottish cookery, but also blamed the calibre, or lack of it, of the Scottish waters. The question of the quality of the Scottish mineral waters was much researched, with many reports published in the medical and general press. While some of the commissioned assessments may be open to the charge of

---

[382] Professor Forbes Munro of Glasgow University maintains that his grandfather at Strathpeffer combined summer work as a masseur at the Spa with winter employment as a forester.

[383] *Blackwood's Edinburgh Magazine* 92 (September 1862): 265.

finding what was wanted,[384] there is a sufficient body of reliable scientific evidence to show that Scotland, although lacking thermal waters, did possess good quality iron and sulphur springs. If the problem, then, was not the quality of the natural resource, then was it the level of promotion, the packaging in terms of the cultural context, or the range of alternatives? What part did the medical profession play, or fail to play? Were they, with some exceptions, much less enthusiastic about spa treatments than their Continental counterparts? It was a problem which was much discussed, but without firm agreement. Spencer Thomson, for example, writing in 1860, blamed the failure of the Scottish spas on "fashion, climate and the absence of mineral waters."[385] There are a number of explanations that were offered at the time or since, some of which were particular to Scotland, others of which were shared by all spas in Britain.

One repeated complaint was the failure of the British Royal Family to endorse British resorts. Where Royalty led, others followed, was the argument. And they were not attracted by what was on offer. George Sims summed it up: "Most of our health resorts [...] are dull, deadly dull. Where the aristocracy goes, middle-ocracy follows."[386] The problem for British spas is that they were not patronised by even the British Royal family, who tended to go abroad rather than stay at a British resort.[387] Victoria's son Edward spent a good deal of time at Continental spas, drinking the waters and recuperating from his excessive life style, travelling yearly to Bad Homburg and Marienburg, where he took the cure seriously, losing, it is said, forty pounds on each visit. Some of the Continental spas succeeded in attracting both the Royalty of Europe and that of Britain: the British

---

[384] Edwin Lee, *Hydropathy and Homeopathy Impartially Appreciated* (London, 1847), 30. "What, in fact, are the majority of publications written by watering-place practitioners, but one-sided accounts of the virtues of the waters of their particular locality, without any reference to other remedies or other places where the waters may be of equal if not superior efficacy, in the very complaints of which the account is given?"

[385] Spencer Thomson, *The Health Resorts of Britain and How to Profit by Them* (London: Ward & Lock, 1860), 297-8.

[386] George R Sims, "Home and Abroad: A Comparison," *The Journal of Health Resorts* (April 1903): 18.

[387] Alexis Gregory, *The Golden Age of Travel 1880-1939* (London: Cassell, 1991), 36-37.

spas drew neither. Bad Ischl (near Salzburg), for example, was a spa resort patronised by the highest; in this case the Emperor Franz Josef who, every summer for 66 years, went there. Carlsbad in Bohemia had a world wide reputation with patients "from almost every corner of the globe, enjoying the favour of most of reigning families of the world."[388] Bad Homburg, ten miles from Frankfurt, had casinos at which were to be found European royalty, German bankers, American millionaires and celebrities. Baden Baden was even more fashionable; Queen Victoria had a small pension there, but others lived far more ostentatiously; the King of Portugal, Kaiser Wilhelm, and Napoleon the third–and many Russians who owned villas. Royal patronage did not work in favour of British resorts and it was something of which British resorts complained. One publication, in May 1890, noted that the Queen had just returned from Aix-les-Bains.

> We hear that in consequence of the visit of our Queen, Aix-les-Bains has been crowded with fashionable visitors, and that the local hotel-keepers and others have been reaping a veritable golden harvest during the past month., and that the Royal visit has given the season at this celebrated French spa such a fillip that it is likely to prove the best it has ever had the good fortune to experience.[389]

The editorial went on to argue that it was time for the Royal family to support British spas. "When within the memory of living Englishmen did our sovereign or royal princes resort to one of our home spa for health or for pleasure?"[390] There is certainly no evidence

---

[388] B. Bradshaw, *Dictionary of Bathing Places and Climactic Health Resorts* (London: Kegan Paul, 1900), 69-70.

[389] "The Royal Family and British Health Resorts," *The Journal of British and Foreign Health Resorts*, editorial, (May 1, 1890): 50.

[390] The editor continued: "Now we are not inclined to be narrow minded, nor are we inclined to become protectionists in matters such as this... We cannot conceal the fact that the balance of favour is somewhat unequal, and that our foreign spas get a considerably larger proportion of foreign visitors than our home spas receive of foreign visitors. To what this difference is due there may be many answers... of one thing, however, we are quite certain, and that is this–the different estimation which continental sovereigns and royal personages regard their own watering places compared with that shown by our Queen and Royal family towards British resorts... When within the memory of living Englishmen did our sovereign or royal princes resort to one of our home spas for health or for pleasure? Why should the members of the Royal

of any royal visiting–let alone patronage–of Scottish spas, or even of minor royals, other than for the occasional civic duty, despite being committed as they were to an annual holiday to their Highland residence at Balmoral. Queen Victoria admired Strathpeffer, but only from a distance ("it looks very pretty"). She did at least taste the waters at the decaying minor spa of Pannanich in October 1870, which was near Balmoral, which she found to be strongly impregnated with iron.[391] The best that Strathpeffer could offer was a visit by the Duke and Duchess of Teck, who planted a tree in the grounds of the Spa Hotel on 17th September 1895. There was no royal endorsement or patronage which the Scottish resorts could use to enhance their reputation and appeal.

Another handicap that was raised was the lack of investment in amenities at the spas, for wet weather, evening and general amusement. But who was to fund such facilities? The British government took no part in the development of tourism of any kind whatsoever. Promotion was left either to private resources–landowners, railway companies (through fares, posters and promotion) and commercial investors, or to local government, which was very limited in what it could do. Town and burgh administrations lacked revenue and the power to impose additional taxation to fund either advertising or amenities. Funds might be raised by voluntary collections from shopkeepers and hoteliers, or by raiding endowments, but this was seldom easy. All British spa resorts, therefore, envied the ability of some Continental resorts to raise substantial revenue by a tax on visitors, which was then re-invested. There were complaints that this was unfair and there were voices raised in the 1890s[392] to

family forsake their own spas and deny them that patronage and help which foreign princes with commendable patriotism and good sense bestow upon their spas?"

[391] Queen Victoria, *More Leaves from the Journal of a Life in the Highlands from 1862 to 1882* (London: Smith Elder, 1884), 66. Victoria observed that her well-known servant John Brown had worked at Pannanich for a year "when it had been less run down; quantities of goats were there." Whey treatments were another form of traditional therapy.

[392] *The Journal of British and Foreign Health Resorts* (January 1890):4. "Proposal to impose a tax on English Watering Places." "We often hear that many English visitors prefer the Continental spas because they present greater attractions than those at home. This may be true to some extent. If it is true, it

suggest that visitors to British resorts be taxed "after the plan of the German health resorts." They referred to places such as Cleve, Baden, Heligoland and Carlsbad, the last an isolated Bohemian village, beautiful by nature, but with no means of wealth except its hot springs.

> Yet by means of this tax it has been converted into paradise, abounding in lovely public gardens, miles of walks through pine forests, splendid lakes and covered promenades, sumptuous eating-houses, admirable reading rooms, a large and celebrated orchestra etc. Moreover these attractions are free to the visitors after payment of the tax, the revenue being sufficient to maintain, in addition to these advantages, an excellent hospital.

Scottish spa resorts would have echoed the view that more expenditure would have helped them compete better in terms of facilities, but Scottish ratepayers were no more anxious than their counterparts in England to shoulder the burden. The idea that visitors might be levied was attractive, but the necessary legislation was not forthcoming, as even the modest proposal in 1909 to allow watering places to impose a special tax for advertising showed.

Complementary to this argument is the question as to whether, given the lack of local government funding, and the complete indifference of national government, private investment could have done more. But its motive was financial, not philanthropic or patriotic. And Scottish spas did not appear to be money-making ventures. The few projects that can be traced in Scotland after the middle of the nineteenth century, with the notable exception of the Highland Railway's investment in Strathpeffer, where the Highland Railway had their show hotel, were small in scale. A proposal was floated in

---

must be in the sense of artificial attractions. It is admitted that the British health resorts possess equal natural attractions in the way of climate, scenery and mineral waters, equal to those on the Continent. It is not however equally certain that our home resorts can compete with the continental in the matter of artificial attractions, on the contrary we are forced to admit that they are far ahead….they have as a rule larger and finer bathing establishments and Trink-Halles, larger and better bands, grander Kursaals, and a more continuous round of amusements… Doubtless it is due in great measure to this 'Kur tax' levied on their visitors."

1897 for the erection of a new first-class spa hotel at Innerleithan spa.[393] This spa, which had a long history as Sir Walter Scott's St Ronan's Well, had never been more than minor. There was a pump room, baths and reading rooms, plus a bottling plant for table water, but the promoters, who included the eminent Sir Henry Duncan Littlejohn, Professor of Forensic Medicine, University of Edinburgh amongst their Directors, had their eyes on expansion. A top chemist from the University of Edinburgh was engaged to provide a report on the waters and duly provided a ringing endorsement of their qualities ("cannot be too highly recommended").[394] Yet the scheme, which was only for a 24 bedroom hotel, came to nothing. The failure of this scheme is symptomatic of the low regard in the commercial world for Scottish spas.

A final issue, which seems to have particularly affected spas in Scotland is the question of the cultural context. It was repeatedly argued that Scottish spas were dull, compared with continental ones, because of the dead hand of Presbyterian respectability, which ruled out things like casinos. A substantial constituency in Scotland, and a similar one from nonconformist England, approved of this ethos. But

---

[393] The *prospectus* [the original of which is privately owned, and I am grateful to Mr S. Hughes for permission to quote from it] for the *Innerleithan Spa Hotel* proposed "a first-class residential hotel for the accommodation of visitors to the famed 'St Ronans Wells' and Spa, and to the District generally, and also of acquiring–in connection with the Hotel–from the St Ronan's Wells and Mineral water Company Limited Innerleithen.. a lease of the Sulphretted Saline Springs at the Spa, along with the Pump-Room, Ladies' and Gentlemen's Reading Rooms and Baths and their accessories."

[394] *Innerleithan Prospectus,* "Analysis by Stevenson Macadam, PhD. Etc Lecturer on Chemistry, The University of Edinburgh. Analytical Laboratory, Surgeons Hall." "The Mineral Waters [...] have been analysed by me in 1860 and in 1894 and I have found that they retain the same valuable qualities as they did in the days of Sir Walter Scott. The Waters are of two kinds; 'Sulphureous' and 'Saline.' The Sulphurous variety is a medicinal water of a mildly stimulating character and used either internally for drinking or externally for baths will be found to act beneficially, while the Saline Mineral Water partaken of an aerated for table purposes forms an agreeable tonic water. Both Waters are natural medicinal waters of undoubted purity. They are valuable Waters for Spa purposes, and cannot be too highly recommended."

one man's meat is another man's poison, and Continental visitors never appreciated the Scottish Sunday ("the Sabbath") when sermon tasting was the only permitted form of entertainment. This emphasis was no new phenomenon. John Macky, in his trip through Scotland in 1723, remarked that "the famous wells of Moffat, that purge like those of Scarborough, are much frequented… but here is no raffling, walking or dancing as at Bath and Tunbridge; a universal quietness reigns in the place."[395]

The setters of tone in Scottish society were none too sure about some of the features of spa society in the South and on the Continent, which appealed to a moneyed clientele. The cultural dimension features large in the diagnosis in 1828 by an Episcopalian minister, Dr Wade, who was much interested in tourism, as to why Scottish watering places were underdeveloped as against the long-established English spas. His assessment focused on the kind of people who went to spas in Scotland or in England: "The former receive … but a carefully allocated portion of moderate incomes: the latter are often chosen by the opulent and dissipated."[396] The grip of Presbyterian respectability, strong in public on sober and douce behaviour, made some of the features of Continental spas unlikely; neither casinos, nor *les grandes horizonales* would be features of a resort in Scotland. There is something intrinsically improbable about a bordello in Moffat. The Scottish spas focused on sermons not sex; golf rather than dissipation. They were places for wholesome amusement. One visitor commented, without enthusiasm, on this atmosphere:

> If Moffat is to be likened to Baden Baden, it forms an exceedingly Scotch and respectable Baden Baden. The building in which the mineral waters are drunk looks like an educational institution, with its prim white railings. Inside, instead of the splendid salon of the conversationshaus, we found instead a long and sober reading room. Moffat itself is a white, clean, wide streeted place, and the hills around it are smooth and green, but it is far removed from Baden Baden. It is a good deal more proper, and a good deal more dull. Perhaps we did

---

[395] Cited by George Eyre-Todd, "Favourite Scottish Spas," *Scottish Country Life* (July 1914): 1. Special Holiday Supplement.

[396] W. M. Wade, *Delineations Historical, Topographical and Descriptive of the Watering and Sea-Bathing Places of Scotland* (Paisley: John Lawrence, 1822), 295.

not visit it at the height of the season, if it has got a season; but we were at all events not very sorry to get away from it again.[397]

The failure of the Scottish spas to match the success of other countries does seem to underline that what made for a successful health resort was not just the virtue of the waters or the calibre of the care and cure, but the context and culture. Strong recommendations by satisfied visitors and endorsement by medical authorities were essential, but not sufficient to guarantee commercial success. They remained, with the solitary exception of Strathpeffer, mostly of minor significance, despite rising demand, in a market dominated by the spa resorts of the Continent. Marienburg and Menton were the preferred destinations for health, agreed most authorities, Moffat or Bridge of Allan only as a fallback resort, if time or money were short. The Scottish spas found a minor place in the summer holiday business, not really as places for a cure, but as centres of pleasure, in which taking the waters was a very minor experience only for the few.

> With their golf and tennis, bowling and angling, motoring, cycling and an hundred other means of entertainment, they are at one and all throughout the summer months as gay as the most gay and joyous lover of his kind could desire. No more delightful headquarters for the spending of a successful holiday could be suggested, either for the bachelor or the family party, than one of these Scottish spas.[398]

But it may be in fact misleading to look at the performance of the Scottish spas in isolation. There were after all other water-based therapies, which however hard their supporters tried to insist were different, in practice enjoyed a fair degree of overlap which both complemented and competed with the spa regime. It is clear that Scots were as enthusiastic about the seaside as they were indifferent to inland spas; as over committed to hydropathy as they were underwhelmed by mineral water treatments. Hydropathy and spa treatments overlapped; although the essence of hydropathy was

---

[397] William Black, *Strange Adventures of a Phaeton* (London: 1872), 23. The same criticism was made of Irish resorts by Neville Wood "They have suffered," he said, "from "the impression that they were dull." *The Health Resorts of the British Islands* (London: The University of London Press, 1912), 225.
[398] Eyre-Todd 7.

treatment involving the external use of water, as opposed to the internal effect of what was in the mineral waters, both involved a regime of baths, showers, massage and the like. In short, the problem for the Scottish spas may have been the strength of the other hydrotherapeutic sectors that drew off their potential clientele and investment alike. The level of investment in Scottish hydros in the late 1870s, when over 15 were built, amounted to a mania. And they may well have leeched support from specifically spa development as at Moffat.[399] The seaside was a favourite with all sections of Scottish society, whether for health or just a change of scene. As one west coast writer who had just returned from Germany observed: "in Germany it is as much a necessity of life for the natives to visit a bath for a few weeks as it is for the Glasgow folk to go to the 'saut water' and they go for the same reason, not because they are unwell, but simply for a bracing up, a breath of fresh air and a change."[400]

In the seaside field the English were first and remained out ahead. The reverse is true in the case of spas. In the broad sweep of things, by the later nineteenth century the British spas lagged far behind their Continental counterparts, and the Scottish well behind the English; yet in the hydropathic field, the Scots were as dominant as the English were lesser, and the Continental relatively insignificant. Scots were interested in hydrotherapies, and accepted the maxim that "Water was Best" for many physical and psychological conditions. But not at their spas.

---

[399] Moffat Hydropathic, for example, which opened in 1878, was described as "erected in the Renaissance style by Messrs Pilkington & Bell of Edinburgh in 1875-77. It is being of immense size, comprising a centre and two wings, the former having turrets at either end. There are five floors, including the basement, and 300 bedrooms ... the dining-room can comfortably accommodate 300 guests and the drawing room, recreation room etc., are all on an equally large scale. The baths are of a very perfect description, embracing Turkish, vapour etc., and the grounds, 25 acres in extent are beautifully laid out. There are also bowling and lawn tennis greens." *Ordnance Gazetteer of Scotland,* ed. Francis H. Groome, new edition, vol. 5 (London: William MacKenzie, 1900), 38.

[400] N. Kennedy, *A Fresh Holiday. Six Weeks At a Hydropathic Establishment On the Rhine In 1868. How to Get There- How to Return, Charges, Amusements, Walks, Excursions* (Glasgow: Maclehose, 1877), 8.

## List of works cited

### a- Newspapers and Periodicals

*Blackwood's Edinburgh Magazine.*
*Journal of British and Foreign Health Resorts.*
*The Moffat Register.*
*The Health Resort and Journal of Spas and Sanatoria.*
*Ross-shire Journal.*
*Stirling Journal and Advertiser.*

### b- Books and journals

Alexander, William. *Johnny Gibb of Gushetneuk in the Parish of Pyketillim*. With an introduction by William Donaldson. East Linton: Tuckwell Press, 1995.

Anderson, S.C., and B.H. Tabb, eds. *Water, Leisure and Culture: European Historical Perspectives*. Oxford: Berg, 2002.

Black, William. *Strange Adventures of a Phaeton*. London, 1872.

Bradshaw, B. *Dictionary of Bathing Places and Climactic Health Resorts*. London: Kegan Paul, 1900.

Dixon, G. A. "The Founding Decade of Bridge of Allan, 1836-1845." *Forth Naturalist and Historian* 27 (2004).

Drakes, C. *A Brief History of the Highland Hotel and Strathpeffer*. Strathpeffer, 2002.

Durie, A.J., "Bridge of Allan, Queen of Scottish Spas." *Forth Naturalist and Historian* 16 (1993).

———— *Scotland for the Holidays, Tourism in Scotland c1780-1939*. East Linton: Tuckwell, 2003.

Eyre-Todd, George. "Favourite Scottish Spas." *Scottish Country Life* (July 1914). Special Holiday Supplement.

*Fairfoul's Guide to Moffat*., Moffat, 1879.

Fox, Fortescue. *Strathpeffer Spa, Its Climate and Waters*. London: H. K. Lewis, 1889.

Grange. Wm. D'Oyly. *Moffat and its Mineral Waters*. Moffat: Robert Knight, 1881.

Granville A. B., *The Spas of* England. London: Henry Cockburn. 1841.

Gregory, Alexis. *The Golden Age of Travel 1880-1939*. London: Cassell, 1991.

*Handbook for Travellers on the Continent. Continental Health Resorts. Spas, Hydropathics, Sanatoria, Climactic resorts and Seaside Places.* London, 1908.

Hembry, P. *British Spas from 1815 to the Present: A Social History.* London: Athlone, 1997.

*Illustrated Manual of Strathpeffer Spa, by a Practising Physician at the Spa.* Strathpeffer: the Ross-shire Printing and Publishing Company, 1894.

Kennedy, N. *A Fresh Holiday. Six Weeks at a Hydropathic Establishment on The Rhine in 1868. How to Get There- How to Return, Charges, Amusements, Walks Excursions.* Glasgow: Maclehose, 1877.

Lee, Edwin. *Hydropathy and Homeopathy Impartially Appreciated.* London, 1847. Luke, T.D. *Spas and Health Resorts of the British Isles.* London: A & C Black, 1919.

Manson, D. *On the Sulphur Springs of Strathpeffer in the Highlands of Ross-shire.* London: J & A Churchill, 1877.

*Ordnance Gazetteer of Scotland.* Edited by Francis H. Groome. New Edition. London: William MacKenzie, 1900.

Prevost, W.A.J. "Moffat Spa in the Seventeenth and Eighteenth Centuries." *Transactions of the Dumfriesshire and Galloway Natural History and Antiquarian Society* 42 (1966).

Richards, Eric and Clough, Monica. *Cromartie, Highland Life, 1650-1914.* Aberdeen: Aberdeen University Press, 1989.

*R. L . Stevenson's Letters to Charles Baxter.* Edited by Delancey Ferguson and Marshall Waingrow. Port Washington & London: Kennikat, 1973.

Thomson, Spencer. *The Health Resorts of Britain and how to Profit by Them.* Ward & Lock: London, 1860.

Victoria, Queen. *More Leaves from the Journal of a Life in the Highlands from 1862 to 1882.* London: Smith Elder, 1884.

Wade, W. M. *Delineations Historical, Topographical and Descriptive of the Watering and Sea-Bathing Places of Scotland.* John Lawrence: Paisley, 1822.

Wood, Neville. *The Health Resorts of the British Islands.* London: The University of London Press, 1912.

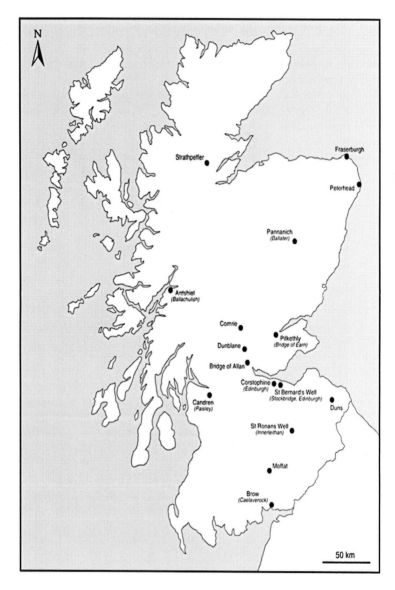

Fig. 19-1. Spas of Scotland.

# CHAPTER 20

# La Rochelle, One of the First French Nineteenth-Century Seaside Resorts: A Dream That Failed to Come True

## Nicolas MEYNEN

In the 1850s, the upper middle classes of Lille visited the Normandy coast, from Dieppe to Granville, or the Brittany coast, from St Malo to Vannes. The people of Nantes explored the south of Brittany and also the Vendée. The ship owners and merchants of Bordeaux preferred the Landais coast from Royan to Saint-Jean-de-Luz. Twenty years earlier, La Rochelle, just after Dieppe in 1822, had been equipped with its first sea baths, the Bains Marie-Thérèse. In spite of this, its visitors were few in the 19th century.

How can we then explain that La Rochelle, while being the first resort on the mid- Atlantic coast, did not become one of the jewels of the French seaside in spite of all its obvious assets? Today, no "*large hotel full of majestic ghosts*" (to take an expression from Marcel Proust about Cabourg) marks the landscape of La Rochelle[1] and, of the three bathing establishments, not one remains. Here and there, however, some villas, some cottages, whose architecture drew from a repertoire of identical characteristics, typical of seaside resort

---

Abbreviations:
Arch.Départ.Charente-Maritime: Archives Départementales de la
Charente-Maritime
Arch.Mun.LR: Archives Municipales de La Rochelle
Méd.LR: Médiathèque de La Rochelle

[1] The rapid expansion of the luxury hotel trade counts for much in a place's reputation.

settlements, mark the residential quarter of La Genette, subtly hinting at the 19th century attempt at specialisation in seaside activity.

If La Rochelle did not suffer more than any other place away from the Mediterranean from the lack of a winter-based aristocratic tourism, there were necessarily decisive factors that ruined its hypothetical destiny as a resort.

## 1- The situation prior to the seaside development

La Rochelle had both a port and highly rated fortifications (Fig. 20-1).

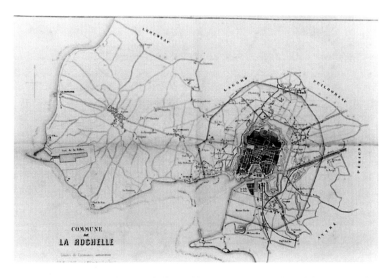

Fig. 20-1. A Map of La Rochelle and its three zones under military control.
Last quarter of the 19th century.

### A) The Port[2]

La Rochelle as we know it, did not originate from some obscure village, but from a celebrated historic port. Its maritime economy,

---

[2] Nicolas Meynen, "La Rochelle, ville et ports au XIXe siècle," in *Des villes, des ports, la mer et les hommes*, CTHS, Nantes, April 1999 (Paris: CTHS, 2001), 171-84.

however, was wiped out by the final closure of most of its New World client industries, notably those in Canada in 1763 and by the bankruptcy of the sugar refineries of St Dominica in 1791. An assessment, brought to the attention of the Minister of the Interior by the Commission of Commerce of La Rochelle, on 7 January 1802, reported that "During the last 12 years, the economy of land and sea languishes both without vitality and without action. [...] And you! Oh our Homeland! Historic and celebrated town! Realize, more than ever, your wishes and your works."[3] Its wishes were those of economic prosperity, of regained grandeur and wealth, and the "*works*" consisted in the construction of a new harbour lock and the establishment of a harbour sluicing system, in order to allow the port to be more competitive.

*B) The Fortifications*

Like Cherbourg and St Malo, La Rochelle was fortified. Since the beginning of the 18th century and until the 1902 demilitarisation, the town was considered as an excellent stronghold, thanks to its position on a rather inaccessible maritime frontier. La Rochelle belonged to a military complex, the importance of which was confirmed in the course of centuries. It was the central point from which the army departed to counter any invasion, as well as the store of ammunition and armaments for the batteries of the Aunis coast and the neighbouring islands. It also protected the Arsenal de Rochefort. Its practically oblong bastioned ramparts contain an area of about $60,000 \text{ m}^2$. The port and the fortifications formed an entity, as the ramparts marked the exact limit of the district, giving protection to the population and goods, effectively guarding the city against toll fraud. The urban space seemed confined to limited dimensions until the addition of the Saint-Maurice district in 1858. Other districts began beyond glacis and some floodable terrain, which completed the fortifications.

## 2- Assets

La Rochelle had some real potential for the launching of a seaside enterprise.

*A) A broadminded and cultural tradition*

---

[3] Méd. LR, 24 343C.

Taking advantage of the early vogue for the seaside, the creation of the first sea baths establishment at La Rochelle in 1827 (5 years after the Bains Caroline at Dieppe) derived from the wish and ambition of some members of the local bourgeoisie,[4] who wanted to lift the town out of its economic doldrums "at least to give it a little activity and life." The reasons for the installation of the sea baths were more profound than a simple wish to copy the establishments of the Baltic shores, the dykes of Holland, or of the English coasts.

The precocity of the La Rochelle Project rhymed well with its identity, characterised by an open–mindedness inherited from a maritime past. Since the 17th century, La Rochelle had welcomed merchants from North-Western France (Brittany), as well as Irish and Flemish merchants.

The generosity of scholarly Societies testifies to the existence of an important local cultural life. To use the sentence of an essayist from the beginning of the 19th century: "The people of La Rochelle possess a large propensity for pleasure that makes them pursuit fetes and gatherings with ardour, and a taste for fine arts, above all for music, which they cultivate with success."[5]

## B) A privileged environment

As shown before, La Rochelle has an eminently favourable location. The only continental port between Brest and Lisbon situated directly on the sea front, it is the last accessible large port before the long unsheltered line of the Landais coast. Its bay, the deepest and best sheltered of Aunis, is protected by the two headlands of the Chef de Baie and the Minimes as well as by the Ile de Ré. This sheltered position was greatly appreciated by ships. The quality of its water and

---

[4] All the shareholders lived in La Rochelle with the exception of the director of *contributions directes* from the Loire-Inférieure who was the stepbrother of one of the shareholders.

[5] Edme-Louis-Dominique Romieux, *Essai historique et médical sur la topographie de la ville de La Rochelle*, Doctoral Thesis presented and sustained in the Faculty of Medicine of Paris, 4 May 1819 (Paris: Didot, 1819), 40.

the mildness of its climate were praised in the leading medical and bathing guides.[6]

*C) A first-rate site*

The chosen site was on the Jurassic chalk cliffs, which stretch at a moderate height (around 10m) on the west side of the town (Fig. 2). This was an ideal site because it wisely dominated the sea at a period when man had not yet mastered this element.[7] Besides, nature was perfectly preserved there, making it an ideal spot to invent a place which would procure a *Crusoe-like experience.*[8] On 21 June 1842, one could read in the *Echo Rochelais:*

> The works of art have triumphed over the nature of an unproductive soil and the pernicious influence of salt air: thick vegetation has shot up everywhere, winding lanes cut through an undulating landscape. Good taste and foresight are apparent everywhere.

In 1850, an English lady published in London an account of her stay in La Rochelle: "The garden which surrounds the bathing establishment [...] is one of the most beautiful natural artistic creations. There [...] riders [...] contemplate one of the most imposing sights of nature, the Ocean."[9] (Fig. 20-3).

---

[6] It is necessary to remember that the first development of bathing establishments is linked to medicine. In 1750, the essay of Dr Russell determined for more than a century the medical knowledge concerning therapeutic bathing. Dr Richard Russell, *A Dissertation on the Use of Seawater in the Diseases of the Glands*, (London, 1750). Like all similar respectable places, La Rochelle had a medical report on its baths drawn up by Dr Gaste. Dr L.F. Gaste, *Essai sur les bains Marie-Thérèse, ou considérations historiques et médicales sur les bains* (La Rochelle: Mareschal, 1829). It is a work of both medical analysis and promotion for La Rochelle.

[7] The sea was at that time believed to be a dangerous place.

[8] This of course alludes to Daniel Defoes's *Robinson Crusoe* (1719), a work which contributed to a change in the negative image of the sea.

[9] It is the sublime sensation created by the sea. According to Schleiermacher, "*La contemplation de l'Univers* [...] *est la forme la plus générale et la plus élevée de la religion.*" Reported by the *Journal de la Charente-Inférieure* (30 June 1850).

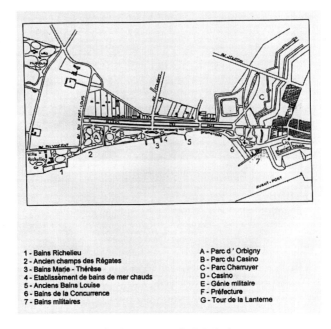

1 - Bains Richelieu
2 - Ancien champs des Régates
3 - Bains Marie - Thérèse
4 - Etablissement de bains de mer chauds
5 - Anciens Bains Louise
6 - Bains de la Concurrence
7 - Bains militaires

A - Parc d ' Orbigny
B - Parc du Casino
C - Parc Charruyer
D - Casino
E - Génie militaire
F - Préfecture
G - Tour de la Lanterne

Fig. 20-2. La Rochelle's baths.

Fig. 20-3. Sea-bathing at la Rochelle, with a frontage overlooking the Mail
(1841), a lithograph by Charpentier.

The chosen site could not have been better situated: it bordered the Mail (Fig. 20-2), the only lane of La Rochelle which had offered pleasurable walks since the 16th century. The baths being created in this same place, leisure and practical seaside activities were therefore sectorized.

### D)  The Heritage of La Rochelle

The final key factor for the location was its proximity to the city of La Rochelle and its Heritage.[10] The establishment made use of the picturesque qualities of the fishing port and the town of La Rochelle, which people could see from their terraces:

> One senses then the present inheritance of something indestructible, which the haunted land and the phantom of heroic centuries have always enveloped, without weighing too heavily on La Rochelle, this likeable town, elegant, hospitable, sun-drenched and of cordial good humour, where Scribe had forgotten to place the scene of one of his cheerful comic dramas of Madame.[11]

## 3- A panorama of the seaside resort (Fig. 20-2)

On this rocky coastline, limited by the drop of the cliff and the Mail promenade, three independent establishments were built between 1827 and 1867. A fourth one was abandoned at the planning stage in 1876.

### A)  The Bains Marie-Thérèse[12] (Fig. 2, n°3)

The first of them, situated some 500 metres from the town, was created in 1827 by people from La Rochelle, who founded a Limited Company with a capital of 120,000 francs.[13] Les *Bains Marie-Thérèse*, also called the *Bains du Mail*, a public establishment providing hot and cold sea baths, activities and games, were modelled

---

[10] Ports are true doorsteps to the imagination. A. Mathé, "Le port, un seuil pour l'imaginaire," *Annales de la Recherche Urbaine*, 55-56 (March 1993): 183-198.

[11] Testimony of J.J. Weiss published in *Débats* 6 September 1861.

[12] Nicolas Meynen, "Les Bains Marie-Thérèse à La Rochelle au XIXᵉ siècle," *Revue de la Saintonge et de l'Aunis*, 24 (1988): 61-82.

[13] Arch.Départ.Charente-Maritime, 13M3. Statuts de la Société Anonyme des Bains de mer, 12 juin 1826.

on the Bains Caroline at Dieppe: "Some people came here for health reasons and others for pleasure, which resulted in a charming society and brilliant fetes which are organised by the administration of this hospital."[14]

Jean-Charles Gon, a company member entrusted with project development, opted for a simple and elegant neo-classical building, perfectly suited to its purpose.[15] The facade of the ground floor on the side of the Mail was made up of three projections, its entrances decorated in an elegant ionic style. This organisation corresponds with the internal division of the building, with a central communal part which envelopes the leisure facilities (assembly hall and ball room) and two lateral elements–or wings–leading to the baths for men (left) and for women (right). The thermal units were organised in an identical manner: preceded on the left by a meeting room and a games room, and on the right by a refreshment room and a conversation room. Each of them had 8 bath chambers, a shower and a place for relaxing. The bitumen-clad roofs of the ground-floor wings formed a terrace with a view. The two bathing pavilions were laterally prolonged by a portico. On the side looking out to the sea, a long plain facade of 34 columns formed a covered gallery, in front of which extended a terrace.[16] (Fig. 3)

A complex of footbridges and stairs *en cascades* descended to a cliff where a beach of granite blocks had been made up: "The waterside was not level nor sandy as one would wish, but artistic efforts had overcome this difficulty, and going on, the beach became even and lightly inclined."[17]Conforming to the idea of a building constructed with regard to modesty, hygiene and intimacy, the beach

---

[14] Améric Gautier, *Département de la Charente-Maritime*, Notice sur les communes (La Rochelle: Mareschal, 1839), 8.

[15] Its neo-classical architecture, typical of sea-bathing establishments at the start of the century, showed some similarities to those of Dieppe (1822-1827) and of Boulogne (1825). The *style antique* corresponded with the moral precepts of the 19th century, with medical science and the social manners of the time.

[16] A discrete Moorish influence can be spotted.

[17] Gaste, *op.cit.*, 27.

was divided into two parts by huge canvases fixed to poles, isolating men from women.[18]

## B) The Bains Jagueneaud[19] (Fig. 20-2, n°1)

The second establishment, a private enterprise, was built in 1848 at the level of the historic *Digue Richelieu* by the Jagueneaud brothers, and named after them. Also called *Bains Richelieu* or *Bains Péan* after it was bought by M. Pean in 1864, it had the great advantage of offering 40 hotel rooms and two large concrete swimming pools, which, at low tide, could be reached from the cliff thanks to an ingenious system of wooden pontoons. This establishment, of monumental neo-classical architecture, was reserved for members of the *haute société*. Like the *Bains Marie-Thérèse*, it had all necessary amenities: a restaurant, a café, games room, reading rooms and salons, sea baths and above all, all the modern apparatus necessary for cures that depended on a complete hydrotherapeutic treatment. The *Bains Jagueneaud* maintained its seaside activities until 1898, when it was sold in lots.

## C) The Bains Louise (Fig.20- 2, n°5)

Of the third and last establishment, we know almost nothing. It was built by Mr Deforges in 1867, halfway between the town and the *Bains Marie-Thérèse*. The *Bains Louise*, undoubtedly of modest proportions, was especially reserved for working-class women. It can be compared to public bathhouses and public laundries, free for the poor, or offering a cheaper admission fee to the working classes.[20] It had no accommodation and probably no access to the sea.

---

[18] We find these characteristics in the structural organisation of lunatic asylums, of hospitals and of 19th century schools.

[19] Simone Perrin de Boussac, "Les Bains Jagueneaud, un grand oubli de l'histoire rochelaise," *Société d'Archéologie et d'Histoire de l'Aunis*, 34 (1997): 1-13. See article in the *Sud-Ouest* newspaper, (3 August 1999), "Au nom de la Villa rose."

[20] On several occasions, during the second half of the 19th century, the government had encouraged the creation of model bathhouses and laundries open to the public at a low price or free.

### D) Doctor Brard's project

The water treatment resources at La Rochelle were undeniably efficient, according to Dr Ernest Brard, who, in 1876, proposed to create a large hydrotherapeutic establishment using sea- and fresh water, unique in the region, modelled on that at Berck-Plage in Pas-de-Calais (1869). The establishment should have had three communicating buildings: the main central building was to house the administrative and medical services, one of the two wings was to be a hydrotherapeutic installation (cold water treatment), the other was to offer accommodation for the sick. This project was undoubtedly the reason why La Rochelle was entered for participation in the Paris World Exhibition in 1878, with an independent pavilion dedicated to mineral water.[21] In these circumstances, which seemed so favourable, negative factors however got the upper hand and were to seal La Rochelle's fate.

## 4- Negative factors

La Rochelle did not possess all the qualities needed for a successful seaside resort. Five major negative factors can be considered as relevant.

### A) The absence of a public image

The success of a resort depended on a series of successive interrelated factors: the discoverers, the developers and the propaganda resulting from the presence of celebrities, ensured the degree of its renown. Admittedly, the elite of La Rochelle was at the origin of the creation of the *Bains Marie-Thérèse*, but the nobility, being the class that was most influenced by the bathing vogue, was conspicuously absent. It certainly had the patronage of the Duchess Marie-Thérèse of Angoulême, who was willing to attach her name to the first establishment, but neither she nor any member of the royal family came to bathe at La Rochelle, which would otherwise have attracted an influx of bathers.[22] On 12 July 1838, the *Journal de La Charente-Inférieure* thus reported the statement of an English lady:

---

[21] Arch. Mun. LR, 29 W 32.

[22] Alain Corbin, *Le territoire du vide. L'Occident et le désir de rivage, 1740-1840* (Paris: Flammarion, 1988), 308. "*All* resorts initially needed the support of a member of the royal family if they were to attract a distinguished clientele

La Rochelle misses the seal of fashion. Were two or three fashionable ladies from Paris to visit La Rochelle, that would give it the necessary impulse; these baths would be filled with the sophisticated, they will be frequented by all those for whom fashion counts and who fervently follow and slavishly submit to it.

No painter or romantic writer sang its praises, like for instance Hugo, Michelet and Stendhal at Granville, like Alphonse Karr and his Offenbach friends and Maupassant at Etretat, or like the painters Charles Mozin, Eugène Isabey and Paul Huet at Trouville.

The function of the fort was undeniably detrimental to the image of the place With its ramparts and its towers, the town seemed to belong to a past world. Contemporary engravings depicted it surrounded by a large wall which underlined the necessity for defence and contributed to the city's frozen character. Contrary to Belle-Ile, the Ile de Ré, with its convicts waiting to be sent to the penal colony at Cayenne, was not a positive factor.[23]

*B) The zones under military influence (Fig.20- 1)*
The presence of the military did not only have a psychological, but also a physical impact. First of all, the rampart was a material barrier between the inside and the outside. In 1830, an anonymous tourist wrote the following lines:

Especially if our visit takes place in the season in which we now find ourselves, we take care to arrive in La Rochelle in the daytime, and complete our promenade before the night, because on the one hand one should not forget that La Rochelle is a fort where the gates are closed at night, and on the other, at this time, it was not lit all night.[24]

---

and keep their reputations during the season. In 1812, the future king Napoleon III was already bathing at Dieppe; the following year it was his mother's turn –Queen Hortense de Beauharnais; in 1824 it was the turn of Princess Caroline de Naples to come each season. By her presence and that of her court, she brought to Normandy her Mediterranean taste for baths. At Biarritz, the influx of bathers only truly started when the imperial couple spent nearly all the summers between 1854 and 1868 at Villa Eugenie. Between 1876 and 1906, the population of the town tripled."

[23] Suppression of the penal colony, 17 June 1936.
[24] Méd. LR, Ms 2542, Administrative Acts, La Rochelle (1776-1836).

The rampart wall formed a barrier between the town and its rural environment, itself falling under military constraints. These constraints, said to be constraints *non aedificandi*, enforced by the law of 10 July 1791, only applied to property. They did not involve actual dispossession but created a permanent prejudice, by which the possible destruction of property was left to the proprietor. Land, around La Rochelle, was defined by three zones of military constraints, falling under the authority of the military administration. Starting at the foot of the fortifications, they stretched to distances of respectively 250, 487 and 974 metres. These three zones were real zones of non-development, aimed at avoiding the urbanisation of all military installations for the needs of state defence. They served not only to ban construction, but also to avoid any modifications in the layout of the land. In the first zone, no plantation or construction other than see-through fences, without sections of wood or masonry, was allowed. This was a genuine *no man's land*. Beyond the first zone, and up to the edge of the second one, it was equally forbidden to build either in stone or in clay. But wood or earth–though not stone, brick, lime or plaster, unless the latter was used for roughcasting–were sometimes allowed. In the third zone, each building operation was submitted for authorisation to the officers of the Génie, so as to reconcile the interests of defence with those of the local economy. As a general rule, it was possible to construct all buildings, fences and other works with the approval of military authorities, on condition that they be demolished and the site cleared without any indemnity should a state of war be declared. The Company of the *Bains Marie-Thérèse* had to obtain the authorisation of the Ministry of War for building their establishment in the third zone, and for using cut stone instead of wooden sections. Until they were abolished, these military constraints also thwarted the ambitions of the greedy speculators who had their eyes on the land in the vicinity of the Mail.[25]

---

[25] Thomas Croizé analysed very effectively the evolution of land in his paper. T. Croizé, "Les premiers temps des bains de mer à La Rochelle, Tourisme balnéaire et loisirs rochelais entre les Bains Marie-Thérèse et le cours du Mail, première moitié du XIX$^{\text{ème}}$ siècle." (La Rochelle, University of La Rochelle, 1997-1998). In 1857, six private individuals shared the totality of the property around the Mail. Two Parisians (a merchant and a member of the "Tribunal de Cassation") three from La Rochelle, also initial shareholders of the Baths (Emmery, mayor of La Rochelle from 1842 to 1848 and from 1860 to 1867;

## C) Situational circumstances

It is well-known that the situation of a resort is of great significance for its development, notably the presence or absence of a local clientele. La Rochelle's society had no appeal for the aristocracy. The town was hardly influential. Within the department, the weight of its population was challenged by that of Rochefort. While Nantes and Bordeaux doubled their population between 1700 and 1836, La Rochelle slid down, at the same moment, from the 40th national rank to the 71st. Even if its population slowly grew between 1814 and 1836, commerce remained weak and the town became poorer. It lost 20% of its voters–meaning the more affluent members of the community– between 1824 and 1830. Besides, La Rochelle had a limited hinterland: the rural *département*[26] of *Charente-Inférieure* saw its population figures decline from 1861 to 1946, and its not very extensive hinterland was hemmed in between Bordeaux and Nantes. The clientele targeted by the *Bains* was thus regional, from the *Vendee* and *Deux-Sèvres*.[27] Another situational circumstance, the distance from Paris, was determining for the success of a resort, given the capital's prominence.[28] As a result of their proximity, the Normandy resorts on the Côte Fleurie or the Côte d'Emeraude were particularly favoured. In 1897, the Paris-La Rochelle journey took twelve and a half hours. The major road between Paris and Bordeaux bypassed La Rochelle, going though Poitiers and Angoulême. This isolation had some consequences on the bathing activity and also on the evolution of commerce.

## D) Transport

The development of seaside towns was closely related to that of the railways. This new way of transport was the means to attract the masses. Bad luck for those regions which were belatedly or badly

---

Sanier, engraver (woodcutter); Paris, merchant), and the Jagueneaud brothers, founders of the eponymous baths in 1848, but none of them speculated or acted as a property developer. The new town of Arcachon, created for Emile Pereire in 1854, illustrates the speculative phenomenon of the "water rush."

[26] The rural population represented 83% of the total population of the *département* in 1846 and 78.3% in 1876.

[27] Christian Genet, *La vie balnéaire en Aunis et Saintonge 1815-1845, Royan, rendez-vous des Bordelais* (Gémozac: La Caillerie, 1978), 63.

[28] Rich clients wanted fast and convenient means of transport.

connected to the railway network! After Sète in 1839, La Teste in 1841, Dieppe in 1847, Le Havre, Boulogne et Dunkerque in 1848, Calais in 1849, La Rochelle got its railway line in 1857, before Trouville and Deauville in 1863, Hendaye, Nice and Cannes in 1864, les Sables-d'Olonne in 1866 and Monaco in 1868. However, La Rochelle was not one of those resorts that, until the 1950s, thrived on railway tourism. In fact, the Paris-Orleans company built the station in Tasdon, a southern suburb. It was far from the bathing facilities and moreover separated from them by the fort (Fig. 20-2). It meant that travellers depended on public transport to pass through the fort, and this during the opening hours of the gates.

### E) Changing attitudes

Scientific (medicine) and cultural (painting, literature) trends participated in the success of the seaside phenomenon by changing the image of the sea[29] and the attitude of consumers. Under the Second Empire, the health tourists changed into "*balnéophiles*" who wanted to taste the pleasures of the Open Sea and sought distractions. The rocky coasts that had attracted the first tourists (Le Croisic, Pornic…) were abandoned in favour of the sandy ones, in particular those who were nearest Paris.[30] La Rochelle's bathing establishments, situated on a cliff, were at a certain distance from the water, while La Rochelle had only one beach, which, besides, was quite small (Fig. 20-2, n°6). It was situated in the first zone of military constraints. The military shared it with "a large number of bathers, of all ranks and stations attracted here by low cost, proximity or a whim."[31] (Fig. 20-2, n°7) From the 1830s onwards, this popular beach, known as "La

---

[29] Scientific trends condoned it, while cultural ones gave it an aesthetic image. A. Corbin explains the radical change which took place in the mentality of past Continental cultivated societies. He delineates the way the image of the sea changed in collective thinking.

[30] Cotentin, though possessing marvellous beaches, suffered from the fact that it was far from Paris.

[31] *La Charente-Inférieure* (July 7 1836). A second bathing establishment, called La Concurrence was opened next to the Bains Caroline in Dieppe in 1833.

Concurrence," accommodated unofficial, non-permanent bathing cabins, an enterprise that rivalled with the official establishments.[32]

Changing attitudes also favoured the birth of a new generation of seaside resorts which sprung up on the few stretches of fine sand of coast, between the cliffs and the marshland: La Tranche-sur-Mer, Royan, Fouras and 12 kilometres away from La Rochelle, Châtelaillon-Plage which was to become the main challenger to La Rochelle.[33]

## 5- A limited ambition

If one wants to succeed in business, investment is needed. The question is: did La Rochelle truly have the ambition to become a seaside resort?

### A) A "Cercle des bains" most of all

*The Bains Marie-Thérèse*, the driving force of the bathing industry at La Rochelle, was born from the desire of a group of local influential people, whose social rank inspired the need for socialising in relaxing surroundings. From then on, the principle of an establishment open to all became incompatible with this desire. On June 12, 1827, only two days after the opening of the baths, the administrative commission decided to reserve entry strictly for ticket holders and bathers. The "Cercle des Bains," adjoining the Hotel des Bains, was open to all its shareholders. The non-shareholding public from La Rochelle could only be admitted through the sponsorship of a shareholder who was morally responsible for the person he presented. Strangers could very well become part of the Circle by applying for admission to the administrator. The establishment offered numerous and varied entertainments in which only the ticket-holders could participate: "During the brilliant dances at the Bains Marie-Therese, where several hundreds of people gathered, we counted perhaps no more family

---

[32] The military authorised Mr Barreau's son, licence-holder of the Bains de La Concurrence, to construct a simple one-level building in wood and bricks in 1893 only.

[33] The term "rivalled" is perhaps a bit strong. It should be noted that the Mayor of La Rochelle, A. D'Orbigny, had been the director of the La Rochelle casino since 1893.

heads having an income of less than 3,000 francs per year, from wages or salary than those who had more than 15,000."[34]

In fact, the right to bathe did not automatically lead to admission to the dances and specials feasts which were by subscription only. The *Bains Marie-Thérèse* enterprise continued because of the philanthropy[35] of its shareholders, who recapitalised without ever taking their dividends.[36]

### B) A tardy municipal intervention

The fate of ports is fragile. In order to escape the dependencies and vicissitudes which fashioned its history, La Rochelle had not chosen a sole activity. The municipality hardly showed an interest in «the bathing venture» before the end of the 19th century.[37] "Neither the community of St Maurice (where the establishment was), nor the town, nor the department contributed to its foundation," the administration of the *Bains Marie-Thérèse* stated in an enquiry by the Ministry of Agriculture and Commerce on October 8, 1853. A contribution from the public sector was limited to a certain amount of commitments of a private nature[38] and to some specific projects like, for instance, the initiative of the town hall to create a register of all the

---

[34] Gaste, *op. cit.*, 45.

[35] *L'Echo Rochelais* of August 18th, 1835, reports that the shareholders of that period considered their investments as losses.

[36] Archives Départementales de la Charente-Maritime, 13M3-3. Prefect report dated 1st January 1866.

[37] The Dinard resort was developed in the 1860s by the Prefect Paul Féart, who built the first hotel in 1859 and the casino in 1866.

[38] During the entire first half of the 19th century, more than 50% of the town council of La Rochelle had shares in the company. Fleuriau de Bellevue (1761-1852), who started the project, was the first board director and also a Member of Parliament. (This protestant naturalist, member of l'Institut de France, founder of La Société rochelaise des sciences naturelles in 1835, had contributed both towards the upkeep of the "prefecture" at La Rochelle and the creation of the regional lunatic asylum); Viault was Mayor of La Rochelle at the moment of the company's creation; J. Rasteau was a Member of Parliament and Mayor from 1834 till 1841 and president of the Chamber of Commerce; Emmery, Mayor from 1842 till 1848 and 1860 till 1867 became director of the establishment in 1860.

proprietors offering accommodation,[39] or the development of the cliff and the Mail.

> The *Courrier de La Rochelle* of 6 August 1896 announced:
> August, the month of vacations, […] it is the turn of our ocean coasts to become the meeting place of numerous foreigners […] magistrates, farmers, merchants visit the beaches of Royan, Fouras, Châtelaillon. Only La Rochelle which we had always known so resistant to everything that could attract and retain foreigners, has not followed this trend […].

As a matter of fact, since the years 1885-1890, the authorities had started developing that part of suburban La Rochelle extending in the second zone of military constraints, between the Mail and Saint-Maurice road, facing west. Without ruling out the influence of existing cultural and touristic structures, it was the recent polarisation of the port of La Pallice, 5 kilometres to the west (Fig. 20-2), the new relations with that place, the expected lessening of military constraints due to the downgrading of La Rochelle to the second order of forts, and the presence of an embryonic agglomeration which had imposed the idea on the city fathers of a well-devised urban development in this part of the suburbs. In 1889, the creation of the Charruyer park (Fig. 20-2, n°C), situated in the first zone of the western line of defences, was the first structural element. Twenty-two hectares of greenery were an embellishment to this new quarter and embodied the will to clean up the marshland in this part of the fortification. The second structural element was the alignment plan aimed at a regular distribution of the future constructions. However, lacking sufficient means to buy the necessary land for roads, the town saw to the needs of the present rather than to those of the future. It built only the main roads (Avenue Coligny, Avenue Guiton…) (Fig. 20-2), meaning to deal with the secondary roads when the opportunity arose. The town was quickly defeated by urban expansion and readily left the creation of a road network to private enterprise. Careful planning on the part of the council should have permitted the essential cohesion between the town and the suburb. However, the slowness of its execution gave rise

---

[39] A municipal accommodation commission had been appointed to ensure comfortable accommodation.

to small-scale speculation, which was in turn partly responsible for the disorganisation of this complex and for social disintegration.

The third and last structuring element was the buying back of the *Bains Marie-Thérèse*[40] by the council in 1901 (they were rebuilt in 1905 in an eclectic style) and the construction of a café-bar, which some people called "Bosniac," on the beach of "La Concurrence" in 1907.

\*    \*

\*

La Rochelle has not developed along the lines of the new linear towns open to the sea, their seafronts with hotels and casinos stretching out along vast expanses of sandy beaches. We have seen that, from the start, some conditions were defining factors in its development and destiny. Even if it never became a true seaside resort, thanks to the initiative of a small number of leading citizens, and finally to the freezing of land development by military constraints, La Rochelle created a summer industry around two new structural poles, the new casino-bath complex at Le Mail and the "La Concurrence" *café-bar* which had its artificial beach enlarged in 1906. Beyond a tourist vocation promising wealth, the town council has succeeded in preserving this remarkable tract of coastal terrain which greatly contributed to the embellishment of the town.

## Bibliography

Corbin, Alain. *Le territoire du vide. L'Occident et le désir de rivage, 1740-1840*. Paris: Flammarion, 1988.

Croizé, Thomas. "Les premiers temps des bains de mer à La Rochelle, Tourisme balnéaire et loisirs rochelais entre les Bains Marie-Thérèse et le cours du Mail, première moitié du XIX$^{ème}$ siècle. La Rochelle," University of La Rochelle, 1997-1998.

---

[40] The company members declined offers from property developers, fearing that the site would be irrevocably spoilt. The town always presented itself as the most appropriate buyer, willing to respect the initial character of the establishment and the beauty of the site.

Defoe, Daniel. *Robinson Crusoe*. London : Thomas Nelson & Sons, 1719.

Gaste, Dr L.F.. *Essai sur les bains Marie-Thérèse ou considérations historiques et médicales sur les bains*. La Rochelle: Mareschal, 1829.

Gautier, Améric. *Département de la Charente-Maritime, Notice sur les communes*. La Rochelle: Mareschal, 1839.

Genet, Christian. *La vie balnéaire en Aunis et Saintonge 1815-1845, Royan, rendez-vous des Bordelais*. Gémozac: La Caillerie, 1978.

Mathé, A.. "Le port, un seuil pour l'imaginaire." *Annales de la Recherche Urbaine* 55-56 (1993): 183-98.

Meynen, Nicolas. "La Rochelle, ville et ports au XIXème siècle." In *Des villes, des ports, la mer et les hommes*, 171-84. Paris: CTHS, 2001.

Meynen, Nicolas. "Les Bains Marie-Thérèse à La Rochelle au XIXème siècle." *Revue de la Saintonge et de l'Aunis* 24 (1988): 61-82.

Perrin de Boussac, Simone. "Les Bains Jagueneaud, un grand oubli de l'histoire rochelaise." *Société d'Archéologie et d'Histoire de l'Aunis*, 34 (1997): 1-13.

Romieux, Edme-Louis-D. *Essai historique et médical sur la topographie de la ville de La Rochelle*. Paris: Didot, 1819.

Russell, Dr Richard. *A Dissertation on the Use of Seawater in the Diseases of the Glands*. London, 1750.

# CHAPTER 21

# Spa and Seaside Cultures in the Age of the Railway: Britain and France Compared

## John K. WALTON

The spa and the sea-bathing or beach resort have a great deal in common, as centres for the pursuit of health, relaxation and entertainment with shared generic characteristics as regards (for example) economic and social structure, demography, seasonality, and problems of planning, governance, marketing and public order.[1] The spa as sophisticated "leisure town," passing beyond the earliest stages of the resort "product cycle," developed earlier than the seaside resort, and the earliest sea-bathing centres often offered complementary rather than competing health regimes; but from English beginnings in the mid-eighteenth century, the seaside resort became a distinctive, dynamic and popular type of "leisure town" across much of nineteenth-century Europe, consolidating this position in the twentieth century as many inland spas went into decline in the inter-war years.[2] The heyday of the styles of holidaymaking, and of the distinctive entertainment and spatial arrangements particularly associated with

---

[1] For general statements on the generic characteristics of the seaside resort, J.K. Walton "Seaside Resorts and Maritime History," *International Journal of Maritime History* 9 (1997): 125-47, and "Seaside Resort Regions and Their Hinterlands in Western Europe and the Americas," *Storia del Turismo* 4 (2003): 69-87.

[2] J.K. Walton, "The Seaside Resorts of Western Europe, 1750-1939," in *Recreation and the Sea*, ed. Stephen Fisher (Exeter: University of Exeter Press, 1997), 36-56; D. Mackaman, *Leisure Settings: Bourgeois Culture, Medicine and the Spa in Modern France* (Chicago: University of Chicago Press, 1998). For a detailed survey of British spas, P. Hembry, *British Spas from 1815 to the Present: a Social History* (London: Athlone, 1997).

the spa and seaside resort, coincided with the dominance of the railway as means of transport; and this paper focuses on the years between the 1840s and the 1950s, before the rise of "mass motoring" and of accessible air travel helped to generate new changes in the fortunes of resorts and in the nature of "resort culture." The contrasting trajectories of the spa and seaside resort may help to explain the historiographical tendency to study them in isolation from each other, and this paper offers a double comparative perspective, analysing continuity and change in the resort cultures of the spa and the seaside resort, and teasing out the similarities and differences associated with this theme in Britain and France.

The association between water, health, leisure and culture has been so strong in modern Europe that historians' continued segregation of spas and seaside resorts into separate categories is surprising.[3] Not that the importance of water was confined to the therapeutic and recreational use of sea water, seaside environments and mineral springs: its aesthetic importance, as part of the fashionable appeal of the picturesque, the sublime and related ways of conceiving, defining and enjoying attractive landscapes through the various lenses of the "tourist gaze," brought lake and river tourism into the equation in their own right and not only in association with the formal therapies of sea and spa.[4] Mountain tourism, which was impelled by the same romantic cultural revaluation of dramatic scenery and elemental nature that changed the seaside from a repulsive to an attractive location, also entailed the appreciation (and, increasingly, physical enjoyment) of lakes, waterfalls and glaciers.[5] There were also other modes of urban

---

[3] S.C. Anderson and B.H. Tabb, eds., *Water, Leisure and Culture: European Historical Perspectives* (Oxford: Berg, 2002), begins to bridge the gap. So does the case study by Larrinaga C. Rodríguez, "A Century of Tourism in Northern Spain: the Development of High-Quality Provision between 1815 and 1914," in J.K. Walton, ed., *Histories of Tourism: Representation, Identity and Conflict* (Clevedon: Channel View, forthcoming 2005). See also A.B. Granville, *The Spas of England, and Principal Sea-Bathing Places* (London: Henry Colburn, 1841).
[4] A. Corbin, *The Lure of the Sea* (London: Verso, 1994); J. Urry, *The Tourist Gaze* (London: Sage, 1990).
[5] J. Ring, *How the English made the Alps* (London: John Murray, 2000); L. Tissot, *Naissance d'une industrie touristique; les Anglais et la Suisse au XIXᵉ Siècle* (Lausanne: Payot Lausanne, 2000); C. O'Neill, and J.K. Walton.

tourism, involving shopping, sightseeing, promenading (whether demonstratively to show off the self or unobtrusively as a privileged observer of the urban scene), enjoying the "urban picturesque" in all its forms, and seeking out cultural and entertainment experiences from the museum to the music-hall. These, too, overlapped with what the spa and the seaside resort had to offer, and rivers and river frontages were part of the appeal of most great cities; but we should not ignore the attractions of the national or provincial capital, or the smaller town as historic or dynamic or distinctive entities, in their own right, as the outstanding role of London and Paris as magnets for national and international tourism throughout this period should remind us with particular force.[6] But among the "leisure towns" (and smaller places) of the period, those whose economies and identities were increasingly dominated by catering for tourists through the provision of attractions, accommodation and related services, the providers of water-based therapies, vistas, experiences and environments were overwhelmingly predominant.

Spas and seaside resorts alike rely on the management and marketing of natural resources; the cultivation and propagation of a reputation for a salubrious environment and for the security of property and the person; comfortable access to and movement within the resort for suitable customers; the creation, preservation (where appropriate) and maintenance of a built environment and spatial organization that is attractive to desirable customers; the provision of distinctive kinds of entertainment that meet expectations about the kind of destination this is supposed to be; the negotiation of an appropriate mix between freedom, relaxation, order and conformity in the daily life of the resort; and the avoidance or minimization of conflict between contrasting leisure preferences, whatever the mix of fault-lines on criteria that might include social status, place of origin,

---

"Tourism and the Lake District: Social and Cultural histories," in *Sustainable Tourism in the English Lake District*, ed. D.W.G. Hind and J.P. Mitchell (Sunderland: Business Education Publishers, 2004), 19-47.
[6] H. Meller, *European Cities 1890-1930s: History, Culture and the Built Environment* (Chichester: Wiley, 2001); L. Nead, *Victorian Babylon* (New Haven: Yale University Press, 2000); H. Levenstein, *Seductive Journey: American Tourists in France from Jefferson to the Jazz Age* (Chicago: University of Chicago Press, 1998).

religious outlook, ethnicity, age, gender or cultural orientation. They share characteristic problems involving seasonal fluctuations in demand for their services; poverty among the local workforce; seasonal overcrowding and the location and availability of affordable accommodation for necessary labour; high levels of seasonal and longer-term migration; unbalanced demographic structures tilting towards women and the elderly; tensions in the relationship between local government and private enterprise in the planning, provision and control of environments and amenities; squaring the circle of remaining competitive with rival destinations, both in terms of quality of provision and (a potential contradiction, except under conditions of continuing expansion) of acceptable levels of local taxation; and responding to changes and variations in the tastes and preferences of the visiting publics without ossification or disruption of existing markets. Internal disputes over definitions of and provision for desirable markets, and over alternative futures for particular resorts as they move through the product cycle, are likely to be particularly traumatic.

But spas and seaside resorts have not experienced these problems in the same ways, and generic differences between the two types of "leisure town" should also be highlighted, although we should note at the outset that some seaside resorts were also spas, in some cases (as in the early and paradigmatic case of the English resort of Scarborough) originating as such. The spa's core identity as a health resort was based on a particular well, spring or group of sources, which might be privately, local government or (in the case of French spas) state owned, and was relatively easy to enclose for control of access and collection of revenue.[7] To develop beyond the most basic level it also needed to provide accommodation and amenities, from the pump room and its attendant services to the inns and hotels that provide lodgings, the assembly and concert rooms, circulating libraries and the like to promote polite sociability, and the parks, promenades and musical entertainment that extended that sociability into the provision of fresh air, healthy exercise and genteel recreation along with conversation and gallantry. But the spa, at its core, was

---

[7] D. Mackaman, "Competing Visions of Urban Grandeur: Planning and Developing Nineteenth-Century Spa Towns in France," in *New Directions in Urban History*, ed. P. Borsay *et al.* (Munster, 2000), 45, 48 n. 21.

generally a readily governable environment, both in terms of municipal and commercial regulation (whether or not channelled through an official Master of Ceremonies) and in terms of the shared social assumptions of the visiting publics, who knew their place and what was expected of them, observing the shared grammar of public behaviour in this setting even as they looked for social recognition and promotion within it. This is not to suggest that all spa visiting publics were models of propriety: the role of the spa as marriage market, the opportunities for pickpocketing, prostitution and fraud, and the proximity of rough working-class quarters to the fashionable districts of larger centres like Bath by the early nineteenth century, combine to undermine any such assumption.[8] Moreover, spa installations such as parks and gardens had to be policed to sustain a sense of order and security, and were sometimes penetrated by the lower orders, as at Aix-les-Bains in the late 1860s.[9] But the seaside resort, by contrast, was always in principle a much more open and democratic setting, less formal and more relaxed than the spa, except in certain enclaves of rigorous formality like the grand hotel or (in France) the gambling casino. Its chief assets were the foreshore and the beach, that classically liminal space where land meets sea and the social conventions that govern terrestrial behaviour are threatened with dissolution in a setting where property rights are uncertain and access is free to all comers, in the absence of those attempts at privatisation and exclusion that gathered momentum in the Mediterranean in the twentieth century.[10] Its predominant topography was lineal and open, as opposed to the tight focus of the spa on clearly defined assets, and the use of the sea was harder to regulate than that of the mineral spring or bath, not least because of enduring uncertainty over property rights and legal jurisdiction which then gave rise to practical difficulties in policing behaviour along extended shorelines.[11] The same characteristics did not prevent seaside resorts from allocating different spaces to different visitor groups, as most of the larger British seaside

---

[8] R.S. Neale, *Bath, a Social History 1680-1850: A Valley of Pleasure, but a Sink of Iniquity* (London: Routledge, 1981).

[9] Mackaman,"Competing visions," 58-9.

[10] R. Shields, *Places on the Margin* (London: Routledge, 1991).

[11] J.Travis, "Continuity and Change in English Sea-Bathing, 1730-1900," in *Recreation and the Sea*, ed. S. Fisher (Exeter: University of Exeter Press, 1997), 8-35.

resorts developed informal zoning systems based on social class and age and gender composition, according to such factors as proximity to the main excursion station, spending power and cultural preferences in entertainment and ambience; but such arrangements were more provisional and permeable than those that came to regulate access to spa installations where provision was available to the poorer classes.[12]

Both kinds of resort had their front and back stages. Most obviously, the spa, like the seaside resort, might present the spectacle of people of both sexes in a state of undress; but it came to do so in a more controlled and socially exclusive environment, and one in which the undressing was more formally regulated and undertaken solely in pursuit of defined medical goals. Increasingly, and especially from the mid-nineteenth century, it was done out of the public gaze, as spa goers preferred private rooms and secluded treatment, and the segregation both of the sexes and the classes, to the earlier practices of communal, sociable bathing, which entailed hazards of cross-infection as well as raising moral issues around bodily exposure.[13] At the seaside, by contrast, the pleasures of bathing, and later the freedom associated with swimming, were becoming more important by the late nineteenth century than the controlled regime of baths of defined duration under medical supervision with which the resorts had (at least ostensibly) begun, although here the spectacle of the bathers themselves had always been an attraction in its own right, as witness the crowds of men with telescopes as depicted in eighteenth century cartoons, gazing on the forms of female bathers from the water's edge. Local authorities were still at pains to regulate the beaches in the interests of safety as well as morality, and the holders of bathing concessions were eager to ensure that bathers paid for their immersion by using their facilities, which itself imposed a measure of order on the proceedings; but changes in dominant values and expectations

---

[12] Scarborough is a good example: J.K. Walton "The Pleasures of Urbanity," in *The English Urban Landscape*, ed. P.J. Waller (Oxford: Oxford University Press, 2000), 274-7.
[13] D. Mackaman, "The Tactics of Retreat: Spa Vacations and Bourgeois Identity in Nineteenth-Century France," in *Being Elsewhere: Tourism, Consumer Culture and Identity in Modern Europe and North America*, ed. S. Baranowski and E. Furlough (Ann Arbor: University of Michigan Press, 2001), 37-9.

kept pushing forward the frontiers of freedom to mingle and display the body on the beaches, although in different ways and following contrasting trajectories in Britain and France. The development, especially in Britain, of municipal bathing and swimming pools, and of "lidos," from the early twentieth century permitted the establishment of physically safe and socially regulated bathing environments close to the beach, usually under municipal control, but they were used in addition to it rather than instead of it, and the beach itself became steadily more relaxed in Britain as well as France, as the old British regime of the bathing machine declined and the islanders self-consciously followed "continental" models.[14]

Beyond all this, the therapeutic regime of the spa was always more tightly defined than that of the seaside, and became much more so during the nineteenth century, at least for those visitors who signed up to "take the cure" as opposed to coming along to enjoy the amenities and sociability. The climatic conditions and water composition at seaside resorts could not be defined in the way that spa water from a single source could be analysed (however flawed or contentious that analysis might be in practice). The seaside was far too fluid an environment in which to pin down the chemistry or temperature of the bathing element, while the fashion for drinking sea water did not long survive the eighteenth century, although it persisted long enough in some quarters to help prompt the founding of a Blackpool Sea Water Company for distribution inland as late as 1872, and even to extend its activities in 1898, although this was more for bathing than for drinking purposes.[15] The medical regime at the spa, on the other hand, was dominated by the detailed prescriptions of the resident doctors, and came to be supported by a formidable array of medical techniques and technologies, from massage to showers, enemas and vapour baths, with each spa developing its own specialities. Doctors imposed treatment timetables and disciplines, classifying patients and treatments with zealous precision, while spa waters were analysed in painstaking scientific detail and their chemical and other

---

[14] Travis, "English Sea-Bathing;" J.K. Walton, *The British Seaside: Holidays and Resorts in the Twentieth Century* (Manchester: Manchester University Press, 2000), 98-102.

[15] J.K. Walton, "The Social Development of Blackpool, 1788-1914," (Ph.D. thesis, Lancaster University, 1974), 83.

characteristics were mapped on to the treatment of particular kinds of ailment or at least of particular parts of the body. Here was a prime example of the development and application of the medical gaze as elaborated by Michel Foucault.[16] Among the detailed and extensive tables in Bradshaw's guide to bathing places and climatic health resorts, published in 1893, were lists of "diseases and places where they are most effectually treated," a classification of spas according to the predominant chemical characteristics of their waters (alkaline, saline, ferruginous, and so on), and an alphabetical list of doctors with spa (and, in a few cases) seaside practices.[17] The provision of this kind of information was a normal feature of such guide-books, indicating as it did a presumption of specificity in the relationship between waters and diseases that could never be thought of at the seaside, which also lacked the specialist medical presence and the daunting medical technologies that were the common stock in trade of the larger spas. But Bradshaw assumed that the family's medical consultant would take into account the "climate, altitude, resources of the station, habits of the patient, and his moral proclivities" as well as "the chemical composition of the waters" before helping to select a suitable destination.[18]

Even at the dawn of the railway age towards the middle of the nineteenth century, there were marked contrasts as well as similarities between the seaside resort and the spa. The latter was more tightly defined in its spatial arrangements; more thoroughly segregated by class and gender; more readily controllable and governable; more identified in its clientele with mature adults rather than families, especially the young bourgeois families that were increasingly in evidence at the beach; more formal and subjected to routines and timetables in its everyday social practice; and more thoroughly consecrated to health rather than pleasure, although the pleasure penumbra was steadily expanding and encroaching. It is no surprise to find that spas were suitable settings for the exercise of diplomacy and the signing of international treaties, and even, as at Vichy during the

---

[16] Mackaman, "Tactics of retreat," 41-52.
[17] B. Bradshaw, *Dictionary of Mineral Waters, Climatic Health Resorts, Sea Baths, and Hydropathic Establishments* (London: Kegan Paul, 1893).
[18] Ibid., vii.

German occupation, for the exercise of government.[19] They were not mutually exclusive spaces, of course: people moved from one to the other, made choices that changed from year to year, and used spas and seaside resorts in overlapping ways, while we have seen that some resorts fulfilled both functions. But the differences between the genres are interesting and significant. So are the differences between the British experience and the French.

The contrasting relative importance of the cultures of spa and seaside in Britain and France is suggested by the coverage of the two kinds of resort in a contemporary handbook from the middle of the period being examined, Bradshaw's guide of 1893 to the bathing places and climatic health resorts of Europe and the wider world.[20] This is a particularly thorough survey (although the detailed content varies from edition to edition), and perhaps the most comprehensive of an array of similar publications that appeared towards the turn of the century, by which time all but a handful of British and French resorts were already established and available for inclusion. It is, if anything, too enthusiastically inclusive in its coverage of these countries, as we shall see; and although this comment may apply more to Western than to Central or Eastern Europe, and the small number of extra-European entries are to be regarded as indicative rather than all-embracing, there is no reason to doubt that the entries on British and French resorts were of similar quality and depth of knowledge. According to this source, France in 1893 had 392 spas at which the waters could be taken internally or externally (leaving aside a handful of places where waters were bottled for sale elsewhere but not consumed on the spot), and 96 seaside resorts. This reflected considerable growth since mid-century, especially in spa numbers: in 1857 there had been only 150 recognised thermal establishments in France.[21] Britain, on the other hand, had 177 seaside resorts (127 in England, 20 in Scotland and 30 in Wales) along with two more on each of the Isle of Man and the Channel Islands; but it had only 92

---

[19] D. Blackbourn, "Fashionable Spa Towns in Nineteenth-Century Europe," in Anderson and Tabb, eds., *Water, Leisure and Culture*, 9-21; B.M. Gordon, "French Cultural Tourism and the Vichy Problem," in Baranowski and Furlough, eds., *Being Elsewhere*, 239-71.

[20] Bradshaw, *Dictionary*, Gazetteer.

[21] Mackaman, "Competing Visions," 48, n. 51.

spas, 22 of which were in Scotland and four in Wales.[22] The contrast is even more marked than the raw numbers suggest, especially as there were very few new British spa foundations over the second half of the nineteenth century, and most of the new initiatives were hydrotherapy establishments offering a version of Preussnitz's German "water cure," which had been introduced into Britain at Malvern in 1842 and spread rapidly with new foundations in the 1850s and 1860s, as opposed to mineral spring exploitations.[23] Several of these, especially in Scotland, were individual buildings in their own grounds, with no surrounding infrastructure of town or even village. Eighteen of the British spas were also seaside resorts, and here the mineral springs were invariably much less important than the sea-bathing activities and beach-centred tourism that dominated these economies. Brighton and Bournemouth, or even Tenby and Saltburn, might offer spa treatments as part of a wider range of provision, but their dominant identities as health and pleasure resorts kept the accent overwhelmingly on the seaside. The "spa" establishments at Scarborough and Bridlington, on the Yorkshire coast, had become conventional entertainment complexes by the 1890s, while nearby Whitby observed this regional convention of nomenclature by providing a "Spa" entertainment centre with no pretensions to offering a mineral water cure.[24] Nineteen British spas were actually hydrotherapy establishments, or small clusters of hydros, especially in Scotland, whereas only a handful of the French spas fell into this category. Some of the British spas that were listed were rustic places with minimal or non-existent infrastructures (such as Newtondale or the Holy Well near Cartmel), or had become effectively moribund after being overtaken by town growth and industrial development in what had been locations on the urban fringe, as at Holbeck in Leeds or Islington in north London. Admittedly, some of the French spas listed also had a very limited, rustic clientele and no formal installations, as Bradshaw sometimes makes clear, and some of the British seaside

---

[22] Walton, "Seaside Resorts of Western Europe," 42-3.

[23] A.J. Durie, *Scotland for the Holidays* (Edinburgh: Tuckwell Press, 2003), 101-2.

[24] D. Neave, *Port, Resort and Market Town: A History of Bridlington* (Howden: Hull Academic Press, 2000), 134-5, 144-5, 204-5; J. Binns, *The History of Scarborough, North Yorkshire* (Pickering: Blackthorn Press, 2001), chapters 9, 15-16.

entries were very small places indeed, with very limited pretensions to inclusion in the list. We should also note that, within Britain, Scotland had a more even balance between spa and seaside provision, although coverage of the Scottish seaside in this source was not as thorough as that for England and Wales.[25] The comparison also takes no account of those health and pleasure resorts that were neither spas nor sea-bathing centres, but whose stock in trade involved climate (including fresh air and sunshine, as in Alpine sanatoria), scenery, outdoor sports and exercise, literary associations, or a mixture drawn from these, as in the English Lake District or the Alps; but such places were a small minority, and here, as in the rest of Europe, the predominance of water-based therapies as the basis for the development of leisure towns (as opposed to the commercial leisure component of the economies of towns and cities whose main economic, political or cultural identity lay elsewhere) was overwhelming in both cultures.

Within this shared idiom, the contrast between the British as a nation of sea-bathers and the French as a society of spa-goers emerges very clearly from this source, and is corroborated by others. It reflects the status of the seaside holiday as a British invention and the limited purchase achieved by the spa on British leisure habits below the aristocracy, gentry and upper middle classes. Moreover, it is accompanied by differences in the scale and timing of resort development within the two countries, which in turn reflects the earlier and more thoroughgoing democratisation of much of the British seaside and the development of easier, cheaper access to the coast from concentrations of demand in the much more strongly articulated and intensely developed British industrial conurbations. Most obviously, British (and above all English) seaside resorts developed earlier and faster than their French counterparts, and those at the top of the hierarchy (in terms of quantity of residents and visitors, at least) were much larger than the most famous French resorts throughout the period. Moreover, the gap widened with the passage of time. Seaside resorts were the fastest-growing category of British towns over the first half of the nineteenth century, according to a contemporary analysis of the British census of 1851. This was misleading, as the percentages were calculated on very low base

---

[25] Durie, *Scotland for the Holidays*, chapters 3 and 4, provides illustrative examples that do not appear in Bradshaw.

figures and only the largest and most dynamic mid-century resorts were included in the calculation; but the continuing and accelerating growth of British seaside tourism over the second half of the century was explosive, as many new foundations were added to the existing settlements, and the late Victorian years saw a growing working-class presence, especially on the coasts of Lancashire, Yorkshire, North Wales and the Thames and Severn estuaries, which were readily accessible from the great industrial districts or the capital.[26] By 1911 the off-season population of 116 seaside resorts in England and Wales had reached nearly 1.6 million, and every coastline was studded with resorts of infinitely varying size and topography, catering for a variegated mix of visiting publics and preferences.[27] The calculation of visitor numbers is so fuzzy and subjective an exercise that resident populations provide the best surrogate for assessing popularity and expansion in this field. On this measure, over the next forty years seaside resort growth in England and Wales actually accelerated, showing an increase of about 25 per cent between 1911 and 1931 and a similar amount over the following twenty years, despite the severe disruption that the Second World War brought to most of the coastline. By 1951 5.7 per cent of the census population of England and Wales lived in seaside resorts, and Blackpool alone counted seven million or more visitors during each three-month summer season.[28] By 1911 one seaside resort, Brighton, had a spring population of over 130,000, seven others topped 50,000, and twenty in all had more than twenty thousand; forty years later four towns counted more than 140,000 people each, seven more had over 50,000, and 36 resorts in all had passed the 20,000 threshold. It should be emphasized that this was overwhelmingly an English and to a lesser extent a Welsh phenomenon, and even the largest of a handful of substantial

---

[26] J.K. Walton, *The English Seaside Resort: A Social History, 1750-1914* (Leicester: Leicester University Press, 1983); J.A.R. Pimlott, *The Englishman's Holiday:Aa Social History*, 2nd ed. (Brighton: Flare Books, 1976); Walton, J.K. "The Demand for Working-Class Seaside Holidays in Victorian England," *Economic History Review* 2nd series, 34 (1981): 249-65.

[27] J.K. Walton, "The Seaside Resorts of England and Wales, 1900-1950," in *The Rise and Fall of British Coastal Resorts*, ed. G. Shaw and A. Williams (London: Pinter, 1997), 26-9.

[28] Ibid., 29-30, 37.

specialised Scottish seaside resorts fell comfortably below the 20,000 mark.[29]

The French seaside was much less dynamic when measured in these terms, and the cumulative scale of its development lagged far behind the British experience. Nice, which was beginning to add sea-bathing to its repertoire as a climatic station in the early twentieth century, was the spectacular exception: it had ten thousand more inhabitants than Brighton in 1911 and had more than 240,000 residents by 1936, after a quarter of a century of growth that outshone anything England had to offer.[30] The other most populous resorts in maritime locations were already clustering on the Riviera by the 1890s, when (for example) Cannes already had 20,000 inhabitants and Hyères 12,000; but here, as in Nice, the transition from climate to sea-bathing as the dominant mode was to be a product of the twentieth century. For the Channel and Atlantic coasts, where specialist sea-bathing resorts developed from the early nineteenth century and were given a considerable boost by the ramifications of the railway system from the 1850s, Gabriel Désert expands on the contemporary division between "plages mondaines" with sophisticated amusements, a full range of accommodation and a fashionable visiting public, and "petits trous pas chers," smaller and more rustic places suited to the constrained purses of the *petite bourgeoisie*. His study of Normandy divides the first of these categories into "villes balnéaires," such as Dieppe, Fécamp, Granville and even Le Havre and Cherbourg, where "activities linked with sea-bathing have been added on to others, of much older vintage, such as fishing and maritime commerce," and "stations balnéaires," purpose-built in the railway age by syndicates and companies, smaller and more specialised, and easier to categorise as resorts in their own right. The "petits trous" themselves were capable of attracting their own specialised and sophisticated visiting publics, such as artists or men of letters, and going up-market with the passage of time.[31] The largest French sea-bathing towns, in Brittany

---

[29] Durie, *Scotland for the Holidays*, chapter 3.

[30] Walton, "Seaside Resorts of Western Europe," 47-8, which qualifies the raw figures; C.J. Haug, *Leisure and Urbanism in Nineteenth-Century Nice* (Lawrence, Kansas: The Regents Press, 1982).

[31] G. Désert, *La vie quotidienne sur les plages normandes du Second Empire aux Années Folles* (Paris, 1983): 36-8.

and on the Channel coast as well as in Normandy, were therefore much more than just resorts, to a greater extent than their English counterparts: Portsmouth, Plymouth or Sunderland might have their marine suburbs, but were not to be classified as resorts, whereas by the late nineteenth century all the major English towns listed above made their living predominantly, and in most cases overwhelmingly, by seaside tourism. The biggest of the "stations balnéaires" had much smaller resident populations than their English counterparts. A renowned international resort like Biarritz, for example, saw its resident population grow from 5,500 in the 1890s to 21,369 in 1930: an impressive rate of growth in percentage terms, especially in the French setting, but putting it on a par with the third tier of English and Welsh resorts, places such as Rhyl or Herne Bay.[32] Other fashionable international resorts, like Deauville/Trouville or the later development at Le Touquet, were smaller than this, while Arcachon combined an expanding fishing industry with its seaside and climatic tourism.[33] France's seaside resort networks and systems were as sophisticated in their variety and articulation as the British ones, but the sheer scale of urban development was always smaller. But this also draws attention to the limitations of population size, or indeed visitor numbers, as a measure of seaside resort activity or visibility; and a key contrast between the British and French seaside resort systems was that British resorts depended almost exclusively on home demand, drawn increasingly from the middle and working classes, while the leading French resorts had an international and cosmopolitan visiting public which included aristocrats, plutocrats and media figures drawn from across the world, with a strong presence from Britain itself. We shall return to this point.[34]

Not only were the upper levels of the British seaside resort hierarchy much more populous, in and out of season, than their French counterparts: the same applied to the largest British spas, even though

---

[32] Guides Michelin Régionaux. *Pyrénées – Cote d'Argent* (Paris: Services de Tourisme Michelin, 1934-5), 96.

[33] A. Garner, *A Shifting Shore: Locals, Outsiders and the Transformation of a French Fishing Town, 1823-2000* (Ithaca: Cornell University Press, 2005).

[34] M. Chadefaud, *Aux origines du tourisme dans les Pays de l'Adour* (Pau: Université de Pau, 1987); Désert, *La Vie Quotidienne*, 98-9; M. Blume, *Cote d'Azur: Inventing the French Riviera* (London: Thames and Hudson, 1992); Walton, "Seaside Resort Regions."

they could not match the growth of the seaside resorts. Of those specialized British spa settlements that were substantial towns in their own right, Bath's population of just under 70,000 on the eve of the Second World War would have put it among the top ten British resorts on this measure, although it had long been stagnating and the spa was no longer central to the town's economy. Cheltenham, with 51,300, would have been just outside the top ten; Harrogate, with 40,000, just inside the top twenty, closely followed by Tunbridge Wells with just over 35,000, followed in turn by Leamington with just under 30,000. Malvern, Buxton, Matlock and Droitwich were much further down the list, and there was no specialized spa with more than 3,000 inhabitants at this stage in either Wales or Scotland. In all, only eight English spas had resident populations of more than 5,000 in the late 1930s, and the four largest had become dominated by residential functions involving commuting, retirement and living on stocks, shares, rents and annuities, and by high-class retail functions, rather than the spa season itself.[35] All the major spa resorts except Bath, Tunbridge Wells, Buxton and Clifton (which had become a suburb of Bristol) were mainly nineteenth-century promotions, and they were concentrated into the readily accessible but rather prosaic English Midlands, although some had attractive scenery close by.

In France, on the other hand, few *départements* lacked a spa of some kind, although they were thin on the ground in the north and near the Channel and Atlantic coasts. Bradshaw's handbook lists spas in 73 *départements*. As Mackaman points out, however, the main areas of spa development were "the Pyrenees... the Vosges, the foothills of the Alps and... the midst of the Massif Central." Bradshaw bears this out: fifty of the 392 spas listed in 1893 were in the three core Pyrenean *départements*, forty were in Puy de Dome, 32 were in Savoie and Haute Savoie, 36 in five other Alpine *départements* and 12 in Vosges.[36] The largest and most successful spas were concentrated into these regions. Whether or not we accept a large element of geological determinism about this, it immediately points up the close relationship between spas and scenic or mountain tourism in the

---

[35] *United Kingdom Holiday Guide* (1939); Walton, "Seaside Resorts of England and Wales," 27-8.
[36] Mackaman, "Competing Visions," 41; calculations from Bradshaw, *Dictionary*, Gazetteer.

French setting, which was much less in evidence in a Britain where spa publicity made what it could of picturesque settings and nearby places of scenic or historic interest, but could not match the French elective affinity between spas and romantic mountain settings. Spa tourism was already big business in the France of the Second Empire, as Mackaman also points out, but it was spread more thinly between a much larger number of destinations, and (as with the seaside) there was nothing to match the sheer scale of the largest English resorts.[37] The largest French spas in 1893, when many were close to their peak, included places like Annecy with around 12,000 inhabitants, or Mont Dore with 8000. Resorts with the external reputations of Aix-les-Bains (5400), St Raphael near Cannes (4500), Plombières (2000) or Vittel (1600) had relatively small resident populations, and well-known names like Contrexéville or Royat were mere villages. The great exception was Vichy, with its 40,000 visitors per year in the early 1890s and its population of around 30,000 in the 1930s, enough with its extensive hotel accommodation to make it a plausible seat of government for Pétain's regime in 1940.[38] By 1930, when motor touring was opening out new markets for places which had always been inaccessible by rail, the spas of the French Pyrenees and surrounding area, which, with Puy-de-Dôme, was the most fecund spa district in France, ranged in size from easily accessible Dax (9870), through Bagnères de Bigorre (7711) and Bagnères de Luchon (3842), through mountain villages with a high proportion of hotels and villas for rent among their housing, such as Cauterets (1307), Amélie-les-Bains (1582), Argelès-Gazost (1719), or Cambo (1757), to tiny settlements like Eaux-Bonnes (181) and a bottom tier of spas whose only accommodation was the bathing establishment itself, and which often merited only three or four words in passing in the Michelin guides for motorists.[39] The most dynamic inland resort development in France over the period was probably Lourdes, which was not strictly speaking a spa, although it sold vast quantities of bottled water from its sacred grotto to the swelling hordes of pilgrims, which hit the million mark in 1908 on the fiftieth anniversary of the original report

[37] Mackaman, "Competing Visions," 61.
[38] Bradshaw, *Dictionary*, Gazetteer; Gordon, "French Cultural Tourism," 243; *The International Album-Guide* (London, 189-90), unpaginated, entry "Aix-les-Bains."
[39] Michelin, *Pyrénées*.

of the apparition of the Immaculate Conception, and although its presence generated a lot of custom for the existing spas of its region. Even here, though, the resident population enumerated in 1930 was less than 9000, despite the acknowledged commercial and symbolic importance of the town.[40] The fact remains that France could not match the sheer size of the big British spa resorts; but what it offered instead was a much more strongly-articulated network of lesser centres that spanned the country, many of which were small towns in their own right.

Before we explore the implications of these contrasts for resort cultures in the two countries, a further issue needs to be addressed: that of the imbalance in tourist traffic flows between France and Britain as it affected their resort systems. The French were simply not in evidence at British spas and seaside resorts, despite attempts by some Kentish seaside resorts to attract French custom in the 1930s.[41] The British, however, were highly visible as tourists in France, from the earliest days of the French sea-bathing industry, and also at the more fashionable spa resorts. Between 1921 and 1930 the number of foreign visitors recorded as arriving in Britain "on holiday" increased from 107,310 to 245,865, before dipping in the Depression years; but most of these were channelled towards London and historic towns or literary landscapes rather than to spas or seaside resorts.[42] According to A.J. Norval, on the other hand, by 1922 488,000 British tourists were already heading for France, and by 1929 the figure had grown to 881,000, falling back to 584,705 in 1933.[43] Much of this remarkable imbalance went to give a distinctively British character to a string of French seaside resorts, where the holidaymakers joined up with British expatriate groups who were trying to make fixed incomes go further or, in some cases, taking refuge from creditors or a disreputable past. Simona Pakenham offers memorable vignettes of

---

[40] S.K. Kaufman, "Selling Lourdes: Pilgrimage, Tourism and the Mass-Marketing of the Sacred in Nineteenth-Century France," in Baranowski and Furlough, eds., *Being Elsewhere*, 70; Michelin, *Pyrénées*, 194.

[41] Walton, *British Seaside*, 68.

[42] F.W. Ogilvie, *The Tourist Movement: An Economic Study* (London, 1945), 76; Beckerson, J. "Marketing British Tourism 1914-1950," (Ph.D. thesis, University of East Anglia, 2003).

[43] A.J. Norval, *The Tourist Industry* (London, 1936), 46, 64.

the English community in Dieppe, already six hundred strong in 1860, and an enduring mixture of the artistic, the mercantile, the military and the bohemian, rubbing shoulders with the visitors on the beach and in the casino.[44] Further south, Douglas Sladen claimed that in the mid-1890s there were "1500 people of British descent resident all the year round in the vice-consulate of St Malo." St Servan had an English colony 300 strong, and this was matched in numbers and exceeded in wealth at Dinard, with its hundreds of eccentric cliff-top villas for the British, Americans and a spectrum of other visiting nationalities. Here could be found English clubs, sports, churches and chapels.[45] But from Calais to Biarritz, and especially across the French Riviera, there were substantial British expatriate colonies in the more sophisticated resorts, rubbing shoulders with visiting French families from Paris and the provinces and, in favoured settings like Deauville, Trouville or Biarritz, with (as Spencer Musson put it, describing the fashionable beach at Dinard) visitors from

> all nations and races [...] stalwart Germans [...] uncompromising Britons looking as though the ground they trod on were invested with extra-territoriality [...] Americans having the time of their lives [...] big, kindly Russians [...]" together with Italians, Spaniards, people from south-eastern Europe, North Africans, Central and South Americans, and "weird Oriental and Semitic races [...]"[46] And by the late 1920s Le Touquet, just across the Channel from London, was "socially speaking [...] a piece of England dropped among the pine trees of the sea coast about ten miles from Boulogne [...] the charming *reductio ad absurdum* of the present-day habit of going to foreign resorts for the sake of seeing people whom you have seen only twenty-four hours before in London.[47]

Nor were the British absent from the French spas, as the frequent allusions to English doctors, churches and hoteliers in Bradshaw's *Dictionary* made abundantly clear.[48]

---

[44] S. Pakenham, *60 Miles from England: the English at Dieppe 1814-1914* (London: Macmillan, 1967), 61 and passim; S. Pakenham, *Pigtails and Pernod* (London: Macmillan, 1961).

[45] D. Sladen, *Brittany for Britons* (London, 1896), 3-13.

[46] S.C. Musson, *La Cote d'Emeraude* (London: A. & C. Black, 1912), 43; and see also Désert, *Vie Quotidienne*, and Chadefaud, *Aux origines*.

[47] Charles Graves, *-And the Greeks* (London: Geoffrey Bles, 1930), 58-9.

[48] Bradshaw, *Dictionary*, Gazetteer.

The British, along with the Germans, were the great leisure travellers and holidaymakers of this period. Some of the French might go to Belgium and pay short visits to northern Spain, but they were not as mobile in pursuit of holiday pleasures, and those who wanted to mingle with international high society could do so in their own resorts, which included the most cosmopolitan leisure spaces in the world, despite the competition of (for example) San Sebastián, San Remo, Venice's Lido or, by the inter-war years, Mallorca and Tangier. This raises the question of why so many upper- and middle-class Britons cast off their insularity and crossed the Channel in search of holiday experiences that both allowed them to mingle with fellow-countrymen in an alien but attractive environment, and brought them into contact with an international tourist society that would be impossible to find in their own country. The fact that, until perhaps the late 1950s, these comfortably-off tourists were hardly missed at home, and that British resorts were able to grow so impressively in spite of their absence, also underlines the sheer strength of home demand for seaside, if not for spa, holidays within their native land.[49]

How, then, did the culture of British spas and seaside resorts in the railway age differ from that of their French counterparts, and why was the French version so attractive to significant numbers of Britons? Jill Steward has examined the ways in which spas in Austria-Hungary at the turn of the century became identified with the development of emergent nationalisms and regional sentiments within the Empire, as distinctive dress and customs came to be celebrated as part of the daily routine of the spa.[50] This does not seem to be an issue in this case: such emblems of cultural distinctiveness were exploited commercially, as in the case of the Breton *pardons*, without acquiring political significance.[51] The British took their Britishness (or, more usually, Englishness) with them, and sought to surround themselves with a core of the solidly familiar from which to gaze upon the accessible "otherness" of seaside or rural France, and (where appropriate) of

---

[49] J. Demetriadi, "The Golden Years: English Seaside Resorts 1950-1974," in Shaw and Williams, eds., *Rise and Fall*, 60-1.

[50] J. Steward,"Tourism in Late Imperial Austria: The Development of Tourist Cultures and Their Associated Images of Place," in Baranowski and Furlough, eds., *Being Elsewhere*, 108-34.

[51] Musson, *Cote d'Emeraude*, 94-5.

international high society, which formed a distinctive culture of its own. The global was in constant negotiation with the local, and the imperial British applied the techniques of orientalism within Europe (but also within their own country), directing this form of the gaze at whatever was peripheral to metropolitan or other urban life and mediating it through a proliferation of guide-books. Fishermen and market women in distinctive costumes, ox carts and donkeys, narrow streets and unusual architecture, all called forth comment; but similar experiences could be had within England, in (for example) the old fishing quarters of Cornwall, North Yorkshire or even Hastings. The mix between the familiar and the exotic varied: Musson commented on "The crowd of our compatriots at Dinard, the villas with English names, the catering to English tastes in hotels and shops, the provision of English sports and pastimes," and lamented the way in which this approximated Dinard to an English watering-place: "Many excellent things may be said of our English watering-places; they are pleasant, homely, convenient, but just a little commonplace. Dinard, it must be admitted, is a little commonplace."[52] In many ways, moreover, British and French resorts followed parallel tracks in the steady evolution from health to pleasure, and health through the pleasure of outdoor sports and pastimes, that marked the first half of the twentieth century, although the casino (in France) and the pier pavilion and other entertainment centres had always been more important as attractions than the sea-bathing or the curative regime for most of the visiting publics.[53] What made France different? The Riviera and perhaps the Biscay coast apart, it was not the weather, and the vogue for sun-bathing that gathered momentum between the wars was as much an English as a French coastal phenomenon. Deauville and Le Touquet were not significantly warmer or sunnier than Brighton, Eastbourne or Torquay. Relative cheapness was certainly also a factor, but insufficient on its own to overcome the cost of the journey in time and inconvenience as well as money.

Two themes stand out. First, the French seaside resorts (especially) had a British reputation for providing a freer, less constricted environment, without necessarily compromising the respectability of those who enjoyed it. This included bathing arrangements, which were less formal and allowed for more mixing of the sexes and family

[52] Ibid., 45-6.
[53] Durie, *Scotland for the Holidays*, chapter 4, illustrates this well.

bathing at an earlier stage than in Britain. Fashions in bathing dress also came to be more attractive and revealing. It also extended to drinking customs, especially as regards access to wine and to brands of spirits that were more expensive and harder to obtain in Britain, but above all as regards opening hours and the absence of petty restrictions, which were a source of particular complaint in Britain after the First World War. The availability of casino gambling, and the fashionable nightlife that went with such provision, was also an attraction when available in the larger, cosmopolitan resorts, including some of the spas; and even without roulette or baccarat the role of the beach casino as social centre provided an attraction that was normally absent from British resorts. There was some movement towards relaxation of existing constraints in the inter-war years, especially on the South Coast, while Blackpool had been a special case since the late nineteenth century; but the negative images were strong and enduring.[54] Secondly, the French were more than half a century later than the British in generating significant working-class demand for seaside holidays. The comfortably off Britons who crossed the Channel in pursuit of health and pleasure did so, at least in part, to be able to enjoy the pleasure infrastructures of a developed resort without the proximity of working-class excursionists and (from the 1890s at least) weekly visitors. France was more exclusive, not least in the means of access to its up-market entertainments and places of sociability, as the panic over the introduction of holidays with pay in 1936 indicated: there was no tradition of working-class holidaymaking away from home, and the fear of invasion was also a fear of the unknown.[55] The British middle and upper classes were secure in this environment, although the complex resort systems of the British coastline meant that they could also find niches and enclaves free of working-class contamination in their own country. The relationship between class and culture in explaining the contrasts between French and British holiday practices and resort systems is therefore a complex

[54] Walton, *British Seaside*, chapter 4; J.K. Walton, "Consuming the Beach: Seaside Resorts and Cultures of Tourism in England and Spain from the 1840s to the 1930s," in Baranowski and Furlough, eds., *Being Elsewhere*, 272-98; Désert, *La Vie quotidienne*; Chadefaud, *Aux origines*.

[55] Walton, "Demand for Working-Class Seaside Holidays;" E. Furlough, "Making Mass Vacations: Tourism and Consumer Culture in France, 1930s to 1970s," *Comparative Studies in Society and History* 40 (1998): 247-86.

one, and there is ample opportunity for the further pursuit of cross-Channel comparative history in this vein.

## Bibliography

Anderson, S.C. and B.H. Tabb, eds. *Water, Leisure and Culture: European Historical Perspectives*. Oxford: Berg, 2002.

Beckerson, J. "Marketing British Tourism 1914-1950." Ph.D. thesis, University of East Anglia, 2003.

Binns, J. *The History of Scarborough, North Yorkshire*. Pickering: Blackthorn Press, 2001.

Blume, M. *Cote d'Azur: Inventing the French Riviera*. London: Thames and Hudson, 1992.

Bradshaw, B. *Dictionary of Mineral Waters, Climatic Health Resorts, Sea Baths, and Hydropathic Establishments*. London: Kegan Paul, 1893.

Chadefaud, M. *Aux origines du tourisme dans les Pays de l'Adour*. Pau: Université de Pau, 1987.

Corbin, A. *The Lure of the Sea*. London: Verso, 1994.

Désert, G. *La vie quotidienne sur les plages normandes du Second Empire aux Années Folles*. Paris: Hachette 1983.

Durie, A.J. *Scotland for the Holidays*. Edinburgh: Tuckwell Press, 2003.

Furlough, E. "Making Mass Vacations: Tourism and Consumer Culture in France, 1930s to 1970s." *Comparative Studies in Society and History* 40 (1998): 247-86.

Garner, A. *A Shifting Shore: Locals, Outsiders and the Transformation of a French Fishing Town, 1823-2000*. Ithaca: Cornell University Press, 2005.

Granville, A.B. *The Spas of England, and Principal Sea-Bathing Places*. London: Henry Colburn, 1841.

Graves, Charles. *-And the Greeks*. London: Geoffrey Bles, 1930.

Guides Michelin Régionaux. *Pyrénées – Cote d'Argent*. Paris: Services de Tourisme Michelin, 1934-5.

Haug, C.J. *Leisure and Urbanism in Nineteenth-Century Nice*. Lawrence, Kansas: The Regents Press, 1982.

Hembry, P. *British Spas from 1815 to the Present: A Social History*. London: Athlone, 1997.

Larrinaga Rodríguez, C. "A Century of Tourism in Northern Spain: The Development of High-Quality Provision between 1815 and

1914." In *Histories of Tourism: Representation, Identity and Conflict*, edited by J.K. Walton. Clevedon: Channel View, forthcoming 2005.

Levenstein, H. *Seductive Journey: American Tourists in France from Jefferson to the Jazz Age*. Chicago: University of Chicago Press, 1998.

Mackaman, D. *Leisure Settings: Bourgeois Culture, Medicine and the Spa in Modern France*. Chicago: University of Chicago Press, 1998.

———— "Competing Visions of Urban Grandeur: Planning and Developing Nineteenth-Century Spa Towns in France." In *New Directions in Urban* History, edited by P. Borsay *et al*. 45-61, Munster, 2000

———— "The Tactics of Retreat: Spa Vacations and Bourgeois Identity in Nineteenth-Century France." In *Being Elsewhere: Tourism, Consumer Culture and Identity in Modern Europe and North America*, edited by S. Baranowski and E. Furlough, 37-9. Ann Arbor: University of Michigan Press, 2001.

Meller, H. *European Cities 1890-1930s: History, Culture and the Built Environment*. Chichester: Wiley, 2001.

Musson, S.C. *La Cote d'Emeraude*. London: A. & C. Black, 1912.

Nead, L. *Victorian Babylon*. New Haven: Yale University Press, 2000.

Neale, R.S. *Bath, a Social History 1680-1850: A Valley of Pleasure, but a Sink of Iniquity*. London: Routledge, 1981.

Neave, D. *Port, Resort and Market Town: A History of Bridlington*. Howden: Hull Academic Press, 2000.

Norval, A.J. *The Tourist Industry*. London: Sir I. Pitman and Sons, 1936.

O'Neill, C. and J.K. Walton. "Tourism and the Lake District: Social and Cultural Histories." In *Sustainable Tourism in the English Lake District*, edited by D.W.G. Hind and J.P. Mitchell, 19-47. Sunderland: Business Education Publishers, 2004.

Ogilvie, F.W. *The Tourist Movement: An Economic Study*. London: Staples Press, 1945.

Pakenham, S. *Pigtails and Pernod*. London: Macmillan, 1961.

Pakenham, S. *60 Miles from England Tthe English at Dieppe 1814-1914*. London: Macmillan, 1967.

Pimlott, J.A.R. *The Englishman's Holiday: A Social History*. 2nd ed. Brighton: Flare Books, 1976.

Ring, J. *How the English Made the Alps*. London: John Murray, 2000.

Shields, R. *Places on the Margin*. London: Routledge, 1991.

Sladen, D. *Brittany for Britons*. London, 1896.

*The International Album-Guide*. London, 1889-90.

Tissot, L. *Naissance d'une industrie touristique; les Anglais et la Suisse au XIX$^e$ siècle*. Lausanne: Payot Lausanne, 2000.

Travis, J. "Continuity and Change in English Sea-Bathing, 1730-1900." In *Recreation and the Sea*, ed. S. Fisher, 8-35. Exeter: University of Exeter Press, 1997.

Urry, J. *The Tourist Gaze*. London: Sage, 1990.

*United Kingdom Holiday Guide*. 1939.

Walton, J.K. "The Social Development of Blackpool, 1788-1914." Ph.D. thesis, Lancaster University, 1974.

———— "The Demand for Working-Class Seaside Holidays in Victorian England." *Economic History Review* 2nd series, 34 (1981): 249-65.

———— *The English Seaside Resort: A Social History, 1750-1914*. Leicester: Leicester University Press, 1983.

———— "Seaside Resorts and Maritime History." *International Journal of Maritime History* 9 (1997): 125-47.

———— "The Seaside Resorts of Western Europe, 1750-1939." In *Recreation and the Sea*, edited by Stephen Fisher, 36-56. Exeter: University of Exeter Press, 1997.

———— "The Seaside Resorts of England and Wales, 1900-1950." In *The Rise and Fall of British Coastal Resorts*, edited by G. Shaw and A. Williams, 26-9. London: Pinter, 1997.

———— *The British Seaside: Holidays and Resorts in the Twentieth Century*. Manchester: Manchester University Press, 2000.

———— "The Pleasures of Urbanity". In *The English Urban Landscape*, ed. P.J. Waller, 274-7. Oxford: Oxford University Press, 2000.

———— "Seaside Resort Regions and Their Hinterlands in Western Europe and the Americas," *Storia del Turismo* 4 (2003): 69-87.

CHAPTER 22

# "Modern" Thalassotherapy in France (1964-2004): From Health to Pleasure

## Nicolas BERNARD

We all live in a society characterised by social requirements, such as individual performance or physical appearance within an environment facing deteriorating conditions. Thus, everyone assesses the scale of his or her health capital, the need to disrupt the sustained rhythm of daily, professional or family life and adopt, even briefly, a healthier way of life, in order to have, at last, time to take care of oneself. Thalassotherapy[1] can come up to everyone's expectations. Indeed, according to the Sea and Health Federation, it can be defined as the "combined use, for preventive or curative purposes and under medical supervision, of the benefits provided by the marine environment including climate, seawater, sea muds, seaweeds, sand and other substances contained in the sea."

This therapy originates from Antiquity, when bathing in seawater showed curative properties, which were re-discovered, first in Great Britain, in the second half of the 18th century, then in France in the 19th century. Till the sixties, this activity was restricted, in France, to some centres like Roscoff, Luc-sur-Mer, … all located along the Channel shoreline. Modern thalassotherapy began around 1960 and was accompanied by the progressive development, within our society, of the search for well-being and fitness. Then, the number of institutes

---

[1] The issue dealt with in this study is the use of the marine environment for well-being. It neither takes into account the highly-medicalized stays offered mostly to children with severe growth impairments in the 5 helio-marine centres of France, nor the twenty centres for functional rehabilitation and re-adaptation, where curative treatments based on seawater properties are provided to people with post-accidental trauma or heavy handicaps.

started growing quickly; the range of treatments offered to the people who take the waters is becoming more and more varied in order to better match the expectations of a socially-widened and demanding clientele. Today, all the coasts of France are concerned by this phenomenon…

In view of the development of thalassotherapy, it is worth wondering about the origin of the general craze for this practice and about the French concept of "modern thalassotherapy."

The short description of supply and demand in thalassotherapy presented hereafter should allow us to tackle the major economic and tourist trade issues.

*<br>*  *

## 1-The development of "modern" thalassotherapy

*From seawater baths to "modern" thalassotherapy*

Thalassotherapy originates from the awareness of the connections between the sea and health, evidenced in the earliest times and rediscovered in the 19th century. Its introduction across North-Western Europe can be related to the development of seaside resorts along the British coastline at the end of the 18th century. During the 19th century this fashion crossed the Channel to reach France, where luxurious resorts were built along the Channel at rather short distances from Paris; the ones along the Atlantic and the Mediterranean were built progressively, as the French railway network expanded. The first warm-seawater bathing establishments were opened at Dieppe in 1822, La Rochelle in 1827, Cherbourg in 1829... Then, other sites, like Sète, Trouville, Biarritz, … were progressively equipped.

In 1899, a physician, Louis Bagot, opened the Roch Kroum thalassotherapy institute at Roscoff where he developed marine kinebalneotherapy for the treatment of rheumatism in warm seawater. It is worth noting that, in spite of the huge popularity of thermalism in the first half of the 20th century, no development of thalassotherapy took place during that period. The boom in this activity began only in the sixties. At that time, after a bad accident, Louison Bobet, a French former bicycle champion, needed a long rehabilitation cure with treatments in seawater. Being convinced of the efficiency of such treatments, he opened his own institute at Quiberon (Britanny) in 1964 and was quickly imitated by other investors.

Modern thalassotherapy was born. It is aimed at relieving the diseases of modern civilization, *i.e.* stress, tiredness, insomnia..., rheumatic pains (backache, arthrosis, polyarthritis...), dermatological diseases (eczema); moreover, it is progressively making a name in the "fitness" industry and in cures with specific targets, caring, for example, for people who wish to stop smoking, to slim, women who have recently given birth, slimming... It fulfils the wishes of people, like having time to take care of oneself, for self-indulgence, and using natural products.

In France, the practice is regulated by an official text entitled "6 June 1961 Circular," concerning the quality of the seawater used; it was later supplemented with additional texts about specific fields. The International Federation of Thalassotherapy was created in 1986 in order to organise and promote this booming activity. Participation of centres in the Quality Charter is voluntary; this charter warrants the quality of care provided in these centres and the meeting of the requirements of thalassotherapy brand names.

*Thalassotherapy: the active principles*

Thalassotherapy rests on the joint use of four active principles: seawater of course, but also seaweeds, marine muds and marine air. By way of consequence, it excludes a certain number of centres that come under "balneotherapy,"[2] or thermal water treatment[3] because the treatments offered are not based on the use of these principles.

Seawater

Seawater is a very rich and complex living medium; it contains minerals and trace elements (iron, copper, fluorine, iodine, sodium, magnesium, ...) known for their beneficial effects on the human body. Several treatments are based on hydrotherapy: baths, showers, pool and other techniques like making the patients inhale an atmosphere saturated with very small droplets of seawater... All of these

---

[2] Therapeutic use of baths based on the mechanical and thermal effects of mineral water, water from the tap or reconstituted seawater.

[3] Set of medical, hospital and social means using thermal waters with more or less minerals as preventive or therapeutic measures.

treatments, as well as the pumping and dumping of the seawater used, require sophisticated technologies.

## Seaweeds

From the seawater they take all the minerals (iodine, sulphur, potassium...) necessary for their living and store them. They relieve pains due to aching muscles and joints, heal wounds (eczema), relieve congestion and hydrate the tissues. They are used in baths or in applications.

## Sea muds

They also contain numerous minerals and trace elements. In addition, their elasticity and ability to retain heat are interesting for thalassotherapy. Sea muds are in direct contact with the skin, which absorbs the available trace elements.

## Sea air

It contains almost no pathogens or allergens. Moreover, its richness in trace elements is very high, and it exerts an invigorating effect upon the body.

In any thalassotherapy centre, the programmes of treatments rely on the association of these various elements. Because of the use of freshly pumped seawater, these institutes are necessarily located along the coast.

### *Geographical distribution of thalassotherapy centres across France*

Even though the west of France is usually considered as the cradle of French thalassotherapy, present institutes are distributed along the whole length of the French coasts. Till the 1970s, their number was rather limited, with less than 10 units; Map 1 shows that most of the Mediterranean coast had not been reached by this phenomenon. The 1980s corresponded to a boom of this activity with the opening of 15 new centres; 7 were established on the Mediterranean coast. The 1990s confirmed this growth with the creation of 19 other centres. Thus, the last two decades witnessed a swift growth of thalassotherapy across France. During the following years this expansion slowed down, only 4 new establishments being opened between 2000 and 2005.

## The times at which thalassotherapy institutes opened across France

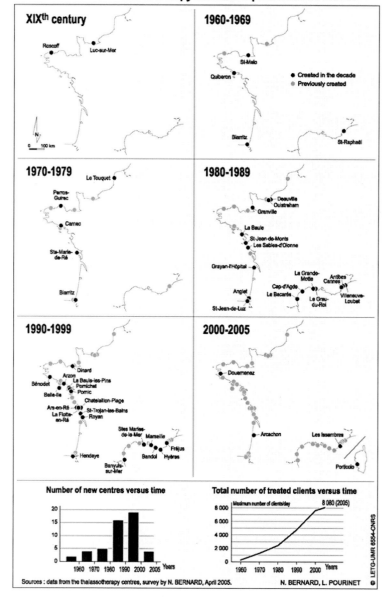

Sources : data from the thalassotherapy centres, survey by N. BERNARD, April 2005.

N. BERNARD, L. POURINET

## Total number of clients within the French centres of thalassotherapy (2005)

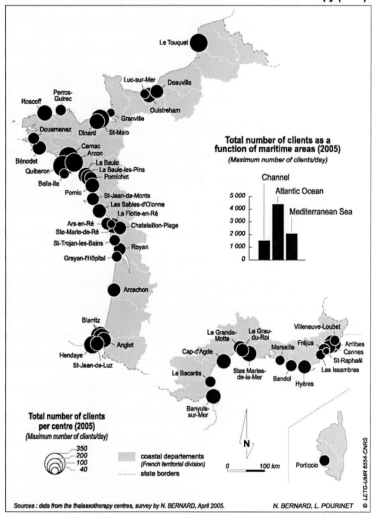

Sources : data from the thalassotherapy centres, survey by N. BERNARD, April 2005.

N. BERNARD, L. POURINET

Today, the 50 centres in operation are in competition in a market that looks stabilised. Despite the high number of those recently abandoned, there are still other projects pending. France now has a high level of thalassotherapy equipment (Map 2). Most of the places available for those taking a cure are concentrated, first, along the Atlantic, then along the Mediterranean and the Channel.

## 2- Evolution of the clientele and diversification of offer

In recent years, the clientele of thalassotherapy institutes has drastically changed: indeed, today, people seek varied and quality care within a friendly atmosphere and in a pleasant environment. The profile of the clientele has thus noticeably evolved and can be identified by several main features:[4] it is largely female (70% in average). However, recently, the number of male clients has increased and men may account for 40% of the customers in some centres, especially those where the proposed treatments fit their needs or are sport-targeted. It is worth noting that most of the proposed treatments are for men and women, *i.e.* they are presented as being targeted at people of both sexes. More and more institutes are interested in this developing market, with the aim of attracting more couples.

The average age of the clientele is rather high: two thirds of the customers are over 50. However, marked discrepancies are noticeable between centres; some of them, like Quiberon or Biarritz, convey a picture of youth, whereas others, like Roscoff, appear more traditional or more medicalized. For about fifteen years, the clientele has taken on a younger air, owing to the diversification of available treatments (in particular mother-and-child care).

But thalassotherapy remains an expensive activity, mainly aimed at people from the well-off socio-professional groups, *i.e.* professsionals, executives, or old-age pensioners coming from these social groups. It constitutes a well-identified social marker. The presence of members of the middle class is rather a new phenomenon and testifies to an evolution of the offer, with less expensive products, accommodation for shorter stays, packages with a limited number of treatments, and cheaper hotels. On top of that, the craze for thalassotherapy has led some customers with a simpler way of life to sacrifice a higher amount of money for this pleasure.

---

[4] Statistical data from the survey conducted by N. Lanconneur in 1998.

In France, the clients of thalassotherapy centres come from three main areas: i) the big towns (Paris, Lyons …), ii) the areas where the institutes are situated, like western France for the centres established in Brittany, or the South-West for those in the Basque country, and iii) the neighbourhood of establishments which offer regular patrons access to specific options: day tickets, easier access to collective facilities (sauna, hamman, pool…), reduced fares… The population from the last group of clients is increasing, since many of them regularly enjoy receiving some treatments. Moreover, thanks to their loyal clients, the institutes can rely on a regular activity. On the other hand, foreigners are poorly represented and account on average for 1 to 5% of the clientele; they are more numerous along the Channel, due to the coming of British people; at Roscoff, for example, they account for 10% of the foreign clients.

*Fitness and "thalasso for pleasure"*

At the beginning of "modern" thalassotherapy, clients were offered a range of varied treatments in a relatively medicalized environment.

The last few have seen a marked reduction in the number of cures prescribed by doctors; they have been replaced, more and more often, by "thalasso for pleasure," and thus, owing to the lack of doctors in many centres, the treatments in relation with health ailments are given in priority by physiotherapists.

The cure schedule takes usually 6 days; but, it can sometimes extend to 12 or 18 days. Its length depends not only on various parameters and centres, but also on the number of pensioners in the clientele since retired people have more time than workers, and on the level of treatment medicalization.

In the morning or afternoon in turn the patients receive a series of 4 to 6 treatments. The basic 1-week package also includes 6 half-days with no care, which are used by patients for a rest or outdoor activities, taken either freely (walks, hikes, bike trips, visits to the cinema or the casino, gastronomy, sailing…), or with a supervisor; indeed, mixed packages such as, for example, thalasso and golf, or thalasso and dance, or thalasso and discovery of the area, are now offered by many centres.

The recurring concepts of "energizing," "harmony of the body and spirit," the desire to "slow down the ageing process" or to recover "energy" are always found in the promotional arguments developed by institutes. They reflect the need to escape from an "impure" world, responsible for identified ailments: stress, tiredness, loss of energy... The recovery of purity generated by the thalassotherapy cure relieves the client, and finally cures him.

The way the treatment schedules are described, the consideration of natural elements, *i.e.* the air, the water, and of the premises as sacred–this being due to the frequent description of thalassotherapy institutes as health temples–are all involved in this quest for purity.

## 3- Major economic and tourist industry stakes:

Thalassotherapy generates high socio-economic effects in the concerned resorts, while the picture conveyed by the institutes gives them more prestige.

### A buoyant sector

In France, every year thalassotherapy attracts more than 200,000 people, most of whom with high spending power. The financial spin-offs for the resorts are high, not only because of the taxes transferred to the town councils by the institutes, but also through the expenses made by the clients for services and the consumption of goods.

The centres are open 11 months out of 12. Most often they are closed in December-January; this period of the year is often used for the maintenance of technical equipments (boilers, pumps, piping, etc.) by specialised companies. The highest number of clients is usually recorded in spring or autumn.

Thalassotherapy has generated the creation of many jobs; they are far more numerous than those induced by some touristic and leisure amenities also relying on heavy investment, such as yachting harbours, golf courses, etc. Different categories of employees are needed in an institute: medical staff, beauticians, dieticians, maids, reception staff for the restaurants, hotels, etc. The Crouesty Institute (South Brittany) has, for example, induced two hundred jobs.

Accommodation is also an essential aspect of thalassotherapy, since most clients are tourists who stay on the site.

The relations between institutes and catering amenities are of three types: i) whenever the institute has no on-site catering facilities, the clients need to find their accommodation by themselves; this case is less and less frequent, since clients do not wish to manage the modalities of their cure and of their accommodation by themselves; ii) more commonly, the institute has signed, when possible, a partnership agreement with a given hotel situated at a short distance of the centre amenities; iii) in the third case, which is that of the major thalassotherapy centres and tends to become the rule, the hotel is physically situated on the premises and is run in common with the centre itself. This means that it is the thalassotherapy centre which is part of the hotel facilities, when the main shareholders are large hotel groups. The Accor group, for example, is very present in the thalassotherapy business with its 3- and 4-star hotels and cheaper ones under the trade names Novotel, Sofitel, Mercure, Ibis…The hotels located on the same premises as thalassotherapy institutes are a prerequisite for success, since clients are fond of walking directly from their bedrooms into the treatment rooms.

Some institutes, in order to attract more patrons, allow their customers to choose between several on-site hotels at different rates and providing a wide range of amenities. The Quiberon institute, for instance, has 2 four-star hotels (Sofitel Thalassa and dietetic Sofitel) and one 2-star hotel (Ibis).

Thalassotherapy centres are run in various ways: 18 out of the 50 inventoried centres are run independently and 32 are affiliated to groups with a more or less wide distribution. Among them, Accor, the most powerful group, has the leadership of hotel business across Europe and is one of the very first groups in the world. Its thalassotherapy subsidiary, International Thalassa, was created in 1988 and runs 10 centres in France and some others in Spain, Italy and Morocco…

Independent structures are owned by private investors coming from different business circles: the hotel business, high-level sports, health, the beautycare industry, the business world.

*The economic spin-off*

The existence of thalassotherapy amenities within a resort enhances the value of the image it conveys. Like marinas, golf courses and casinos, institutes give the tourist trade offer additional value. Furthermore, the laboratories and companies that make thalassotherapy items and formulate beautycare products have their activities fuelled by those of the institutes.

It is worth noting that some leading companies are well-known across the world in the fields of thalassotherapy-related engineering and spa treatment.

The concept of thalassotherapy is remarkably developed across France, and easily exported. Abroad, the French trade names, strengthened by their experience and know-how, are perceived as a warrant of quality. Many thalassotherapy amenities have been supplied turnkey, not only in several countries around the Mediterranean, but also in Japan or Latin America.

This activity also relies on an active promotion made through various channels such as specialised magazines, the websites of thalassotherapy institutes, leaflets handed out by tourist information centres and travel agencies. All French centres are gathered in Federations, such as the "*Fédération Mer et Santé*" and the "*Maison de la Thalassothérapie*," which are in charge of advertising. The people involved in the thalassotherapy industry and the public have the opportunity to meet in the major tourism shows and other specialised exhibitions held every year in Paris.

*
*   *

This study has shown that, over the last forty years, the clientele of French thalassotherapy centres has kept increasing. It looks as if the craze for this activity driven by the search for well-being and supported by intensive advertising campaigns will continue in the next few years.

However, today, signs of an impending market glut are perceptible and accompanied with a fall in the rate at which new premises are built: even though some new projects are in the pipe-line, many others were recently abandoned. So, at the moment a trend towards a rescue of financially ailing independent centres by the main groups involved in the thalassotherapy business can be witnessed.

To give fresh impetus to the activity and meet more and more diverse requirements, the people in the business bank on the market segmentation between luxury establishments and simpler ones. The former are aimed at attracting a well-off clientele with high-standard services for care and catering, whereas the latter are open to a larger clientele and offer cheaper packages with shorter stays, a limited number of treatments and cheaper catering. In the years to come the success or failure of this complementarity will shape French thalassotherapy.

## Bibliography

Collectif. "Eaux, santé et bien-être; du tourisme aux loisirs." *Cahiers Espaces* 72 (2001).

Collectif. "Tourisme de santé - Thermalisme et thalassothérapie." *Cahiers Espaces* 43 (1995).

Lanconneur, N. "La thalassothérapie en Bretagne." TER de géographie, Université de Bretagne Occidentale, 1998.

Renaudie, J.-B. *La thalassothérapie*. Paris: Presses Universitaires de France, Que sais-je ?, 1984.

Roux, M. 1997. *L'imaginaire marin des Français*. Paris: Editions de l'Harmattan, 1997.

Rouzade, G. *La thalassothérapie en France*. Paris: Editions AFIT, coll. "Panorama de l'offre," 1996.

Sutour, F. "Mer et santé, le contexte bioclimatique de la thalassothérapie en France métropolitaine." Thèse d'Etat de géographie, Université de Montpellier III, 1994.

# CONCLUSION

**In conclusion**

Water therapy is not a new concept and there is a growing body of evidence showing that, throughout the world, women and men have, for millennia, looked for relief or cure in the living waters gushing from the depths. Drinking from the spring, bathing an ailing limb or taking a full dip in a tank or a pool filled with its warm and tangy fluid was, for them, a sure way of getting into close contact with the topic deity, whose therapeutic virtues would be propitiated by relevant sacrifices made on the neighbouring altars or by offerings dropped into the sacred spring. Water sanctuaries, in which thronged the ailing and the sick, the crippled and the maimed, were thus thick on the ground in most of Celtic western Europe, but spas proper, with their massive architectures, were purely Roman developments, their model being imported into the provinces, probably with a view to getting a firmer control on these wandering, and possibly dangerous pilgrims and on the native cults they patronized.

In both native watering places and Romanized spas, great store was set by the divine virtues of the running fluid, qualities which, in a more scientific age, were ascribed to the chemical or/and physical properties of the gushing water. The latter have, since the 18<sup>th</sup> century, been submitted to close scientific scrutiny and have given rise to heated debates between chemists, physicians and local developers, all of whom had and have their own version of the ultimate therapeutic truth. Be they right or wrong, sincere or biased, it is clear, from the whole body of medical or personal evidence, that much of the ultimate success of the cure depends on individual psychologies, on the visitor's capacity to believe in the relevance of the treatment he/she is offered.

Faith, though a major helper for a personality weakened by internal disorders or a crippling disease, is however not sufficient to keep him or her out of boredom's way. Whoever has lived three long weeks in a *centre thermal* has certainly experienced the *ineffable ennui* that goes with the tedious days, in which thermal treatments, taking only one hour and a half, leave much never-ending time on the visitor's hands and mind. As many of the above contributions have rightly pointed out, developers were quick to seize upon this and offer curists ways of whiling away the days. First and foremost was the necessity of appealing to a fashionable and well-off public, which, even if there was no ardent personal medical need, would come to the spa to see and be seen. These would be drawn by the requisites of upper-class life, shaded promenades, music stands, theatres, casinos, horse-racing tracks, all being set for various activities, which, if rationally planned, would keep most people busy for the rest of the day. Time was indeed of the essence, and the success of a spa would be judged by this standard, Bath taking the lead in the 18th century, and the famed Germanic strictness and organizational skills certainly playing a major role in the strategically economic and political advance taken by Eastern European spas in the 19th and early 20th centuries, while French and, even more, Scottish and Irish ones lagged far behind. As the narrator of Ford Maddox Ford's *The Good Soldier* (1915) recalls: "I stood upon the carefully swept steps of the Englischer Hof, looking at the carefully arranged gravel whilst carefully arranged people walked past in carefully calculated gaiety, at the carefully calculated hour…"

As the two world wars played havoc with European elites, the fond memories of the spas of old have receded into the golden dreams of a bygone age, of that glorious time when upper-class Europeans would feel as much at home in Carlsbad or Vichy as in Bath or Leamington Spa. The old fortunes and leisurely ways that went with them have gone, and so has the widespread creed that water, mineral or otherwise, could cure or save. As new drugs and new medical techniques came into being and hero-worship switched from nobles and warriors to scientists and physicians, European spas lost much of their past importance. The 20th-century insistence on physical fitness and purity of the body and the mind shifted the onus of recovery and of the preservation of health from landlocked springs to the seaside, where "free" water and "pure" air were supposed to do away with real diseases as well as with stress-induced physical and mental disorders. Sea-bathing and thalassotherapy started drawing new sets of curists to the coasts of Britain and France, and industrial investment was deflected to the developing seaside resorts and thalassotherapy institutes, catering for different publics but working for similar goals.

As the *longue durée* approach promoted by our conference and its speakers, to whom we wish to give our warmest thanks, has hopefully shown, those and the competition they entail are akin to the aims of 18th- and 19th-century spas and the harsh economic in-fighting they experienced on the way. As Mark Twain once remarked, "Whiskey is for drinking and water is for fighting over"….

Patrick Galliou

# Index of Places

518  Index of Places

# The Editors

Annick Cossic is a Senior Lecturer in English at the Faculté des Lettres et Sciences Sociales Victor Segalen, Université de Bretagne Occidentale (UBO, France) and has published on the Georgian city of Bath and on eighteenth-century satire.

Patrick Galliou is Professor of English at the Faculté des Lettres et Sciences Sociales Victor Segalen, Université de Bretagne Occidentale (UBO) and is currently working on the correspondence between George Bernard Shaw and his French translator, Augustin Hamon. His is also a practiced field archaeologist.

## List of Contributors

Dr Jane ADAMS is currently working as a Research Assistant in the Centre for the History of Medicine at the University of Warwick, Coventry (UK).

Pr Jean BALCOU is Emeritus Professor of French Literature (Eighteenth-Century Studies) at the Faculté des Lettres et Sciences Sociales Victor Segalen, Université de Bretagne Occidentale (France).

Dr Nicolas BERNARD is a Senior Lecturer in Geography at the Faculté des Lettres et Sciences Sociales Victor Segalen (UBO).

Dr Juan CALATRAVA is Head of the Granada School of Architecture (Spain).

Pr Marie-Thérèse CAM is Professor of Classics at the Faculté des Lettres et Sciences Sociales Victor Segalen (UBO).

Dr Carole CARRIBON is a Senior Lecturer in History at the Université de Bordeaux III (France)

Dr Alain CAUBET is a Senior Lecturer in Medical History, at the University of Rennes School of Medicine and is currently working as a Hospital Practitioner at the Centre Anti-Poisons, Pavillon Clémenceau, (C.H.U. of Pontchaillou) of Rennes (France).

Dr Annick COSSIC is a Senior Lecturer in English in the Department of English Language Studies at the Faculté des Lettres et Sciences Sociales Victor Segalen (UBO).

Dr Alastair DURIE is a Senior Lecturer in History, at The University of Stirling, Scotland (UK).

Dr Irene FURLONG is a Post-Doctoral Research Fellow in the Department of Modern History, Rhetoric House, National University of Ireland, Maynooth (Ireland).

Pr Liliane GALLET-BLANCHARD is Professor of English at the Sorbonne (Paris IV, France).

Pr Patrick GALLIOU is Professor of English at the Faculté des Lettres et Sciences Sociales Victor Segalen (UBO) and is head of the English Language Studies Department.

Pr Anita G. GORMAN is Associate Professor in the Department of English, Slippery Rock University of Pennsylvania (USA).

Dr Alain KERHERVE is a Senior Lecturer in English at the Faculté des Lettres et Sciences Sociales Victor Segalen (UBO).

Pr Marie-Madeleine MARTINET is Professor of English at the Sorbonne.

Dr Nicolas MEYNEN is a Senior Lecturer in the History of Art Department, Faculté des Lettres et Sciences Sociales Victor Segalen (UBO).

Dr Cécile MORILLON teaches the History of Art. She completed her doctoral thesis on Vichy's thermal architecture (University of Clermont II, France) in 1999.

Jo ODGERS is a Lecturer in Architecture at the Welsh School of Architecture, Cardiff University (UK).

Dr Jérôme PENEZ is an *agrégé* History Teacher and also part-time Lecturer at the University of Paris VII (France).

Dr Fañch POSTIC is a C.N.R.S. Research Fellow, Centre de Recherche Celtique et Bretonne, Université de Bretagne Occidentale.

Dr Jill STEWARD is a Senior Lecturer at the School of Arts and Social Sciences, Northumbria University, Newcastle-upon-Tyne (UK).

Dr Bernard TOULIER is a CNRS Research Fellow who is currently working at the French Ministry of Culture as Chief Inspector of the French Heritage Department.

Pr John K. WALTON is Professor of History at the University of Central Lancashire, Department of Humanities, Preston (UK).